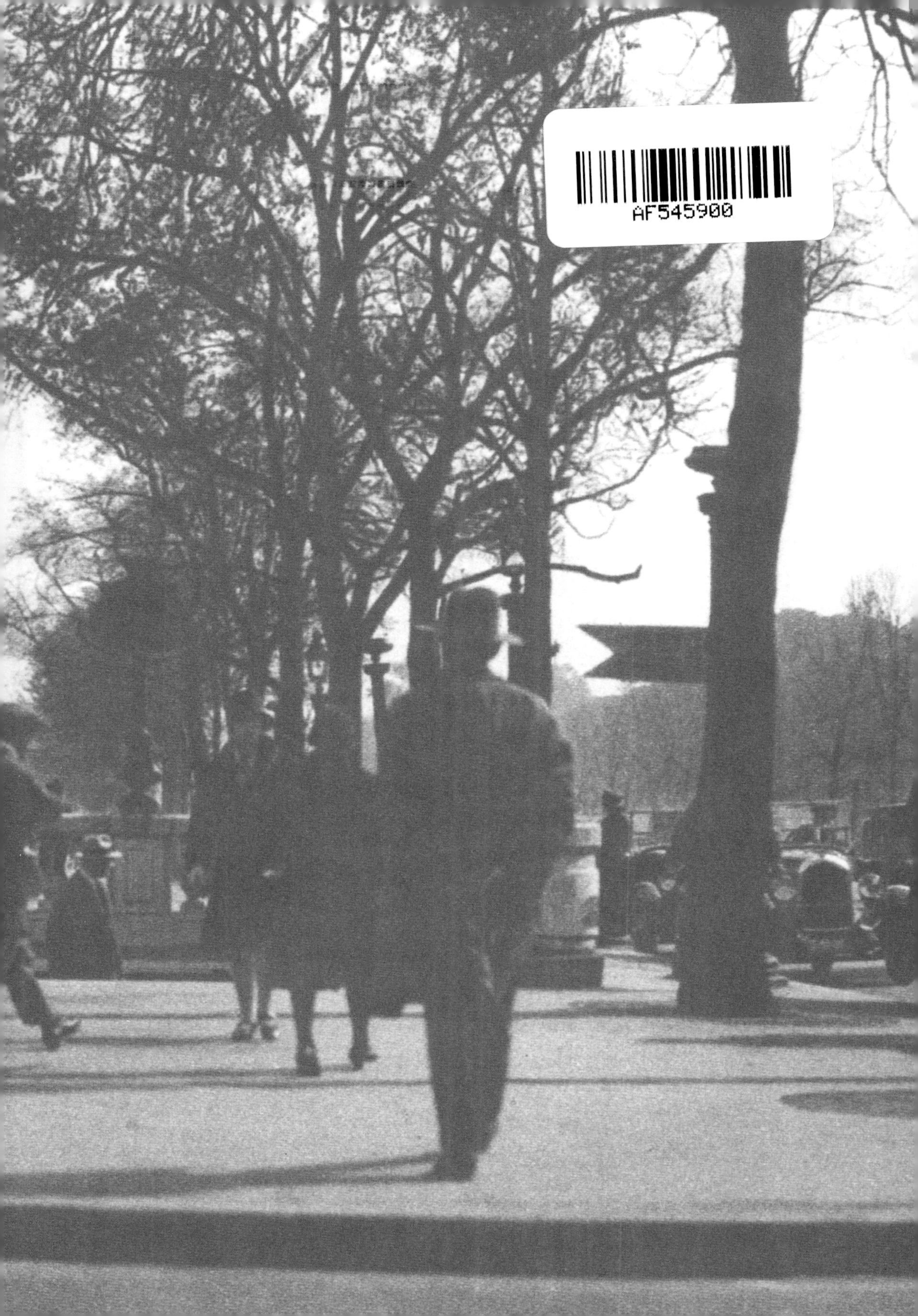

Helen Hessel

Ich schreibe aus Paris

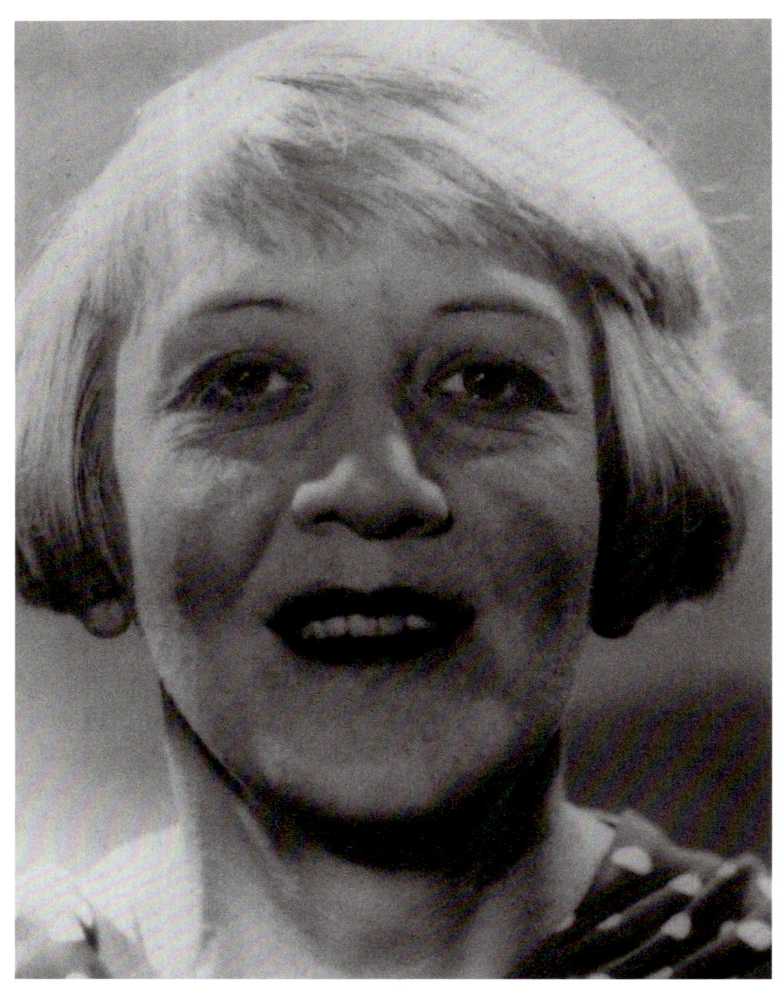

«Es ist durchaus nicht erstaunlich, aber wert, immer wieder konstatiert zu werden, daß die Mode mit dem Weltgeschehen in ganz enger Fühlung steht.»

Helen Hessel, 1932

Helen Hessel

Ich schreibe aus Paris

Über die Mode, das Leben und die Liebe

Herausgegeben
und kommentiert
von Mila Ganeva.
Mit einem Nachwort
von Manfred Flügge

Nimbus. Kunst und Bücher

Für Lora Aroyo

Frontispiz: Marianne Breslauer: Helen Hessel, Paris 1929

1921

Im Ritz, 1920er Jahre

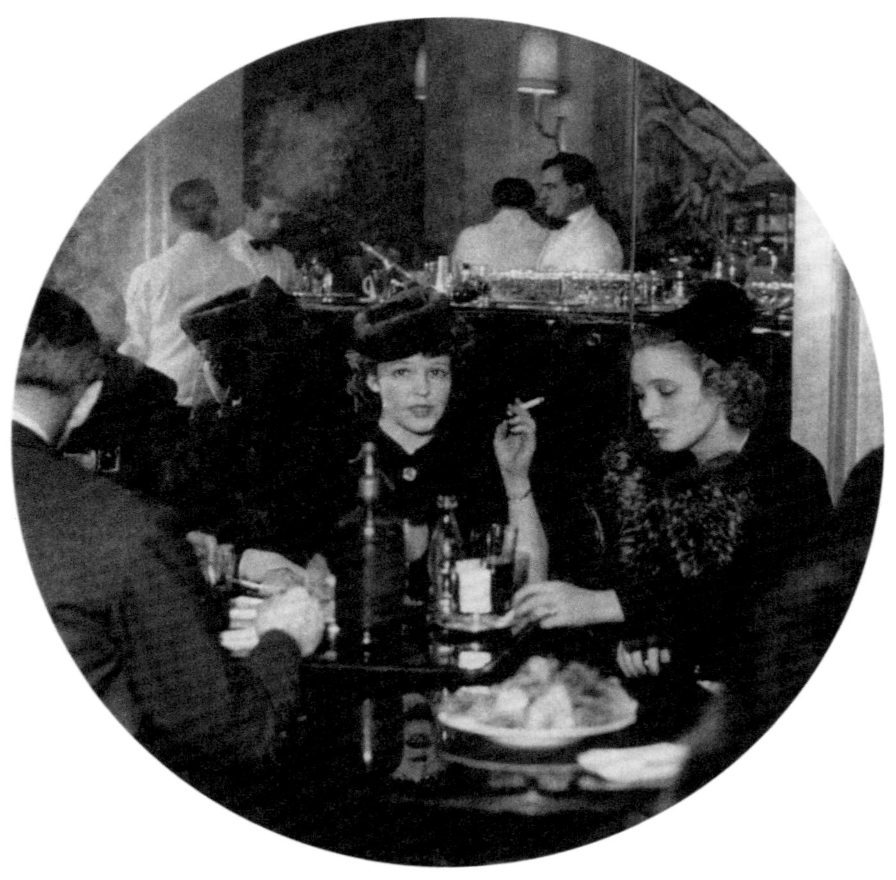

Mentor für neue Reiche

Der Kriegsgewinnler ist durch keine Ironie aus der Welt zu schaffen. Beschäftigen wir uns ernsthaft mit ihm. Er jammert uns. Er hat vorläufig nur Geld. Ich will ihm etwas schenken.

Es gibt Persönlichkeiten unter Euch Kriegsgewinnlern. Denen habe ich nichts zu sagen.

Ich wende mich an die Masse der Kriegsgewinnler, welche plötzlich auf einer Höhe abgesetzt worden ist, die andere langsam zu Fuß erreicht haben.

Ihr habt den Nachteil Eurer schnellen Ankunft. Ihr könnt Eure Lage nicht beurteilen, kennt die Mittel nicht zum Weiterschreiten. Ihr habt keine Ausrüstung, kein Training, keine Führer, keine Tradition. Ihr seid auf uns angewiesen.

Da steht ihr nun und versucht es mit Frechheit und seid uns ein Dorn im Auge und seid uns eine widerwärtige Bande, denn Eure Manieren sind uns ekelhaft und wenn Ihr uns nachmacht, so wenden wir uns von Euch ab wie Goethe von den Affen.

Ihr habt den Vorteil, daß Ihr unbefangen seid, unverbraucht und wir verarmt sind, während Ihr reich wurdet; daß wir auf unsere Freiheiten verzichten lernten, während Ihr anfingt, ihre Verwirklichung zu ahnen.

Was macht Ihr nun aus dieser Möglichkeit? He?

Wo seid Ihr bis jetzt?

Die besten von Euch sind beim Zweifel angelangt: Zweifel an ihrer Kleidung, Lebensformen, Wohnung, Eingeordnetheit, Zweifel an ihrer Ähnlichkeit mit uns Gewanderten.

Scheuen sich vor dem Spiegel, vor Besuch von Wissenden, vor dem Spotte, dessen Tragweite sie eben so wenig bemessen können, wie unsere Kritik. Zweifel ob sie wirklich für Ihr Geld das bekommen, was sie brauchen.

Da liegt der Punkt.

Ihr könnt allenfalls das beste bekommen, was *wir* brauchen konnten. (Gewöhnlich bekommt Ihr, was wir nicht haben wollten.) Nie aber könnt Ihr haben, was Ihr braucht. Wir bauen einen Flügel an unser Vaterhaus, vorsichtig und bedingt und eine Heizung legen wir so an, daß sie den Stil der Zimmer nicht stört, und das elektrische Licht in unsern ererbten Kronleuchtern soll Kerzen gleichen oder sich verstecken

Ihr aber Traditionslose, Ihr habt die Freiheit, neu zu bauen, das ganze Haus, und alle Mittel frei zu verwenden und so zweckvoll, daß sie in sich schön sind.

Irrt Euch nicht – es ist so: Wir haben verschiedene Bedürfnisse, und Ihr braucht die Fantasie für Euer Geld, denn die Deckung Eurer Bedürfnisse ist als Konfektion einfach nicht vorhanden.

Es gibt das noch nicht. Ihr müsst es schaffen und verflucht genau aufpassen, daß es auch das Richtige wird. Ihr habt Aufgaben in Menge und keinen Maßstab außer Euren Instinkt.

Ihr solltet heiß sein vor Wonne, was es alles für Euch zu tun gibt.

Was wollt Ihr anziehen, wenn Ihr aus Euren Büros kommt? Feierliches? Ihr seid nicht feierlich. Tragt weiche farbige Anzüge mit Ledergürteln. Keinen Frack, keinen Gehrock, darin werdet Ihr immer nur die Geduldeten sein. Ihr ahnt nicht, wie Ihr auf uns wirkt, wenn wir in Hotels und Theatern Euren Anblick zu ertragen haben.

Keine Opossumkragen, keine weißen Handschuhe, keinen Zylinder!

Schafft Euch eine neue Umgebung. Was sollen Euch unsere Bibliotheken, unsere Musikzimmer? Schafft Euren Kräften Spielräume, wo die Zähigkeit des gewohnten Arbeiters in der Konkurrenz mit den Freunden zur Geltung kommt.

Wie wäre es, Gewichte zu heben, Stangen zu schwingen, Ambosse zu schlagen?

Da liegt die Möglichkeit, Euch eine eigene Gesellschaft zu schaffen.

Besser noch: Fangt bei Euren Kindern an, denn Ihr selbst bekommt die neuen Möglichkeiten fast schon zu spät in Eurem Leben.

Wenn eine unserer Töchter sich einrichtet, findet sie aus der Tradition heraus einen eigenen Stil. Entbehrtes wird erreichbar. Der Sofatisch des Elternhauses, das Gefügte des Büffets, die komplizierten Bettdecken, die ermüdende Notwendigkeit des Schlüsselkorbes, dies alles ergibt automatisch: freiere Wände, offeneren Blick aus Fenstern, größere Schlafräume, zugänglichere Sitze, ungeschütztere Bücher, lockerere Bewegungsmöglichkeiten. So ist unser Stil immer im Fluß.

Eine Eurer Töchter? Eine Umgebung für sie, ein Ziel für sie.

Worauf kommt Ihr? Ein geblümtes weißes Mädchenzimmer, fertig gekauft bei Gerson. Einen Flügel, einen Fotoapparat.

Das ist ja alles Unsinn!

Laßt sie versuchen ein ganzer Kerl zu sein! Ein modernes Geschöpf, ein schönes, kluges, klares Ding. Dazu braucht sie die richtige Umgebung. Gebt ihr vor allem ein eigenes Badezimmer mit viel Duschen und strömendem Wasser. Laßt sie Hygiene lernen von einer Hebamme oder Masseuse und auf ihre Beine achten, laßt sie sich um die Gesundheit ihres Geschlechts kümmern. Föhnapparate und flüssige Seifen, grelle Elektrizität, damit sie ihren Körper kennen und benutzen lernt. Laßt sie Bilder sehen von nackten Göttern, daß sie sich vergleichen lernt. Noch besser Plastiken. Gebt ihr einen großen Balkon für ihre Luft und Sonnenbäder. Gewöhnt sie, Schamhaftigkeiten in Worten zu verachten. Verstecktheiten als Muffigkeiten aus dem Kohlenkeller abzutun. Sie soll wissen, wo sie fehlerhaft ist und wo sie schön ist, und soll sich noch einmal selbst ganz so zusammenstellen, daß das Ganze Geist hat und Stil bekommt und sie einen Begriff hat, welche Kleider sie tragen kann, welche Stoffe, welchen Sport sie treiben will. Laßt sie probieren, aber nicht am Fertigen. Gebt ihr Stoffe und eine Schere, ein bezahltes Wesen dazu, die Stiche nähen kann. Ihr seid ja reich, laßt sie einiges wieder verwerfen.

Gebt ihr doch die Chance eines fairen Starts. Zwingt sie immerfort zu erfinden. Ihre Hemdchen und ihre Hüte, ihren Gang und ihre Schuhe. Macht ihr nichts bequem, aber gebt ihr ein Ziel, das ihr Spaß macht, und übt an ihr keine Kritik. Gewöhnt Euch daran zu wissen, daß Ihr nichts versteht.

Und wenn Ihr das nicht wollt, so wende ich mich direkt an die Jungen: sie sollen es bei Euch durchsetzen.

Ein Schlafzimmer am Badezimmer, wie soll es sein? Könnt Ihr eine Tapete brauchen? Ein Muster? Verfehlt! Ich möchte Euch eine starke Farbe geben, einen Ton, gegen den Ihr Euch gewöhnen müßt durchzuhalten, oder wenn Ihr es wagt, so verzichtet auf alles Farbige und macht Euch eine Nonnenzelle, in der Ihr Eure Schönheit, Eure Jugend, Euren Körper wissenschaftlich und genau behandelt.

Keine weichlichen Koketterien für Euch. Es gibt da Gefahr, weil Eure Großmütter sich so oft an unechtem Schmuck, an häßlichen Niedlichkeiten begnügen mußten.

Habt Schränke aus Glasscheiben, hinter denen die Farben Eurer Kleider, die Lagen Eurer Wäsche, Eure Gürtel, Eure Hüte leuchten. Welche Dekoration!

Eure Stiefel sollen sichtbar stehen, daß Ihr an ihren Formen Euren Gang behandeln lernt, und viele Spiegel braucht Ihr und offene Fenster.

Und das Wohnzimmer. Begnügt Ihr Euch noch mit dem üblichen Sofa, Bücherschrank und Schreibtisch, Blumentisch? Fotografien an den Wänden?

Vergeßt das Ideal Eurer Kindheit, das Euch erschien, wenn Ihr kleinen Schlächter-, Bäcker- und Portierskinder über die Hintertreppe zu den Herrschaften hineinsehen durftet.

Es gibt neue Ideale.

Euer Wohnzimmer soll aus dem Material Eurer Beschäftigungen entstehen: Habt einen Tisch, ein ausgeprobtes Quadrat, eine große Fläche, für Eure Arbeiten, Ton zum modellieren, Handwerkszeug, Farben, Maschinen, ein Stehpult für Eure kurze Korrespondenz, eine Schreibmaschine. An den Wänden Eure Sportgeräte. Euer Teppich sollte meinetwegen aussehen wie ein kubistisches Reklameplakat. Eure

Bibliothek: Hygiene, Spiele, Tiere, Reisekarten, Flugmaschinen, Aufklärung über Kinderbekommen und -verhüten, Krankheiten.

Ein eigenes Telefon für Euch, eigene Zeitung. Einen elektrischen Kocher, daß Ihr unabhängig Mahlzeiten haben könnt, die Ihr selbst macht. Empfangt keinen Besuch, empfangt nur Menschen: lehnt ab, wo sie Euch nicht mehr wichtig sind, oder strahlt aus, wenn Ihr schon könnt.

Verschwendet keine Zeit mit Zeremonien, die Ihr erst lernen müßtet. Erfindet eigene Formen. Arbeitet, wenn Ihr auch Besuch habt. Sprecht nur über Zukünftiges. Kein Klatsch! Gefahr! Hintertreppe!

Und Euer Salon! Ein Teppich, ein paar Ledersitze, einige Spiegel, ein gutausgedachtes Licht, das Blumen ersetzt, und ein Grammophon. Dort könnt Ihr tanzen.

Was braucht Ihr mehr, um glücklich zu sein und schön zu werden und nach und nach so richtig, daß Ihr nicht mehr schreien müßt, sondern abwarten könnt, daß man Euch sieht, und um ablehnen und annehmen zu können, wie es Euch richtig scheint und wie wir es zu tun gewöhnt sind.

Himmel welche Chance, Tochter eines Kriegsgewinnlers zu sein!

[Das Tage-Buch, 8. Januar 1921]

Aphorismen

Polygame Frau

Wer? – Bist es Du? – Ein Vergessener? – Der in der Zukunft? –

Alle –. Es naht mir der Gott in immer wechselnder Form.

[Das Tage-Buch, 29. Januar 1921]

So ist es !

Recht hat man immer nur einen Augenblick.

Eine Lüge zu glauben, schändet nur den Mißtrauischen.

Größe hat kein Maß für Kleinlichkeit.

Laster sind organische Fehler.

Wer sich täuscht, betrügt andere.

Gestohlenes bleibt immer überraschend.

Niemand erlebt, was außerhalb seiner Fantasie liegt.

Neid ist Zeitverschwendung.

Auch Stumme lachen.

Die Tropen glauben, die Passion der Sonne zu sein.

Jeder Fleck ist der Anfang zu einem Muster.

Worte sind des Geistes Kerker.

Ein Feind lebt selten allein.

Auch Greise machen Pläne.

Gottes Manko ist seine Furchtlosigkeit.

Manche werden Pastoren, nur um nicht unterbrochen zu werden.

Die Sterblichkeit der Menschen erhebt sie über Statuen.

Man soll dem Totengräber nicht auf Wiedersehen sagen.

Bei einem Begräbnis ist die Leiche Statist.

Bildung ist Einbildung.

Manche mögen immerzu Spalier stehen.

Morgen düngt, was heute stinkt.

Leere Wände erwecken Fresken.

Auch im Flugzeug haftet die Sohle.

Selbst der Nagel an der Wand möbliert.

Tod ist des Lebens letzter Übermut.

Ohne den Himmel wäre die Hölle ein Paradies.

Gottes Armut ist, daß er alles besitzt.

Das Talent macht sich zu schaffen, das Genie schafft.

Auch fremder Verdienst schmückt dich.

Ironie ist die Grazie der Verachtung.

Wort ohne Sinn begreift nur Gott.

Wer in die Sonne geht, wirft einen Schatten hinter sich.

Alle echten Tiere finden uns häßlich.

Alle echten Tiere verweigern die Auskunft.

Wer rechnet, bekommt nie Geschenke.

Ein gutes Gewissen ist das gefährlichste Schlafmittel.

Pech ist Schuld.

Rat fordert der Faule.

Rat hindert.

Bescheidenheit ziert nur den Erfolgreichen.

Ein froher Gast bleibt zu lange.

Mit Wohltun verliert man den besten Freund.

Wer denkt, kränkt.

Wer nicht begehrt, zerstört.

Habe, was du hast.

Der Wurm krümmt sich auch ungetreten.

Dumme verführen weniger Dumme zum Größenwahn.

Gehorsam ist eine Form der Lebensversicherung.

Mancher, der in den Spiegel sieht, erblickt nur einen Schauenden.

Erledigte beschäftigt ihre Vergangenheit.

Der Gedanke an Selbstmord ist der Schnuller der Erfolglosen.

Dem Genügsamen wird die Etappe zum Ziel.

Überfluß ist das Maß der Götter.

Genügsamkeit ist der Takt der Armut.

Womit du dich begnügst, das raubst du der Menschheit.

Die Genügsamen sind der Welt kostspielig.

Resignation ist die Wurzel allen Stumpfsinns.

Respektiere deine Langeweile.

Lieben ist Privatsache. Liebe erwecken soziale Arbeit.

[Das Tage-Buch, 16. Juli 1921]

So ist es !

Jeder Verlust bereichert die Freiheit.

Wer keinen Mut hat, braucht eine komplizierte Philosophie.

Die Fantasie vernachlässigt entweder das Detail oder das Gesamtbild.

Eitelkeit haßt die Einsamkeit.

Eine Frau allein ist immer schön.

Viele Männer machen eine Frau.

Viele Abenteuer kündigen eine Liebe an.

Eine Glatze ist noch kein Beweis.

Kein Kind zu wollen ist respektlos gegen sich selbst.

Treue ist Faulheit.

Häßlichkeit verpflichtet zur Exzentrizität.

Wer sich bewußt ist, zu sündigen, ist ein Dilettant der Sünde.

Man soll einen Kuß nicht nach dem Geräusch beurteilen.

Dankbarkeit schändet den Geber.

Dankbarkeit ist ein Telegramm mit bezahlter Rückantwort.

Wer nicht liebt ist ein Monstrum.

Zwei Monstren machen noch keine Liebe.

Eifersucht verpflichtet den Partner zur Untreue.

Eifersucht verlegt den Schwerpunkt in den Geliebten.

Eifersucht ist die Höflichkeit der Gleichgültigen.

Wer ohne Eifersucht liebt, liebt die Liebe.

Wer eifersüchtig liebt, liebt seine Liebe.

Wahrhaftig Liebende sind jenseits von Hoffnung.

Liebe ist Durst und Getränk zugleich.

Liebenden ist alles ein Vergnügen.

Wer den Geliebten seine Vergangenheit nicht vergessen macht, leidet zur Strafe an Eifersucht.

Jungfernschaft ist eine veraltete Spekulation.

Der Weise scheint dem Dummen langweilig.

Dumme vergleichen.

Freude braucht keine Rechtfertigung.

Trost nimmt einem den besten Schmerz.

Unhöflichkeit egalisiert.

Schmuck verdeckt Schönheit.

Der Prophet überblickt die Kurve, der Weise konstruiert sie.

Der Sonntag ist unmöglich, besonders der Nachmittag.

Wer spottet hat Angst.

Ähnlichkeiten zu finden ist eine Undifferenziertheit der Sinne.

Ein Chinese gleicht dem andern, sowenig wie ein Ei dem andern.

Logik ist die Gedankenflucht der Verständigen.

Jedes Ziel ist eine Etappe.

[Das Tage-Buch, 30. Juli 1921]

So ist es !

Wer nie eilt, ist den andern im Wege.

Wer ein Ideal verleugnet, hat ein anderes.

Kariatyden können kein Lied singen.

Trümmer sind so gesetzmäßig wie Bauten.

Ein abgerissener Knopf führt einen neuen Zustand herbei.

Jedes Hindernis hat zwei Seiten.

Auch ein Einäugiger kann schielen.

In einer Welt von Blinden ist das Plakat überflüssig.

Jeder Monolog ist ein Dialog mit sich selbst.

Der tapfere Soldat trägt seinen Lohn in sich, den feigen sollte man sehr entschädigen.

Das Wetter wechselt auch, während man schläft.

Lachen ist der Aeroplan des Geistes.

Ein Clown darf sich über das Gelächter, das er erregt, verwundern.

Muße verlangt auch gewissenhafte Organisation.

Kein Gewissenhafter kann Wort halten.

Verschwendung hat Heimweh nach dem Chaos.

[Das Tage-Buch, 13. August 1921]

1924-1925

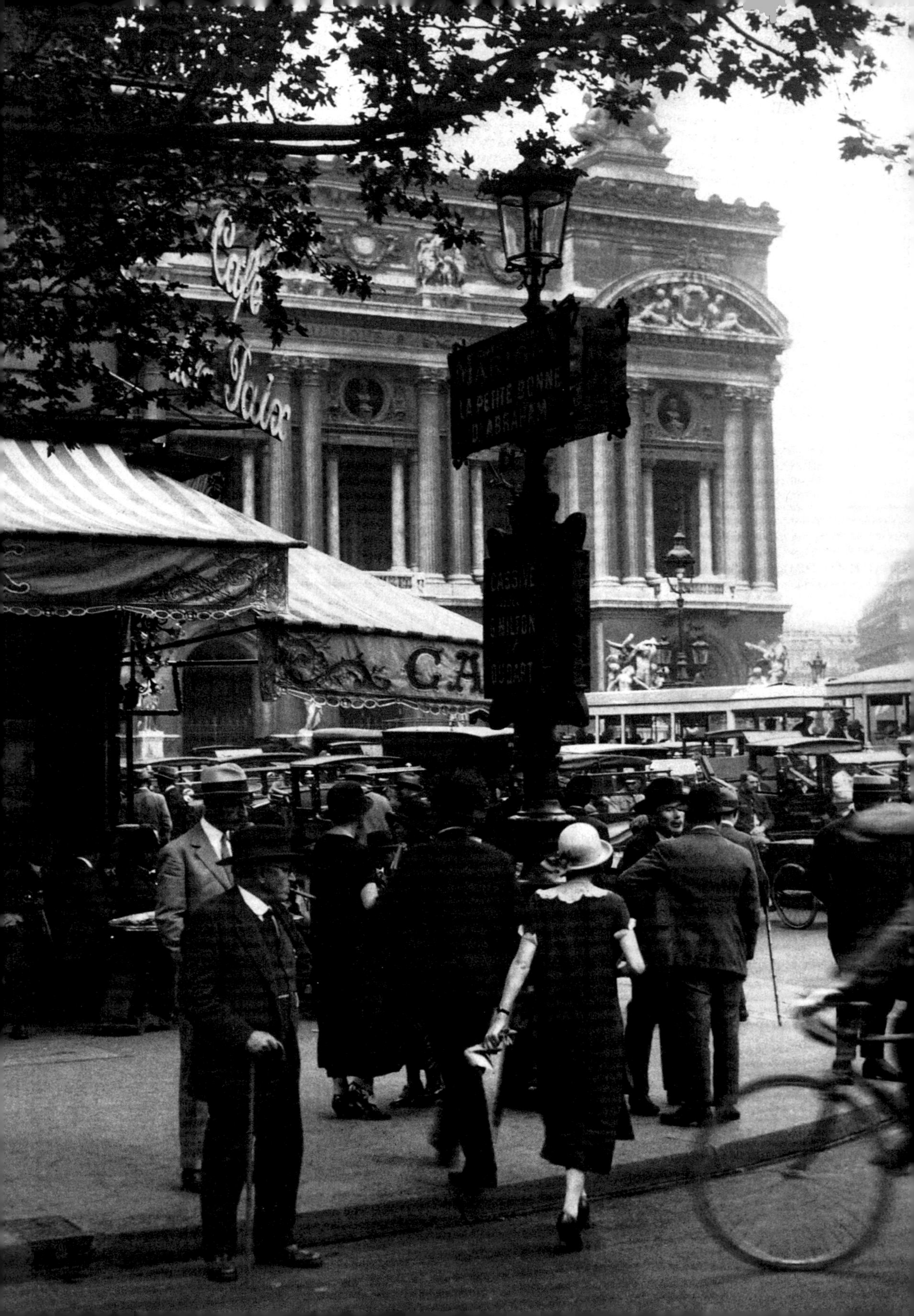
Café
Paix
LA PETITE DONNE
D'ABRAHAM
CASSIVE
HILTON
DUDART
CA

Pariser Bilderbogen

Direkter Wagen Köln – Paris

Russisch ist die Umgangssprache der Reisenden. Der Herr in gelben Schuhen verstaut das viele Gepäck seiner zwei mehligen Damen. Sie haben winzige Füßchen und viel Konfekt. Ihr Geplauder klingt leidenschaftlich. Ein piou-piou neben mir, billig und bescheiden, liest «L'horrible agonie de Lady Lannoix». Nach und nach besiegt sein ausdauernder Soldatengeruch die Parfüms. Auf dem Gange wechselt ein Berliner blondglatziger Dicker, einen Flirt zu sichten.

Nach der höflichen Paßvisitation in Aachen drängt man zum zweiten Déjeuner in den Speisewagen. Vielfarbige Hors d'œuvres, blaues, zerstoßenes Service auf krümeligem Tischtuch. Flaschen werden entkorkt. Mein Gegenüber ist das weitgespannte Rückenblatt einer Brüsseler Zeitung und eine Anzahl sauberer Finger. Auf dem Tisch liegt eine Schachtel Abdullazigaretten. Später trifft mich ein mißtrauisch-zorniger erster Blick aus einem deutlich romanischen Gesicht, der nach und nach milder wird. Beim Kaffee bedient er mich mit Zucker und Milch. Wieviel Tropfen, Madame? Elf, sage ich ernst. Wir lachen. Er weist mir die lindhügelige Landschaft hinter den Scheiben (wir sind vor Liège), er glüht auf bei dem Klange «Paris», lächelt wissend zu «Brüssel» und erlischt zischend bei «Berlin». Dort habe ich die trostloseste Zeit meines Lebens zugebracht, sagt er schaudernd, kennen Sie es, Madame?

Es ist mein Geburtsort, meine Heimat, ich liebe es.

Ich bekomme eine ironisch tiefe Verbeugung. «Wenn Sie mich bekehren wollen, Madame, es bleiben uns noch fünf Minuten bis zu meinem Reiseziel.» Unser Abschiedsgruß ist sehr kühl.

In meinem Coupé finde ich die Köpfe der Russen aufgelöster und wilder vor demselben unschuldigen Hintergrund, dem weißen gespannten Tuch, in den das «NORD» gewebt ist. Über den winzigen Füßchen der Damen sind jetzt Säulenbeine sichtbar.

Unterirdisch

In der weißgekachelten Schimmerröhre der Metro spielen alle roten, grünen und gelben Lichter. Wir kamen über Treppen hier hinab, die auf Gänge mündeten, die wieder zu Treppen wendeten, aufwärts und abwärts. «Sortie» leuchtet auf und «Correspondance». Die vielfarbigen Gestalten der Plakate werden unscheinbar in dem fließenden Glanz dieser Unterwelt.

Ich stehe in einem milchweißen Wagen, der überfüllt ist, nahe der Tür mit den blitzenden Nickelgriffen.

Wir fahren schon, oh weh, die Tür ist offengeblieben. Ich schließe sie mit Energie. Ein Herr sieht mich erstaunt an. Mein Begleiter lächelt. «Eine leichtsinnige Nation», flüstere ich ihm zu. Aber bei der nächsten Ausfahrt lache ich selbst über meine voreilige Disziplin. Automatisch schließen rasselnd die Türen gegen einander, klick schnappt der blinkende Griff.

Insel

Der Himmel ist dunkelblau, feuchtschwarz darin die Dachgeschosse mit den Kolonnen von kleinen starrenden Schornsteinen. Unten flattern die Leinenstreifen vor den Restaurants. *Bière Karcher, Brune et Blonde*. Eckhäuser schieben sich in Plätze, Zungen bildend wie Ausgegossenes auf

Teppichen. Eine dunkle Sackgasse nimmt uns auf, über ihre Gartenmauern recken landschaftliche Bäume. Wir stolpern tastend durch ein Tor in ein Gärtchen. In dem grellen Rechteck der offenen Pavillontür steht die Silhouette der Concierge. «Monsieur ist krank», sagt sie und reicht uns einen Schlüssel. Undeutliche Riesenstatuen markieren den feuchten Pfad zu dem Bildhaueratelier, aus dem Licht schimmert. Die Tür öffnet knarrend. Wir treten ein.

Oben in der Höhe ist Raum, viel deutlich gefügter Raum aus geweißten Mauern und Pfosten, gedeckt von gläserner Dachschräge. Unten, so hoch ich reiche und bis in alle Ecken hinein, lagert ein Trümmerfeld: Blöcke, Holz, Marmor, Gips, Säulen, Ständer. Eisig, arktisch, hier und da und dort ragt ein Geformtes in die obere Klarheit. In all dem spärlich beleuchteten, schattenwerfenden Grau und Weiß blüht, klein aus grünen Blättern, eine Hyazinthe, darunter ist eine Gipsbank mit schönen und einladenden Kissen. Durch eine rohweiße Mauer verdeckt, führt eine Treppe zu einer oberen Tür. Dahinter liegt der Kranke. Mein Begleiter verläßt mich, um ihn zu begrüßen.

Ich bin allein, lange ohne mich zu rühren. Mich bedrückt das Farbige meiner Kleidung wie eine Indiskretion. Vorsichtig wie ein Jäger hebe ich meine Füße, suche mir einen Weg zu dem Ragenden in der Ecke: eine spitze, aufwärts gesaugte Form, die starrt. Sie macht mir Herzklopfen. Da drüber ein Holzgeschöpf, kantig zuckend, nach oben krähend. Auf einer Gipsfläche liegen große Marmor-Eiformen. Ich berühre sie mit Angst und sogar Entsetzen. An manchen Stellen haben sie Lippen oder Schwellungen. Eins dieser Eier steht auf einem Sockel und hat einen deutlich süß entfalteten Blumenmund. Aus der Höhe des Kopfes stößt ein Unbarmherziger. Die geschliffene Glätte des Marmors leuchtet lebendig.

Mein Begleiter erscheint mit einer Blendlaterne, die der Meister uns schickt, und nun brechen wir mit unserm Licht in Verborgenes. Ein Holzrund um eine Mittelleere gekerbt: Sokrates. Übereinandergetürmte, gestülpte Formen, von der Dürre eines Stabes winkend getragen: der Knabe. «Eva», gähnend sich schlingende Eiformen auf der Steile des Urschaftes und den ruhend unschuldigen Kugeln. Ein schwerer Messingknopf liegt in meinen Händen, seine polierte, spiegelnde Oberfläche ist kalt und glatt, zärtliche Lider, gehauchte Nasenflügel, lastend vor Süße und Schlaf nach Tod. – Oh Persephoné, oh Unterwelt. Eine marmorschlüpfrige Fischform ohne Einzelheit.

Und plötzlich in dieser Luft aus reinem Staub, in dieser steigenden Stille begreife ich das Dasein dieser auf ihr Eindeutigstes zurückgebannten Geschöpfe mitten in Paris, begreife ihr Begehrtsein. Die geheimnisvollen Worte des kunstliebenden und kunstsammelnden Amerikaners, die er fand, um mir seine Ehrfurcht vor dem Meister zu übermitteln, fallen mir ein und bekommen Sinn. Diese Geschöpfe sind vor dem Sündenfall.

Bürgerliches Dîner

Rotbengalisches Haus, blaues und lila grelles Geflimmer aus allen Fronten und Höhen der Häuser, die nur noch Träger sind der nächtlichen Lichtschrift. Straßen enden nicht, sie münden, manchmal ist der Schacht eng und dunkel, aber wo er sich öffnet, ist schon das schimmernde Staubblau des neuen Platzes. Es ist die Stunde des Diners. Überall in diesem straßendurchschlungenen Riesenbau Paris sitzen in diesem Augenblick Schmeckende. Wir kommen die Treppe hinaufgegangen, hinein in die Jazzband, an ihr vorbei in ein mattgoldenes Licht, das in Gläsern und von Porzellan spiegelt, das auf Nacktheiten ruht, Armen, zarten und kräftigen, und den eingerahmten Helligkeiten des Halses und der Gesichter. Eine lückenlose Galerie von Frauen rings um den Raum. Durch die schmale Tafel der sich berührenden Tische getrennt von dem Gegenüber der Männer. Hier in diesem erst während des Krieges zu Ansehen gelangten Restaurant genießen die Reichgewordenen das Leben. Man ißt *en famille*; diese Männer mit Schatten unter den Augen und engen Stirnen sind Ehemänner, Verwandte und Verlobte. Gierig verlangt ein junges Mädchen: *encore, encore* – als der Kellner die Platte serviert. Sie trägt ein herrliches Perlencollier, vielleicht ist es echt. Einer blasierten Hemdbrust gegenüber sitzt eine Reife, die schwarze Einzellocke zickzackt über die Stirnmitte, lateinische Nasenflügel beben. Der gute Wille zur Wollust ist wie eine Kraft über ihr. Im Eck wiegt eine Mimi das Köpfchen, daß die weichen Locken an die lackrot schwindsüchtigen Wangen wehen, der Bogen des Mundes so zart, ein Strich nur des Lippenstifts. Sie zwitschert über ihrer Languste den Refrain des Tanzes, der sich keine Mühe gibt, anders als Bächlein zu sein monotone Wiederholung des Gewußten. Grüne Soßen wechseln mit roten Salaten und krustig Überbackenem, hilfreiche Kellner kommen zuvor, Krümel wehen mit den Servietten, Käseplatten verlangen Entschlüsse der Wahl. Champagner und roter Wein, grauer Wein duftet in die dunst-goldene Höhe, wo Blumen und Vögel die Wände bunt bewehen, Folie für die schimmernde Einheit der sich fast berührenden nackten Schultern. Wie voll von Frauen ist diese Stadt, wie natürlich scheint es diesen Schwestern, verführerisch zu sein. Ich sehe keinen kritisch abschätzenden Blick von einer zur andern, keine Geste, keine Haltung, die anderes bezweckte, als zu gefallen und zu genießen. Lust und Mitlust.

Cirque Medrano

Zirkusgeruch! Alle Unterschiede der Nationen versinken vor dir. Ich bin zu Hause und ein Kind überall, wo du aufsteigst. Vorn unten, im engsten der Kreise, gleich hinter dem tuchbelegten roten Tortenrund – da schnauben die stampfenden überzäumten Pferdchen mit Wärmewellen nah vorbei, es sind Füchse, blau wehen die ritterlichen Federn aus weißen Stirnriemen, schwarzglühende Augen sind willig und horchen. Die Peitsche knallt, ein öliges Haupt sinkt auf eine Hemdenbrust. Die graue Moschee des Elefanten schiebt riesenhaft ihre gekuppelte Form vor die Menschenreihen gegenüber. Die rötlichen Gesichter sind winzig geworden, verwischte Fleckchen um den welken Schlauch des gutmütig erhobenen Rüssels. Kindische Zunge im Etui –. Kleine russische Steppenpferdchen, struppig, rasen, stoßen, stampfen. Stolpern dröhnend mit den Hufen auf dem Holz der Barriere. Auf dem Kopf des Elefanten steht der Inder, sein Turban streift die Tunneldecke des Ausgangs. Darüber schmettert das Blech der Kapelle. Die rosa Schleife des kleinen Mädchens ist aufgerichtet wie gespannte Ohren. Der Cowboy springt in Stiefeln auf die galoppierende Kruppe des Schimmels, wird mitgerissen, schräg ein bebender Pfeil, bis es ihn abschnellt in ein seliges Salto – er steht und läuft wieder. Das Lasso saust, das Cowgirl lächelt. Blinkende Teller kreisen schillernd in klugem Abstand, werden eilig oval und breiten sich wieder über einer Lederkappe, unter der hervor gehetzte Augen grausam aufpassen. Die tätowierte Rothaut im starrenden Federschmuck heult tanzend; Messerklingen blitzen. Zwei Puppen sitzen auf dem Knie des freundlichen Herrn, sie klappern Augen und sagen Unartiges. Gelächter tönt von ringsumher auf sie herab.

Oben das Milchglas der Decke ist gitterverschlungen. Lampen hängen. Auf der Galerie, Hand an Säbel, steht der prachtvolle republikanische Stadtsoldat in Helm und Handschuh. Er wacht. Die Kapelle ist auf einmal ganz zart geworden. Mitten in der Arena zur Erde geneigt, hält derselbe freundliche Herr Zwiesprache mit dem Bergmann in der Tiefe, Frage und Antwort. Aber nun richtet er sich auf, denn der dort unten singt, und wir lauschen alle, stellen unser Lauschen ein, präzis wie ein Opernglas auf die dünnfädig, unsagbar rührende Stimme, die aufsteigt wie süßes Gas, das uns mit Wehmut betäubt: *La vie des mineurs est une vie douloureuse.* – Entrückt durch die Narkose dieser Klage mitleiden wir traumstill ein begraben dumpfes Schicksal. Den dunklen Bruder heben gepudert Rosige in unsere Lust, ihm Dank zu rufen und Grüße! Und der Beifall prasselt auf den Künstler, der ihn mitfortträgt in seiner Kehle.

Pause. In den Gängen werden Orangen verkauft, enthäutet, verspritzt, ein Mädchen verheißt *Bonbons surprise.* Auf dem schmutzigen Teppichballen grinst stirnrunzelnd der Clown von vorhin, die enge Bar dröhnt vom Jazz. Vor den Ställen steht ein Tisch mit Schüsseln voll Zucker. Wir klirren ein goldblinkendes Frankstück auf den Teller und greifen mit beiden Händen zu. Der Elefant stülpt ein wenig Rosa aus dem Rüssel und schnauft. Schwarze Haarhalme wehen auf dem grauen Gestade seines Schädels. Die vielen struppigen Steppenpferdchen, fettstaubig anzufassen, drängen zusammen wie eine Schafherde bei Gewitter. Stolz und bäumend ragt die Reihe der Pferde. Meine Veilchen sind welk geworden in dem Gedränge, ich lege sie in die kalte, kleine Hand des Äffchens, das auf dem Tische sitzt.

Die drei «Fratellini», die vergötterten Clownlieblinge von Paris, sind schon mitten in Schwierigkeiten. Gelächter bricht aus allen Reihen von Höhen. Instrumente jodeln, eine Nachtigall schluchzt, die russische Prinzessin schnaubt in die Schürze, der Alte im Bart trinkt Wodka und haut die Flasche dem stumpfsinnigen Jüngling auf den Hut. Über den wüstesten Trubel bricht Dunkelheit, nur ein lila Lichtkegel verfolgt den an einer Schnur Schwebenden, dessen Hosen rutschen und vor dessen Stiefelabsätzen alles Johlen entflieht.

Boulevard Rochechouart

Wir schieben uns durch eine Tür in einen verqualmten Raum, sind gleich an einer Ecke des blanken, umdrängten «zinc», auf dem der Kaffee fließt und Schnaps aus vielen Flaschen. Ein zorniges Mädchen schimpft mit dem hemdsärmeligen Wirt und hebt den nackten frischen Arm. Die Enge ist atemraubend. Durch sie hin zuckt das gedämpfte Gedröhn der Kapelle, orchestrales Dudeln der Harmonika, Geschwirr des Banjo, staubiges Gestampfe, unaufhaltsam selbst im Stocken. Da wo der Raum sich quer aus der Schmalheit des Eingangs dehnt, wird getanzt. Zuschauer lehnen auf der Galerie in der Haltung der Andächtigen in den Kirchen, bewegungslos, versunken. Die blinden Spiegel der Rückwand tragen in Schrägschrift *4 sous la danse* und bunte Blumengewinde. Auch die Paare sind ernst vor Inbrunst. Trotzige Mädchengesichter, fast wütend vor Jugend, in kurzen warmen Mähnen, hurenherrlich. Kleinere mit dünnen Füßchen, liegen eingebettet in die Brust des Geliebten. Unter tiefem Hutschatten eine nußglatte Nasenspitze, ein greller Lippenbogen. Grüner Flitter und staubiger Chiffon. Einzelne sind schön, alle aber sind deutlich. Auf den Stufen zur Galerie steht eine ungeschminkte deutschaussehende Dicke. Unwillig sammelt sie die sous von den Männern, die ihre Mädchen auch im Zahlen nicht loslassen. Ja, diese Männer: bleich und blicklos drehen sie das Warme, das ihre Arme halten – erschreckend, fast als sei das Leben aus diesen Gesichtern verzogen, anderswohin und tobte nun dort, den Blicken verborgen.

Amélie Rue Castiglione

5 Uhr nachmittags. Hundert Frauen, heiße, atmende, duftende, internationale.

Ah, Madame! Ein erkennend bereites Lächeln scheint sich zu freuen. Zur Anprobe, wenn es Ihnen recht ist; sofort, nein, hier entlang geradeaus über den Gang, aber da sind zwei Stufen, nicht fallen, man wird sich gleich mit Ihnen beschäftigen.

Aber auf dem Gang, der die Promenade, die Flüstergalerie zwischen den kleinen, spiegelstarrenden Salonkammern ist, deren Türen offenstehen, wie die der Straßen in den Hafenstädten, bedauert und tröstet die große Juno auf hohen Beinen. Mit zarten Händen macht sie eine Bewegung der aus dem Wasser Auftauchenden, die in einem Lockruf ausklingt: Estelle!

Aber auch Estelle, die Kecke, deren schöne Brust unter dem Rot ihres Casaque steht, wirft ihr kurzlockig volles Gesicht mit einem Schwung hinter die schwarze frische Schleife, die das Cape auf ihrer rechten Schulter festhält, und zuckt die Achseln, daß die Weiße der Arme leuchtet: Alles ist besetzt – –

Madame wird sich damit unterhalten, unsere neuen Modelle anzusehen?

Eine schlanke alternde Witwe steht sonor, das klassische Haupt trägt den Crêpehelm, sie starrt in den Spiegel. Ihre linke Hälfte wird von einer gebeugten Gestalt behandelt, blonder Jüngling mit Stecknadeln auf einem Silberteller. Damen und liebliche Geschöpfe eilen um die Unbewegliche und an ihr vorbei.

Noch einmal die Modelle für Madame, bitte sehr, Léontine ...

Mademoiselle Léontine – hoch, gestreckt, mit Schmollmund, tanzt sie die Jäckchen durch den engen Raum, den sie zwischen den Drängenden immer wieder neu bahnen muß, schlüpft wieder in Seidenfalten, seidene Futter – aus, ein – aus, ein – stählern federnde Kniekehlen – geschwind – exakt.

Sie hat Zuschauer. Nicht nur die Mutter, die für die matt ausschauende Tochter dieses junge Kind sich drehen läßt.

An der Säule lehnt eine schmale Dame, ihr Mund leuchtet kühlgrell geperltes Rot. Sie wehrt mit dem Lorgnon, sie hebt die große Ringperle auf dem dünnen Finger, schlägt gewimperte Augenflügel und steht auf der Zartheit ihrer seidenen Füße.

Drinnen hinter halbgezogenem Vorhang englische Gotik, zwei Schlichte. Schwestern mit einer Begleiterin. Mademoiselle Hélènes Einfälle werden immer geistreicher, um eine Anerkennung zu gewinnen: «Das ist eine Schöpfung, dies kleine Kostüm, geschmeidig, Mademoiselle wird sich dieser Schöpfung bedienen.»

Madame Jane für uns. Der blonde Jüngling folgt ihr, er hat frische Zähne. Sein Metermaß gehorcht wie eine Peitsche. Aber man hat schon Maß genommen. –

Nun ja, erklärt Madame Jane, die nur assistiert, das war für uns, das Grobe – jetzt übernimmt sie Monsieur Gaston und schreibt sie ins Reine.

Die Fülle vorn ist noch größer geworden. Eine krustig schwarze Negerin zeigt Rehgelenke, man führt ihr ein kariertes Kleid vor. Der Mannequin blinzelt jägerhaft mit einem langgestreckten Auge. Sie hebt das gebeugte Knie. Der gewickelte Rock zeigt im Sichöffnen die lange gerade Linie eines Pantalon. Aber das Jägerblinzeln bleibt auch bei dem zartbunt Plissierten mit dem glatten Rückenstreifen.

Dort kommt ein rotlila gefärbtes Haupt auf bleichen Schultern. Zwei Gesten drapieren den enggeflochtenem Seidenmantel, heiß und kalt, Bedrängung, Erfrischung.

Madame wünscht? Stoffe rollen, Falten stehen, drehen, sinken, Stühle wechseln, leer und beschwert, durch die Scheiben dringt mattes Licht, rollendes Gesause – draußen eilt der Kreislauf der Autos, Benzingewölk streichelt geleertes Pflaster.

[Das Tage-Buch, 9. Mai 1924]

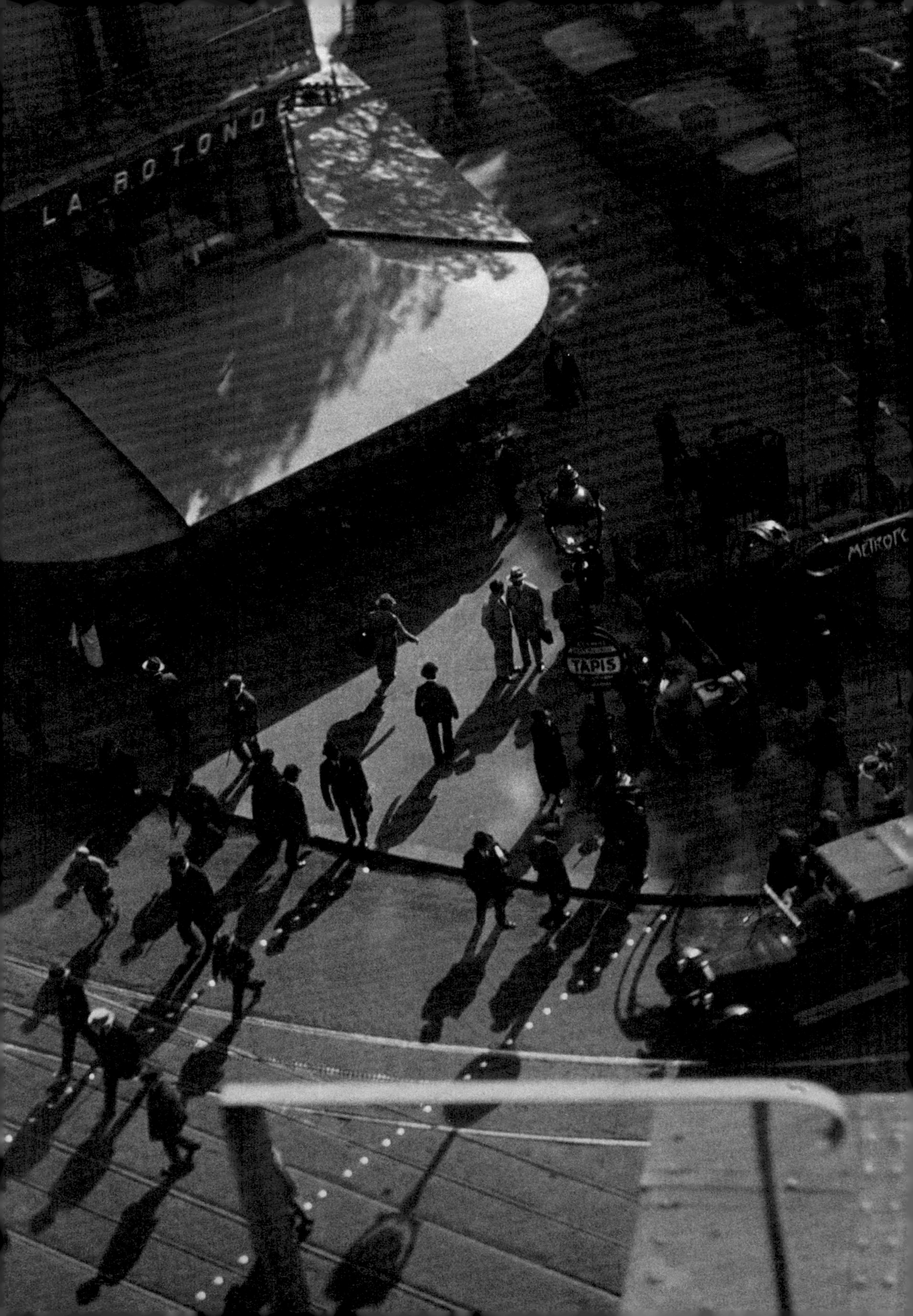
LA ROTOND
TAPIS

Aufatmen in Paris

Das Glück der Straße

Vor den Stufen des Saint-Sulpice fahren Autos an, Kränze und Palmen werden gebracht; drinnen brausen die getragenen Wellen der Orgel. Ein schwarzverhängter Sarg, silberverbrämt, kordelbehangen, thront schon unfrisch in der Sonnenhelle, die morgendlich drüber herfällt. Die vielen gelben Kerzen duften ohne zu leuchten. Links vom Schauspieler steht die Gruppe der weiblichen Trauernden, ich bin versehentlich in die Männerabteilung geraten und ziehe mich beschämt zurück. «Pompe funèbre» – düsterer Prunk!

In dem engen und bequemen Taxi, das uns entführt, liegen kleine rosa aus Kränzen entfallene Blüten am Boden.

Wir gleiten sanft und geschwind durch die schmale Rue Bonaparte, über den leeren, immer provinzialen Boulevard Saint Germain in die Rue des Saints Pères, mit den diskreten Dunkelheiten ihrer Antiquitätenläden und der gelben Vielfältigkeit der Bücher. Vor uns öffnet es opalfarben auf eine Weite: der Fluß, die Seine. Die Bücherkisten der Kais sind schon offen, dahinter geht es ins Tiefe, Sand und Kies bildet Ufer für den grünen spülenden Wasserrücken, der von Sonne flimmert. Noch im Morgennebel fern die Türme von Notre-Dame.

Unser Tempo ebbt ab, wir stehen einen Augenblick im Gedränge der vielen Gefährte. Dicht neben uns ist der Kopf eines schweren Belgiers;

seine Scheuklappe ist mit einem Veilchenstrauß geschmückt, die zwei Riesenräder des Wagens, der Kohlen führt, sind leuchtend blau bemalt. Ein behelmter Schutzmann hebt den weißen Feldherrnstab, wir gleiten durch das Bogentor in den gepflasterten dünnen Frühling der Tuilerien, der unter dem Arc de Triomphe windig fortläuft und sich in der schweren Stattlichkeit des Louvrehofes verfängt, hinaus durch den Bruderbogen. Preußisch fast ist die einheitliche ockerfarbene Front der Rue de Rivoli, in der das Bazarleben verdeckt ist von Arkaden. Wir biegen am Palais Royal vorbei in die Weite der Avenue de l'Opéra. Eine gelindere Eile bewegt hier den Strom und Gegenstrom, Schlendernde verweilen vor den Auslagen der Läden, lassen sich überholen, fügen sich wieder ein. Drüben auf der Sonnenseite leuchtet in Goldschrift: *Robes. Manteaux. Fourrures. Thos. Cook & Son.* Vor uns festlich, prunkhaft, erscheint die steinerne Draperie der Oper, von ihren Gittern morgendlich verschlossen. Spitz stechen die Flügel der Genien in den hellen Himmel, die bäumenden Rosse wiehern im Profil; zwischen den Säulen her aus dem beschatteten Rund lugt die weiße Reihe der Büsten, darüber, ganz oben sendet die geraffte Wölbung der Kuppel noch eine jauchzende Engelgruppe ins Himmelreich. «Napoléon III.», sagt mein Begleiter wie eine Entschuldigung.

Die breite Mitte des Boulevard des Capucines ist bedeckt von den sich windenden Schlangenreihen der Autos. Vielfach gegliederte Ketten, die gleiten, beweglich, gelenkig. Auf den Karren am Rand türmen sich die milchlila Hügel der Parmaveilchen. An Ecken, Pfosten und Tafeln, ragend, klebend oder getragen dünnbunt und fast transparent die Verheißung der Plakate. Die Bäume noch kahl. In den Kiosken flattert das Schwarzweiß der vielen Zeitungen, schöne Frauenbilder lächeln in großem Format. Hinten schimmert schon das gelaugte Seegrün vom schrägen Dache der Madeleine. Vor ihrem theatralischen Treppenaufwand halten bukettgeschmückte Autos, umdrängt von einer Menschenmenge, die nach oben schaut. Da, wo die Säulen sich rückwärts neigend in ihr Stirnrelief schieben, aus dem Dunkel der Kirche, feierlich, treten zwei betreßte, buntgoldene Schweizer mit Stab und machen Platz auf dem roten Teppich für die weiße Wolke der Braut. Der Schleier bauscht bei jeder Stufe, Kinokurbler halten sie auf, verdecken sie, geben sie frei. Sie kommt näher – wie niedlich sie ist, sie lächelt. Falsch sind die Orangenblüten des Kranzes. Durch die Scheiben des Autos sehe ich das zum Einsteigen erhobene Füßchen im Seidenstrumpf, ein weißes Bukett, dann das etwas unordentliche Gezähn des lachenden Bräutigams. Die Zuschauer winken den Abfahrenden – wir alle lachen einander zu, aus Mitlust, als Mitspieler des feierlich Hübschen: *assistons, applaudissons!*

Drüben in den *Trois Quartiers* winden wir uns durch die bunten Stapel der *robes d'intérieur*, der flockigen *liseuses*, der geschuppten, grellen Hütchen, die von vielen Händen angefaßt werden, probiert und verworfen. Auf den Ladentischen rieseln schillernde Stoffe, auf Glassockeln türmen sich die Riesenflaschen Eau de Cologne, überbaut von den kleineren der Parfüms. Farbige Seidentroddeln hängen von den Kartons und lassen Düfte ahnen, *quelques fleurs* und *ambre antique*. Die goldenen Rollen der Lippenstifte liegen wie Munition neben dem unschuldigen Schaum der glasgeschützten Puderquasten. An der Kasse liest die weichlockige Verkäuferin dem behenden Buchhalter die einzelnen Posten in die Feder. Der Fahrstuhl steigt, entläßt uns in die Fülle der Satins und Cretonnes; gefällige Jünglinge wenden eilig vor unseren Blicken Tapetenabschnitte, die auf alle Epochen des königlichen Frankreich anspielen; um die Ecke breitet man in kokettem Wurf lachsrote Crêpe de Chine: Höschen, Hemdchen. Von einem Ständer hängen lange zarte Gürtelchen aus rosa Seide mit Schlingen. «Ceinture périodique» erklärt man uns in lächelnder Unbefangenheit. Unsere blauäugige Verkäuferin von gestern leitet uns in den kleinen «salon». Die Fenstertüren aus Milchglas öffnen auf gelbliche unregelmäßige Mauerfronten, hinab auf niedrigflache Dächer. Vom Boulevard heraus aus dem Gesumm dringen die Hupen der Autos und Einzelrufe.

Und dann sind plötzlich vier Mädchen um mich beschäftigt, Blusen gleiten über meinen Kopf, eine gedrungene Gestalt kniet am Boden und steckt das Rund eines Rocks. Die Große, Schlanke lockt mit den letzten Neuheiten ihres *rayons*, schmalplissierten und lose gerafften Seidenkleidchen, bunten und schwarzen – oder die dünnen Chiffons? Für den Frühling, der kommt? In der generösen Weite des Spiegels sehe ich mich in schneller Folge vielfach verwandelt, die Hände der Probierenden sind vertraulich, schwesterlich. Ihre flinken Finger und Worte berühren mich wie sanft rieselnder Regen.

Schnelle Mittagspause

In einer Seitenstraße des Boulevard Haussmann finden wir den unscheinbaren Eingang zu einem Restaurant, in dem die Angestellten der umliegenden Warenhäuser ihre muntere Mittagsstunde verleben. Das Innere dieses weiten zweistöckigen Raumes gleicht einem Käfig voll von zwitschernden bunten Mädchen. Bronzene Ranken und Blattgirlanden umschlingen, verbinden die schlanken Säulenstützen der Deckenöffnung nach oben, um deren viereckigen Ausschnitt das Galeriegitter läuft, golden und leicht, darüber hin lachende Gesichter, leuchtende Ellbogen. Grüne Laubenrauten verkleiden die Wände, dort wo es nicht Spiegel sind, die die farbige Vielfalt noch erweitern. Zwei Treppenbögen spielen ihre Stufen herauf, hinab. Oben dirigiert, allen sichtbar, eine südlich temperamentvolle Geigerpuppe, im Frack die kleine Kapelle. Carmen gibt es zu hören, Massenet und Rubinstein, leicht verdaulich und pikant wie die Menüs, die eilig serviert und zierlich genossen werden. Kollegen und Freunde bedienen ihre Damen, gießen den roten und weißen Wein aus den kleinen Carafons in die Gläser, leuchtende Lippen lachen, trinken, essen und schwatzen. Ich erkenne unter einem spiegelnden Hutrand das kecke Gesicht eines Mannequins, sie grüßt mich vertraulich, wie ein Kind, das sich freut. Ein gar zu eiliger Kellner hat einem Herrn Kaffee über das Knie verschüttet. «Beruhigen Sie sich, mein Herr», ruft eine Dame vom Nebentisch tröstend hinüber, «da noch kein Zucker darin war, wird es keine Flecken geben.» Aus der Küche werden immer neue Miniaturportionen heraufgetragen, alles im Schwung – man respektiert hier die Eile der anderen – aber schon sieht man Zeichen zum Aufbruch: die Spiegeldecken der Handtaschen werden aufgeklappt, Puder stäubt, die rote Kuppe des Lippenstiftes fährt exakt über gespitzte und gezogene Münder – fertig, und wieder hinaus an die Arbeit. Diese fröhliche Stunde war

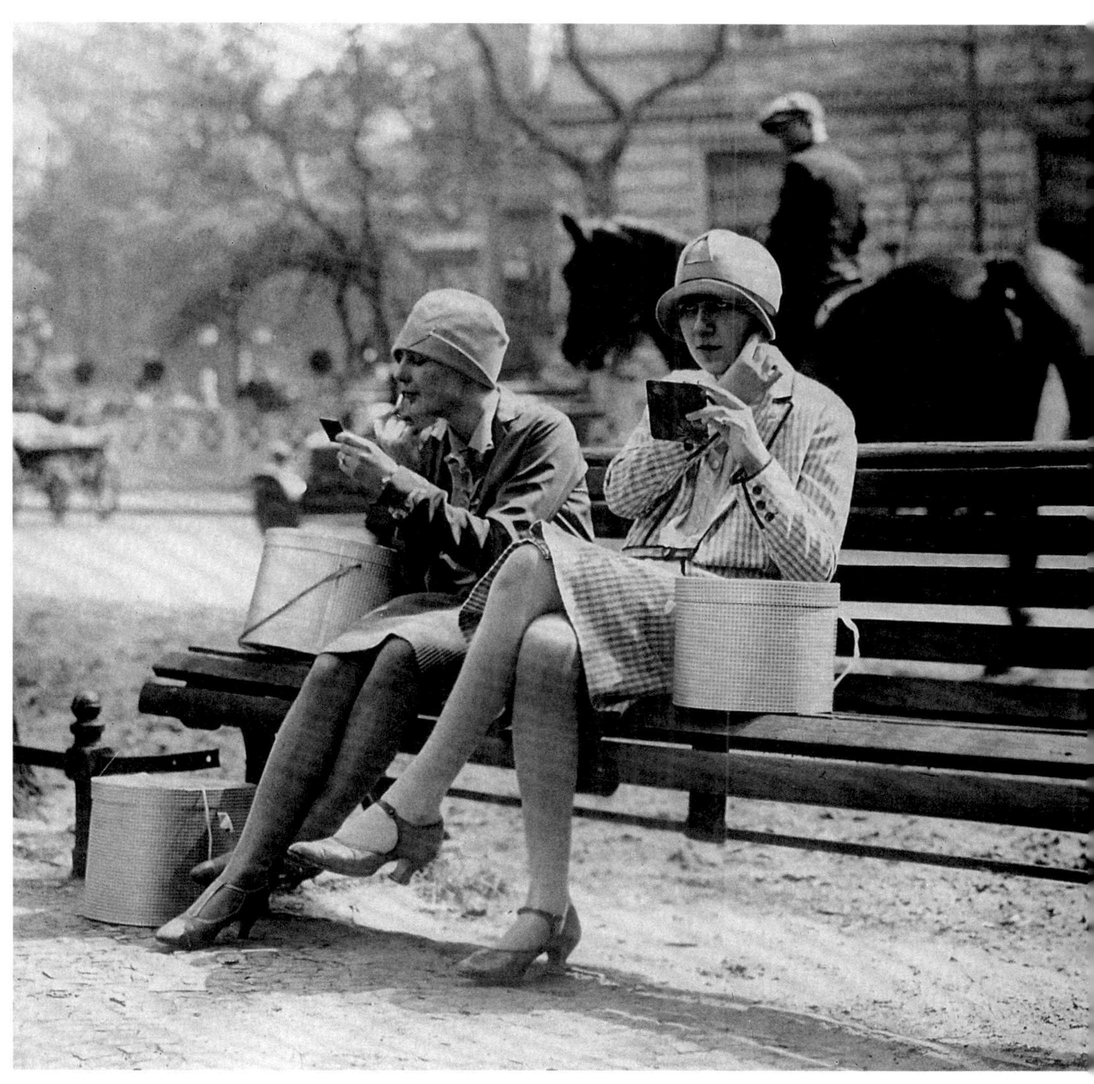

Make-up, Paris um 1930

die Atempause zwischen zwei Arbeitszeiten. Am Nachmittag wird es noch voller werden in all den frauenmenschendurchfluteten Stockwerken der *Galeries Lafayette*, des *Printemps*, der *Trois Quartiers*, man wird vorzeigen, anpreisen, Rat geben und sich durch nichts verdrießen lassen. Ja, einmal sah ich doch eine Verdrossene. Sie war sehr jung und sehr lang und konnte trotz allen guten Willens die französisch geäußerten Wünsche einer Amerikanerin nicht verstehen. Sie hatte dann wohl einen Verweis bekommen von der kleinen, aber imponierenden Directrice. «Sie nennt mich ‹ma petite›», berichtete sie wütend ihrer Kollegin hinter dem Ladentisch, «das ist denn wohl doch übertrieben.»

Meinungen

Billige Crèmerie in der Nähe des Bon Marché. 2 Uhr mittags. Die Wirtin, eine alternde Göttin mit klassisch geschlungenem Haarknoten. Der Wirt in Hemdsärmeln. Der verspätete Stammgast beim Café.

Wirtin: – war sie nicht gemacht, um zu gefallen, und nun –

Gast: Beruhigen Sie sich, sie wird nur um so mehr gefallen.

Wirtin: Das schöne blonde Haar, es ist eine Sünde. Die Welt ist toll. Rasiert! Ein Frauennacken – ja verstümmelt man sich denn so? Merkt denn ihr Männer nicht, daß es euch betrügen heißt, und verzichtet, ohne euch zu wehren, auf den verführerischen Augenblick, wenn der Chignon gelöst wird, das Haar herabfließt bis auf die Hüften, bis hier –

Gast: Die neuen Frauen haben neue Reize. Die Pariserin kann alles tragen, sie bleibt immer elegant. Was wollen Sie? Ist nicht der Nacken ein Charme für sich, wo ist die Haut zarter, parfümierter ist als da, wo das Haar ansetzt. Es wird noch besser kommen, glauben Sie mir: Wir werden die Frau beim Tanz am Nacken führen, gerade da, und wir werden nichts zu beklagen haben.

Wirtin: Wen verteidigen Sie da? Die leichten Frauen, die sich amüsieren? Das ist nicht meine Sache, was sie treiben. Aber öffnen Sie doch ihre Augen, mein Herr, sehen Sie doch hin. Bei mir essen nur ordentliche Mädchen, Verkäuferinnen von drüben und die aus den Ateliers. Und gerade die Jungen und Hübschen machens am tollsten, vom frühen Morgen an gepudert, geschminkt, bemalt. Ja, ist denn das nötig? Die Lider blau und der Mund klebrig von «rouge». Ich sehe es ja täglich, und da gibt es viele, die den Farbstift schon nach der Suppe herausziehen, ist das appetitlich? Und wie sehen meine Servietten aus?

Wirt: (schlau blinzelnd) Die roten Farbstifte, das ist eine Erfindung der «boches», um unsere Frauen zu vergiften –

Wirtin: – und keine schlechte, wenn es so wäre. Aber euch Männer trifft der Schaden, solange euch so was gefällt. Ein gefärbter Mund sagt: Ich bin zu haben, Puder und Schminke will auf die Straße. Und so etwas wollt ihr heiraten? Glaubt ihr, das wird in der Ehe anders? He? Was braucht sie all den Plunder – etwa um euch den Haushalt besser zu führen oder eure Kinder in die Welt zu setzen? Sie wird sich schön hüten, eine Ninonfrisur paßt nicht zu einem großen Bauch.

Gast: (träumerisch) Die Pariserin kann alles tragen –

Persephoné am Boulevard

Lavabo des Grand Hôtel. Die Luft ist dampfig warm, vielleicht sind die großen Heizkessel hier nebenan. Es tropft von den Marmorwänden, behaucht die Spiegel über dem königlichen Kamin, der zwei Empirevasen trägt, rechts und links, und die große Schale in der Mitte, dunkelblau mit dem goldenen Sternenmuster. Während man die Hände wäscht und das Gesicht neu pudert, kann man durch den Spiegel das junge Wesen betrachten, das hier wacht. Sie sieht unsagbar kostbar aus. Der zarte Kopf ist auf zarte Handflächen gestützt, die sorgsam lose Welle des Haars liegt wie Schlaf über der Stirn. Eine Perlenkette schimmert auf der matten Helle des Halses, graurosa wie die seidenen Strümpfe über den glimmernden Schuhschnallen. Aus halbgeschlossenen Augen blinzelt sie müde und verträumt. Es ist heiß hier, sage ich, indem ich mein Geldstück zu den andern lege auf den Teller. Ja, antwortet sie, ohne sich zu rühren, man gewöhnt sich daran. Sind Sie immer hier, frage ich verwundert. Seit vier Jahren, täglich, bis Mitternacht.

Nicht sehr weit vom Étoile gibt es ein Restaurant, dessen Name mit Vorsicht weitergegeben wird. Die ausgesuchte Kunst seiner Küche soll nicht in Gefahr kommen, ihre französischen Traditionen zu verlieren, wie so manche andere, die die Mühen des genialen Raffinements nicht mehr lohnend fand, seit die Zahlenden, Engländer und Amerikaner, doch immer nur *Roastbeef* verlangten. Die dunkle, entlegene Straße kommt der Diskretion zu Hilfe. Viele Autos halten um den Lichtstreif der Tür des geduckten Eckhauses. Drinnen an der Kasse sitzt die jugendliche Wachsbüste der Wirtin in ihrer eisgrauen Frisur. Dahinter der winkelig schmale Raum ist wie ein Korridor, der in der Angst seiner Enge ein paar Wände durchbrochen hat. Wir haben das Glück, einen Platz zu finden, viele Wartende stehen, Hindernisse, beharrlich. Hier gibt es keine Musikkapelle. Der klingende Schwall vieler lebhafter Stimmen hat keine dämpfende Konkurrenz. Alle Zungen des Erdballs, so scheint es. Während mein Begleiter mit dem Kellner wie mit einem Komplizen über die Reihenfolge unseres Menüs berät, habe ich Zeit, um mich zu schauen, und ich sehe, zum erstenmal in Paris, die Köpfe von Männern, einzeln, deutlich, lebendig unterschieden. Die Frauen in all ihrer lebhaften, warmen Sorgfalt sind hier nur wie das schmückende Beiwort. Zu vielen dieser Physiognomien weiß mein Begleiter eine Geschichte zu erzählen. Diese kleinen harten Augen in dem knochigen Gesicht, auf dem viel graues Haargestrüpp steht, gehören dem Kunsthändler, mit dem unfehlbaren *flair*, dessen Käufe und Verkäufe die Weltmarktpreise der Bilder heben oder senken. Er sitzt mit einer sehr blonden Schwedin im Sombrero, die einen orangegestreiften Schal trägt über einem ärmellosen Lederhemd. Der Sonnenbrünette mit der irdischen Nase über einem guten heiteren Mund, dessen Blick nahe herankommt wie warmer Atem, ist der große Maler. «Wie sehr Sie sich amüsieren müssen», sagte eine Besucherin in seinem Atelier, staunend entzückt über die vielen Bilder, die die Farben und Formen der Welt wie in einem Spiegel fangen, zerbrechen und in neue Schönheit zurückverwandeln. «Amüsieren? Ja, auch das. Aber eigentlich, jedesmal, wenn ich ein neues Bild anfange, werfe ich mich aus dem Fenster.» Ein glatter Japaner, der seine perlenblasse, wertvolle Dame sorgfältig bedient, ist immer wieder von seinem diplomatischen Posten abberufen worden und immer wieder zurückgekehrt. Es geht nicht ohne sein Maskenlächeln. Ganz nahe von uns heben sich schwermütige orientalische Augenlider von tauschenden schwarzen Augen, dem einzig weichen in dem präzis gemeinten Gesicht. Er ist ein Filmdichter und Regisseur – Europa und Amerika versorgen ihn mit den Riesensummen, die für den «Weltfilm» nötig sind, der sein Ziel ist. Aus überwältigendem Material um einen Weltheros einzubiegen in den einzig populären Öldruck für die gerührte Träne. Ich höre eine zögernde wählende Stimme, gelbliche Hände runden eine Phrase ab, schneiden die Architektur einer Behauptung. Das kleine kühle Slawengesicht seiner Begleiterin hat eine nackte unabhängige Stirn.

[Das Tage-Buch, 5. Juli 1924]

Bei Paul Poiret

11 Uhr vormittags. Der Portier, hoch wie ein Grenadier, öffnet die weite Flügeltür mit dem sanften Lächeln eines Dienenden. Die geweißten Wände der runden Halle sind sehr neu, ebenso wie die grellgemusterten Stoffe hinter den Scheiben der eingelassenen Vitrinen. Die Decke über uns trägt in Schrift und Bild, golden und blau die Zeichen der Tierkreise. Wir gleiten auf milden Stufen nach oben. Hier sitzen geschäftige Mädchen an Schreibmaschinen, umgeben von Geschäftsbüchern und Papieren. Sie ordnen und tippen, businesslike und schnell. «Madame wünscht eine Verkäuferin?» Niedrige Gatter aus durchbrochenen Silberrosen führen in das weite Rechteck des Schauraums.

Hier bei uns sitzen schon allerlei Gestalten um den leeren Teppich. Eine geschwätzige Frau, sehr «angezogen», pudert nichts als ihr prangendes Doppelkinn, während sie ihrer Freundin schmeichelhafte Vorwürfe macht: «Sie, die so viele Millionen haben –». Liebenswürdig bemüht sich die Empfangsdame. Eine vornehme Engländerin schaut durch ihr Lorgnon die Wände hinauf. Sie sind roh verputzt und versilbert, aus ihren oberen Krusten bricht Licht. Grüngläserne Kronleuchter tragen schlanke Kerzen – nur wenig schlanker als die vollkommenen Beine der zarten Frau gegenüber. Einem geschäftigen Ehepaar, das unverkennbar provinziell aussieht, hat man einen ganzen Arm voll Kleider herbeigeschleppt. Sie werden auf den Boden gebreitet,

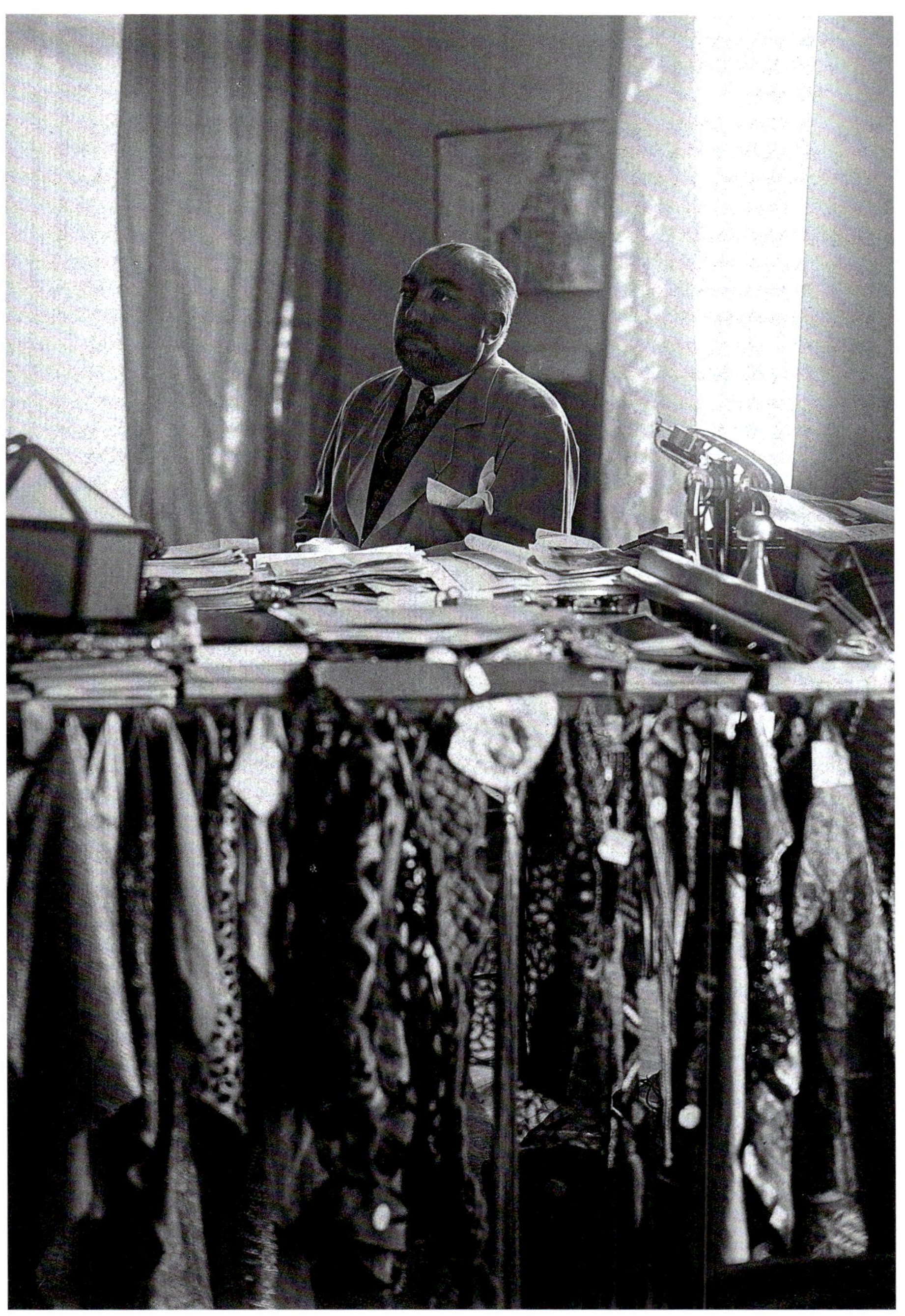

Paul Poiret, Paris, Oktober 1925

befühlt, gewendet, verhandelt. Immer mehr Plätze füllen sich, mit Frauen, lebhaften und gehaltenen, mit eiligen Herren, die nach der Uhr sehen.

In dieser ganz auf Effekt und Business eingestellten Aufmachung spürt man überrascht die moderne Bindung von New York und Paris – den Einfluß von Film und Dollar auf den französischen Geist. Paul Poiret, der Meister, ist plötzlich im Raum. Plaudernd geht er von Gruppe zu Gruppe, ein graugrüner Kittel hängt lose um seine imposante Gestalt, gibt der Situation eine Andeutung von Intimität, seinem Auftreten die Liebenswürdigkeit eines Hausherrn, der seine Gäste begrüßt. Seine blauen Augen erfassen schnell, schauen freundlich. Er hat in Paris als der Erste darauf verzichtet, seinen Räumen eine historische Stilart zu geben. «Es ist ein Irrtum, das moderne Kleid anders als in modernen Räumen zu zeigen. Unsere Epoche schwebt nicht im Vagen, sie hat sich realisiert – bedienen wir uns.» – «Oh nein», protestiert er, «kein anderer als ich hat diese Dekorationen entworfen – für alles, was Sie sehen werden, bin ich verantwortlich.»

Die Vorführung hat begonnen. Straßencomplets werden durch Rechteck gezickzackt. Der Typ der Mannequins ist nicht weniger variiert als die Formen der Modelle. Es gibt die kecke und die weiche Blondine, die gestelzte Schwarze mit der hellen Haut und die trotzige Negerdunkle, für die Braunen den Engel und den Gamin. Sie schreiten bis nah und wenden kurz, sie lüften die Armen und lassen sie sinken, schlingen die Schals, öffnen die Knöpfe. Dem klassischen Tailleur aus beigefarbenem Kasha hängt ein knappes Cape von den Schultern. Es ist mit einer Rostfarbe abgesetzt, die in der gedrungenen Raupe des Hutgrates wiederkehrt. Zu den gerollten Strohlocken des anderen gibt es eine halblange Jacke mit Kragen und Taschenteilchen aus flaumigen Federn. Einzelne Röckchen sind noch ganz schlicht, aber die meisten fallen in Falten, springen aus in Glocken. Manche sind durchsetzt von Plissés, vorn hauptsächlich grad vor dem schreitenden Knie. Schlanke Linien lassen dem Oberkörper die Schlichtheit, die noch betont wird durch eine untere Weite, die nicht in die Breite strebt. Die Röcke sind nicht mehr ganz so kurz, Gürtel heben die Mitte ein wenig höher hinauf, schmal sind sie und begrenzen oft nur die Strecke unter der die Weite entspringt. Dunkelblau gibt es viel, von rotledernen Zacken durchsetzt, von Tütenblau umrahmt, von weißen Streifen breiter und schmaler durchzogen. Erhaben gestickte Röschen in Frühlingsfarben bilden dichtgedrängt Kragen und schmale Hüftteile und die Füllungen der weitgeschlitzten Ärmel. Kasha und Wildleder vereint sich im sanften Braun, doppelte Schienen von Silberplättchen laufen die Nähte entlang. Aus fleckigem Stoff ist das ungleich gestreifte Cape mit den langen Fransen um sein Dreieck. In sich geflochtene Muster geben ein Flimmern, schimmern wie Dünensand. Hoch am Hals schließt ein riesiger Knopf den schmalaufrechten Kragen, ein zweiter hält die Jacke tief um die Hüften. Dazwischen öffnet sie sich über einem Chemisette aus gefaltetem Musseline, das von gestickten Bändern durchquert ist.

Aber es ist nicht die Fülle der phantasievollen Einzelheiten, die Meisterschaft von Maß und Form, sondern die Überzeugungskraft dieser Schöpfungen, ihr einheitlicher Gedanke mit seiner Suggestionskraft von dem «Heute», von der Vielfalt der Dispositionen und Verdrehungen, Tugenden und Unarten, von Landschaften unter einem wechselnden Himmel in einer durch Autos und Flugzeuge beschleunigten Welt. Etwas verzweifelt und sehr mondän ist die junge Frau in dem rostroten Kleid, dessen Jacke in all ihren Nähten von enggewellten Rüschen durchzittert ist. Schweigsam und blutarm das junge Mädchen in dem schimmernden Gobelin, das priesterlich schlankglockig hinabfällt. Amerikanischer Vorstellung von «Montmartre» schmeichelt das Tuch um die Hüften, dessen schwarzweiße Streifen sich in dem Apachenschal wiederholen. Ein törichtes Staunen liegt in dem Ensemble von Schürzenteilen und weißgepunktetem Foulard, dessen plissierter Rock ein tütiger Volant begrenzt. Prüde Jugend drückt sich in dem Delftmuster aus, lachende Freude in dem hellgelben Schottisch mit den dünngewebten Fransen und dem doppelseitigen Jäckchen. Fast heilig teilt ein Kreuz eine mattrote Front in Länge und Breite – jeder Winkel trägt sein gesticktes Schild. Lilienornamente beginnen verstreut, steigen gedrängter auf. Alternder Koketterie gehört dieses kostbare Cape von Straußenbüscheln umschmeichelt, das aus dem Weiß hinabfällt ins

Folgende Doppelseite: Modenschau, Paris, um 1930

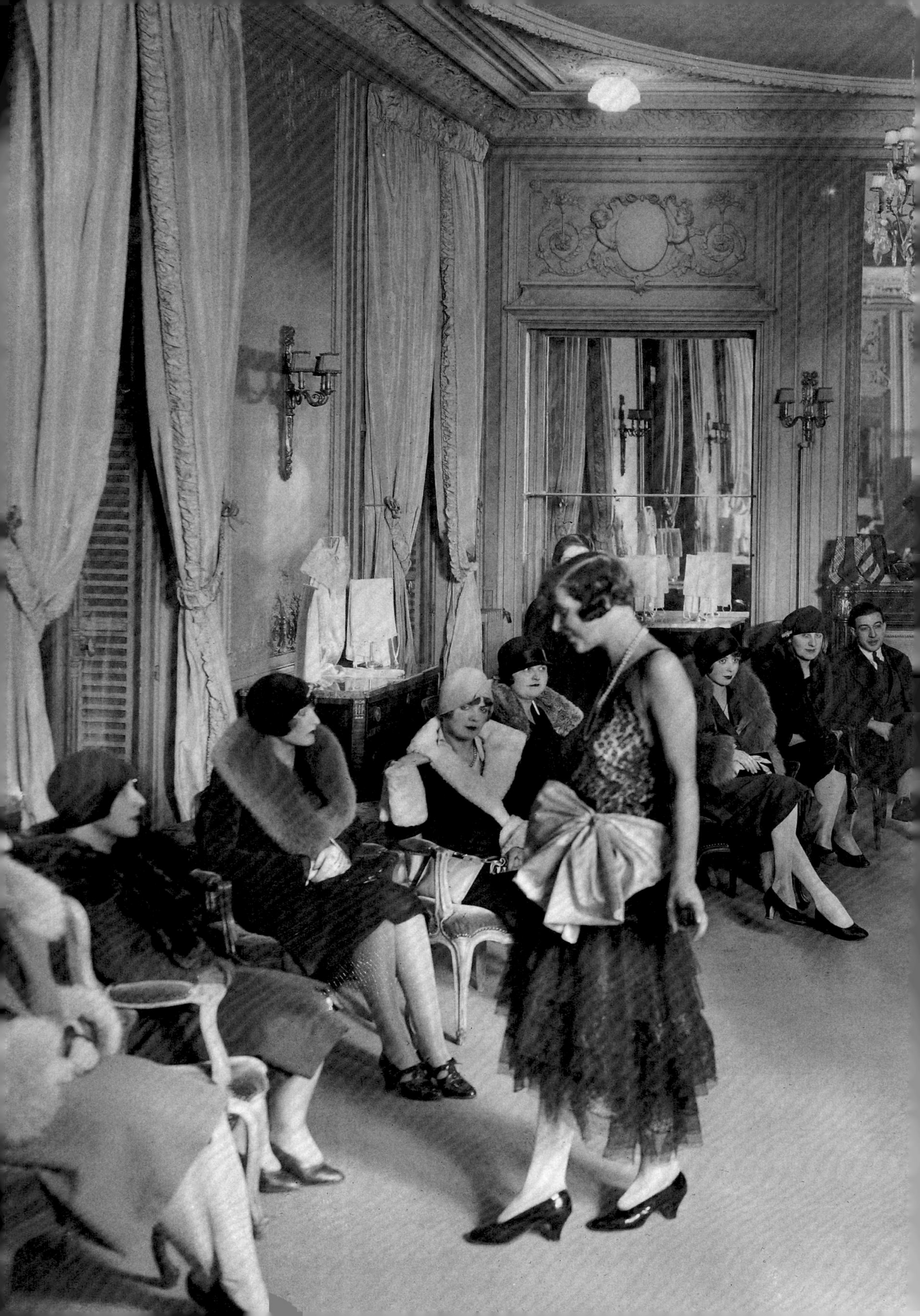

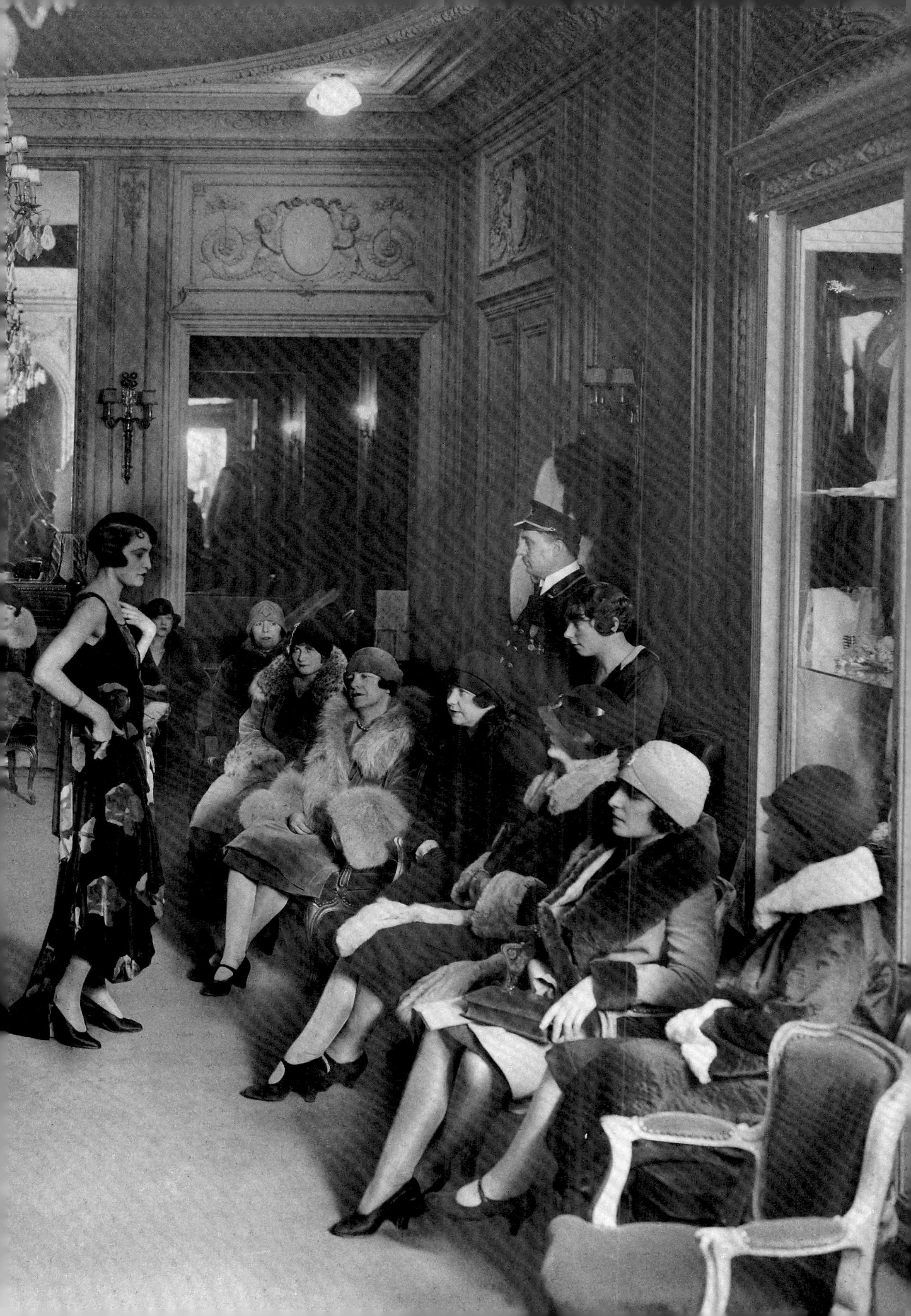

Silber, und tiefer in Schwarz. Verliebtes Glück rieselt in den silbernen Schalkaskaden, die einem glühenden Weiß entfließen. Schichten aus vielfarbigem Tüll von großen Taftschleifen umbunden, umflattern die Wählerische, die noch Zeit hat. Ganz «Schäferin» und sehr verkleidet scheint die Dame im riesigen pastellblauen Hut, der die nackten Schultern beschattet und die spitzlaufende Taille über dem geschweiften Rock. Die Erregung einer ersten Ballnacht duftet aus den weitoffenen Magnolienblüten, die zarten Tüll an Schulter und Hüfte heften. Steil und gerafft faßt ein roter plissierter Chiffon hoch bis zum Hals. Ketten aus goldenen Kugeln schließen es ab, glitzern über den nackten Rücken, umspannen den Ansatz der Schulter, ziehen sich hinunter und greifen in den klirrenden Gürtel der Hüften.

«Was ist der Name von diesem Kleid», ruft die Dame mit den schmalen Füßchen. Ihr amerikanischer Akzent ist noch akuter durch ihr Entzücken.

«Cléopâtre, Mademoiselle», antwortet man ihr.

Sie macht ein energisches Kreuz neben den Namen in ihrem Katalog, sie wird Cléopâtre erwerben.

Die Schau ist zu Ende, die Mannequins sind von der Szene abgetreten, die Vendeusen sind an der Arbeit.

Draußen fällt ein funkelnder Sonnenregen auf die Köpfe der blaublusigen Arbeiter, die trotz Trams und Autos das Straßenpflaster reparieren.

Über der Weite des Rond Point spannt sich ein schillernder Regenbogen.

[Das Tage-Buch, 25. April 1925]

Im Klima der Mode

Der Hunger und die Liebe sind in Frankreich keine Probleme, sondern Vorwände zu Genüssen.

Katholisch, das heißt bescheiden gegenüber dem Ewigen, bleibt das etwas Grüblerische immer in Beziehung zur Wirklichkeit.

Von der Vernunft in die Grenzen und den Bogen der Lebensdauer resigniert, meidet man instinktiv als zeitraubend das Streben nach Originalität, diese verkappte und überschätzte Verkleidung eines Geistes, der zu der brutalen Bewegung des Umsturzes Lust hat.

So, aus dem Zickzack des «Verachtens und Ersehnens» erlöst, in dem willigen und vertrauenden Hinnehmen und Weiterreichen der Tradition, hat ein Volk Zeit, ganz geistreich und ganz *terre à terre* sich mit dem Ausbau des Gegebenen zu beschäftigen, mit dem Trost der Genüsse, mit der Variation des Details.

Nirgends wie in Paris ist die Lust am Geschmack unter nationalem Schutz.

Der glückliche Verlauf von Anreiz und Erfüllung, die Mitte zwischen dem Bekömmlichen und dem Entzückenden zu finden, ist nicht Ehrgeiz einzelner Raffinierter, sondern Talent aller Klassen.

Man ehrt die Gesetze des Appetites, pflegt sie, ist mit ihnen einverstanden und vertraut.

Die Mode ist der Apéritif des Liebesgenusses.

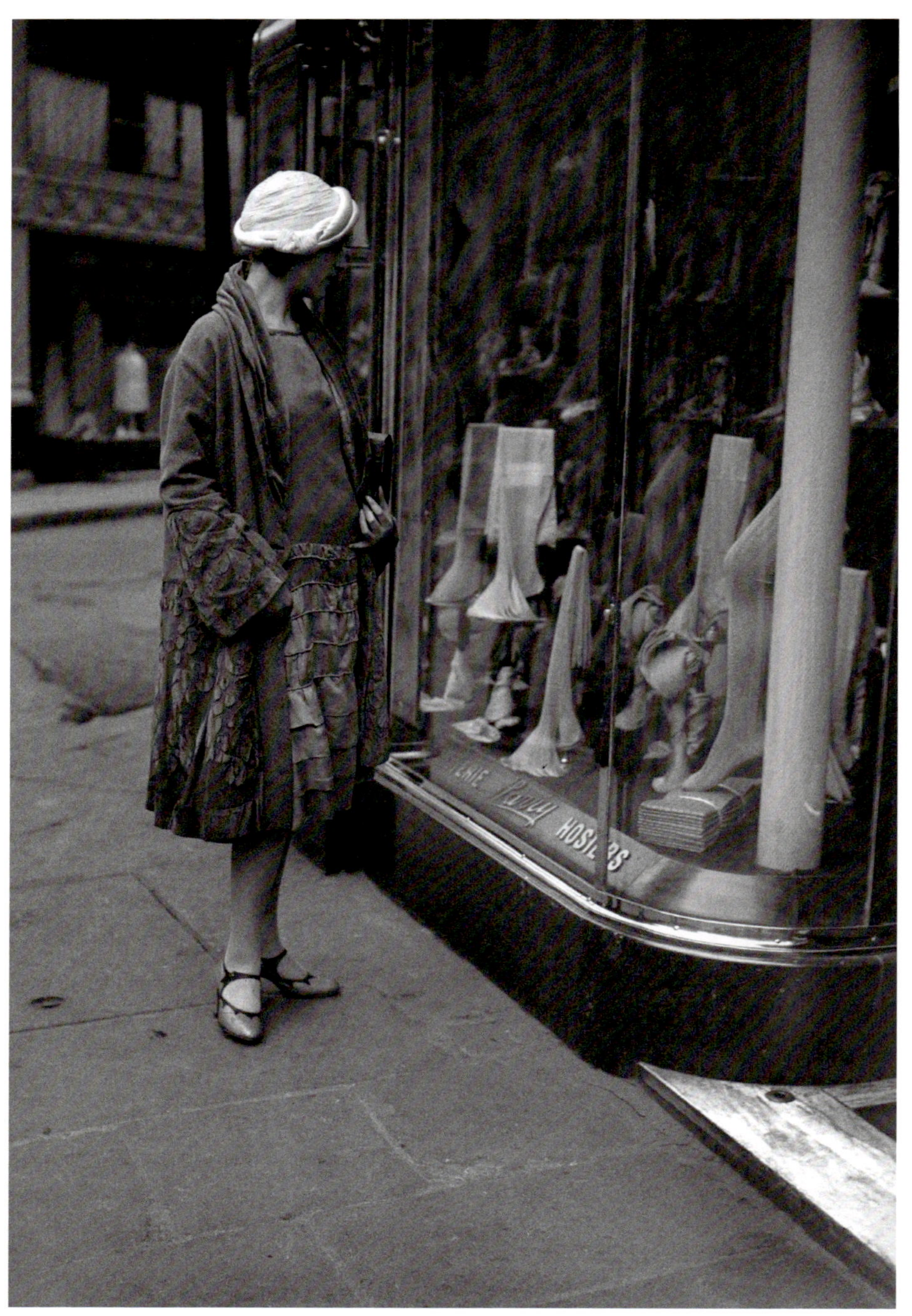

Vor dem Schaufenster, Auteuil, 1926

Sie ist nur echt in Paris, wo sie geschaffen wird.

Gerade die großen schöpferischen Kunstwerke der Pariser Mode zu exportieren, bleibt ein Risiko. Sie isolieren in einem fremden Milieu die Frau, die sie trägt.

Hier ist sie beiden Geschlechtern gleich bedeutungsvoll.

Hier ist das Tempo ihres Wandels begreiflich.

Mit Vorsicht behandeln die Schöpfer den Hang zur lieben Gewohnheit.

Wie in langsamer Liebkosung weist man im Laufe der Jahre auf immer neue Ausgangspunkte der Lust.

Man hat keine Eile. Immer noch gibt es rosige Seidenbeine, nackte Arme und Nacken, sichtbare Achselhöhlen, deutliche Formen zwischen Kniekehle und Kreuz.

Was nun? Was heute? – Wendet sie uns wieder zur Mitte, zur Front?

Der abendliche Ausschnitt ist von vorn nicht verändert, aber vom Handgelenk hinauf hat die Nacktheit des Armes bis weit über die Schulter Raum gewonnen. Das Profil der ansetzenden Brust ist frei und die Linie, die sie der Schulter zuhebt.

Und: unter Gürtelschnallen, gestickten Motiven, spitzgeschnittenen Winkeln sind Falten eingelegt, die die Schlankheit nicht beeinträchtigen, aber die Schreitende, die Sitzende hat auf einmal wieder zwei Schenkel, die sich trennen.

Man könnte in lächerliche Irrtümer verfallen, wollte man die Mode von anderen als französischen Begriffen her beurteilen. Es ist auch nicht ratsam, sich einiger typischer Arrangements zu erinnern und sie aus dem Gedächtnis kopieren zu wollen.

Nicht anders wie bei einem Gedicht um die Silbe, handelt es sich hier um den Zentimeter.

Die neueste Mode bringt schmale Kleider mit chemisettenhaftem Ausschnitt, in dem die Lingerie zum Vorschein kommt. Das ist hübsch und sanft und frisch. Aber begriff man auch, daß die Quermaße so geordnet sind, daß im Schreiten die Höhe der Brust bald innerhalb, bald außerhalb der begrenzenden Linie liegt?

Oder: ein Garçonnekleid. Unter einer verschleiernden Oberschicht, vom tiefen Gürtel herkommend, hängt ein farbig gedämpftes Bandeau.

Wie irreführend wäre hier ein bloßes Geschmacksverständnis. Sicher ist es auf alle Fälle eine graziöse Teilung des Kleides, aber man spürt auch die sensible Kunst, die dazu gehörte, um diese intime und diskrete Andeutung einer Männlichkeit nicht zu einer Lächerlichkeit zu machen?

[Der Querschnitt, Juni 1925]

Musikalische Magier

Paul hat seinen Zylinder am Hinterkopf hängen. Der schwarz plissierte Wurm des Akkordeons dehnt sich, krümmt sich, duckt sich zwischen seinen Fingern. Aus den Falten quellen kirchlich gequetschte Töne. Er lächelt schmerzlich aus dem Puder, tritt mit den buntgestreiften Zehen den Takt der Synkopen, sieht zum Bruder François hinüber. Der tänzelt elegant mit geschwungenen Seidenbeinen im Flitter seines Röckchens, von dem Atlassonnen aus rosablauen Pailletten grinsen. Wie verzückt, in Statuenhaltung schaut er zu der erhobenen Rechten auf, da zittert eine epileptische Zunge, ein blaues Stahlplättchen in schmalem Gerüst, süßtönend von schwingenden Klöppeln getrommelt, heftiger oder lieblicher erregt, triefende Töne der Sehnsucht. Albert in der Mitte lächelt sein breites, prüde-verlegenes Maskenlächeln, an dem alles teilhat, die erstaunten Brauen, die feurigflammende Nasenknolle, der gesträubte Schopf, die Glieder in der hängenden, schaukelnden, zerquetschten Draperie des Frackanzugs, die Entenfüße, die den Boden klatschen. Zwischen den wulstigen Lippen zwitschert die Jazzflöte, aus schluchzenden Trillern aufsteigend zu äußersten Höhen, die sich noch überholen, abgleitend plötzlich wie aus Versehen, rutschen, rollend, ungezogen fast sich selbst imitierend, und doch jeden Augenblick bezwungen, hingerissen, hinreißend.

Wie eine Fontäne steigt das melodische Getön von der Zirkusmitte auf, in der diese drei grotesken Gestalten sich im Lichte der Scheinwerfer wiegen. Oben beginnen sich leuchtende Streifen bunten Lichtes zu drehen, zu lösen, immer mehr funkelnde Fleckchen kreisen im verdunkelten Raum in wogenden Wirbeln, uns alle einbeziehend, schwindelerregend, betörend.

Paris hat viele Lieblinge. Paris ist seinen Lieblingen treu. Imagination und sensibilité finden ein rasches, ein volles und dauerndes Echo. Jeden Abend seit Jahren sind die Vorstellungen der Fratellini ausverkauft. Die Reihen sind dicht besetzt, die Logen mit eleganten Gestalten gefüllt. Kinder jubeln, kreischen, lachen – trotz all der Pferdchen und Akrobaten, Jongleure und Elefanten, die es vorher gab, war doch das Letzte das Allerschönste: die zappelnde Spinne, die dem ahnungslosen, hungrigen François über der Zeitung schwebt und von Albert listig und täppisch mit Besen, Stiefelwürfen und zuletzt mit Revolverschüssen verjagt wird – der rauchende Ofen, aus dessen Löchern Flammen schlagen, die man eilig zudecken muß mit Hüten, Jacken und Fäusten und deren man schließlich triumphierend Herr zu werden meinte, indem man sich einfach darauf setzte, und dann der Kaffee auf dem klappernden Brettchen, wie er immer wieder verschüttet wird, und die brechenden Stühle, aus deren krachendem Gitter man nicht mehr heraus kann, die Explosionen, Ohrfeigen und Liebkosungen, das Geheul des Ungeduldigen und des Verbrannten, die Widerwärtigkeiten, die von allen Seiten anstürmen und sich trotz allem auflösen an dem Lächeln, an den neuen Einfällen, bis alles zum klingenden Getön wurde und zum wirbelnden Strahlenkranz aus buntem Geflimmer.

Gegen die Glasscheiben der Fratellini-Garderobe drängen sich neugierige Gesichter. Im erlugten Ausschnitt wird eine Wand sichtbar, darauf hängen Photographien und bunte Bilder; Gémiers charaktervoller Kopf, Mistinguettes karikiertes Profil, schöne Frauen, berühmte Männer.

Sie sind noch ganz heiß, diese drei, von dem letzten tollen Durcheinander. Ihre Augen in all der Schminke blicken freundlich und klug. Die Hände fassen schnell und kameradschaftlich: Guten Tag, wir freuen uns, daß Sie kommen. Und während sie uns nun gastlich umherführen zwischen den bunten und lächerlichen Attributen ihres Clowstums, die von allen Wänden und Balken herabhängen, den Perücken und hohlen Zähnen in Riesenformat, den Eierkörben und geschwollenen Füßen, spüren wir fast überrascht die Arbeit, die Energie, die Haltung dieser drei Brüder, die täglich Tausende zum Lachen bringen, nicht durch ein geistvolles Spiegeln der wehmütig lächerlichen Menschlichkeit, sondern durch eine Schöpfung von etwas, das die Natur nur durch das Bedürfnis der Menschen hindurch hervorbringen konnte, sich selbst in einem der Logik und Kausalität der Geschehnisse enthobenen und ganz dem Spiel und der Tücke des Objekts überlassenen Wesen wiederzufinden.

Sie waren auch in Deutschland, sie sprechen viele Sprachen, ihre Frauen sind englischer, russischer, französischer Nationalität, ihre Kinder, die sie gemeinsam erziehen und die alle im Zirkus mitarbeiten, sind in allen Hauptstädten Europas geboren. François hat noch immer sein spitzes Hütchen über dem glühend roten Ohr; Zirkus Busch, sagt er, wir waren gern dort. Dann blinzelt er mit dem Auge und stößt den Bruder an: Wo bist du her? Paul zieht die Augenbrauen zu einem drolligen Zickzack. Umständlich nimmt er den Zylinder vom Kopf und kraut sich in den Haaren: Woltersdorfersch-läuse, sagt er ausdrucksvoll. Wir lachen alle. «Das hatte großen Erfolg, wir sagten es jeden Abend!»

In einem Album zeigt man uns Seite um Seite Verse und Namen. Ein Schatz für Graphologen, für Autographensammler. Zwei Generationen – oder sind es drei? – haben hier ihrer Bewunderung, ihrer Dankbarkeit für die Fratellini Ausdruck gegeben, Politiker und Künstler, Vor- und Nachkriegsberühmtheiten, Impressionisten, Expressionisten, Dadas und Surréalisten – Cocteau und der junge Radiguet, Brancusi und Maillol, Gémier und Caillaux.

[Frankfurter Zeitung, 9. Dezember 1925]

1926–1933

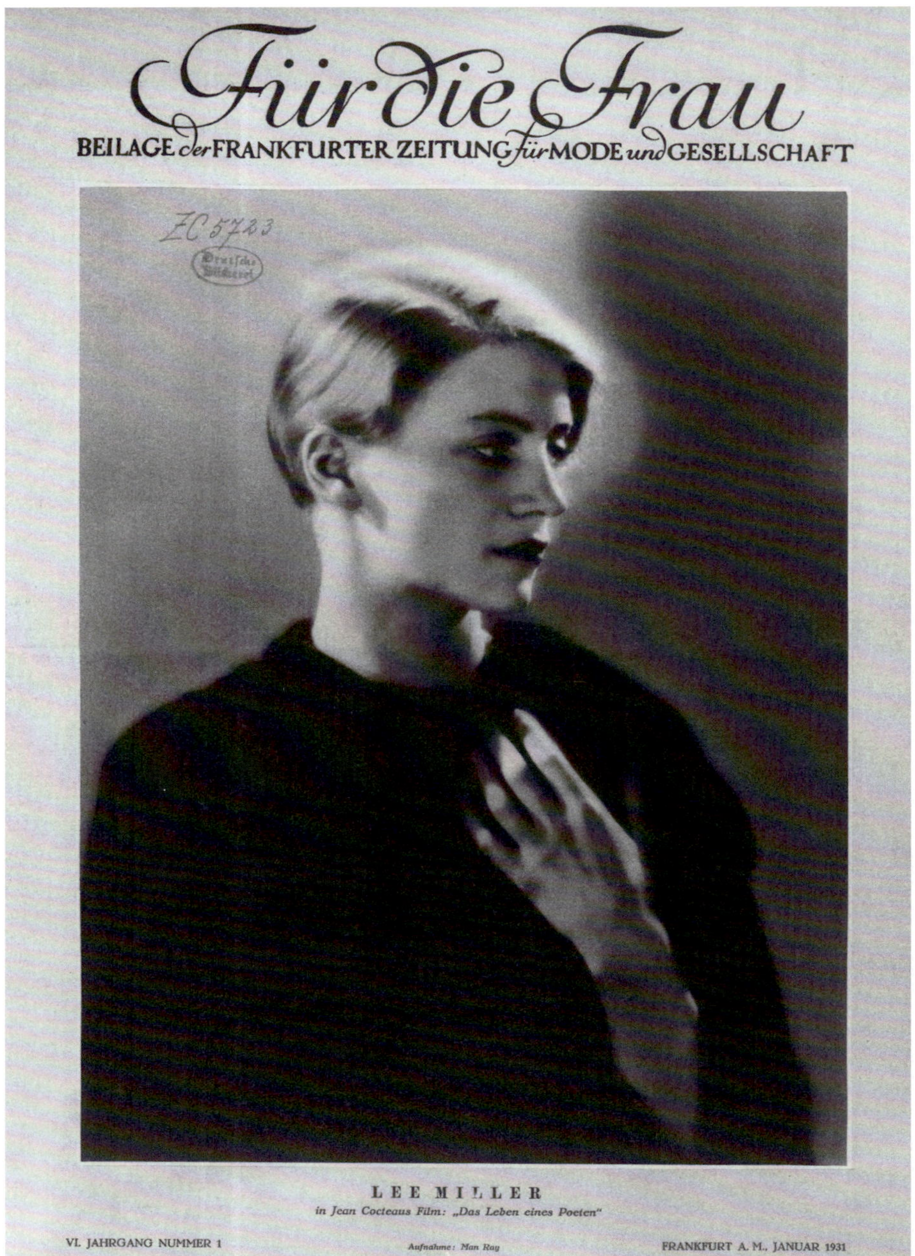

Für die Frau

BEILAGE der FRANKFURTER ZEITUNG für MODE und GESELLSCHAFT

LEE MILLER

in Jean Cocteaus Film: „Das Leben eines Poeten"

VI. JAHRGANG NUMMER 1 — *Aufnahme: Man Ray* — FRANKFURT A. M., JANUAR 1931

«Für die Frau», 6. Jg., 1. Heft, Cover

Der Geist der Kleinigkeiten

Die Frauen kennen die Wirkung ihres Lächelns, ohne die Lider zu heben. Sie wissen, daß eine Geste, ein Blick ein stärkeres Argument sein kann als alle Logik. Verführerinnen zum Lebensoptimismus haben sie ein Gesetz unserer Menschlichkeit erraten: das Verlangen nach dem Geheimnisvollen und seinem Versprechen.

In diesem Sinne ist es eine Liebenswürdigkeit der Frau, daß sie sich der Künstlichkeit der Mode niemals entzog und sogar der Tracht des endgültigen Verzichtes, der der Nonne, einen stillen Reiz zu geben verstand.

Dem immer wieder neu zu Leistenden, dem Vergänglichsten, der Mode, widmet die mondäne Frau ihre Sorgfalt, und wie sehr würden wir vermissen, sie farbig und vielfältig in die Landschaft eingetan zu sehen, in das Stadtbild, den Frühling und die abendlichen Lichter.

Die größte Kunst der Frau ist es, ihrer Erscheinung eine Unnachahmlichkeit zu geben, beschützt von den Grenzen des jeweils Vorgeschriebenen ihre Besonderheit zu wahren. Das Entzücken, das eine elegante Frau erregt, ist so leicht auf Einzelheiten nicht zurückzuführen, aber wir alle spüren in dieser Harmonie, die so schlicht, so natürlich scheint, einen Geist, der selbst das anscheinend Geringste bedeutsam gestaltet.

Alle gelungenen Schöpfungen der großen Modehäuser sind in diesem Geiste entstanden, Kunstwerke, Gedichte, in denen jede Silbe zählt, nichts überflüssig ist, nichts bedeutungslos, und begegnet uns hier und da ein allzu Überraschendes, auf das wir uns nicht einzulassen vermögen, dem wir irgendwie nicht gewachsen sind, so müssen wir es als Ganzes ablehnen, es wäre durch keine Änderung für uns zu retten.

Aber es ist nicht die studierte Linie, die Wirkung von Farbe und Gewebe allein, die wir bewundern; fesselnder fast ist das Zusammenspiel erfindungsreicher Einzelheiten, die an unsere Phantasie appellieren; diese Mäntel, kleinen und großen Kleider, Abendcapes und Hütchen begleiten und unterstützen die Stimmungen ihrer Trägerinnen, spiegeln Frohsinn, Gesundheit, Sensibilität oder Feierlichkeit.

Begreifen wir nicht in dem schmalen Perlenband, das den Kragen eines kleinen Teekleidchens bildet und vorn wie ein winziger Klingelzug hinabhängt, plötzlich den Sinn der Silberklöppel, die, eine klirrende Reihe, die Glocke des Röckchens säumen! Spüren wir nicht den sanften Wind ferner Inseln, das märchenhafte *plein air* eines Sonnenunterganges in dem Baummuster des Chiffonkleidchens in chinesisch roten Tönen, an der gedrehten Raupe, die die Krone des breitrandigen Roßhaarhutes konturiert! Ein Knopf, eine Spitze, der Aufschlag eines Schals weisen dem Kleid seine besondere Bestimmung, seine Tageszeit, sein Wetter zu, dienen den Charme ihrer Trägerin nicht etwa zu verraten, sondern erraten zu lassen.

Die Frische, die eine bis zum Ellbogen hinauflaufende, sichtbar eingeknöpfte weiße Manschette einem fast nüchternen Tailleur gibt, wir schmecken sie fast wie kühles Wasser; das rosige Braun und Silber einer Gürtelschnalle, die dem schlichtesten aller Kashakleidchen seine besondere Note gibt, wird unterstützt, bestätigt von der dunkel traurigen Nelke am Aufschlag des Mantels, die grad dort ihren künstlichen Duft ausströmt, wo das kleine Cape ansetzt. Diese bescheidenen Einzelheiten sind nicht weniger studiert als die Form der diamantenbestickten Netze, die einen tiefen Rückenausschnitt verhüllen, als die schattierten Paillettengefälle, Perlenstickereien, Goldblumen der großen Abendkleider.

Die Zeiten, in denen es elegant war, vom Kopf bis zu den Füßen *uni* zu sein, stellten gewiß weniger Ansprüche an unser Talent, die Details der Mode aufeinander zu beziehen. Immer mehr lieben wir es, Hut und

Schuhe, Schal und Tasche in Harmonie zu setzen. Wenn es nicht die schöne Tasche aus Schlangenhaut sein kann, deren schuppiges Grau sich in dem Aufschlag des Hutes, den Einsätzen der Schuhe wiederholt, und nicht die ebenso kostbare aus schwarzem Leder, die man in den lachsrosa Handschuhen mit den schwarzen Nähten öffnet, um aus ihrem zartrosa Schlund den Lippenstift zu nehmen, so kann man doch durch den farbigen Rand eines Taschentuches, das Muster eines Schals, die Schnalle des Schuhs auch den einfachsten Dingen zu ihrem Anteil an dem Akkord verhelfen.

Paris leistet immer wieder den Beweis, daß die Eleganz nicht nur auf Kostbarkeit beruht, und es ist keine gar so große Ausnahme, daß eine große Dame, deren Kleidung dem Genie eines berühmten Modekünstlers entstammt, während sie in ihrem Auto an der kleinen Arbeiterin vorüberfährt, sich lächelnd wie eine Schwester nach ihr umwendet, die ihren Schal mit besonderem Chic geknotet, für ihr einfaches Hütchen in der Linie der Mode eine originelle Variante gefunden hat.

[Für die Frau, April 1926]

Prinzessinnen als Schneiderinnen

Unter den Modehäusern von Paris nennt man seit einiger Zeit immer häufiger den Namen «Tao», womit nicht etwa eine Weltanschauung gemeint ist – jenes chinesische Tao, das, wenn überhaupt übersetzbar, etwa Weltakt heißen könnte – sondern die glückliche Zusammenstellung der Initialen dreier Namen: Troubetzkoy, Annenkow, Obolensky.

Drei Damen von ältestem russischem Adel, die in der Revolution nach Paris flüchteten, haben sich vereinigt und ein Modehaus gegründet: die Prinzessin Wladimir Troubetzkoy, die ehemalige Hofdame der Zarin, Nichte des Vicomte de Vogüé und Enkelin der Marquise von Modena, Mademoiselle Annenkow und die Prinzessin Obolensky. Hinter sich den Zusammenbruch, um sich her die lebendige Konkurrenz der größten Modestadt, machte sich Mademoiselle Annenkow unerschrocken an die Aufgabe, trat in eines der ersten Modehäuser ein und studierte von Grund auf das Metier. Der Anfang stellte harte Anforderungen an Kraft, Mut und Geduld. Auch als das erste eigene Atelier gegründet war, gab es bittere Augenblicke. Heute bietet in der Avenue de l'Opéra Mademoiselle Annenkow einer Kundinnenschar von Pariserinnen und Ausländerinnen ihre künstlerisch und modisch gleich reizvollen Modelle. Die Prinzessin Obolensky führt den kaufmännischen Betrieb des Hauses und ist im Verkehr mit der Kundschaft durch subtile Tugenden eine vorbildliche Verkäuferin. Die Prinzessin Troubetzkoy leitet die Atelierarbeiten und entdeckt mit geschultem Auge die schönsten der neuen Stoffe, der neuen Modefarben.

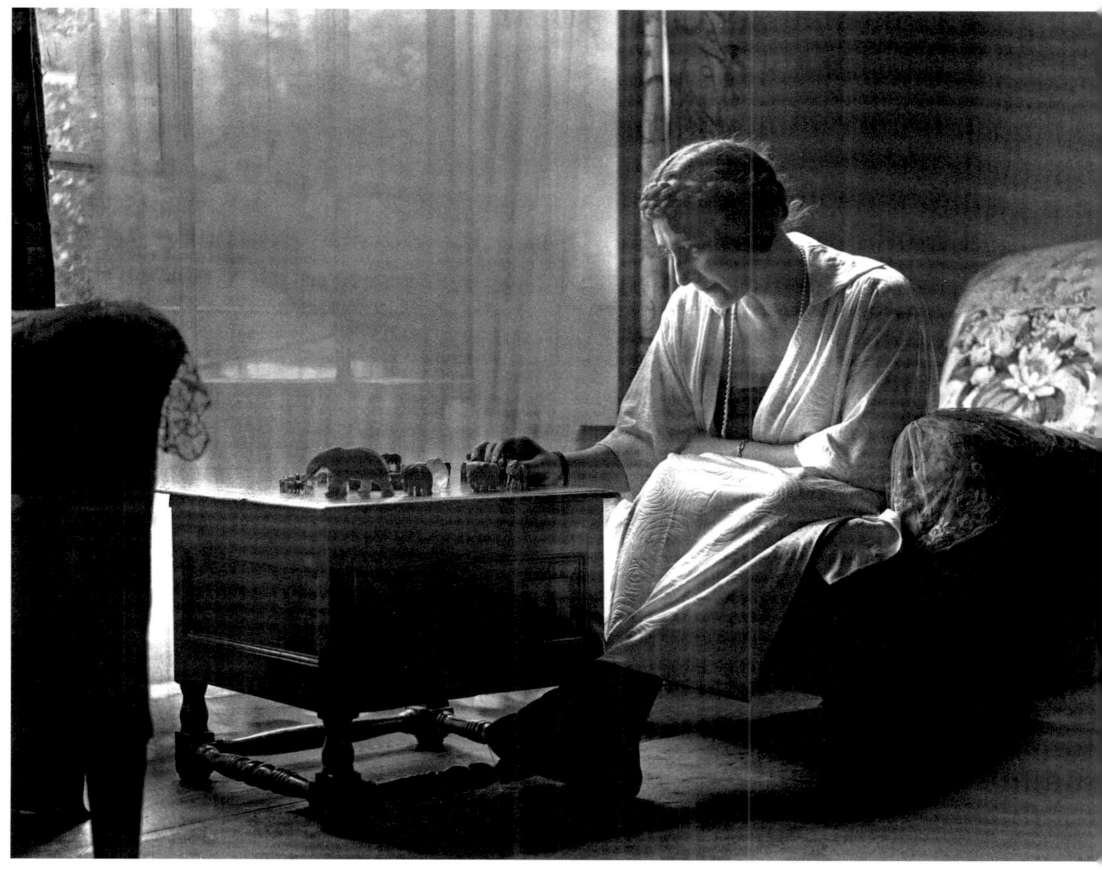

Prinzessin Obolensky-Yuriesky

Diese drei Frauen haben die russische Palette, die Nationalformen des Baschlik und Kasak zu einer Pariser Nuance gemacht.

«Die Bolschewisten können uns nicht verzeihen», sagt Mademoiselle Annenkow, «daß ihre Prophezeiungen sich nicht an uns erfüllten. Sie meinten uns alles zu rauben, wenn sie uns Titel, Besitz und Heimat nähmen. Sie vergaßen, daß uns das Wichtigste unverlierbar ist, Kultur und Tradition. Die Grundlagen unserer Erziehung: Disziplin der täglichen Gewohnheiten und die Zartheit im Umgang mit den Menschen – und unsere Freude an Schönheit und Eleganz. Fällt diese uns nun auch nicht mehr mühelos zu, so können wir doch helfen sie zu schaffen.»

Ist nicht auch dies Weltakt, «Tao»?

[Das Illustrierte Blatt, 24. Juli. 1926]

Die Saison rollt

Die «Winterzeit» in Paris hat offiziell eingesetzt und nicht nur die Uhren neu reguliert; schon um die Teestunde entzünden sich die Lichter, spannen den Abend anders, weiter: zwischen den Säulen des Grand Palais dringt himbeerfarbenes Leuchten in das letzte Grün der Bäume, lackiert bengalische Streifen in den Asphalt. Schutzleute wanken wie Bojen im Gewühl der An- und Ausfahrt. Merkwürdige Typen springen auf die Trittbretter, lotsen die Autos zu verborgenen Anlegestellen. Eröffnung des Salon de l'Automobile. Das große Ereignis der beginnenden Saison.

Draußen über der Place de la Concorde liegt ein letzter Abendschein um die Brunnennymphen, die ersten *habits* tauchen in den Bars der Hotels auf, die ersten nackten Schultern. Immer aufs neue staut sich der Verkehr um die Oper, das *Halte* blinkt auf, die Glocke klingelt, der *agent* hebt den weißen Stab. Autobusse, riesig die Taxis überragend, schwingen besetzt vorbei an den Caféterrassen, die nun wieder Gäste haben, die nicht nur Zuschauer sind – sie führen die Angestellten nach Haus, die vielen Verkäufer und Verkäuferinnen, die bei Ladenschluß das Zentrum überfluten, die Haltestellen umlagern. Sie sind müde und lustig.

Aber auch die Mannequins spüren die Saison. Täglich spazieren sie die Modelle über die Teppiche der Modesalons, hatten kaum Zeit, durch die hohen Scheiben hinauszusehen auf die Vendôme-Säule und die sechseckige Schönheit der Fassaden des Platzes, über den nun in abendlicher Stunde die Eleganten in den großen Kleidern und Mänteln zum Dîner fahren, zum Theater, Yvonne Printemps zu sehen, die von ihren Triumphen aus Amerika zurückgekehrt ist. In Sacha Guitrys *Deburau* tritt sie auf, dessen Erfolg der Krieg unterbrach. Sie entzückt ganz Paris, lacht ein Lachen, das plötzlich schelmisch aus einem schmollenden Gesichtchen hervorbricht. Oder die Spinelli, Londons besonderer Liebling, in einem Sketch, der ihre Schönheit teils unter einem Vorhang aus Silberspitzen, teils ohne diese Umhüllung zur Geltung bringt! Mistinguett und Dranem in den neuen Revues, für die Paris sich seit Generationen begeistert. Wagners *Tannhäuser*, der vor etwa einem Menschenalter in Paris ausgezischt wurde, zählt nun seit Jahren und auch diesmal wieder zu den großen Ereignissen der Oper. In den Theatern täglich Premieren, Jules Romains, Bernstein, Bourdet und die ganz jungen Autoren variieren die Themen der Liebe und ihrer Verwirrungen, der Aktivität und des Goldes. Elegante Frauen sagen auf der Bühne ihre Zärtlichkeit, Zorn und Kälte, Herren halten Chapeau mit verführerischer Grazie. Fast leer warten die Straßen auf die letzte Flut, die noch einmal die Eleganten aus Music-Hall, Operette und Theater zum Souper tragen wird, zur Eremitage, wo Mutt und Jeff, die Neger, ihre Gummiglieder rhythmisch verrenken, zu den bekannten und heimlichen Dancings im Montmartre. Die alten vornehmen Hôtels im Faubourg St. Germain haben sommerlich verschlossene Fassaden, man ist noch auf den Schlössern zu Treibjagden und Geselligkeiten. Der Schwarm der Europareisenden ist klein geworden. Die Autos, ein wenig abgenutzt von der Saison, in denen sie Sehenswürdigkeiten schluckten, fahren nur noch des Sonntags hinaus nach Longchamp und Auteuil zum Rennen.

[Das Illustrierte Blatt, 30. Oktober 1926]

Mistinguett, 1924 im Casino de Paris

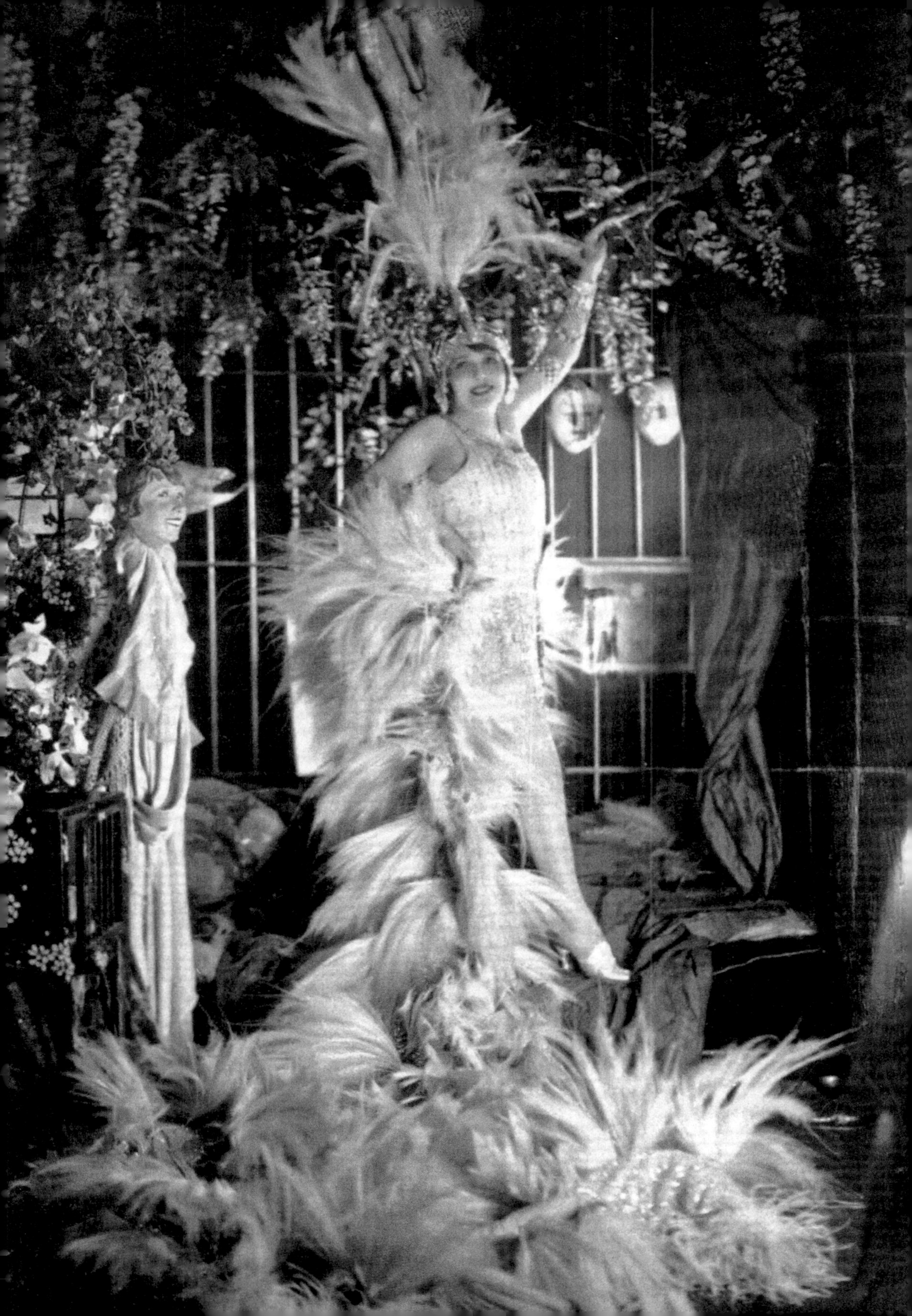

Boudoir und Pyjama

Über die Stunden der Intimität herrscht die Frau mit unbegrenzter Freiheit, in ihnen beweist sie den Geschmack ihrer Koketterie. Das gesellschaftliche Leben des Tages und Abends zwingt sie, das Gemeinschaftliche zu repräsentieren, in ihrem Boudoir stellt sie ihre einmalige Persönlichkeit dar, teilt sie dem Raume mit. Hier, wo sie in den raren Stunden des Alleinseins sich verschlungenen und konkreten Träumereien überläßt, wo sie ihre härtesten und ausführlichsten *billets* schreibt, wo sie zwischen Dämmerung und Abend in die Heimat ihrer bösen und sentimentalen Instinkte flüchtet oder im Gespräch mit Vertrauten flüchtigen Empfindungen entschiedenen Ausdruck verleiht, bleibt alles wandelbar und wie verwandelt. Wie Blumen aus den wassergefüllten gläsernen Lampen hinter dem farbig durchschimmerten Pergamentschirm, der stahlgraue Pelz der Siamkatze verleiht auch den gefleckten und bunten Fellen der Kissen, Decken und Diwane einen Schein von knisterndem Leben, die roten, goldenen, schwarzen und pastellfarbenen Wände, der Lack, die Schlangenhaut der niedrigen Möbel, der tiefen Sessel – alles gibt seinen besonderen Widerhauch des Parfüms, das seine Bewohnerin umhüllt. In Atlas, Samt und wattierte Seide ist sie gekleidet oder in den schönsten der neuen Stoffe, der schmiegsam und glänzend ist wie erstes Buchenlaub und kühl bleibt wie fließendes Wasser. Viele der neuen Pyjamas haben weitausfallende Ärmel und weite Hosen. Zu allen ärmellosen werden lange, lose, offene Jacken getragen, pelzbesetzte,

Schaufenster mit Nachthemden, Paris 1920er Jahre

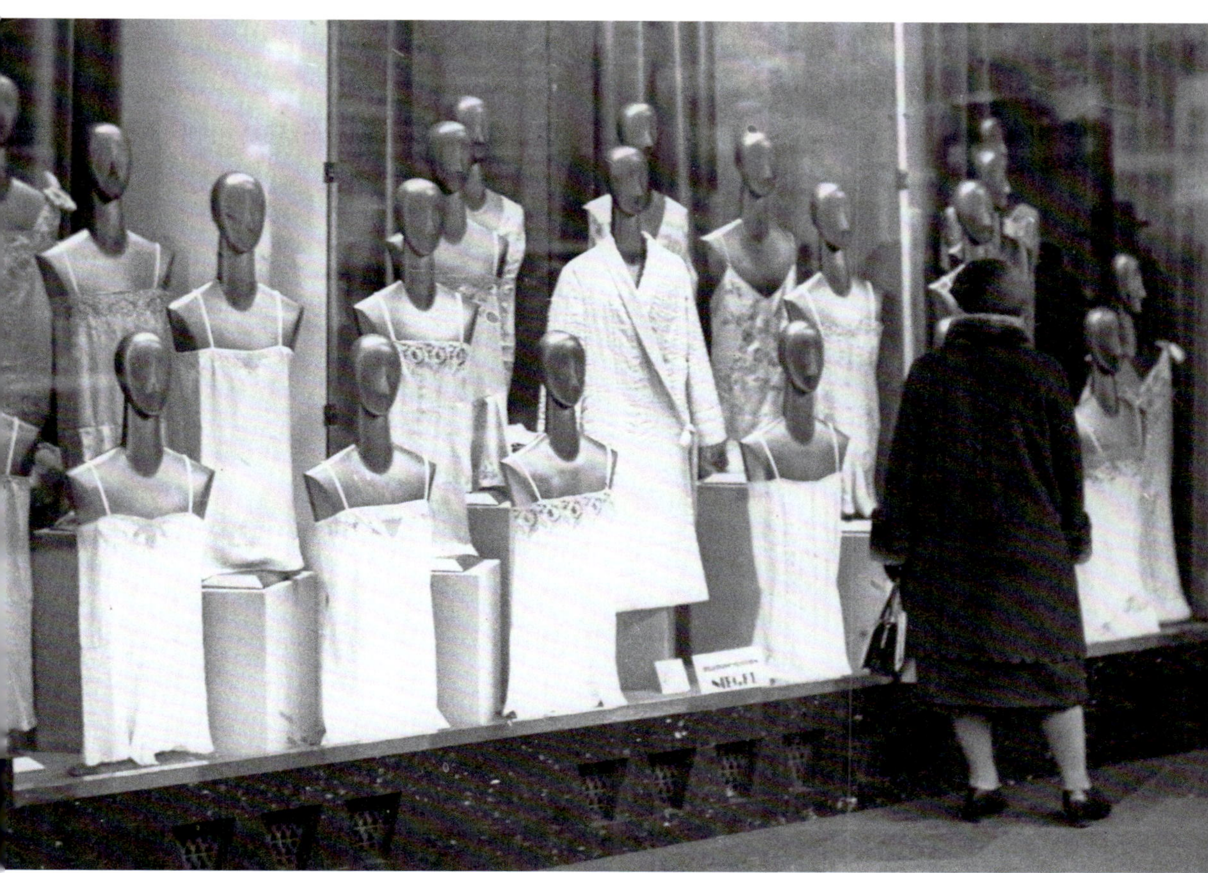

wattierte oder chiffondünne, die leichter abzustreifen sind. Lamé in den grellbunten Tönen fällt als Kasak über den schwarzen Atlas der Türkenhose, silberne Streifen bilden schmale Revers, sind in geometrischen Mustern eingesetzt. Die rote, doppelt geknüpfte Samtjacke über der schwarzen Atlashose gibt einen Anschein von drolliger Würde – betont durch den hochgewickelten Schal mit der fallenden Schleife. Das ist der Reiz des Pyjamas, das Geheimnis seiner Beliebtheit, daß er weit hinaus über die Möglichkeiten des eleganten und immer diskreten déshabillé aus Seiden und Spitzen grade im Schutz der angedeuteten «Verkleidung» der Frau erlaubt, halb spielend und halb im Ernst die vielen Rollen ihres Temperamentes darzustellen und ihnen nachzugehen.

[Für die Frau, November 1926]

Liebenswürdige

Wir haben Kenntnis von den Wellen des Radio, Aufnahme und Sendestationen, die genau und immer genauer funktionieren – über die Strömungen in den menschlichen Beziehungen sind wir in plan- und hilflosen Vermutungen steckengeblieben. Kinderfrauen sagen mit Bestimmtheit aus: «Einer denkt, wenn man den Schluckauf hat.» Ab und zu bemüht sich ein Fanatischer durch Atemgymnastik und Fasten die Vorbedingungen zur Erleuchtung zu schaffen, ab und zu machen Phänomene im täglichen Leben uns stutzig, aber eigentlich darauf einzugehen, fehlen uns Zeit und Wille. Für unsere nächsten Zwecke scheint es nützlicher, die einzelnen zu spezialisieren, sie in Typen einzuordnen, sie zu etikettieren. Wie Toren glauben wir, schon begriffen zu haben, hastig und überzeugt rangieren wir Freund und Feind in Kategorien, aus denen wir sie nicht leicht mehr entlassen, Schlagworte werden ausgegeben und wiederholt, und schließlich findet man sich mit der aufgenötigten Rolle ab, mit den Grenzen, die Meinung und Erwartung der Umwelt steckte. Man ist schön und hat es zu sein, oder klug, ein guter Kamerad, eine starke, künstlerische oder aufopfernde Natur. Stimmen im Laufe der Zeit die Adjektive nicht mehr, so wird bequem die Behauptung ins Imperfektum gesetzt, oder man gerät in die zweifelhafte Rubrik: Unberechenbar.

Aus diesem Zwang gibt es für die Frau eine rettende Wendung, man nennt sie liebenswürdig, und gleich befindet sie sich innerhalb eines elastischen Kreises, der ihr Freiheit läßt, Tugenden und Launen zu pflegen.

In allen Stadien des Lebens, in allen Zufällen wird sie gewinnend sein, man wird ihr verzeihen, sie suchen, sie vermissen, von ihr lernen. Schon die oberflächliche Liebenswürdigkeit der guten Erziehung ist etwas unendlich Wohltuendes, ihre Gefahr ist nur, in unvorhergesehenen Verhältnissen zu versagen, sie ist an Gesellschaftsklassen gebunden. Echte Liebenswürdigkeit überstrahlt selbst Schönheit und Geist. Wie wenig wäre es von der Ottilie der *Wahlverwandtschaften* zu sagen, sie sei schön – von Caroline Schlegel, sie sei geistvoll gewesen. Sie waren weit mehr, sie waren liebenswürdig. Diese Tugend schließt alle in sich ein, sie überdauert alle, sie ist an kein Alter, keine Sitte, keine Klasse gebunden, aber es wäre ein Irrtum zu glauben, sie sei ein Talent, eine Disposition. Wahrhaft liebenswürdige Frauen haben irgendwann einmal, erschreckend und schmerzhaft, die Vision der Vollkommenheit gehabt und den Abgrund gesehen, der uns von ihr trennt.

So anspruchsvoll standen sie im Blitzstrahl der Erkenntnis, daß, was immer ihnen an Schönheit und Talenten gegeben war, plötzlich gespalten schien, zufällig und arm, sie fühlten die Demut der Kreatur nicht anders als der Bettler, das Waisenkind, der verlorene Hund. Ein Detail genügte vielleicht – die zur Liebenswürdigkeit Berufenen sind empfindlich –, um ihren Stolz zu zerbrechen, etwa eine Fieberstelle, die an ihrem jungen Mund aufbrach, als sie zum ersten Mal im Ballkleid vor dem Spiegel standen, oder das Mißverstehen eines Wortes, das tief und fein gemeint war und das sie erst nachträglich und wie beschämt begriffen. Dies Zusammenbrechen vor dem unerreichbaren Niveau, dies Versagen vor dem Kompromiß öffnet das Tor zur Schule der Liebenswürdigkeit, in ihr vergeht der persönliche Anspruch auf Bewunderung und Verwöhnung, hier wächst das Gefühl mit den Nerven der ganzen Welt. Unüberwindliche Meisterinnen gehen aus ihr hervor, die magische Kräfte zu habe scheinen, Hellseherinnen des Herzens.

Schlau sind sie, da ihnen nichts verborgen ist, behutsam da sie zu respektieren wissen, mit allen Listen sind sie gerüstet, die Eingeweihten, sie wagen viel, da sie der Wege kundig sind. Sie erkennen den, der den Widerspruch braucht, den Schüchternen leiten sie an einem Wort wie über ein Sprungbrett in das Vertrauen, der Aufdringliche sieht sich durch eine Antwort wie im Reflex eines Groteskspiegels, es bleibt ihm der Ausweg zu lachen, dem Aufgeregten eröffnet sie eine neue Aussicht, die ihn stutzen macht. Sie pflegen ihre Schönheit, denn sie lieben sich selbst wie ihren Nächsten, ihre Erscheinung, denn sie wissen um die Eitelkeit des andern, sie schützen dem Freunde die Stunde der Intimität, wenn sie schlechte Laune haben, so schlafen sie sich froh. Sie respektieren die Müdigkeit des anderen, sie verstehen zu schweigen. Voll von drolligen Einfällen sind sie, denn die Banalität gilt ihnen als Beleidigung der Menschen und Dinge. Sie unterbrechen, um einer Dummheit vorzubeugen; die umständliche Fassung des Schwierigen ertragen sie geduldig und erwarten die Perlen, die sie enthält. Keck sind sie, wenn es gilt, einen Hilflosen zu lancieren, sie bieten dem Bettler mit dem Almosen eine Zigarette aus ihrem Etui und reichen ihm die Flamme, ein Kamerad dem Kameraden. Einem Trostlosen reden sie nicht von Trost und stimmen in seine Klagen nicht ein, sie lassen ihn die isolierte Majestät seiner Trauer auskosten, die ihn allein tröstet. Sie sind aufrichtig, denn die höfliche Lüge scheint ihnen immer eine Überhebung, sie sind kurz und präzis im Erledigen, denn sie achten die Zeit der anderen.

Ihre Geschenke haben immer etwas Spontanes, das Wort, das sie begleitet, macht sie lebendig. Niemals lehnen sie den Dank ab, sie scheinen sich an ihm zu freuen. Sie erinnern sich an Einzelheiten, denn sie spürten den Rhythmus des andern und bemerkten, wo sein Gefühl den Akzent setzte. Nicht dadurch schmeicheln sie dem Alter, daß sie auf seine Schwäche Rücksicht nehmen, sie rufen die Bilder seiner Jugend wach. Eine Neigung, die sie nicht erwidern können, zerstören sie im Keim. Sie scheuen sich nicht zu verletzen, aber die Genauigkeit ihrer Operation trägt den Balsam in sich. Ja, sie sind Ärzte, die Liebenswürdigen – die an die Gesundheit glauben, sie sind das Prisma der Welt, durch das das Licht sich in Farben bricht, Zauberinnen, die mit dem Herzen sehen und hören.

Habe ich von Güte gesprochen? Nein, sie ist ein breiter Strom, der alles trägt und nichts ausschließt. Oder von Takt? Wenn man ihn erkennt, ist seine Blüte schon verweht. – Nein, die Liebenswürdigkeit meine ich, die über alles Anmutige; das Lächeln, das willkommen sagt, die Worte, die leise anrühren, der Gedanke, der nicht irrt, der Rat, der überrascht, die Aufrichtigkeit, die Hoffnung erweckt, die Wärme, die erfrischt – die Liebenswürdigkeit, die wie durch Magie im Gestein unseres Wesens die Silberadern erkennt und uns Überraschte mit ihnen beschenkt.

[Frankfurter Zeitung, 9. Januar 1927]

Farben-Intervalle

«Ich liebe den Selbstmord nicht», sagt Robert Delaunay, «jeden Morgen erwache ich mit der Ungeduld eines Kindes auf das Neue, das zu tun und zu erleben ist.» Es ist durch die Breite des Teppichs von mir getrennt. Streifen, graue, braune, schwarze begleiten einander, springen ab, begegnen und kreuzen sich wieder – eine Perspektive vom Fluge aus gesehen, erregend, geheimnisvoll gesetzmäßig. Die Wände umher scheinen sich ineinander zu verschieben: mattgrüne, lila, bräunliche Farbstreifen, ein Streifchen weiß blitzt auf – kein Muster bilden sie, auch kein Flechtwerk, eher ein unsymmetrisch kubisches Relief, eine Farbe den Ausblick öffnend auf die andere, bei jedem Aufschauen neu und lebendig zueinander bewegt. Beide sind Maler, Sonia und Robert Delaunay. Beide stehen dem Kubismus nahe, begreifen und verwirklichen ihn, jeder auf seine Art. Delaunays Bilder haben vor dem Krieg bei dem Publikum Empörung und Gelächter hervorgerufen. Da war der Eiffelturm, der drohend vorgeneigt herabzustürzen drohte; Kreuzwölbungen, die Schwindel erregten; ein grelles Bild. Farbe gegen Farbe, blendete, stellte überhaupt nichts dar, nicht einmal eine Fläche – von den Farben des Prisma schien es gesprengt. Daß er ein Freund des Douanier Rousseau war und dessen kindisch dilettantische Malereien ernst nahm, seine Manuskripte sammelte, mit ihm dinierte, warf lange einen Schatten auf ihn, der sich erst in den letzten Jahren in Licht verwandelte. «Schüler?» sagt er, beinahe schüchtern, «ich möchte sie nicht suchen, vielleicht habe ich sie, ohne es zu wissen; mit meinen

Pinseln bin ich beredter als mit Worten. Die Lehre meiner Überzeugung ist auch so einfach. Wir haben uns an die Perspektive geklammert, mit Linien, die sich in einem Punkte trafen, eine Tiefe hervorzubringen versucht. Diese Theorie bedingt eine Welt, die sich nicht rührt. Fahren Sie in einem Auto über die Place de la Concorde, in einem Schnellzug durch die Landschaft, sehen Sie den Tanz der Bäume und Lichter. Da die Bewegung zu fassen, wo sie ihren Quell hat, sie nicht zu fixieren, sondern sie so darzustellen, daß sie weiterfließt in Bädern, Möbeln, Wänden, Kleidern.» –

Ich halte ein Buch in den Händen, einen schmalen, ein wenig verbrauchten Lederband. Bunte und glitzernde Stückchen Papier, wie von Kinderhand geschnitten und zusammengesetzt, schmücken den Deckel. So hat Sonia Delaunay angefangen, ihre Visionen zu verwirklichen. Kindlich? – Als Vorsatzpapier zwölf Farben in unregelmäßigen Papierrechtecken geklebt. Warum ist das schön und bewegend? Ein klingender Akkord, in dem von Ton zu Ton rein gestimmt Intervalle sich spannen, gelöst in der Harmonie des Zusammenklangs. Diese Frau hat das absolute Tonbewußtsein der Farben, sie ist ein Künstler, der frei mit ihnen spielt. Nach Jahren der Geduld, der Experimente, hat sie sich durchgesetzt, aber so vollständig, so medial, daß sie in Nord- und Süd-Amerika und in allen Staaten Europas eine immer wachsende Anzahl von ihr Bekehrter zählt, die das «Muster» in seiner hilflosen Wiederkehr nicht mehr ertragen wollen und in allem, was sie umgibt, auf die freudige und lebendige Farbenempfindlichkeit nicht wieder verzichten möchten, die Sonia Delaunay gefunden und geschaffen hat. Die elegantesten Frauen finden den Weg zu ihr, in den Theatern, auf den Golfplätzen, in den Halls der großen Hotels begegnet man ihren Taschen, Kleidern, Hüten, die großen Modehäuser bestellen die bedruckten Samte und Seiden, Architekten ihre gestickten Möbelstoffe und Dekorationen, amerikanische und französische Autofirmen die Schablonen für den farbigen Lack der Karosserien. –

Mein Finger gleitet über die grauen, weißen und braunen Fellstreifen des kleinen Sportsweaters wie über die Tasten einer Klaviatur. Sind wir auf dem Wege, die kontrapunktischen Gesetze der Farben zu erkennen, uns ihrer bewußt zu werden?

[Für die Frau, Januar 1927]

Die Bedeutung der Einfachheit

Die heutige Frau strebt im Prinzip nach demselben Ideal wie der elegante Herr, sie liebt vor allem *well groomed* zu sein. Paris bietet zu jeder neuen Saison eine Fülle von Einfällen, modischen Neuigkeiten, für die man sich interessiert, die man lustig und entzückend findet. Entscheidend ist aber, was die Frau aus dieser Vielfalt wirklich für sich adoptiert, und es ist ein Zeichen ihrer Richtung, daß sie sich immer mehr – soweit es sich um die Tages- und Straßenkleidung handelt – zur Einfachheit entschließt. Die tonangebenden und bewunderten Frauen verzichten auf die Kompliziertheit des kleinen Effekts, auf das Lyrische der Rüschen, Stickereien, Knöpfchen und Besätze, und beanspruchen eine dekorativere Wirkung. Der Sweater bleibt der unentbehrliche Bestandteil der Garderobe, seine Schmiegsamkeit, die Möglichkeit ihn in Muster und Farbe immer neu zu variieren, macht ihn zum idealen Begleiter des Tailleurs. Er gibt die Note an für die Farbenbestimmung der ganzen Erscheinung. Der einfarbige Tailleur behauptet sich neben den Zusammenstellungen aus uni und karierten Stoffen und den zweifarbigen, die ausdrucksvoller und derangierter erscheinen, dafür aber gerade durch ihre Bestimmtheit weniger Freiheit lassen, durch Hut und Schal persönliche Ausdrucksmittel zu finden. Meist sind sie blau-weiß, schwarz-weiß oder braun-beige, wobei zu bemerken ist, daß diese Saison den helleren Ton meist für die Jacke reserviert. Zu den einfarbigen Jersey- und Jackenkleidern sieht man buntgestreifte lose

Taftjäckchen, die sehr jugendlich und manchmal farbig sehr raffiniert und überzeugend wirken, sie vervollständigen das Kleid, bedürfen aber für die Straße meist des Mantels. Die zweiteiligen Sportensembles sind in zwei, drei oder vier Tönen klar und diskret so zueinander gestellt, daß eine fast architektonische Wirkung entsteht, oder sie betonen durch eine besondere Liniengebung die Besonderheit des Schnittes.

[Für die Frau, März 1927]

Longchamp

Im leeren Frühling liegt der Ring der Rennbahn gitterdurchbrochen. Greller Atlas der Jockeys flattert herübergerissen wie Banner in verzerrten Streifen vorbei, löst sich voran. Ein nahes blutdunkles Pferdeauge, ein Zittern im Moiré des Fells, Getrappel und Rufe.

In den Steinterrassen zwischen Sonne und Schatten nisten wie Gefieder die Farben der Frauen. Ruhig ist ihre Bewegung vor der szenischen Weite der Landschaft, gespannt ihre Haltung vor dem Schauspiel dieser hellen Stunden. Hier sieht man die reinen Linien des Heutigen. Frankreichs Aristokratie blieb in diesem Rahmen von Turf und Gatter, in diesem Hauch von Pferd und Erde heimisch. Mit kurzen präzisen Gesten begrüßen die Urenkelinnen der La Rochefoucault, Uzès, Langeais ihre britischen und spanischen Kusinen, wenden sich plaudernd zu den Damen der amerikanischen Gesellschaft mit den goldklingenden Namen. Ein Rendezvous der mondänen Internationale. Sie trägt die letzte Fassung der Mode als eine Nuance um den Kern der Eleganz, der keinem Wechsel des Geschmacks unterworfen ist. In ihren Erscheinungen kristallisiert sich das Maßgebende aus dem Vielerlei. Den Frauen der neureichen Bourgeoisie überläßt sie das Prächtige, das Exzentrische den Mannequins der Modehäuser, die unten im Gewühl promenieren. Hier und vor den Boxen, auf den tulpenbesäumten Wegen des Sattelplatzes sieht man die schmalen grauen Tailleurs, die elfenbeinmatten Jacken zu Streifen und winzigen Karos, den Silberfuchs auf dem neuen Blau, zweierlei Rosa des Jerseyjumpers, die kleinen schattenden Filzcloches, die unscheinbar komplizierten transparenten Mäntel, dunkelblau und rosa, schwarz und weiß, hellgrau durchquert von zartabgetönten Streifen, blau und grau in geometrischen Linien zueinandergestellt. Innerhalb dieser diskreten Farbenskala als Inkrustationen der Hüte und Schuhe, als Stulpen der Handschuhe und Revers Boa, Karung und Eidechse, Kalbfell und Wildleder. Hier und da die neue Taschenform am langen Schulterriemen getragen, fast überall die Schulterblume, die Schleife, das runde Bukett.

[Für die Frau, April 1927]

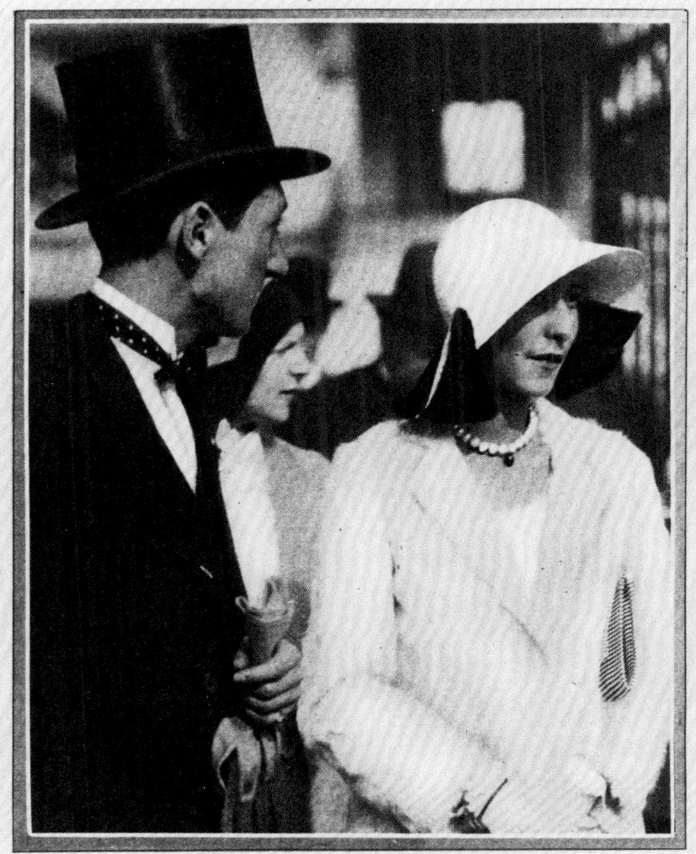

Die großen Rennen „drags" und „grand prix", mit denen die Pariser Saison ihren Höhepunkt und ihr Ende erreicht, spiegeln wie keine andere Zusammenkunft der oberen Zehntausend das modische Bild. Damen der Gesellschaft und die reizendsten Mannequins vom Sommerwind umweht, der den Hauch von Turf und Parfüm weiterträgt, spazieren in Spitzen, Jersey und Seide, von Pelzen umhüllt, schleierumweht, farbig im grünen Rahmen der Landschaft, matt gegen die grelle Gruppe der Jockeys. Hier und da ragen die runden und steifen Formen der grauen Herrenhüte. H. G.

Aufnahme: Marianne Breslauer.

DIE GROSSEN RENNEN
HÖHEPUNKT UND ENDE DER SAISON

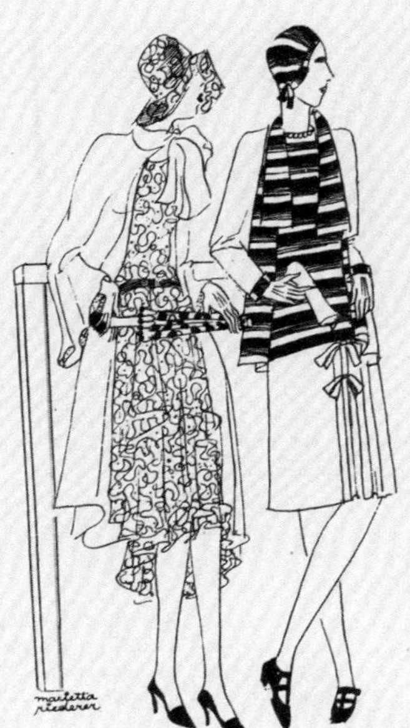

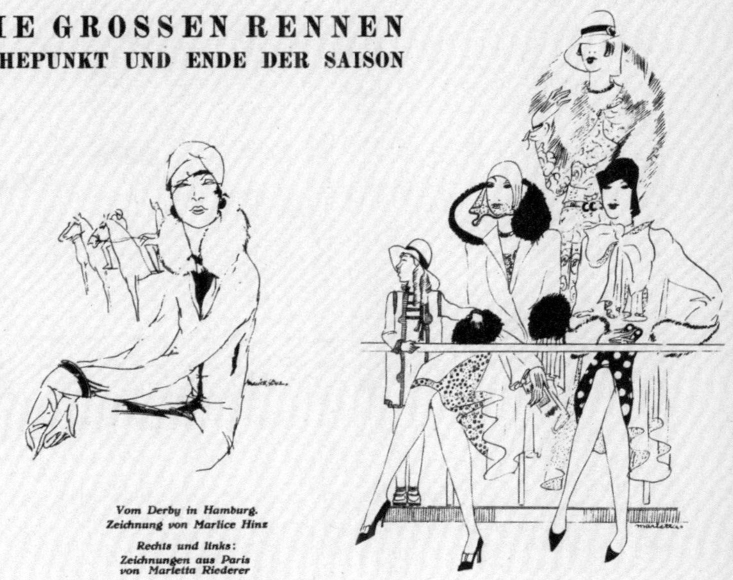

Vom Derby in Hamburg. Zeichnung von Marlice Hinz

Rechts und links: Zeichnungen aus Paris von Marietta Riederer

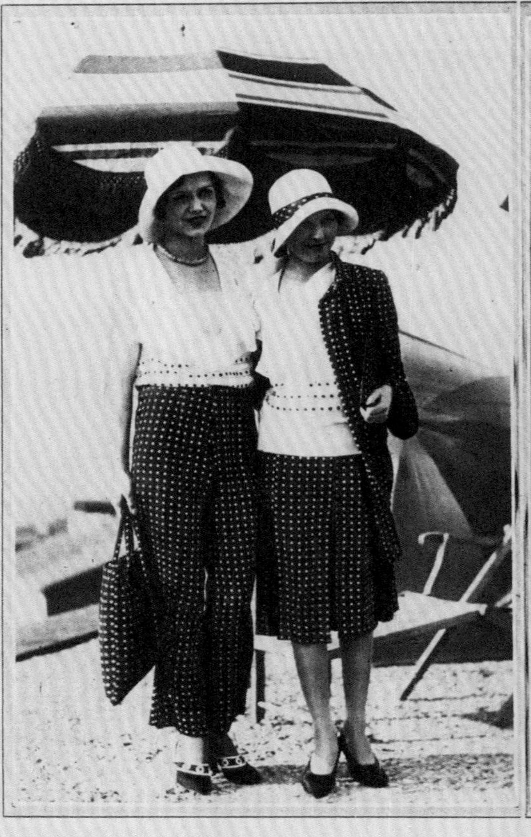

Ein praktisches Strandkostüm. Es läßt sich in einen Pyjama verwandeln. Weiße Punkte auf blauem Crêpe de Chine.
Modell Patou Photo Diaz

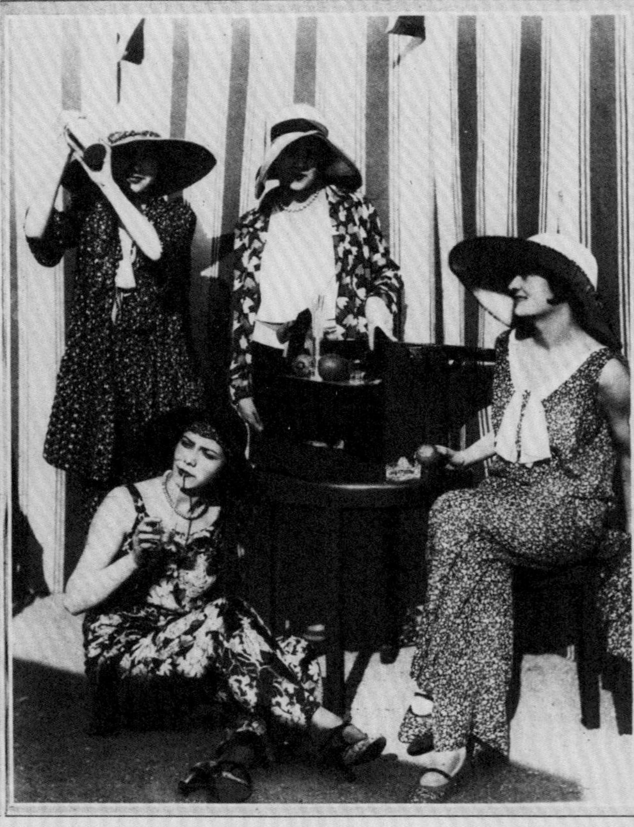

Variationen des Strandpyjamas.
Modell Patou Photo Diaz

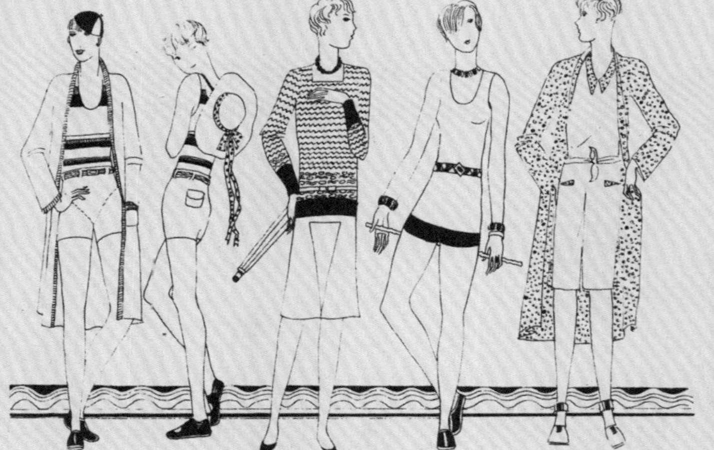

1. Der lange gestrickte Wollmantel ist gelb wie das zweiteilige, dunkelgrün, schwarz und weiß gestreifte Badekostüm. Lelong
2. Das gegürtete Höschen hat eine Tasche.
3. Schwarze Wellenstreifen mustern den gelben Jerseysweater. Der Rock ist aus gelber Wolle. Modell Lelong
4. Das rosa Wolltrikot über dem schwarzen Höschen hat einen Gürtel aus dunkelblauen, hellblauen und beige Litzen. Modell Worth
5. Zum kniefreien weissen Surahpyjama der weiten geblümten Crêpe de Chine-Mantel. Modell Worth

Zeichnungen: Marietta Riederer

STRAND

Der Strandpyjama, dies bunte Ensemble, in das die Frau sich vor und nach dem Bade kleidet, scheint der modischen Phantasie volle Freiheit zu lassen. In Wirklichkeit finden wir aber in seiner vielfarbigen Vielgestalt alle gültigen Motive der Tagesmode wieder. Er ist tiefausgeschnitten wie ein Abendkleid, simpel wie ein Runabout, von Blusen begleitet wie ein Tailleur, mit weißer Lingerie garniert wie die eleganten Kleider des Nachmittags. Riesige Strohhüte in phantastischen Formen werfen ihren Schatten auf nackte Schultern, auf weitläufig oder eng bedruckten Crêpe de Chine in allen grellen und matten Farben. Der Wind spielt in den Falten der offenen Jacke und der Hose, die vom Knie abwärts weit ausfällt. H. C

IM WASSER: EIN MINIMUM AN KLEIDUNG

Aufnahmen: Luigi Diaz

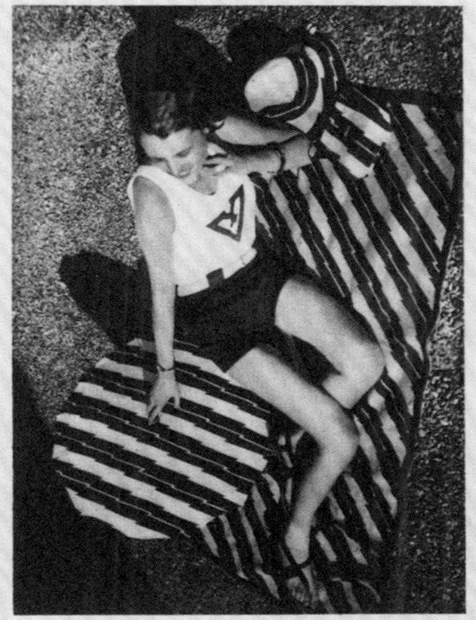

Braunweißes Strandensemble aus Leinen, Leder und Wolle. Hutgarnitur, Tasche, Teppich und Sonnenschirm mit ihren zuckenden Linien bilden einen dekorativen Rahmen um die schlanke Gestalt im weißbraunen Badetrikot. Sandalen aus braunem Leder.

Modell Hermes

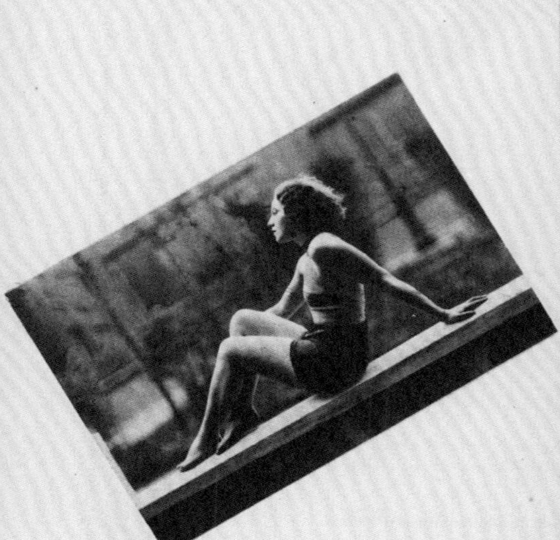

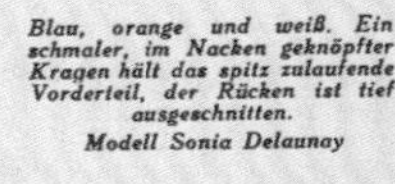

Blau, orange und weiß. Ein schmaler, im Nacken geknöpfter Kragen hält das spitz zulaufende Vorderteil, der Rücken ist tief ausgeschnitten.

Modell Sonia Delaunay

Links: Blau, rot und weiß. Die kurze Strandhose ist aus braunem Wildleder.

Modell Knize

Rechts: Knappes graugrünes Badetrikot aus mandelgrüner Wolle in Form eines Rockhöschens. Die Träger sind wie eine Schlinge über den Kopf geschlüpft, der Rücken ist tief dekolletiert.

Modell Jane Regny

Ganz rechts: Eine mit bunten Punkten und Rauten bestickte Tunika aus schwarzer Wolle über einem ganz kurzen Höschen.

Modell Sonia Delaunay

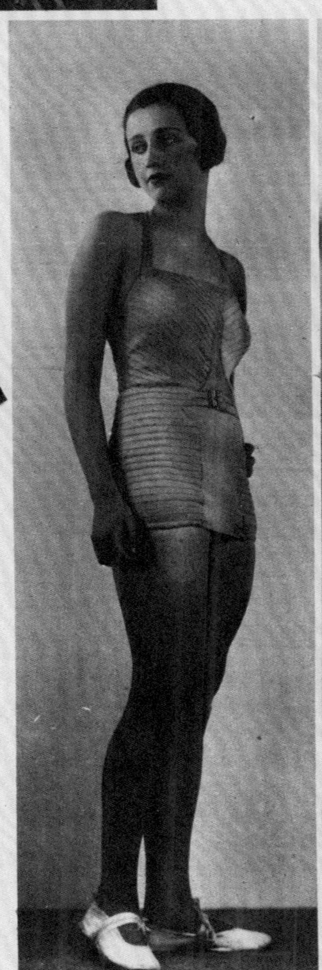

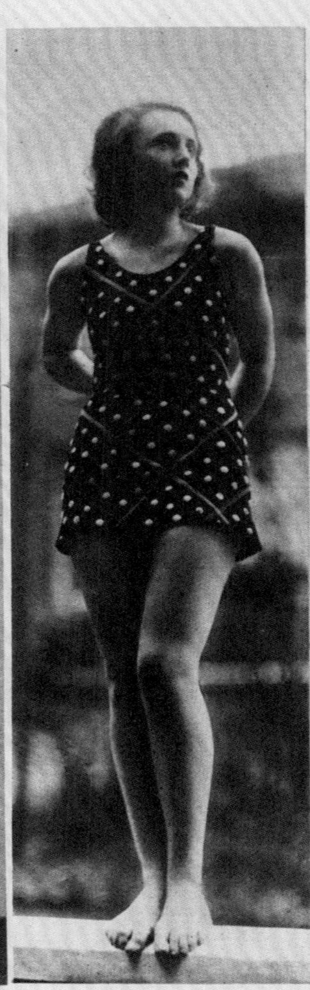

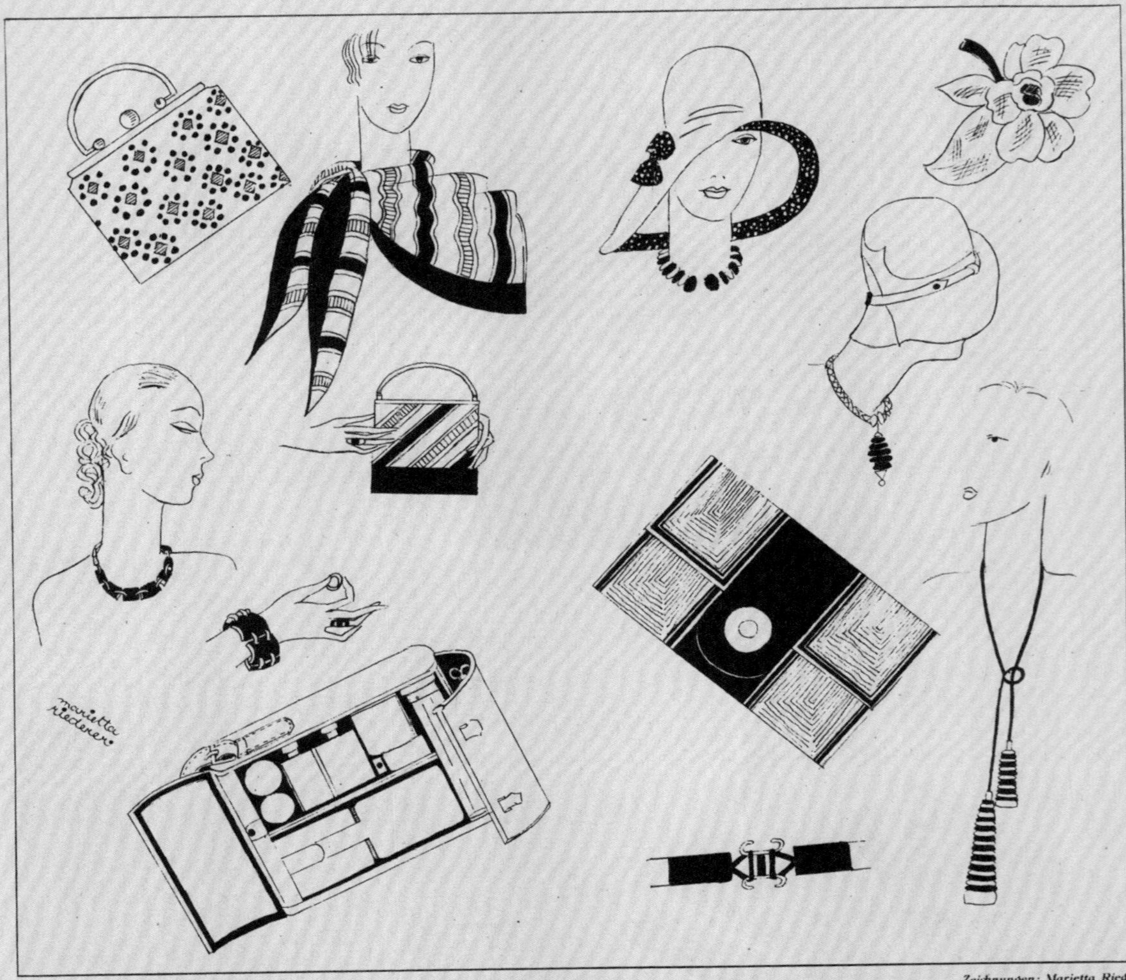

Zeichnungen: Marietta Riederer

DIE ELEGANTE FRAU TRÄGT:

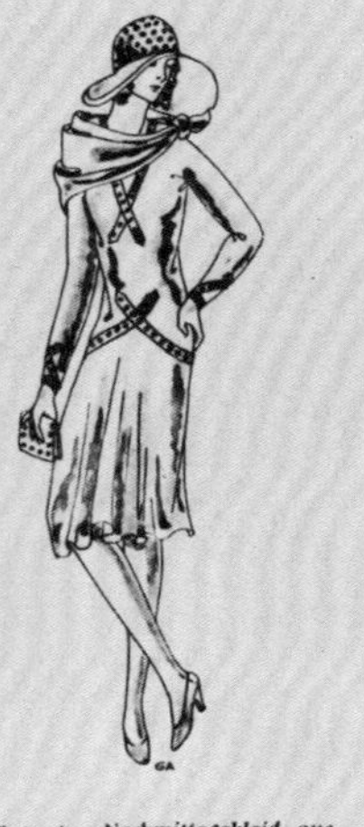

auf Reisen und Wochenendfahrten ein Necessaire aus Schweinsleder in der flachen Form eines Kodaks, das in einem Minimum an Raum ein Maximum an Dingen enthält —

zum beigefarbenen Runabout das Schultertuch in grellen lustigen Streifen, rot, gelb, schwarz, weiß, ein Dreieck aus Tuslikasha, wimpelbunt wie die schmale Tasche —

zum farbigen Jerseykleid die Handtasche aus hellem in Felder geflochtenem Stroh, die ein breiter Lederstreifen verbindet —

am Nachmittag eine geblümte, broschierte Crêpe de Chine-Tasche mit einem kugelgeschmückten Griff aus Nickel —

eine eingeflochtene Strohblume am Revers der Jacke, beige und braun wie der aufgeschlagene Filzhut, den ein Lederriemen garniert —

dazu den braunen Ledergurt, dessen Oesen über die Haken der Metallschließe geschlüpft werden —

an sonnigen Tagen den breitrandigen Strohhut aus weißem Baku, mit seinem Innenrand und der Schmetterlingsschleife aus blauem, weiß getupftem Crêpe de Chine —

Schmuck zu allen Tageszeiten: an langer Seidenschnur schwarze und weiße Scheiben, am geflochtenen Lederhalsband andere aus Holz, zum Armband passend das Kollier aus Kirschbaum, gewölbte Platten mit flachen Silberringen verbunden.

H. G.

Elegantes Nachmittagskleid aus pistaziengrünem Crêpe marocain. Der weite Glockenrock, Ausschnitt und Ärmel werden durch gekreuzte Blenden begrenzt.

Zeichnungen: Gret Appelt

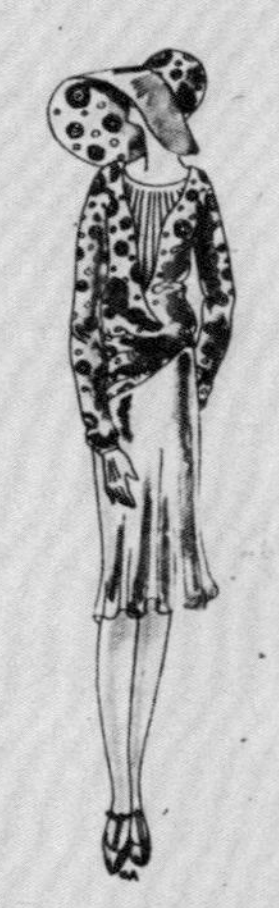

Die ärmellose Bluse des Nachmittagskleides ist am Hals in strahlenförmigen Biesen abgenäht. Das gemusterte Jäckchen ist blusig weit und einseitig mit einer Zierschnalle gerafft.

HELEN WILLS UND DIE MODE

Seit vier Jahren trägt die Tennisweltmeisterin das gleiche Kleid aus weißer Baumwolle. Patou hat es 1926 für sie kreiert. Bisher hat er das Modell etwa zwanzigmal für sie wiederholen müssen. Es hat einen Faltenrock und eine lange ungegürtete Bluse. Alle Vorschläge, der neuen Modelinie zu folgen, alle Versicherungen, heute eher noch besser dem Praktischen und Bequemen Rechnung tragen zu können, nützen nichts. Liebenswürdig, aber bestimmt lehnt sie ab: Ich fühle mich wohl in diesem Kleid, ich möchte kein anderes Modell, dies eignet sich für mich und meine Arbeit.

Vielleicht ist es ein Kennzeichen des echten Aberglaubens, in dem Versprechen und Drohung sich genau decken, daß er nicht zugegeben werden darf, daß er nicht laut werden soll. Bestehen wir nicht darauf, erlauben wir uns nur, aus diesem Symptom eine Minute lang Rückschlüsse zu ziehen auf die jenseits von Vernunft und Können liegende Spannung, mit der die „Großen" ihre Kämpfe unter dem blauen Sommerhimmel überstehen.

Helen Wills, oder genauer Mrs. Moodly Wills, wie sie seit ihrer vor sechs Monaten geschlossenen Ehe heißt, ist entzückt von Paris. „Hier kann man umhergehen und nichts weiter tun, als ansehen und zusehen". Lieber noch als im Bois geht sie an den Kais spazieren, die Reihen der Bücher und alten Stiche entlang. Das Pittoreske der winkligen Gassen des linken Seineufers zieht sie an, sie wäre gern selbst ein Künstler, bekennt sie. Manchmal zeichnet sie in einen Block bewegte Gestalten. Sie haben alle ein Rackett in der Hand.

Patou schildert sie als eine charmante Kundin, die sich beraten läßt, aber durchaus zu wählen weiß, und — niemals eilig ist. Fast könnte man in Versuchung kommen anzunehmen, sie habe keine Phantasie, so sehr bevorzugt sie das Schlichte; beweist aber bei der letzten Anprobe das Spiegelbild, daß alles Technische vollkommen ausgeführt ist, so versteht sie durch den farbigen Effekt einer Blume, eines Gürtels das Korrekte mit dem Spielerischen zu überbieten.

Helen Grund.

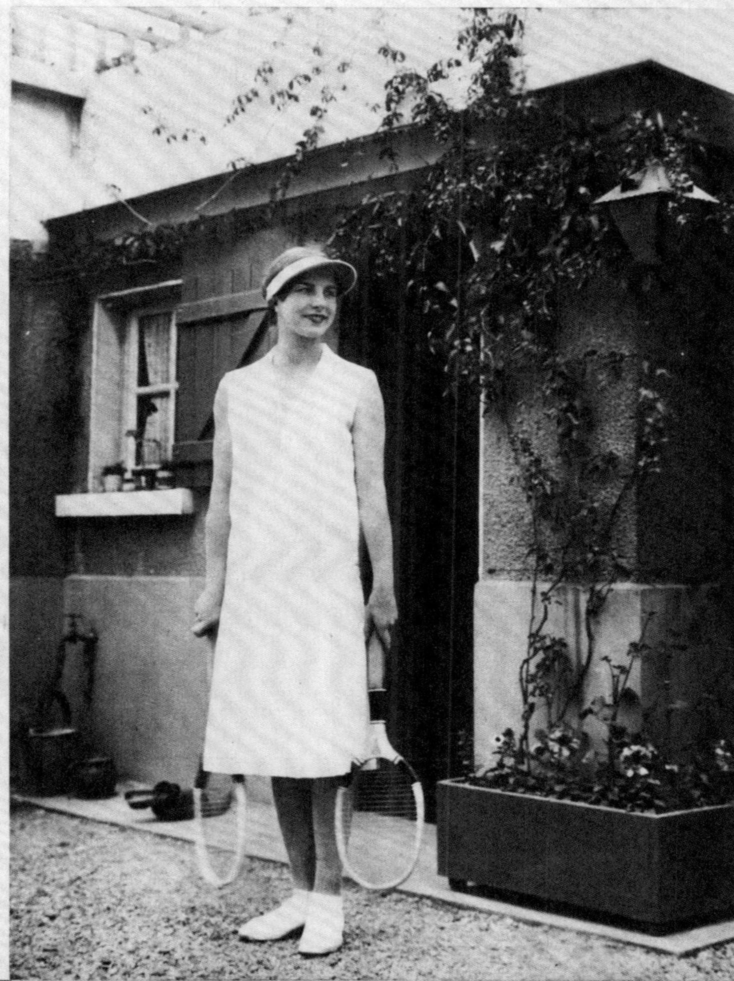

Tenniskleid aus weißer Baumwolle.

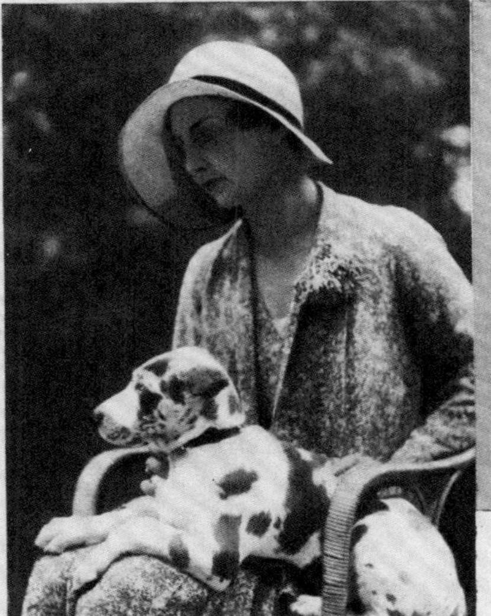

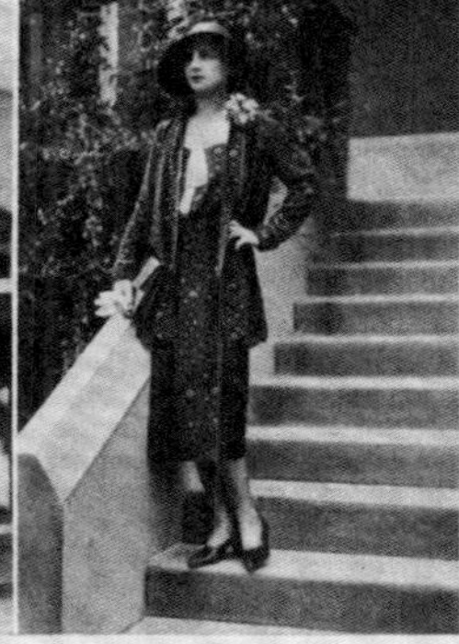

Helen Wills in einem Kleid aus beige Marocain

Gelb und schwarzer Crêpe de Chine.

Links: Weißer Bakuhut mit grünem Samtband.

Modelle Jean Patou
Aufnahmen Luigi Diaz.

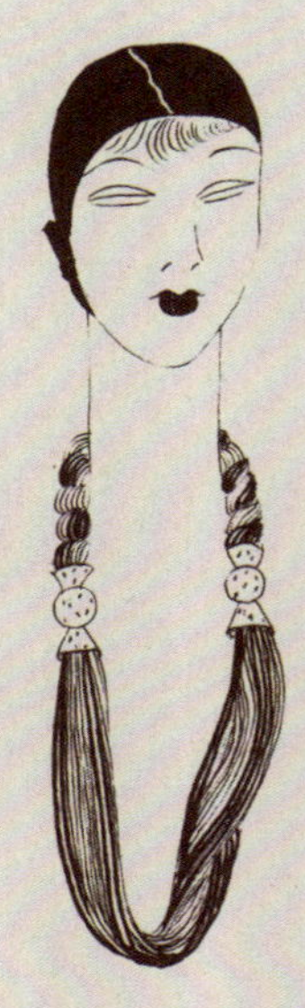

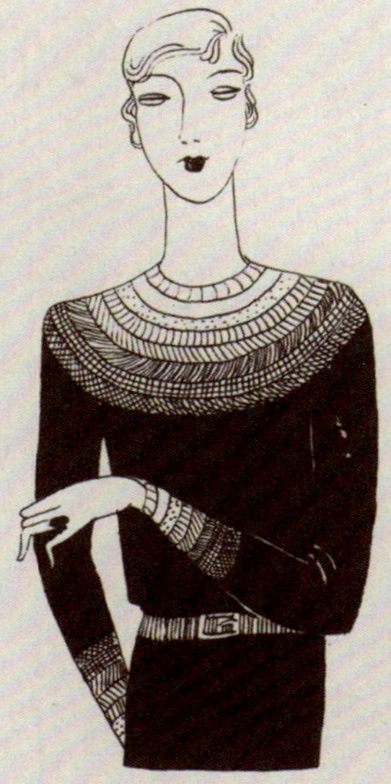

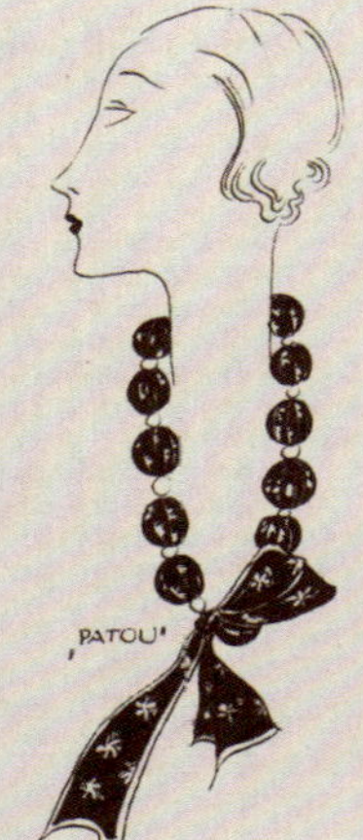

DIE ELEGANTE FRAU TRÄGT:

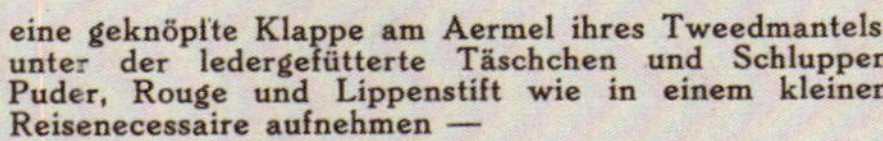

eine geknöpfte Klappe am Aermel ihres Tweedmantels, unter der ledergefütterte Täschchen und Schluppen Puder, Rouge und Lippenstift wie in einem kleinen Reisenecessaire aufnehmen —

zum schwarzen Wollrock den schwarzen gestrickten Sweater, dessen von dunkelgrau bis weiß abschattierte Sattelpasse und Manschetten zart und wirkungsvoll zum Ton der Haut überleiten —

für den Stadtvormittag den Halbschuh aus porösem Schweinsleder mit flachem Absatz —

am Strand weiße Wildlederschuhe, die von braunen geschnürten Krokodilbandeaux überquert sind —

zu ihren Tweedkostümen die metallgeschmückte, metallgeschlossene rote Lacktasche, in die sie ihr rotgetupftes Battisttaschentuch schlüpft —

Gürtel in allen Breiten, Formen und Farben, ovalgeschnittene, buntinkrustierte, seitlich geschlossene, schmale aus Schweinsleder, schwarzweiße aus Lack und Wildleder, initialengeschmückte —

zum gedruckten Crêpe de Chine-Kleid passend reizende Colliers, plissiert gezogene Kugeln aus gleicher Seide, die mit kleineren Metallkugeln wechseln —

zum Badekostüm das Collier aus dünnen bunten Gummischnürchen und geschnittenem Kork, das auf den Wellen neben ihr herschwimmt —

zu ihren weißen und rosa Kleidern die rosa, mit weißen Punkten gestickte Leinencloche, der ein kurzer Schal assortiert ist. *H. G.*

Zeichnungen von Marietta Riederer

„AGNES"

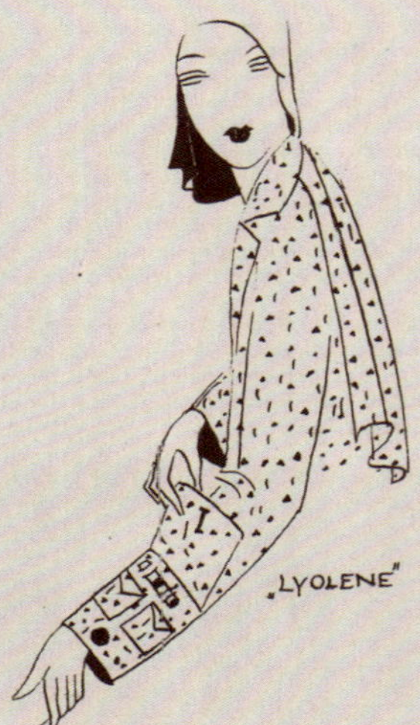

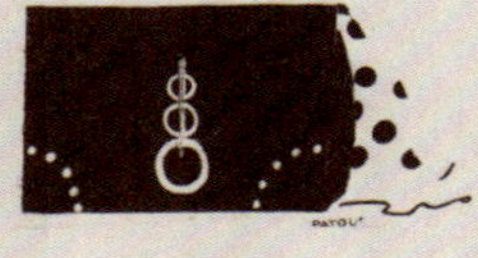

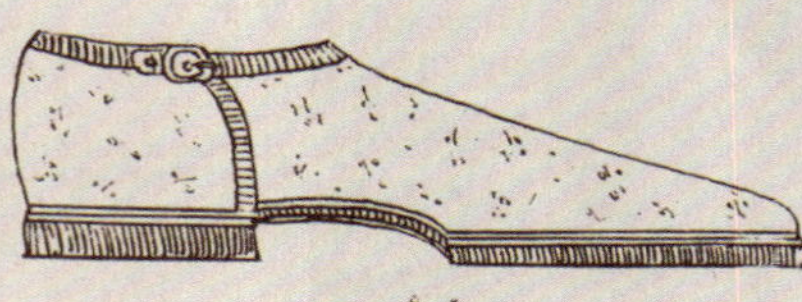

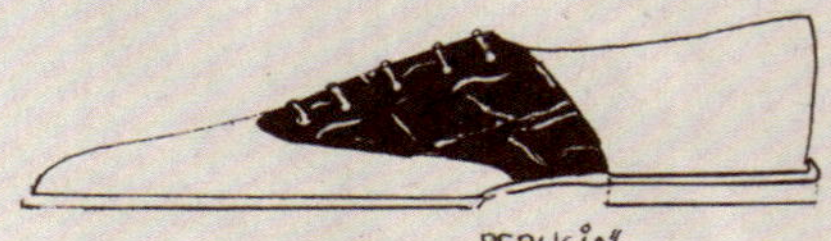

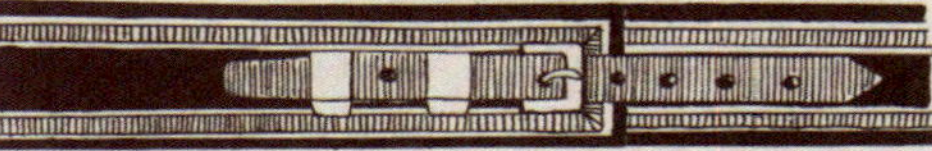

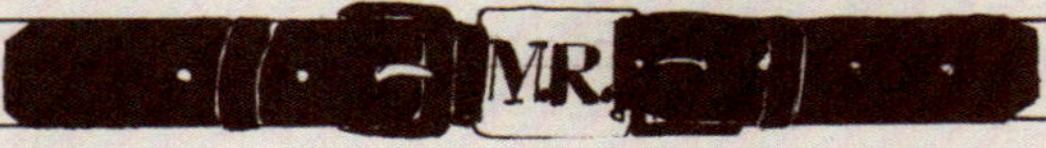

VORZEITIGER ABSCHIEDS-GRUSS

VON HELEN GRUND

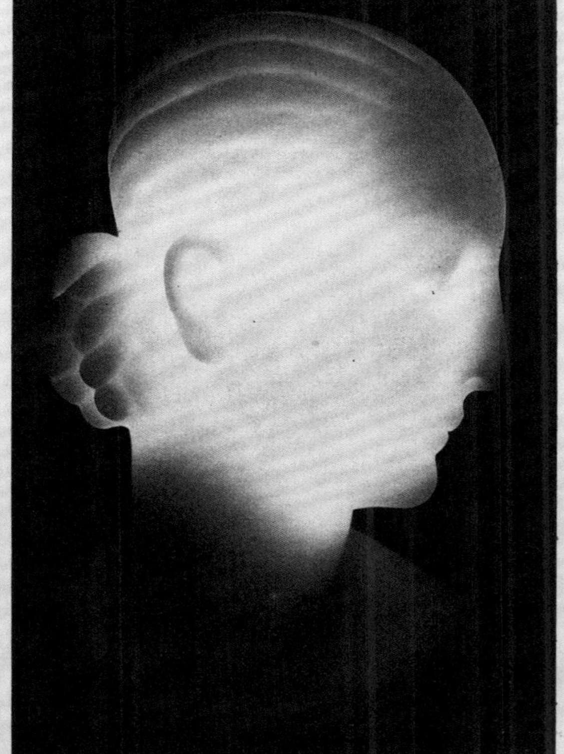

Drei Mannequins von Siegel, Paris

Von innen erleuchteter Wachsmannequin

Die Spröde

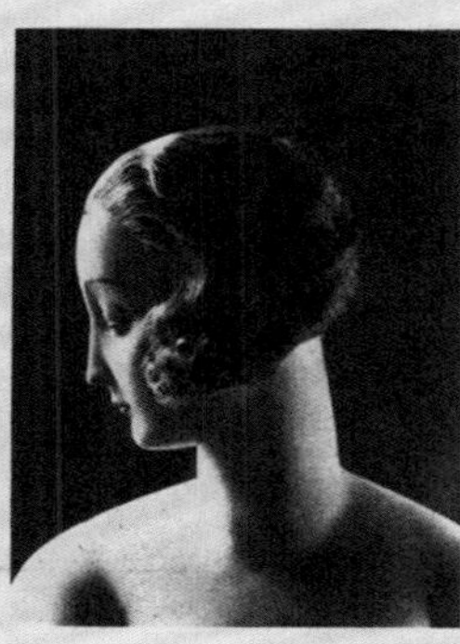

Venus

Als ich zum ersten Male einer Pariser Mode-orführung beiwohnte, war es mir fast unmöglich, twas anderes zu beobachten als die Mannequins. hre Nasenlöcher, das Heben und Senken der roten rme, die kurze Wendung ihrer vom Ring der Zu-chauer immer wieder wie abgehemmten Schritte, lles das schien mir in geheimnisvoller Weise mehr nd Tieferes über den Begriff „Mode" auszusagen ls die Kleider, die sie vorführten. Musterexemplare iner für ihre Grazie berühmten Rasse – wie affiniert waren sie geschminkt, wie rührend die chmalen Hüften und ihr Lächeln, verwöhnt, zer-treut oder melancholisch?

nzwischen habe ich mit vielen von ihnen eine ähere Bekanntschaft gemacht. In der Mittagszeit ann man sie in ihren kurzen Peignoirs herum-aufen sehen, vor und nach dem Dejeuner, das hnen im Hause serviert wird, ein ausgewähltes lenü, nichts, was dick macht oder den Teint efährdet. Doppelt geschwätzig durch ihren Sta-istenberuf, flutet ihr Lachen, Plaudern, Schimpfen. Neugierig, wie es sich für alle gehört, die mit der lode zu tun haben, flattern sie auf und grup-ieren sich wie eine Vogelschar um die neue Nummer der „Frau", ranken sich wie ein Bukett us künstlichen Blumen um die Photographie einer Kollegin oder ihrer selbst. Ihre Kommentare sind aiv und durchaus nicht immer wohlwollend. Es ibt viel Eifersucht unter ihnen, die Neue hat es icht leicht, bis sie eine Freundin gewinnt. Dann vird auch das Bitterste zum „Thema".

Vor der Leistung dieser hübschen und unkomplizierten Geschöpfe habe ich noch immer den größten Respekt. Im Zeitraum von zwei Stunden und zweimal am Tage dreißig und mehr Kleider über- und auszuziehen mit ihrem Zubehör an Gürteln, Knöpfen, Schärpen und Schleifen, ohne Frisur und Laune zu verderben, sie vorzuführen, als sei jedes das „eine", sich in den Ateliers von der Modellistin drehen, wenden und kritisieren zu lassen, als sei man ein totes Ding, gehör- und gefühllos! „Des Abends ist man müde," erzählen sie, „man geht zeitig zu Bett. Unsere Existenz ist nicht sehr romantisch. Eine aufregende Liebe, die uns nicht endgültig diesem Milieu enthebt ist gefährlich, man wird blaß und unlustig, eines Tages gefällt man nicht mehr." Diese beängstigende Perspektive wird immer wieder erwogen.

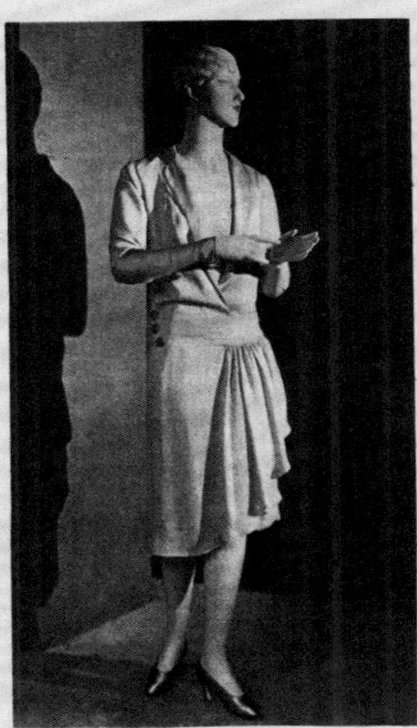

Aufnahme: Germaine Krull

Sommerliches Mantelkleid aus beige Rips

Modell Drecoll, Mannequin: Siegel, Paris

Im Komplex des Hauses spielt der Mannequin eine besondere Rolle. Der Chef legt ihr den Arm um die Hüfte, während er mit einer Kundin plaudert, er duzt sie und nennt sie „mon petit", die Direktrice kritisiert wie eine strenge Pensionsmutter, in einem Blick sieht sie jede Versäumnis, eine Falte im zu eilig übergestreiften Unterkleid, ein Zuviel an Puder, den ein wenig verwischten Lippenbogen, den offengebliebenen Knopf der Manschette. Mit der Verkäuferin ist es anders, mehr als einmal ist sie auf den guten Willen des Mannequins angewiesen. Da sitzt sie, beige oder grau uniformiert, neben der Kundin und lauert auf Zeichen der Kauflust. „Simone," ruft sie, „noch einmal hierher!", aber Simone ist schon im Neben-

(Fortsetzung auf Seite 14)

DIE ROCKLÄNGE ENTSPRICHT DER TAILLENHÖHE

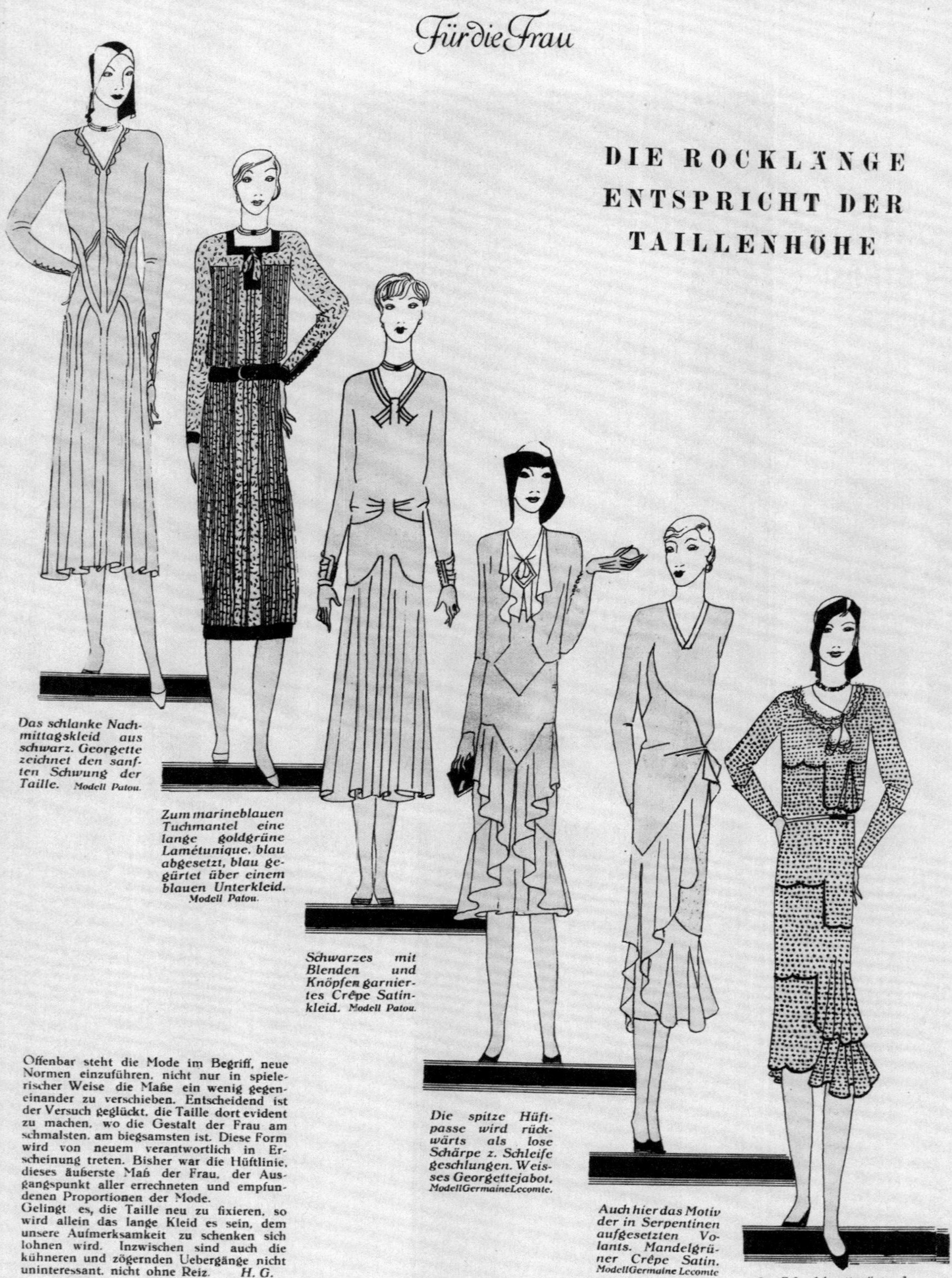

Das schlanke Nachmittagskleid aus schwarz. Georgette zeichnet den sanften Schwung der Taille. Modell Patou.

Zum marineblauen Tuchmantel eine lange goldgrüne Lamétunique, blau abgesetzt, blau gegürtet über einem blauen Unterkleid. Modell Patou.

Schwarzes mit Blenden und Knöpfen garniertes Crêpe Satinkleid. Modell Patou.

Die spitze Hüftpasse wird rückwärts als lose Schärpe z. Schleife geschlungen. Weisses Georgettejabot. Modell Germaine Lecomte.

Auch hier das Motiv der in Serpentinen aufgesetzten Volants. Mandelgrüner Crêpe Satin. Modell Germaine Lecomte

In Schachbrettmüsterchen gewebte Krawattenseide, schwarz eingefaßt. Dreifacher gestickt. Tüllkragen. Modell Germaine Lecomte.

Offenbar steht die Mode im Begriff, neue Normen einzuführen, nicht nur in spielerischer Weise die Maße ein wenig gegeneinander zu verschieben. Entscheidend ist der Versuch geglückt, die Taille dort evident zu machen, wo die Gestalt der Frau am schmalsten, am biegsamsten ist. Diese Form wird von neuem verantwortlich in Erscheinung treten. Bisher war die Hüftlinie, dieses äußerste Maß der Frau, der Ausgangspunkt aller errechneten und empfundenen Proportionen der Mode.

Gelingt es, die Taille neu zu fixieren, so wird allein das lange Kleid es sein, dem unsere Aufmerksamkeit zu schenken sich lohnen wird. Inzwischen sind auch die kühneren und zögernden Uebergänge nicht uninteressant, nicht ohne Reiz. H. G.

Die Frau im Freien

Die Erscheinung der modernen Frau ist derart leicht und sicher geworden, daß alles, was sie umgibt, umhüllt, nur der Lebendigkeit ihres Blickes, ihres Lächelns, ihres Wesens dient, ohne im Einzelnen allzu sehr auf sich selbst zu bestehen. Die kleinen dünnen Kleider haben kein Gewicht, keinen Verschluß, keine Prätention. Lose, bunte, zarte Lappen hängen in den Schränken, bauschen ein wenig im Überschlüpfen und geben erst in der Berührung mit Haut und lebendiger Form Zeugnis ihrer Gestalt. Hängende Schalstreifen werden zum Gürtel drapiert, flache Bänder wölben sich zur Schleife, ein geschlungener bunter Zipfel überschrägt die gerade Linie, die lose Weite wird zum Bolero, fängt sich geknotet als Schulterkragen. Bedruckte Stoffe fordern die spielende wehende Linie. Die Unregelmäßigkeit ihrer Zeichnung unterbricht breit und kostbar der beigematte oder schwarze Fuchs, in silbernen Reflexen spiegelt er das Licht der Landschaft und leiht der Schultersilhouette die schimmernde Aureole seiner Kontur. Bedruckte Komplets haben oft flache Pelzkragen aus hellen Lammfellen oder schwarzem Affenpelz. Die Schwarz-Weißen sind mit einer Pastellfarbe gefüttert, die als Revers oder Schleife sichtbar wird. Auf den *garden-parties*, den Rennen und Turnieren dieser Junitage, in denen die Pariser Saison ihren Gipfel erreicht, sieht man neben den dekorativen Kleidern, die in geometrischen Formen zwei, oft drei Nuancen einer Farbe gegeneinanderstellen, die ganz zartfarbigen Georgetteensembles, knopflose, in gleichem Material gefütterte Mäntel mit schmalem Kragen und geschweiften Ärmeln, Kleidchen mit V-förmigen und viereckigem Ausschnitt, den die Blätter einer Blüte überschneiden. Breitrandige, oft schwarze, in Mustern geflochtene Strohhüte, Bangkok und Bambouformen schatten die Augen oder die kleinen Filzhütchen in sanft angestimmten Tönen, die eng das Gesicht umrahmen. Eine große plötzliche Vogue haben Kappen aus Seidentrikot. Ihr elastisches Gewebe schmiegt sich um die Modellierung der Stirn, des Kopfes. Federn liegen lose darüber, bauschen wie Flügel ihren weichen Flaum ein Stückchen die Wange entlang. Über den ärmellosen Kleidern werden allerlei Jäckchen getragen, lustige und strengere. Man sieht sie aus Tuch mit Soutasche garniert, aus schwarzem Kasha und quergestreiftem Jersey. Manche von ihnen sind Tailleurjacken mit Revers und Knöpfen, andere fallen, durch einen Knopf oder eine Schleife am Halse gehalten, lose über die Hüften oder sie werden vom schmalen Gürtel gehalten. Ärmellos schmale Jacken vervollständigen das schmale Jerseykleid. Abgetönte Streifen oder, hübscher noch, Reihen von eingewebten Silbermaschen durchqueren glitzernd das matte Gewebe. Das farbige Bild der Frauen im Freien spielt in blauen und grauen Tönen. Lindengrün und rosa leuchten auf diesem Fond, Schwarz und Weiß zeichnen präzise Linien.

[Für die Frau, Juni 1927]

Tilden – Lacoste

Atemlose Spannung unter freiem Himmel. Nach vierzehntägigem Turnier das Finale Tilden – Lacoste. Entscheidung über die internationale Tennismeisterschaft von Frankreich 1927.

Der herrliche Park von St. Cloud liegt leer, alles Lebendige saugt der schräge Trichter der Tribünen um das plane Rechteck, prangt mit seiner geometrisch nüchternen Zeichnung. Drüben Tilden. Die kleinmodellierten Züge mit den winzigen Ohren verzieht ein Lächeln, eine Opfergabe der Liebenswürdigkeit an die gespitzte Stunde, an die Erregung der Menge. Lacoste ist klein. Seine helle Schirmmütze schattet das matte Oliv der Haut, das noch goldener wirkt im Weiß der Kleidung. Schlägt er die langen Wimpern nieder, so halten die sanften Flächen des Gesichtes die Ruhe eines Buddha.

Probebälle werden gewechselt, schnell, eine Formalität. Vom hohen Stuhl herab bewacht der besonders berufene neutrale Schiedsrichter, Präsident der niederländischen Federation, die Placierung der Linienwächter. Cochet, Sieger 1926, nimmt einen Sitz ein. Die Knöchel seiner ineinandergefalteten Finger schimmern weiß, er beißt seine Lippe. Über ihm, blaß und glücklich, seit einer halben Stunde internationale Meisterin, lehnt Fräulein Bouman. Auf ihrer runden Kinderstirn ist noch der Abdruck des Stirnbandes, sie scheint zu frieren.

Fertig. Tilden hat das Service. Sein berühmtes Service, vor dem die Besten zittern. Der erste Ball geht ins Netz. Der zweite kommt schräg

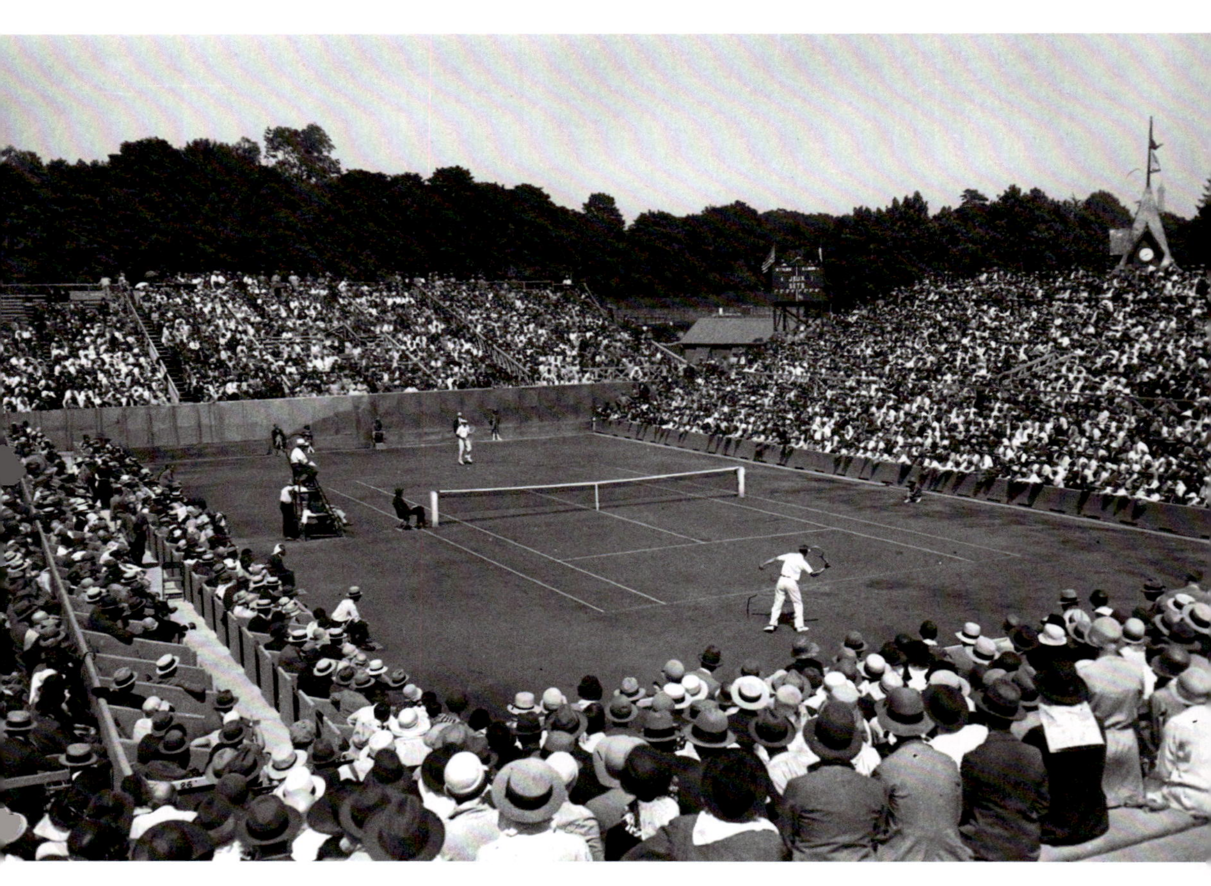

Tilden gegen Lacoste, Roland-Garros, 1928

ins falsche Feld. Gemurmel. Die linken Servicebälle gehen beide fehl. Die Stille, die folgt, ist panischer Schreck, erschüttertes Begreifen. Die Nerven lassen ihn im Stich. Kampflos verliert er das erste Spiel.

Lacoste. Ruhig hebt er den Schläger in beiden Händen, seitlich wie im Gebet zum Winkel des Auges, verweilt dort ein wenig, ehe er ihn zum Service schwingt. Vorsichtig placiert er die Bälle, belauert die Rückkehr, schnellt ihr entgegen, zuvor, nimmt auch die schärfsten. Noch spielt er den Gegner abwartend, stellt sein Gefühl für die Stärke von Prall und Gegenprall in den Dienst der Abwehr. Der Satz ist sein. Und während er den zweiten verliert, gewinnt er an Freiheit, Kraft und Initiative. Der Gegner hat sich jetzt in der Gewalt. Er placiert sein Können in jeden Ball. Netzbälle erschüttern die Pfosten, prallen dröhnend gegen Tribünenwände, springen in hohem Fluge zurück. Nie verliert der Rücken die kleine, ein wenig patronisierende Neigung nach vorn. Lang sind die Schritte, lang der Arm mit den schmalen beringten Frauenhänden.

Holt er zum Service aus, so stampfen hier die leichten Füße des Franzosen den Boden wie in verzückt verängstigten Tanz. Aber er hält stand, begegnet dem härtesten Ball, und allmählich wendet sich, was Abwehr war, in Attacke. Lange, unerbittlich in die Winkel treffende Bälle jagen den Gegner die Linie entlang und zurück. Im Sprung erreichte Volleys bringen ihm Punkte ein, die er durch rasende Bälle des Gegners wieder verliert. Jeder der Spieler hat einen Satz. Beide sind auf der Höhe ihres Könnens, ihrer Passion. Noch weiß keiner zu sagen, wie die Waage sich senken wird. Wechselnd riskieren sie das Spiel am Netz, erraten fast in einer Zuckung den schwirrenden Ball, ihn tödlich erwidernd. Tilden irritiert der Gleichmut, die Unfehlbarkeit seines Gegners. Aus den Reserven seines Könnens schlägt er die rapidesten seiner Bälle hinüber, die ihm Punkte eintragen, Punkte kosten.

Noch ist Lacoste ganz gehalten, aber er bückt sich nach keinem der Bälle mehr, die die Jungen ihm zuwerfen. Federnd elastisch hält er stand, versäumt keine Gelegenheit, in eleganten, fast graziösen Volleys den Bogen des flach heransausenden Balles in hoher Kurve zurückzubiegen, und fliegt zu der Stelle am Netz, wo wie betäubt vom geschnittenen

Schlag Tildens der Ball matt aufspringt, erreicht ihn, gibt ihn hinüber und hinkt. Krämpfe hindern ihn am Laufen, aber auf einem Fuß hüpfend macht er dem Gegner den Sieg schwer.

Gewann Tilden den nächsten Satz, so war die Entscheidung gefallen. Aber er verliert ihn. Frei und mit immer subtilerer Präzision, keinen Augenblick den Gegner unterschätzend, setzt sich die Kunst Lacostes gegen die stupende aber ungleichmäßige Technik Tildens durch.

Drei Stunden schon dauert der Kampf. Die Hupen der wartenden Autos brüllen, die Stimmen der Ausrufer schreien vergeblich. Draußen in der Parkallee stehen Hunderte. Sie sehen nichts außer auf der erhöhten Tafel den Stand des Spieles. Zwei Sätze für jeden. Und während nun aus dieser Gleichheit im letzten Ringen immer wieder ein Übergewicht entsteht und ausgeglichen wird, während Regentropfen fallen und Wolken der Bläue Platz machen, während in die Stille der Spannung schrille «out»-Rufe einschlagen und die Verkündungen des Schiedsrichters, während die beiden Gegner zum Seitenwechsel wie betäubt aneinander vorbeischreiten, verdichtet sich die Hoffnung, Lacoste nicht unterliegen zu sehen.

Beide spielen mit letzten Kräften. Sechs zu sechs. Neun zu neun. Die Erregung der Zuschauer ist viel zugespitzter als die der Spieler. Die zehren von ihrem Instinkt und dem Kapital ihrer Erfahrung. Beide reservieren nichts mehr, jeder Schlag riskiert alles.

Tilden unterliegt mit einem Doppelfehler seines Service. Bleich, mit geschlossenen Lidern lächelnd, steht Lacoste im Enthusiasmus der Menge.

[Frankfurter Zeitung, 11. Juni 1927]

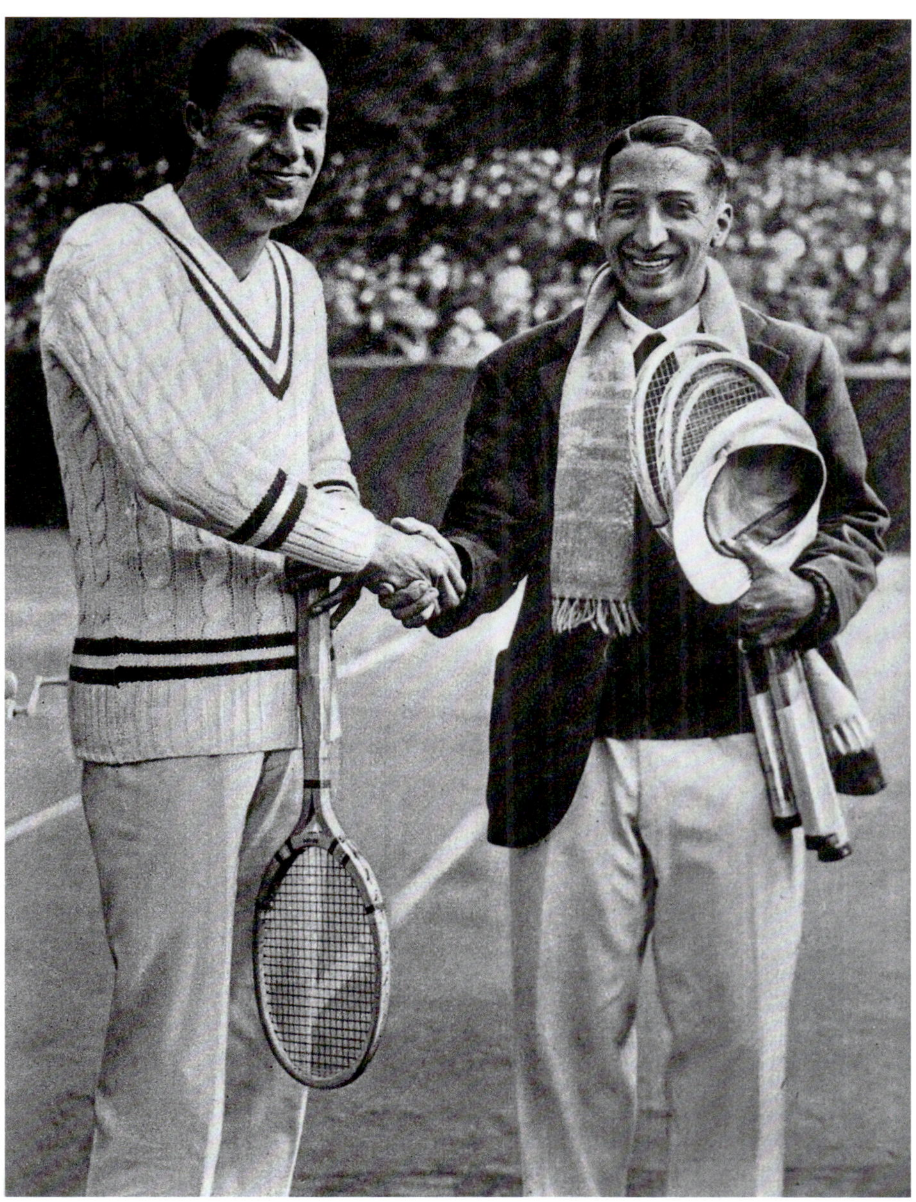

William Tilden und René Lacoste

Für die erste Reise

Renée und ich sitzen in der gepolsterten Nische des matterleuchteten Korridors. Arabesken- und blumenbemalte Türen münden auf ihn. Von Zeit zu Zeit schwebt der Fahrstuhl auf und entläßt aus vertikalem Aufstieg eine Dame, die an uns vorbeigeht. In dämmerndem Licht scheinen die schlanken schreitenden Gestalten einander ähnlich wie Schwestern, ihre Umrisse verraten ein Gemeinsames. Hingabe an die Mode. Weiche mit Pelzstreifen durchflochtene Mäntel umhüllen Arme und Schultern und werden erst knapp über der Biegung des Knies schmal und kontur. Aus reich umgebendem Kragen taucht das Gesicht mit der gezeichneten Braue auf und dem hellen Stirneck, das die geschnittenen Linien des Filzhutes freilassen. Über ihm sitzt – ein Akzent – das glitzernde Schmuckstück.

Das sanfte Beige der Antilopenhandschuhe rührt an das gekerbte Leder der kantigen Tasche, das seidene Beige der Strümpfe wird von der leichten Schweifung des Escarpins überschnitten.

Drinnen im spiegelgeweiteten Probierraum, in diesem von «Parfüm des Hauses» gleichsam signierten Zellen, rüstet man Wand an Wand für die erste Reise 1928, für Sport und Schnee in den Bergen, für die milde Sonne der Côte d'Azur. Zwischen den blitzenden Miniaturdolchen der Stecknadeln kniet auf dem Teppich eine bescheidene Gestalt und mißt den Bund der Skihose, richtet die glockige Weite des Schlittschuhlauf-rockes, drapiert die seitliche Wollschleife des blusigen Sweaters. Diskret und meisterlich zeichnet der Coupeur Kreidekorrekturen in das pelzgefütterte Leder der Jacke, in den dichten Stoff des Mantels. Nebenan wird zwischen den hellen, leichten Geweben gewählt: Foulard, Musseline, Crepella und Tussor mischen ihre flüssigen und starren Falten.

Renée, meine hübsche und kluge Nachbarin – sie hat die Aufgabe, die Presse über die neuesten Kreationen des Hauses auf dem laufenden zu halten – beschreibt mir die wichtigsten, die erfolgreichsten Kleider der *demi-saison*, die jetzt in den Filialen in Biarritz und in Cannes gezeigt und bald getragen werden. Reisemäntel und Tailleurs sind vielfach aus Tweed. Chic sind die Taschen aus gleichem Material, die sie begleiten. Diagonal gestreifte Wollstoffe wählt man für kühle Tage, sehr einfach sind die Mäntel der Ensembles, nur leicht drapiert der Rock. Das eigentlich Bestimmende ist die Bluse. Sie kann aus Kashatulla sein oder aus ganz neuen Geweben, die wie ein Docht ringförmig geflochten sind, oder kostbarer aus einer Mischung von Woll- und Goldfäden auf Tüll gestickt. Zu den jugendlichen Atlaskostümen mit den kurzen hermelinbesetzten Jacken gibt es Spitzenpullover über dunklem Fonds. Überhaupt spielt die Bluse keine geringe Rolle. In manchen der hellen Kostüme ist sie durch Träger mit dem Rock verbunden. Diese neue Form ist bemerkenswert und weist auf künftige Möglichkeiten, die Taille noch zu verkürzen. Foulardkleider sind kleingeblümt, Taftkleider kleinkariert, besonders hübsch sind ihre plissierten, stufig übereinander gestellten Volants, die von rückwärts her bogig ansteigen. Viele Kragen der eleganten Nachmittagsmäntel zeigen die moderne Boalinie. Durch einen seitlichen Spalt wird der lose Fuchsstreifen eng am Halse durchschlüpft und fällt in graziösen Schwingungen den Rücken hinab. Neu ist auch der dem Dekolleté eingefügte Chiffonschal, der die Schreitende wolkig umweht, und der im glockigen Volant ausfallende, transparente Ärmel der kleinen Dînerkleider. «Einige unserer Kundinnen sehen in dieser Saison besonders bezaubernd aus», resümiert Renée, «einige verstehen, Schmuck zu tragen.» Und wirklich ist dies ein wichtiger Faktor, sind doch viele der neuen Details um den Effekt der großen geschliffenen Steine komponiert, das lose Fichu, der drapierte Gürtel, der unsymmetrische Ausschnitt, verlangen Agraffen, Schnallen und Pendatifs.

[Für die Frau, Januar 1928]

Weiblichkeit und Distinktion.

Ziele der Mode

Während in der Frühlingssonne der Riviera die Toiletten der *demi-saison* getragen werden, bricht in Paris die Hochflut der Sommermode über uns herein. Um die Oper, in der Rue de la Paix, an der Place Vendôme und die winterkahlen Champs-Élysées hinauf schimmern bis in die Nacht hinein festliche Lichtflächen langer Fensterreihen, hinter denen glühende Mannequins vor Kritik und Maklern – Presse und Einkäufern – ihren bogigen Reigen wandeln. Zugehörige aller Zungen, sofern sie sich als solche legitimieren können, haben in diesen Wochen Zutritt zu den Quellen der Eleganz, zu dem Universalmarkt des *dernier cri*. Fast gleichzeitig, aber doch in einer gewissen Rangordnung setzt diese Monstrerevue ein. Je nach dem Hause mehr oder weniger zeremoniell. Noch ist das Los über das einzelne Kleid nicht gefallen, noch tritt es in aller Unschuld auf, aber in diesen Tagen scheidet Wahl, Beifall und Kritik das Gute vom Besseren, das Originelle vom Outrierten, das Verfehlte vom Schlager. Merkwürdig übereinstimmend sind die Vorworte der Programme, Reflexionen der berühmten Modeschöpfer über ihre Richtlinien. Von den Extravaganzen und Fiebern der Nachkriegszeiten, so meinen sie, habe die Gesellschaft sich erholt. Im wiedergefundenen Gleichgewicht kehrt sie zu dem ruhevolleren Ideal zurück, das «Weibliche» zu pflegen und die Distinktion dem überraschenden Effekt voranzustellen. Das unbedingt Jugendliche ist nicht mehr Kriterium. In der Tat ist das Entscheidende der neuen *créations* ihre liebens- und phanta-

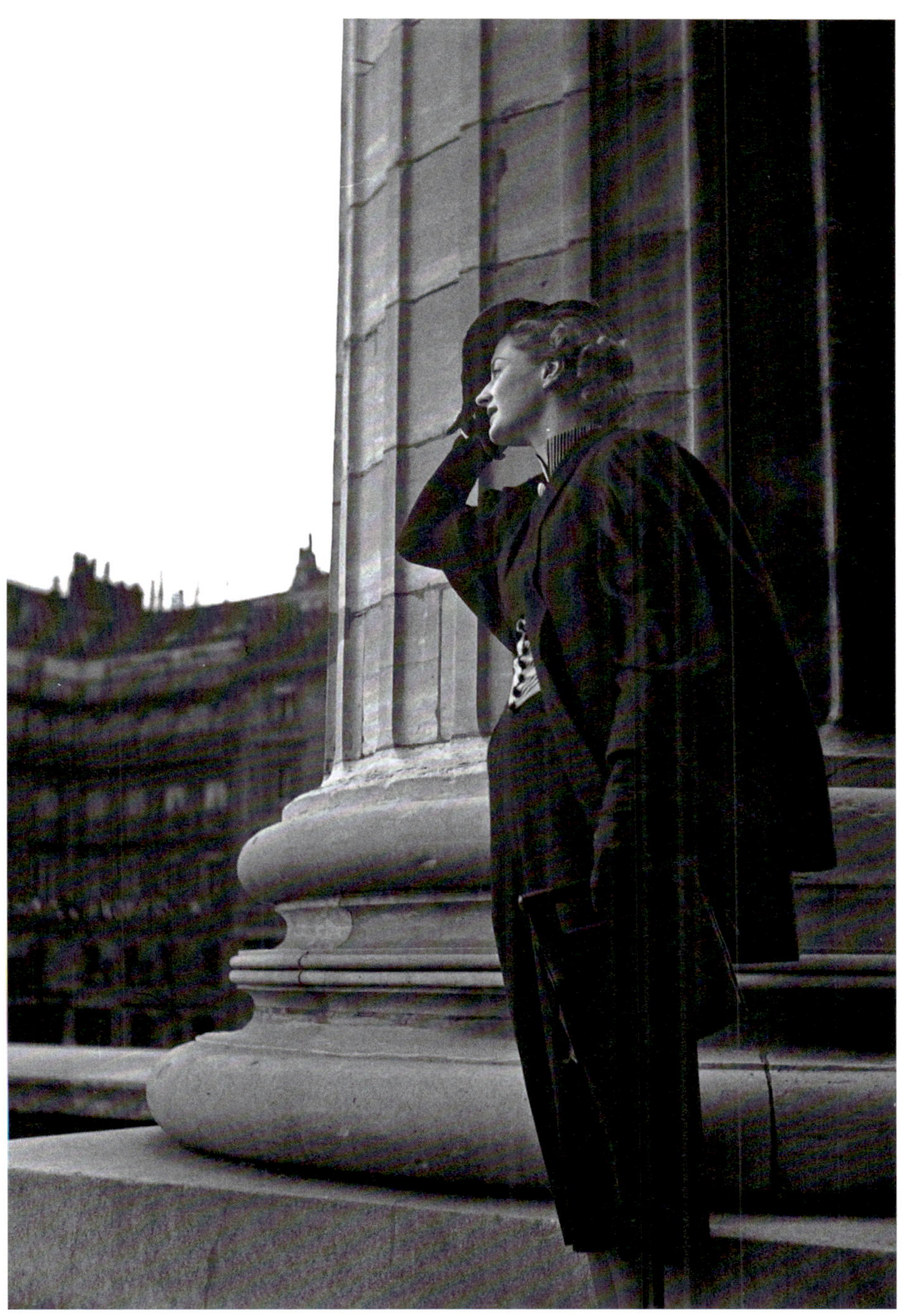

Modell von Creed für die Demi-Saison

sievollere Eleganz, die Linienführung entspricht einer schlanken, aber durchaus nicht ephebenhaften Gestalt.

Notieren wir das Konkrete. Man trägt: Spitze, sehr viel Spitze, Tüll, Atlas, Goldmoiré, Taft und eine neue Art wachsweichen Lamés, schwere Kreppseiden und Tussor für die Mäntel der Ensembles. Eine Unzahl bedruckter Seiden, Foulard, Georgette Mousseline, Crêpe de Chine und Taft. Ihre Muster, kariert, geblümt, in Punkten, aber hauptsächlich in einer neuen, wie mit der Feder ausgeführten Strichzeichnung. Mit Seide gemischte wollene Mantelstoffe, Jerseylamé, das wollige Netz der Angorafäden von gemaschten Goldstreifen durchzogen.

Farben: Weiß und schwarz für alle Tages- und Abendstunden, auch als Fond der bedruckten Stoffe, in denen grün, braun und grau, neben vielen blauen Tönen vorherrschen. Dunkelblau ist die Modefarbe. Eine Neuheit sind die zarten reinen Abendfarben der glänzenden Stoffe. Wie in Eis gekühlt ein strahlendes Blau, ein Wassergrün, und die hellen, dem Weiß ganz nahen Töne, elfenbein, himmelblau, rosa, champagne.

Typische Formen. Der helle Tailleur, tief geschlossen. Der Kragen seiner farbig gemusterten Hemdbluse wird über dem Revers getragen. Das dunkle Tailleurkleid, die Bluse aus Jerseylamé oder einfarbiger Kreppseide ist dem leichtgeschweiften Rock angearbeitet. Die lose Jacke – manchmal sieht man sie durch ein kurzes Cape ersetzt – schließt mit Schleife oder Schnalle den aufgestellten Kragen. Weite umgürtete Wollmäntel dem Sportkleid assortiert mit langen, durch den Kragen geschlungenen, zur Schleife gebundenen Schals.

Die bedruckten Nachmittagskleider sind je nach der Transparenz ihres Materials voller oder schwebender drapiert. Glatte Ärmel, ein glattes Oberteil, aber um die Linie des Halses spielen Fichus und Schals. Ihre Mäntel, sofern sie nicht von transparenten Capes begleitet sind, werden der dunkelsten und unscheinbarsten Nuance des Musters angepaßt. Sie sind um die Hüfte gerafft oder zeigen im graden und offenen Fall wie in einem Spalt die Front des Kleides. Das dunkle, schwarze oder blaue Nachmittagskleid scheint auch für den Sommer unentbehrlich. Es wird weniger häufig drapiert, aber stufig fallende

Plissés, vorn oder rückwärts aufbiegende Volants, Tüllüberwürfe, unregelmäßige Glockenteile geben der Silhouette eine von der Hüfte her geschweifte Linie. Eine Fülle von Details variiert die Form des Dekolleté. Artig gefältete Musselinekragen, glatte, hellfarbige Inkrustationen, transparente Sattelteile, schmale im Rücken zur Schleife gebundene Goldbänder. Ab und zu eine Prinzenform, ab und zu ein rüschenbesetzter Taftmantel. Ganz auf die schmückende Einzelheit verzichten die hellen sommerlichen Abendensembles aus glänzendem Atlas, die goldschimmernden Capes der Abendkleider aus Tüll und Spitzen.

Und während im Verlauf dieser Parade das Neue die Suggestion seiner Natürlichkeit auf uns ausübt, konstatieren wir, wie wenig gewaltsam und doch wie beharrlich die Mode das Bild der Frau in dieser oder jener Richtung zu bestimmen weiß. Die Kleider sind weder kürzer noch länger, weiter noch enger, weder einfacher noch komplizierter als die der Wintersaison, aber eine geringe Schweifung der Taillenlinie, ein loserer Fall um die Form der Büste, bestimmte weiche, zu Schleifen geschlungene Gürtel-Schärpen und eine Neigung, das abendliche Dekolleté in der Achsellinie zu vertiefen, sind Anlaß genug, die Frauengestalten des Sommers in eine neue Spannung zu rücken.

[Für die Frau, Februar 1928]

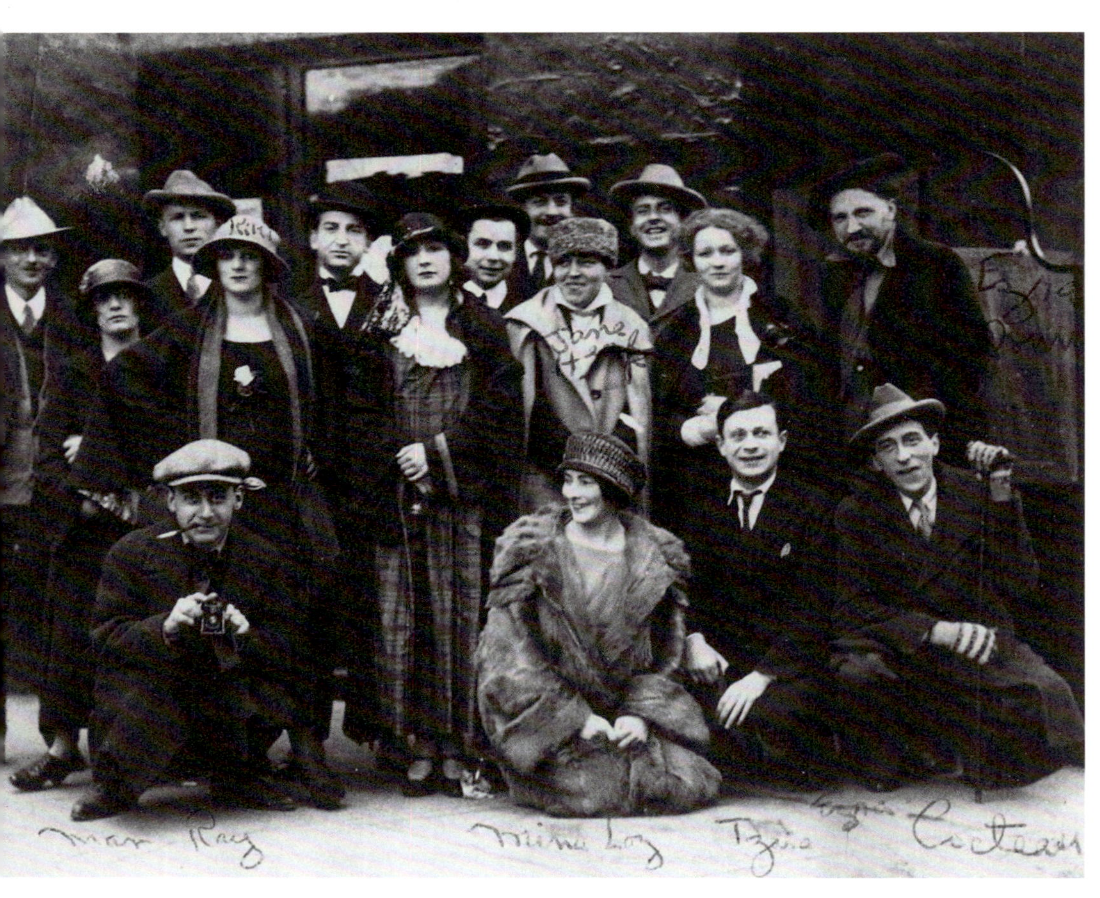

 Margaret Anderson und Jane Heap mit Man Ray, Kiki, Tzara, Pound und Cocteau

Paris-Amerikanerinnen

Wir sprechen von der Jungen, Modernen. Sie bedeutet für Paris weit mehr als irgend eine andere ausländische Besucherin. Das Entwaffnende an ihr ist, daß sie auf allerlei landläufige Ideen überhaupt nicht kommt. Sie will weder bewundern noch kritisieren, sie will sich nicht einfühlen, auch nichts ansehen oder ablauschen, nicht einmal verstehen. Ihr liegt mehr daran, sich verständlich zu machen und das Vorhandene zu genießen. So ist sie schon beim ersten Auftreten ein aktives Element im Pariser Dekor. Einerlei, ob sie aus New York, Chicago, San Francisco oder Kanada kommt, Amerika ist ihre Weltnorm. – Ihr Tätigkeitsdrang, nicht mehr in die heimatliche Routine gespannt, läßt ihre Kräfte frei. Sie springt wie ein Fohlen in die neue Weide. In vierundzwanzig Stunden hat sie sich orientiert, ein Konto im «Equitable» eröffnet, die wichtigsten Freunde der american colony angerufen. In wenigen Tagen ist ihr Leben organisiert. Ich wohnte der Ankunft von zwei jungen Amerikanerinnen bei. Zu Haus in Minneapolis leiten sie eine Kunsthandlung, arrangieren Ausstellungen moderner Bilder. Am dritten Tage hatten sie ihr Hotel in den Champs-Élysées mit einer möblierten Wohnung vertauscht, am Quai d'Orléans auf der Île Saint-Louis mit dem schönsten Blick auf Notre-Dame, Seine und Brücken. Einen Tag später gaben sie ihren Paris-Compatriots eine *cocktailparty* und trugen Kleider von Patou und Vionnet. Zum Weekend steuerten sie ihr eigenes kleines Kabriolett nach Versailles, Fontainebleau und Chartres. Im Verlauf eines Monats hatten sie nicht nur Picasso, Braque und Derain besucht, sondern auch 21 (sie bestanden auf der Zahl) junge und jüngste Maler. Auf ihrem Kamin stand eine Skulptur von Brancusi, an den Wänden gab es ein paar Aquarelle von Dufy, einen Van Dongen und ein Portrait der Jüngeren von Pruna. Niemand ist so entschlußgeschwind wie die junge Amerikanerin, niemand so leicht lesbar aus Gesten und Mienen. Fast alle sind hübsch und groß mit entzückenden Beinen und Zähnen. Sie geben sich selten Mühe, Französisch zu lernen, besonders da ihr Akzent die Verständigung doch verhindert. Was sie hier suchen? Den Kontakt mit den anderen reisenden Amerikanern; Kunst, die besonders alt oder besonders neu ist, vielleicht auch europäische Menschen, die blasierter und raffinierter über den Wert der Zeit und der Moral denken. Der Flirt der alten Welt? Meist führt er nicht weit. Die Mischung aus hardiesse und prudence der französischen Liebesouvertüre erregt ihre Neugier, sie akzeptiert das rendez-vous, arrangiert auch selbst ein tête-à-tête-Dîner in ihrem Räumen, trägt ein betörendes Abendkleid oder einen riskierten Pyjama und trinkt Champagner, aber gewissermaßen gilt das nicht und kommt dem *boy at home* zugute, der ihr im Widerschein dieses komplizierten und unzuverlässigen Spieles nur desto lebendiger, lebenstüchtiger, reinlicher und vertrauenswürdiger vorkommt. – Manche kommen auch herüber, um ihren kleinen Heimatruhm in möglichst kurzer Zeit europäisch abstempeln zu lassen, das heißt, sie versuchen ein Stück, das sie geschrieben haben und das man drüben mit Erfolg gab, auf einer Pariser Bühne zu lancieren. Sie wollen Theaterdirektoren, Übersetzer, Kritiker kennenlernen. Sie haben gewisse Summen einzusetzen und sehr viel Energie. Sie glauben an die Macht des Willens. Mit unerhörter Zähigkeit setzen sie Begegnungen durch, selten aber ihre Ziele. Ihre Naivität ist grenzenlos. Eines Tages lud eine solche Willensstarke, übrigens war sie rotblond und sehr gut gemacht, einen berühmten Schauspieler und Theaterdirektor, der ihr Stück zu lesen versprochen hatte, ein, mit ihr zu dinieren. Er solle – sagte sie – ihr Gast sein und sei es auch in dem teuersten Restaurant von Paris. Sie war dann äußerst erstaunt und fand es höchst originell, in einem Chauffeur-Bistro zu landen und zum Beefsteak einen vin ordinaire zu trinken. – Eine bezaubernde

Amerikanerin traf ich einmal bei französischen Freunden zum Frühstück. Das heißt, sie kam, als wir beim Dessert waren, verspätet und mit geröteten Lidern. Ihr Pech in der Liebe war allen bekannt. Der schöne Italiener, der so gut tanzte, ihr Verlobter, war mit der noch reicheren Freundin in den Midi gefahren. Sie war fassungslos und wenn sie überhaupt noch weiter hier leben konnte, so war es, weil sie so viele Freunde unter den Franzosen hatte: Deren Ironie tat ihr wohl, diese Waffe des Parisers gegen den Leidenswillen. Sie hatte die bezaubernde Frisur aus Locken und Strähnen und trug einen großen Topas auf der Brust. «Er ist mein Glücksstein», sagte sie, «ich trug ihn, als ich Nino zum ersten Male sah.» Und dann lachten wir alle. Der Typus der sentimentalen Amerikanerin ist gewiß selten. Vielleicht bringt das Klima von Paris verborgene Keime zur Blüte. Vielleicht täuscht auch die Auswahl der Paris-Amerikanerinnen über den wahren Prozentsatz. Es kommt vor, daß Schöne und Verwöhnte unter ihnen einer Neigung, einer heimlichen Passion wegen Jahre ihrer Jugend in irgendeinem kleinen *flat* von Paris zubringen, allen Lockungen und Drohungen des *Dad* widerstehen, der den Preis für ihre Rückkehr alljährlich höher ansetzt und die Rente entsprechend einschränkt, aber im allgemeinen reist die Amerikanerin gern wieder nach Haus. Auf dem Quai des Gare Saint-Lazare, dem *steamer-train* entlang, sieht man keine wehmütigen Gesichter. Sehr smart, sehr *efficient* in ihrem Reisedreß lacht sie zu den letzten Komplimenten der Europäer und nimmt die Rosen und Orchideen der amerikanischen Freunde in Empfang. Sicher, sagt sie, nächstes Jahr komme ich wieder – und: «Paris was too delightful, I had the time of my life» – und: «I'm sure I learnt a lot.» –

[Für die Frau, April 1928]

Vorzeitiger Abschiedsgruß

Als ich zum ersten Male einer Pariser Modevorführung beiwohnte, war es mir fast unmöglich, etwas anderes zu beobachten als die Mannequins. Ihre Nasenlöcher, das Heben und Senken der roten Arme, die kurze Wendung ihrer vom Ring der Zuschauer immer wieder abgehemmten Schritte, alles schien mir in geheimnisvoller Weise mehr und Tieferes über den Begriff «Mode» auszusagen als die Kleider, die sie vorführten. Musterexemplare einer für ihre Grazie berühmten Rasse – wie raffiniert waren sie geschminkt, wie rührend die schmalen Hüften und ihr Lächeln, verwöhnt, zerstreut oder melancholisch?

Inzwischen habe ich mit vielen von ihnen Bekanntschaft gemacht. In der Mittagszeit kann man sie in ihren kurzen Peignoirs herumlaufen sehen, vor und nach dem Déjeuner, das ihnen im Hause serviert wird, ein ausgewähltes Menü, nichts, was dick macht oder den Teint gefährdet. Doppelt geschwätzig durch ihren Statistenberuf, flutet ihr Lachen, Plaudern, Schimpfen. Neugierig, wie es sich für alle gehört, die mit der Mode zu tun haben, flattern sie auf und gruppieren sich wie eine Vogelschar um die neue Nummer der «Frau», ranken sich wie ein Bukett aus künstlichen Blumen um die Photographie einer Kollegin oder ihrer selbst. Ihre Kommentare sind naiv und durchaus nicht immer wohlwollend. Es gibt viel Eifersucht unter ihnen, die Neue hat es nicht leicht, bis sie eine Freundin gewinnt. Dann wird auch das Bitterste zum «Thema».

Von der Leistung dieser hübschen und unkomplizierten Geschöpfe habe ich noch immer den größten Respekt. Im Zeitraum von zwei Stunden und zweimal am Tage dreißig und mehr Kleider über- und auszuziehen mit ihrem Zubehör an Gürteln, Knöpfen, Schärpen und Schleifen, ohne Frisur und Laune zu verderben, sie vorzuführen als sei jedes das «eine», sich in den Ateliers von der Modellistin drehen, wenden, kritisieren zu lassen, als sei man ein totes Ding, gehör- und gefühllos! «Des Abends ist man müde», erzählen sie, «man geht zeitig zu Bett. Unsere Existenz ist nicht sehr romantisch. Eine aufregende Liebe, die uns nicht endgültig diesem Milieu enthebt, ist gefährlich, man wird blaß und unlustig, eines Tages gefällt man nicht mehr.» Diese beängstigende Perspektive wird immer wieder erwogen.

Im Komplex des Hauses spielt der Mannequin eine besondere Rolle. Der Chef legt ihr den Arm um die Hüfte, während er mit einer Kundin plaudert, er duzt sie und nennt sie «mon petit», die Direktrice kritisiert wie eine strenge Pensionsmutter, in einem Blick sieht sie jede Versäumnis, eine Falte im zu eilig übergestreiften Unterkleid, ein Zuviel an Puder, den ein wenig verwischten Lippenbogen, den offengebliebenen Knopf der Manschette. Mit der Verkäuferin ist es anders, mehr als einmal ist sie auf den guten Willen des Mannequins angewiesen. Da sitzt sie, beige oder grau uniformiert, neben der Kundin und lauert auf Zeichen der Kauflust. «Simone», ruft sie, «noch einmal hierher!», aber Simone ist schon im Nebensalon und läßt sich auch auf dem Rückweg nur unwillig darauf ein, den Mantel des Ensembles wieder überzuziehen, die Schleife zu knoten, den Rücken zu präsentieren und den Stoff von Madames Fingern prüfen zu lassen. Ganz anders, wenn beide im Einverständnis sind. Dann bekommt das Kleid durch eine Wendung der Trägerin plötzlich den überzeugend graziösen Wurf, ein Lächeln unterstützt die Worte der Verkäuferin als bestes Argument.

Aus der Wahl der Mannequins erkennt man die Ambition des Hauses, trotzdem es Prinzip ist, kontrastierende Typen zu zeigen. Monsieur Worth erklärte mir eines Tages seine besonderen Gesichtspunkte. Er legt den Hauptwert auf den Gang, gleich danach auf die Feinheit der

Gelenke und den reinen Teint der Haut. Daß sie gut gewachsen sein müssen, versteht sich von selbst, viel wichtiger aber als das hübsche Gesicht ist eine gewisse Unabhängigkeit der Bewegung. Seine Mannequins sind die hohen «königlichen» Gestalten – manchmal sieht man sie zu zweit aus den Garderoben den langen sonnigen Korridor entlangkommen, ehe sie ihren Einzelweg in die Salons nehmen. In ihren ganz auf die große Linie gestellten Kleidern erinnern sie an gewisse Bilder aus englischen Magazines. Unwillkürlich erfindet man diesen Schwestern einen Lord zum Vater, eine Duchess zur Mutter. Daneben gibt es die undurchsichtige Kühle mit dem gerümpften Näschen, die volle Blonde, der die Spitzenhabillés stehen, und eine, die mich an die Berlinerin erinnert, ein schönes, glattblondes Mädchen, ein wenig brummig und sicher sehr vernünftig. Jane Regny bevorzugt die Kleinen, die Trainierten, Lustigen, Wetterfrischen. Das Haus Lanvin, das Yvonne Printemps für Stadt und Bühnen anzieht, hat Mannequins, die dieser reizenden Schauspielerin ähnlich sind, blond, zart, sehr geschminkt und von einer Schelmerei, die der Unschuld ganz nahe ist. Lucien Lelongs mädchenhafte Gestalten sind viel behüteter, sie blühen ein wenig fiebrig, als kämen sie aus einem Wintergarten, sie bleiben ladylike auch im Badekostüm. Patou, der einen großen Verbrauch an Mannequins hat, zeigt neben der einen herrlich Gewachsenen, deren Schulterbreite das Hüftmaß weit übersteigt, gewisse dunkelhäutige languissante Frauen mit breiten Lidern. In einem Hause ganz nahe vom Étoile gibt es eine Frau, nicht in reiferen, sondern in reifen Jahren mit einem Gesicht, das ohne seine überlegene Würde eine Clownsmaske sein könnte. Sie hat die elegantesten Beine und Hüften und trägt die transparentesten Dekolletés. Poiret wird durch die «belle fille» inspiriert, mit dem starken Gesicht und den vollen Lippen, Champcommunal liebt die verschlossene Kühle.

Aber während ich mit einer Art von gerührter Bewunderung diese Summe von Jugend und Arbeit überdenke, fallen mir Tage ein, etwa am Ende der Saison, wenn die Modelle ihre Frische ein wenig verloren haben und die Mannequins für die neuen «Créations» in den Ateliers anstrengende Dienste tun, oder Tage, an denen ein «ennui» persön-

Mannequins bei einer Modenschau von Molyneux

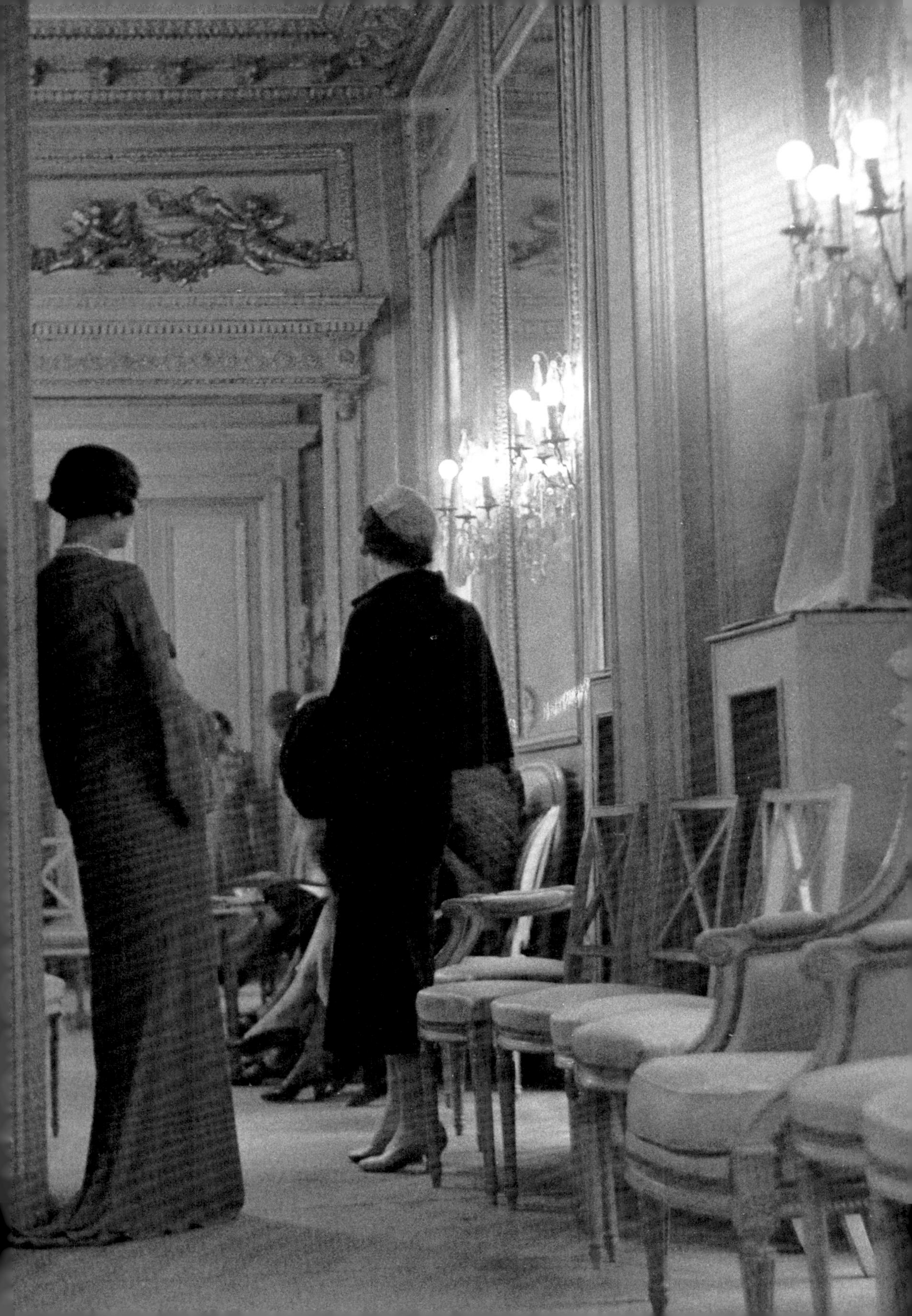

licher Natur kritische Augen verleiht – dann mutet der ewige Wandel der Mannequins wie eine Danaidenarbeit an. Ihre Bewegungen erscheinen mir plötzlich von fataler Affektation, ich bemerke die entstellenden Impfnarben, einen rasselosen Daumen, den Goldzahn der einen, die umschminkte Müdigkeit in den Augen der anderen, die verfärbte Strähne der dritten und eine spröde Stelle im Mundwinkel der nächsten. Dann scheint mir die Verwirklichung einer Idee, die immer wieder auftaucht, die in der Luft liegt, nahe und willkommen. Ist es eine Utopie, diese hübschen, aber durch ihr Menschtum gleichzeitig zu beunruhigenden und zu empfindlichen Geschöpfe durch künstliche Mannequins ersetzen zu wollen? Eine Wandelbahn im modernen Dekor, darin bewegen sich, tröstlich mechanisch, Gestalten, die nicht ermüden, darin «verhalten» sich Gesichter, die nicht verwelken, nicht erblassen noch erröten, sondern auf ihren in Pfirsichhaut oder Wachs modellierten Züge unserer Illusion ihre gebannte, unbeteiligte Schönheit leihen. Eine kleine Venus, deren blauem Blick wir nie begegnen, eine zarte Brünette, in deren vielversprechendem Lächeln wir uns ohne Furcht vor Enttäuschung versenken, eine Spröde, deren Skepsis wir durch keine Bemühung zunichte machen.

[Für die Frau, April 1928]

Jagdfreuden bei Paris

«Schießen! Sie, eine Dame, schießen! Kaltblütig legen Sie ein Gewehr an und töten unschuldige, wehrlose Tiere!» Meine junge Bekannte ist von ihrer «gerechten» Empörung so erregt, daß sie die Gabel mit rosiger Gänseleberpastete sinken läßt. Abblenden: der sonnige Raum des Restaurants, das Büfett mit kalten Hühnern, Lachs in Mayonnaise, Teller, Gläser, Blumen und Wein verschwimmen, werden zu laternenbeschienener Stallenge, in der eine Magd, die Flügelschlagende zwischen den Knien, der Gans Gerstennudeln in den Hals steckt, eine nach der anderen. –

Nein, vertiefen wir uns nicht, entrüsten wir uns nicht, begleiten Sie mich lieber zu Gastinne Renette. Ist Ihnen der Name ein Begriff? Soll ich Ihrem Gedächtnis auf die Spur helfen? Auf den Seiten der schönsten französischen Literatur haben Sie ihn gelesen, bei Balzac, Maupassant, Proust, er verbindet sich mit den spannenden Szenen in aristokratischen Milieus, mit den Konflikten von Ehre und Liebe, oder er taucht nur beiläufig auf, ein Beleg für die sorgfältige Erziehung des jungen Helden. Hier in diesem ein wenig düsteren Erdgeschoß und Keller am Rond-Point des Champs-Elysées besteht seit dem Jahre 1812, von Vater auf Sohn vererbt, die Schießschule von Gastinne Renette, an diesen veraltet geschweiften Silhouetten mit Locken und Frackschößen übten sich die Gentlemen des vorigen Jahrhunderts am Vorabend ihrer Duelle Hand und Augen, hier hat sich vor kurzem ein Klub junger Damen der

Gesellschaft gebildet, die mit der Waffe in der Hand eine Präzision zu lernen wünschen, die kein andrer Sport sie zu lehren vermag. Aber wir verlassen den kühlen Raum mit den zwischen Laubengittern rangierten Karabinern, Pistolen, Revolvern, begrüßen nur flüchtig die Lehrer in weißen Schürzen, die durch Wort und Beispiel die Schüler korrigieren und nach jedem Knall den Lauf mit einer neuen Silberkugel laden. Heute fahren wir mit Monsieur Gastinne zur Jagdschule bei Issy hinaus, zu dem nahen über der Seine gelagerten Vorort von Paris, in eine von Mauern umfaßte weite wellige Landschaft aus Tal und Hügel, Fels und Busch. Hier studieren die Liebhaber der Jagd, Damen und Herren «du monde», alle Variationen von Schüssen, ohne auch nur einen Tropfen Blut zu vergießen. Aus schwarzem Ton und bemaltem Blech sind ihre Opfer, sie rollen auf Schienen oder werden aus starken Federn durch die Luft geschnellt. Hinter Büschen verborgen zieht der «Jagdhüter» die Drähte, daß uns das Wild über den Weg läuft, das Volk der Hühner vor uns aufschwirrt, die Taube ihren Bogen gegen den Himmel zieht. Ein paar Probeschüsse an der schwarzen Tafel, dann treten wir mit offenem Gewehr unsere Wanderung an. «Laden Sie, Madame, die Jagd beginnt.» Einige Schritte weiter – «Für Sie das Kaninchen», ruft Monsieur Gastinne – und während wir schultern, wird weit hinten im Grase eine helle Silhouette sichtbar, überquert in Windeseile die Rasenwelle und rollt auf uns zu. Peng. Getroffen? Verfehlt? Eine zweite kommt aus dem Gebüsch, rennt den Hügel hinauf, verschwindet, taucht nochmals auf. Zu weit, zu nah, zu hoch, zu tief, zu lange visiert, zu hastig, zu – ach, welch eine Fülle von Fehlern zu vermeiden, den Winkel vorauszuberechnen von Flug und Schuß, Tempo zu Tempo, welch eine Summe von Kaltblütigkeit, Schnelligkeit und Erfahrung zu sammeln. Über schmale Pfade geht es, über eine Brücke, durch ein Wäldchen an Büschen vorbei. Immer wieder ein Zuruf, ein Knall, der blaue Duft des Pulvers. Aber die ruhigen Lehren des Meisters beginnen zu fruchten. Schon gewöhnt sich die gestreckte Linke, den Lauf zu dirigieren, das Kreuz, ihm elastisch zu folgen, die Schulter wölbt sich, ein Polster, dem Lauf entgegen, der Körper ruht auf dem linken Bein, spielend berührt der rechte Fuß den Boden. War uns diese

Haltung eben noch fremd und gezwungen, so haben uns unsere Erfahrungen schon eines besseren belehrt. So nur vermeiden wir den Gegenstoß, so nur gewinnen wir Zeit und Freiheit der Bewegung. In die erste halbblinde Geschicklichkeit des Debütanten, in das glückliche Ungefähr fiel schon ein Licht, und auf dieser Wanderung durch eine märchenschöne Szenerie, in der die Tierwelt wie Marionetten reagiert, die uns eine Wirklichkeit von Spannung und Erregung vortäuscht, je mehr wir Patronen verknallen und den scharfen Weihrauch des Pulvers einatmen, glauben wir uns imstande, aus Treffer und Fehlschuß Schlüsse zu ziehen. Als wir nun in der Schlucht, wo es nach Pilzen und feuchter Erde riecht, rückwärts gebogen, in den blauen Himmel zielend, dem Rat des Lehrers folgen und die schwirrende Tontaube meterweit ihrer Fluglinie zuvorkommend attackieren, als sie in Scherben zersplitternd herabfällt, faßt uns, als sei es ein unerwartetes Glück, die Gewißheit, von nun an Land und Wald dieser Erde mit einem neuen Gefühl zu entdecken, mit der streifenden, spähenden Lust des Jägers. –

Heimkehrend blieb ich am Platz des Löwen von Belfort stehen, bei der Schießbude des Negers im weißen Hut. Er kennt meine Passion, die rosa Celluloidkugeln abzuschießen, die ein Wasserstrahl schwebend in der Luft wiegt. Heute habe ich sie in fünf Schüssen fünfmal verfehlt.

[Für die Frau, August 1928]

Hôtel Drouot

Ein Gewühl kleiner und kleinster Straßen, schmutzig, holprig, eng, trotz Einbahnregelung überfüllt von Pferdegespannen, Lastautos und Taxis. Ein Zentrum dieser verwirrenden Straßen ist das Hôtel Drouot, vom Einheimischen das Hôtel des Ventes genannt. Hier finden Auktionen statt. Täglich um zwei Uhr werden die Säle dem Publikum geöffnet. Schon zwanzig Minuten vorher sammeln sich die ersten auf den Stufen und im Eingang des Tors. Bunte Plakate künden den Wochenplan an. Man drängt unbekümmert. Bis hierhinaus riecht es nach Staub und Desinfektion. Greise und Greisinnen sieht man, Mützenmänner, energische Frauen in Wollwesten, blasse, verjährte, verschminkte Gesichter, schwatzende Berufshändler, junge Burschen mit Fäusten in verbeulten Taschen. Dazwischen sehr kenntlich die anders gebildeten Physiognomien der Sammler, denen es um Briefmarken, Bücher und Antiquitäten zu tun ist.

Die Türflügel öffnen sich. Wie eine Rauchwolke stiebt die wartende Menge in den Saal, die ersten füllen die Bänke, klettern auf die Podeste, die andern drängen nach, stehen, füllen den Raum. Die schmutzige Glasdecke gibt viel graues Licht. Rostrote Satinstreifen drapieren rings die Wände, ein wenig schauerlich – Tribüne? Schafott? Ein Posten ganz neuer Motor- und Fahrräder, Rennräder rot, blau und gelb sind in zwei Rängen übereinander geschichtet. Die Köpfe recken sich, wanken voreinander. Gemurmelte Bemerkungen. Der Breite in der Lederjacke scheint Bescheid zu wissen über Marke, Wert und Einzelheiten. Während der Auktionator sein Handwerkszeug, den Elfenbeinhammer neben die Listen legt und mit beruflicher Ungeduld auf die Fragen einiger Herren Auskunft gibt, die scheinbar die Eigentümer dieser Warenpartien sind, werden im Publikum Spekulationen über die Preise laut. Viele der im Umkreis erkennbaren Gesichter enthalten Spannung, in den nächsten Minuten wird sich entscheiden, ob ihre Hoffnungen auf kommende Frühjahrsfahrten, auf Sportlust und -ehrgeiz sich erfüllen können. «Wir versteigern ein Fahrrad, Marke X., in neuem Zustand», erklingt die Stimme des Auktionators. «Wir fangen bei 10 Francs an.» Schnell steigt das Gebot bis 100, 150, stockender dann bis 250, 60, 65. Der Hammer schlägt zu. Der Meistbietende ist ein junger Mann. Sein Mädchen steht neben ihm, sie sehen sich strahlend an. Schon ist das Gebot für das nächste im Gange. Es steigt ein wenig höher als das erste. Nach dem dritten ist der Saal nur noch halb voll, alle, die sich gar zu phantastischen Illusionen hingegeben haben, wollen wenigstens ihre Zeit retten.

Nebenan hebt der Diener im roten Kragen große Körbe auf den Tisch. Gardinenstangen, ein Eimer, Besen und Lappen, liegen darin, halbzerbrochenes Geschirr. 1 Francs, 2, 3, 3.50. – Ein bärtiger Mann ist der glückliche Besitzer geworden, er sieht nachdenklich aus, während er bezahlt. Im Hintergrund türmen sich Wäscheballen, Matratzen, Kuchenspinde, Waschkommoden. Gegenüber wird Wein versteigert. Packer schwenken die Flaschen und ordnen sie zu Kolonnen. Farbige Lackkapseln glänzen über dem hellen Goldgelb, dem tiefen Rot. Ein Geruch von Keller und Stroh. «Wir versteigern einen Posten Musigny 1906, 52 Flaschen.»

Aus dem hinteren Saal tönt ein mißlicher Akkord, das geschnitzte Klavier mit dem offenen Saitenkasten wird von einem Reflektanten probiert. Er hat den Scheckigen Mantelärmel über die zerfranste Manschette gekrempelt, die Mütze im Genick. Plötzlich bückt er sich und prüft mit der Hand das Pedal. An den Wänden hängen zwei Kelims, ein zerrissener Aubusson, rosa mit gelben Schleifen in den Ecken, ein kleiner tiefdunkler Perser. An der Längswand eine Reihe von massiven

Schränken, ein Empiresekretär mit Bronzegriffen, ein kleiner venezianischer Spiegel in libellengrün und -blau. «Wir versteigern einen Salon, Stil Louis XV, Kanapé, zwei Fauteuils, vier Stühle, zwei Konsolen. Wir fangen mit 500 Francs an.»

Noch beim Eintreten in den letzten Saal, höre ich die Stimme weiterrufen 2'000, 2'100. – Ein freundlicher Mann bietet mir die Hand und hievt mich auf das Podest, wo noch ein schmales Plätzchen frei ist. Vorn trägt der Diener die Reihe der Sitzenden entlang ein kleines Bild, man reicht es weiter der Mitte zu. Ruhige Gesten, Damen in Pelzen, rasierte Männergesichter. Kataloge mit Illustrationen, alle an der gleichen Seite aufgeschlagen in den Händen. Das Gebot ist bei 12'000 Francs. Gleichmäßig tönt des Rufers Stimme: «12'000, 12'500, 13'000, wir sind noch dabei? Hinten rechts? 13'000.» – Bei 21'000 läßt der alte weißbärtige Herr den Bleistift sinken und schüttelt mit dem Kopf. Er hat eine berühmte Sammlung der Jungen und Jüngsten in seinem Hotel in den Champs-Élysées. Der schmale, sehr Große mit der knochigen Nase im Pferdegesicht, hat das kleine Gouache von Picasso aus der blauen Periode erworben. Er ist Ratgeber eines der wichtigsten amerikanischen Sammler. Mein Nachbar reicht mir seinen Katalog. Eine Sammlung moderner Bilder aus dem Besitz einer Dame. Rouault, Segenzac, Utrillo, Vlaminck. Ein Publikum von Händlern, Sammlern und Damen der Gesellschaft.

[Frankfurter Zeitung, 24. April 1928]

Geld. Ein deutsch-französischer Film

Die Pariser Börse war kürzlich Schauplatz erregter Szenen. Eintausendfünfhundert Männer, Herren mit Glatzen und Brillen, junge mit leidenschaftlichen Physiognomien, ruhige uniformierte Agenten, Verbissene mit schlauen Augen schrien und gestikulierten um die Tische der Makler, notierten, streckten flatternde Zettel in die Luft, Laufjungen hasteten, man stieß und drängte. Der Säulenbau stand einer Filmgesellschaft zur Verfügung, die täglich von zwölf Operateuren 2000 Meter «Krise» aufnehmen ließ. Oben vom trüben Glasdach senkte sich schaukelnd ein Apparat, der das wilde Treiben aus der Fliegerperspektive aufnahm. – Der auch in Deutschland durch seinen Film *Mathias Pascal* bekannte Marcel l'Herbier ist der Regisseur. Natürlich war es unmöglich, die Handlung – sie ist dem Roman Zolas *Das Geld* entnommen – im vorigen Jahrhundert spielen zu lassen. Das Schneckentempo der damaligen Zeit hätte auf ein modernes Publikum lächerlich gewirkt. Eine Depesche, die tagelang unterwegs ist! Nein, er will in diesem Film gerade das Fieber der entscheidenden Minute packen, das rasche Tempo in den Kurven der Spekulation, den Blitzschlag von Sturz und Gewinn. Man plant, auch in Brüssel, Berlin und New York Aufnahmen in der Börse zu machen. Die Hauptrollen spielen Alfred Abel, Brigitte Helm und Yvette Guilbert. Die Rolle der lyrischen Heldin hat l'Herbier einem von ihm entdeckten jungen Star anvertraut, der reizenden Marie Glory.

[Das Illustrierte Blatt, 18. August 1928]

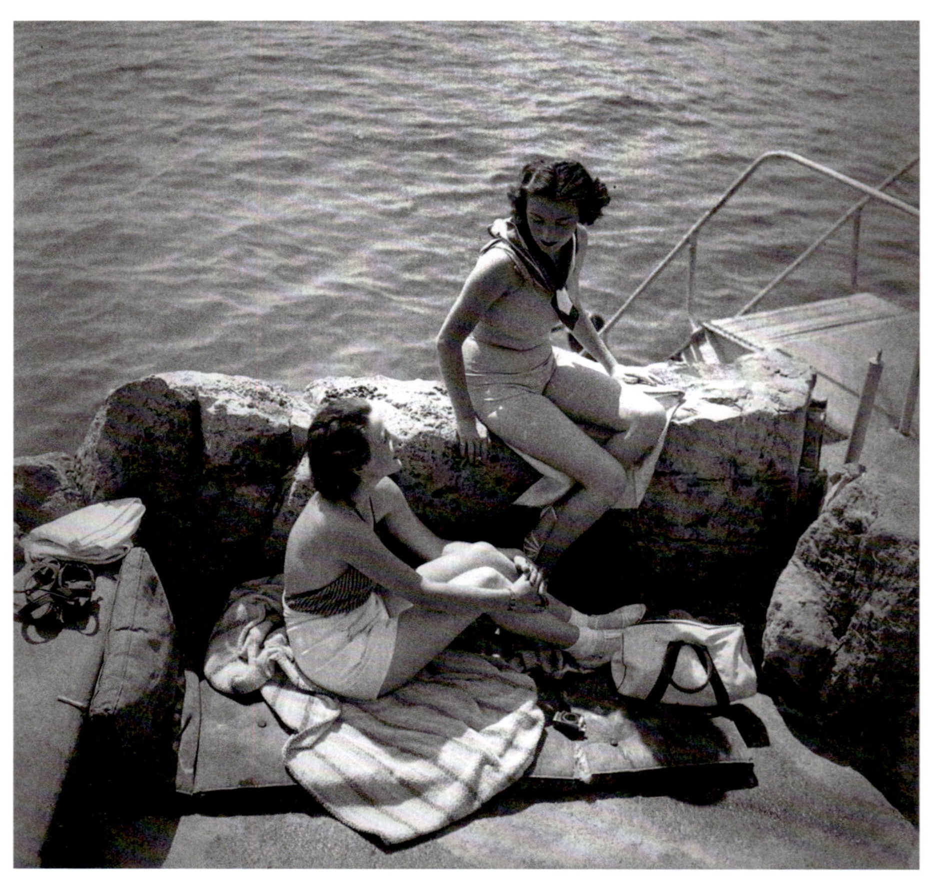

Deauville. Der Blumenstrand

Hundertvierundachtzig Kilometer von Paris. Je nach der Stärke Ihres Wagens müssen Sie mit drei oder vier Stunden Fahrt rechnen. Die Straße führt aus der Porte Maillot über St. Germain und Mantes, schneidet bei Rolleboise eine Weile am gewundenen Lauf der Seine entlang, dann Évreux, Lisieux, Pont-l'Évêque. Sie ist spiegelglatt, ein wellig durch die Landschaft gelegtes Band, schieferblau, von Reklamewänden, Schildern des Touring Club und spielbunten Tanks besäumt. Pappel-, Kastanien- und Lindenalleen öffnen ihre grünen Tunnel, lassen – durchbrochene Kulissen – Blicke frei in weite Täler und auf nahes Korn. Glitzernd schlängeln sich Flüßchen durch Wiesen, Gatter ziehen weiße Streifen quer durch weidende Kühe, der Schäferhund hält die drängende, sommergeschorene Herde am Saum der Straße, im Schatten der Hecken. Erste Fachwerkhäuser der Normandie, zebragestreifte gestreckte Würfel, geräumig, behaglich bedacht, eingetan in gebückte Apfelgärten, Gartentor und Fenster blumengeschmückt. Und dann schmeckt es auch bald nach dem Meer. Noch einmal führt der Weg steil hinauf und fällt dann in langer Serpentine hinab.

Trouville. Sein Name hat noch den Klang vergangener Zeiten. Hier wagte zum ersten Male die elegante Welt des vorigen Jahrhunderts dem «shocking» des Familienbades zu trotzen. Heute ist es kindervoll und bürgerlich, bunte Drachen schweben über einem Gewimmel von Zelten, am Kasino hängen Schilder mit den Preisen der Menus. Wir wenden zur Brücke zurück, die Trouville mit Deauville verbindet, biegen an der riesigen Front der Garage St. Didier vorbei, vorbei am Hafen und rußigen Kohlenträgern, an flatternden Markisen kleiner Cafés, wo Matrosen mit roten Pompons puppenhübsch beisammensitzen und rollen nun bei der nächsten Wendung im unverkennbar Verwöhnten. Wie weit es hier ist, weit und breit. Als hätte ein parteiischer Wind vom blauen Himmel her alles kläglich Alltägliche fortgeblasen und wahrte diesem «Seestück» eine planvoll luxuriöse Ruhe. Wie in flachen Terrassen baut sich das «schönste Seebad Europas» auf. Schöner als der Lido? Schöner als Cannes und Biarritz? Mir scheint im Blau und Gold der frühen Mittagsstunde das Bild moderner, sachlicher, hygienischer. Am Horizont zwischen Blau und Blau die geometrische Steile der Segel, die Buntheit der Badenden auf ein Karree beschränkt, getrennt vom geordneten Karawanenlager der Zelte, Kioske, Kabinen. Von dort bis hinauf zur Straße, an der wir halten, die riesigen grünen Rasenlaken, geschnittene Hecken, blühende Boskette, frisch unter der windgekühlten Sonne und dem Tropfengefieder kreisender Tauben. Weiße Geräte auf den Spielplätzen, ein Karussell aus lauter Apfelschimmelchen, eine blauweiße Babybar. Skizzenhaft hinter dem flimmernden Netz des Gitters flitzen die weißen Gestalten der Tennisspieler, nur durch den Strand getrennt vom Meer, nur durch die Straße von den Fassaden der Hotels und Villen.

Auf der Terrasse des Kasinos unter gedrängten Schirmen fängt man an, die Tische zu decken. Der weiße trianongeschweifte Bau liegt zwischen dem stilechten *Normandy* und dem modernen Riesenblock des *Royal*. Kein Schild, keine Aufschrift, nur ihre Maße unterscheiden sie von Privaten. Wir biegen in eine Querstraße: Läden, Filialen der großen Modehäuser von Paris, *Le Journal*, Antiquitäten und Neuheiten, das Warenhaus *Printemps*, Gestalten in flatternden Bademänteln, lockige Babies in ihren bequemen Karossen. Und dann wird es enger, gedrängter, ein lila gestrichener Friseurladen, Porträtphotographie, ein Bazar mit bunten Blecheimern, Postkarten, ein billiges Restaurant. Wie klein dieser Kern ist, wie eingeschrumpft und überwältigt, das Postamt okkupiert von kabelnden Amerikanern. Eine breite, leere Trambahnstraße führt wieder ins Grüne, zu den Golfplätzen, verwertete Dünen, zu Poloplatz und Rennbahn. Morgen, heute fahren wir zum Strand hinunter, halten an den pompejanischen Bädern mit ihren Luxuskabinen, Duschen, Massagen und Dampfbädern, laufen über die Planken, winden uns an den Ruhenden, Briefeschreibenden, Flirtenden des Zeltlagers vorüber, springen über die himmelspiegelnden Pfützen der letzten Flut und sind im Gewimmel der Badenden.

Wärter in roten Wollhemden, normannische Fischer mit blonden Bärten, bilden eine lose gespannte Kette um das hinausgeschobene Viereck Meer, das ihrer Hut anvertraut ist. Bis zum Gürtel stehen sie im Wasser, schaukeln draußen auf verankerten Kähnen und bewachen das Treiben der Fremden. Braunverbrannte Gestalten in knappen Trikots, in allen Sprachen rufende, auf der federnden Matratze der Gummikähne ruhen sie, wellenumspült, tauchen von ihr, rudern sie, steuern durch die Andrängenden. Bälle fliegen ins Blendende, klatschen auf, gereckte muskulöse Arme.

Auf ganz schmalen Sohlen waten drei kleine Mädchen ins Meer, von der weißgestärkten Nurse ermutigt, halten sie sich an den Händen. Knaben mit hellen Locken kommen, sommersprossig und weiß, über den Strand gelaufen, werfen ihre hellen Bademäntel im Schwung über die Ständer und stürzen sich, schaumüberspritzt, in die Wellen zum crawl. Zuschauende Dollaramerikaner mit Goldzähnen, die unschöne Mama im flatternden Volantkleid von einem japanischen Sonnenschirm beschattet, bewundern ihre erwachsenen Kinder die schreiend und kreischend in den Wellen toben. Französinnen, unadelig bis ins kleinste Detail ihrer Kleidung, kunstvoll geschminkt und komponiert, selbst in dieser Auswahl kenntlich als besonders «fertige Exemplare», plaudern im Wasser mit der präzisen Leichtigkeit, die auch in dieser Situation nichts anderes besagt, als ihr Hübschsein melodisch zu begleiten. Ausgelassen sind die jungen Mädchen aus Wien mit den bauschigen Locken, sie schlagen mit ihren Freunden Purzelbäume im Sand. Wütend fast vor Sonne und Badelust steht die üppige Rumänin im Kreise ihrer Verehrer, ihr schneewittchenschwarzes Haar hängt den Rücken herab. Ja, kaum hier und da noch sieht man ein junges Mädchen mit gebobbtem Haar. Goldene und braune Locken umrahmen Gesicht und Schultern. Sie sind sehr hübsch, diese letzten, sehr gut erzogen, ein bißchen hochmütig inmitten der routinierten Lebenslust der erwachsenen Schwestern. Abends in den Ambassadeurs sah ich eine von ihnen wieder in einem Stilkleid aus Tüll mit dem kleinen Knoten im Genick. Sie ist noch zu jung, um hier zu dinieren, aber in der Theaterpause kam sie, um der Mama guten Tag zu sagen.

Überall an den Tischen, in dieser Halle aus Bogenfernstern und Kretonne, erkenne ich Gesichter wieder, die mir nun bei Champagner und Negermusik den Eindruck, den sie mir draußen machten, verstärken oder verwischen, oder summarischer zu Typen werden. Männer von fünfzig Jahren, grauhaarig und massiert, Energiebegabung in der gedrungenen Linie des Profils; reife Frauen, deren verfallende Lieblichkeit hilflos und kostbar wurde; optimistische Gesichter beiderlei Geschlechts, Amateure der Ästhetik.

Neben uns, allein, diniert der alte Herr mit dem Profil aus dem 18. Jahrhundert, den ich heute Vormittag neben Nurse und Enkelkind im bebänderten Strohhut und Bademantel sah und später bei den Ställen am Hippodrom. Quer durch den Saal kommt mein Freund auf uns zu, der junge amerikanische Journalist. «Normandy oder Royal?» fragt er. «Wenn Sie wollen, gebe ich Ihnen die Liste aller Prominenten, die schon angekommen sind.» Aber ich erlaß es ihm.

[BäderBlatt der Frankfurter Zeitung, 26. August 1928]

Ostasien in Paris

Paris ist um eine Attraktion reicher geworden. Dicht beim Parc Monceau, in einem der elegantesten Viertel steht seit einiger Zeit mitten im Grau der europäischen Straßenfront, überraschend mit seinem geschweiften gelbroten Dach, mit geschnitzten Balkons und gegitterten Fenstern, ein chinesisches Haus. Es gehört Monsieur Loo, dem weltbekannten Kenner und Händler ostasiatischer Kunst. Mit 28 Jahren kam er aus Peking nach Paris, Stadt und Sprache zu studieren, gründete fünf Jahre später einen kleinen Antiquitätenladen, in dem er das Verstreute sammelte, gewann durch Geschmack und Kennerschaft, durch dauernden Kontakt mit Landsleuten und Heimat immer größere Autorität unter den Sammlern, immer engere Fühlung mit den Liebhabern der ostasiatischen Kunst und ist heute Besitzer der herrlichsten, unschätzbar reichsten Sammlung, die er in seinem Hause mit der ganzen Höflichkeit seiner Rasse zeigt. An Löwen und geflügelten Chimären vorbei betritt man den Raum, der einen Tempel aus der Tang-Zeit des siebten, achten und neunten Jahrhunderts darstellt. Decke und Pfeiler sind aus Stein, die Wände bedeckt mit buddhistischen Fresken, den schönsten Chinas aus einem Bergtempel der Provinz Ho-Nan. Der Reiz ihrer Farbe, die Anmut der Zeichnung teilt sich wie der Atem eines Lebendigen der Atmosphäre des Raumes mit, in dessen Zentrum das Fragment einer Votivstele aus der gleichen Zeit steht. Basreliefs, an die kunstvollsten der Gotik erinnernd, gestaltete

Götterlegenden in schwarzen Stein gemeißelt. Im ersten Stock sind die Wände wie im kaiserlichen Palast mit Lackpanneaux bekleidet, mit den gravierten des 16. Jahrhunderts, mit dem Lack Coromandel mit 1663 datierten Inschriften, mit dem roten Lack der Ming-Epoche und dem schwarzen vom Ende des 17. Jahrhunderts. Geduld und Beharrlichkeit und viele Jahre hat es gekostet, diese seltensten Arbeiten zu finden und sie vom Markt zurückzuhalten, um sie eines Tages, heute, als ein Ensemble zeigen zu können. Ihre geteilten Felder dienen als Schranktüren, öffnet man sie, so liegen dahinter im gedämpften Innenlicht, raffiniert und wissend geordnet, wundervolle Porzellane, geschnittene Jade, Schalen, Vasen, Figuren und Untiere, die den gleichen Epochen angehören. In der indischen Galerie ist die gleiche Idee verwirklicht.

In diesem Rahmen wirken die goldenen Vishnu, die steinernen Bodhisattva und Ganeça mächtiger noch als vollkommene Kunstwerke, spannender, so als sollte man gleich und hier ihrem Zauber verfallen.

[Das Illustrierte Blatt, 20. Oktober 1928]

Indiskretes Interview

Es gibt einen bestimmten Blick, mit dem eine Frau um eine andere herumzusehen vermag, es ist eine Form der Inventuraufnahme und schließt alles ein, einfach alles, Haarschnitt, Hackenform, Gürtelschnalle, Handschuhknopf. Diesen durch Sachlichkeit getrübten Blick habe ich bei Herren, die sich begegnen, bisher noch nie beobachtet. Wenn ein Mann gut angezogen ist, so merken wir Frauen das meist nur an einem Gefühl von Sorglosigkeit, das wir bei seinem Anblick genießen. Hätte ich mich damit begnügen sollen? Seit heute weiß ich allerlei Exaktes. Monsieur le Directeur des berühmten Schneidersalons in den Champs-Élysées hat mich in einige der Geheimnisse eingeweiht, auf denen die männliche Eleganz, soweit sie das Modische betrifft, beruht. «Warum haben Sie keine Mannequins wie die Damenschneider in Paris?»

«Es würde die ‹pudeur› unserer Kunden verletzten.»

Vergeblich versuche ich das Wort zu übersetzen, das ein zwischen Keuschheit und Empfindsamkeit schwebendes Gefühl bezeichnet.

«Was trägt der elegante Herr in diesem Winter?»

«Dasselbe, was er immer getragen hat: des Vormittags einen Sakkoanzug oder den Cutaway mit gestreifter Hose, wenn er nicht das schwarze Sakkojackett vorzieht – den braunen Lockhut zum ersteren, den Zylinder zu den beiden anderen Möglichkeiten. Abends den Smoking, zu dem er jeden Hut, sogar den Strohhut aufsetzen kann, oder den Frack mit obligatem Claque.»

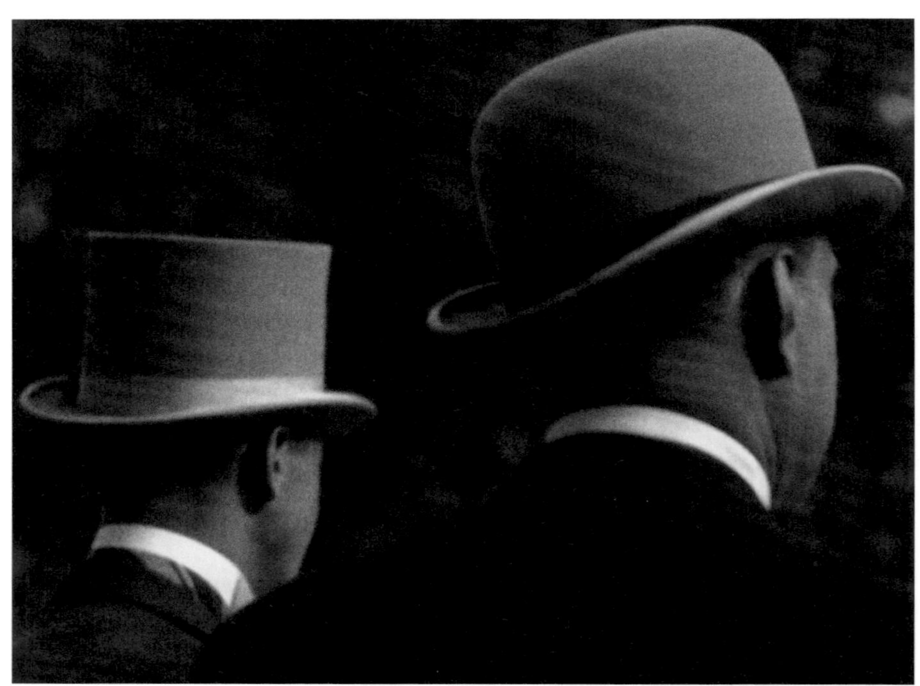

Marianne Breslauer: Auteuil, 1929

«Einverstanden, aber wodurch unterscheidet sich 1929 von 1930?»

«Madame?»

«Oder wodurch zeichnen sich Ihre Modelle von denen anderer Häuser aus?»

«Durch nichts, gnädige Frau.»

Mein Verständnis für den hohen Grad von Bescheidenheit auszudrücken, lächle ich, aber mein Gegenüber fährt fort: «Die Herren- und die Damenmode lassen sich nur getrennt begreifen. Wenn es als richtig gelten muß, daß der Damenschneider in jedem Jahr viermal bemüht ist, die Silhouette der Frau zu variieren, so läßt sich behaupten, daß wir Herrenschneider uns seit Jahrzehnten bestreben, das endgültig Gültige zu finden. Paris ist das Zentrum der Damenmode, für uns liegt noch immer in London der Pol, der die leisen Schwankungen in der Kompaßnadel des Geschmacks bewirkt. Die Tatsache, daß immer weitere Kreise von ihrem Einfluß betroffen werden, ist dem Kino zuzuschreiben. Menjou ist einer unserer Kunden. Jannings' erster Gang in Paris auf seiner Heimkehr nach Europa galt uns. Diese vorbildlich Angezogenen vermitteln natürlich von der Leinwand herab in viel größerem Maße den Geschmack als die Blut- und Geldaristokraten, die das Gros unserer Kunden sind. Ob weitere Kreise allerdings ganz zu fassen vermögen, worauf es ankommt? Immer und immer wieder auf den Schnitt, immer wieder darauf, durch nichts aufzufallen. Sehen Sie, Madame, die Eleganz des Fracks ist um so eindringlicher, je weiter er sich über der Weste öffnet, in gleichem Maße wächst aber auch die Schwierigkeit, Achsel und Seitennähte, die durch nichts fixiert sind, an ihre Stelle zu bannen. Das Problem der höhergerückten Taille – ja, hier begegnet sich die modische Tendenz beider Geschlechter – ist leichter zu lösen, einfacher nachzumachen. Der unterste Westenknopf sitzt nicht mehr oberhalb, sondern in der Taille, die Weste erweitert sich also zur Brust hinauf. Auch der Sakko wird in Taillenhöhe, eher ein wenig höher geschlossen, der oberste Knopf bleibt natürlich offen. Die Brust soll kurz und breit sein, die Beine lang, der Fall des Beinkleids weit, aber natürlich nur so weit, wie es der Höhe der Figur entspricht. Eine außerordentliche Schwierigkeit besteht darin, die scharfen graden Linien des Kragens und der Revers für all die verschiedenen

Schulterformen herauszuarbeiten, und doch beruht die Vollkommenheit des Eindrucks gerade auf ihrer Präzision. Die Brusttasche verlangt besondere Aufmerksamkeit; sie sitzt tief und läuft ein wenig schräg zur Achsel hinauf, die Seitentaschen haben dagegen eine Tendenz, immer höher zu rücken, um die verkürzte Taille zu betonen. Nichts widerspricht dem Stil der Abendkleidung so sehr wie ein zu langer Ärmel, zwei, ja drei Zentimeter der weißen Manschette müssen sichtbar bleiben.

«Trägt man den Sakko ein- oder zweireihig?»

«Beides, Madame, unsere Kunden sind gewöhnlich vertraut genug mit ihrer ‹Anatomie›, um sich für das Vorteilhafte zu entscheiden.»

«Farben?»

«Braun ist zweifellos die bevorzugte Nuance, gestreift oder ganz klein gemustert – (Stoffballen werden an unsere Sessel gebracht) – dieser Stoff, er kommt, wie alles, was wir verarbeiten, aus London, ist klassisch. Dieser hier wird jetzt viel gewählt.» Wirklich, sie sind verschieden, so sehr sie einander gleichen, braun mit einem winzigen helleren Faden, bei dem einen ist er ein wenig loser gemischt, bei dem anderen eine Spur deutlicher gezeichnet. Und dann darf ich noch die Reversseiden befühlen, mattschimmernd sind sie und schwer, in Waben gemustert, die kleinkörnigen Piquets besehen, die babyfrischen und das weiße Leinen für die Tropensmokings, die mir besonders gefallen. Teppichweich rollen die Kamelhaarstoffe für Reise- und Automäntel her, trocken der Burberry.

Auf den Tischen umher liegen Sandalen, Krawatten, Reisedecken, an Ständern hängt es bunt von Bademänteln und dressing-gowns, Taschentücher, Schals und Sweater schimmern geschichtet hinter dem Glas der Regale.

Habe ich etwas gelernt? Etwas verlernt?

Draußen in den abendlichen Champs-Élysées, vor dem Kaleidoskop der fließenden Lichtreklame, sehe ich zum Polospieler hinauf, dem plastischen Wahrzeichen des Hauses. Da oben im Torbogen, weiß auf grünem Pferd, schwingt er den Stab. Hinten zeichnet sich gewaltig sein Schattenbild, das ihn überragt – sieht er nicht aus wie Don Quichotte von La Mancha, Ritter von der traurigen Gestalt?

[Für die Frau, Januar 1930]

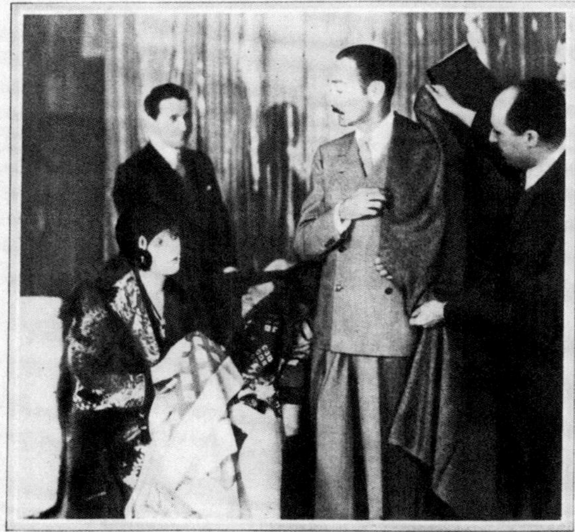

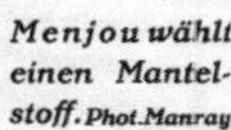

Menjou wählt einen Mantelstoff. Phot. Manray

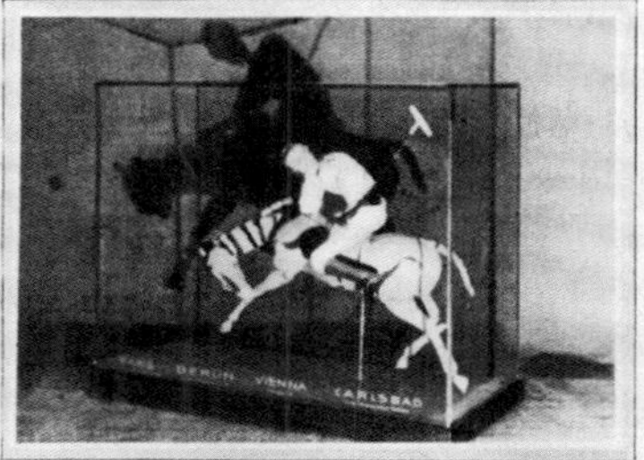

Polospieler. *Entwurf von Adolf Loos für das Haus Knizé*

INDISKRETES INTERVIEW

VON HELEN GRUND

Es gibt einen bestimmten Blick, mit dem eine Frau um eine andere herumzusehen vermag, er ist eine Form der Inventuraufnahme und schließt alles ein, einfach alles, Haarschnitt, Hackenform, Gürtelschnalle, Handschuhknopf. Diesen durch Sachlichkeit getrübten Blick habe ich bei Herren, die sich begegnen, bisher noch nie beobachtet. Wenn ein Mann gut angezogen ist, so merken wir Frauen das meist nur an einem Gefühl von Sorglosigkeit, das wir bei seinem Anblick genießen. Hätte ich mich damit begnügen sollen? Seit heute weiß ich allerlei Exaktes. Monsieur le Directeur des berühmten Schneidersalons in den Champs Elysées hat mich in einige der Geheimnisse eingeweiht, auf denen die männliche Eleganz, soweit sie das Modische betrifft, beruht.

„Warum haben Sie keine Mannequins wie die Damenschneider in Paris?"

„Es würde die ‚pudeur' unserer Kunden verletzen."

Vergeblich versuche ich das Wort zu übersetzen, das ein zwischen Keuschheit und Empfindsamkeit schwebendes Gefühl bezeichnet.

„Was trägt der elegante Herr in diesem Winter?"

„Dasselbe, was er immer getragen hat: des Vormittags einen Sakkoanzug oder den Cutaway mit gestreifter Hose, wenn er nicht das schwarze Sakkojackett vorzieht — den braunen Lockhut zum ersteren, den Zylinder zu den beiden anderen Möglichkeiten. Abends den Smoking, zu dem er jeden Hut, sogar den Strohhut aufsetzen kann, oder den Frack mit obligatem Claque."

„Einverstanden, aber wodurch unterscheidet sich 1929 von 1930?"

„Madame?"

„Oder, wodurch zeichnen sich Ihre Modelle von denen anderer Häuser aus?"

„Durch nichts, gnädige Frau."

Mein Verständnis für den hohen Grad von Bescheidenheit auszudrücken, lächle ich, aber mein Gegenüber fährt fort: „Die Herren- und die Damenmode lassen sich nur getrennt begreifen. Wenn es als richtig gelten muß, daß der Damenschneider in jedem Jahr viermal bemüht ist, die Silhouette der Frau zu variieren, so läßt sich behaupten, daß wir Herrenschneider uns seit Jahrzehnten bestreben, das endgültig Gültige zu finden. Paris ist das Zentrum der Damenmode, für uns liegt noch immer in London der Pol, der die leisen Schwankungen in der Kompaßnadel des Geschmacks bewirkt. Die Tatsache, daß immer weitere Kreise von ihrem Einfluß betroffen werden, ist dem Kino zuzuschreiben. Menjou ist einer unserer Kunden. Jannings' erster Gang in Paris auf seiner Heimkehr nach Europa galt uns. Diese vorbildlich Angezogenen vermitteln natürlich von der Leinwand herab in viel größerem Maße den Geschmack als die Blut- und Geldaristokraten, die das Gros unserer Kunden sind. Ob weitere Kreise allerdings ganz zu fassen vermögen, worauf es ankommt? Immer und immer wieder auf den Schnitt, immer wieder darauf, durch nichts aufzufallen. Sehen Sie, Madame, die Eleganz des Fracks ist um so eindringlicher, je weiter er sich über der Weste öffnet, in gleichem Maße wächst aber auch die Schwierigkeit, Achsel und Seitennähte, die durch nichts fixiert sind, an ihre Stelle zu bannen. Das Problem der höhergerückten Taille — ja, hier begegnet sich die modische Tendenz beider Geschlechter — ist leichter zu lösen, einfacher nachzumachen. Der unterste Westenknopf sitzt nicht mehr oberhalb, sondern in der Taille, die Weste erweitert sich also zur Brust hinauf. Auch der Sakko wird in Taillenhöhe, eher ein wenig höher geschlossen, der oberste Knopf bleibt natürlich offen. Die Brust soll kurz und breit sein, die Beine lang, der Fall des Beinkleids weit, aber natürlich nur so weit, wie es der Höhe der Figur entspricht. Eine außerordentliche Schwierigkeit besteht darin, die scharfen graden Linien des Kragens und der Revers für all die verschiedenen Schulterformen herauszuarbeiten, und doch beruht die Vollkommenheit des Eindrucks gerade auf ihrer Präzision. Die Brusttasche verlangt besondere Aufmerksamkeit, sie sitzt tief und läuft ein wenig schräg zur Achsel hinauf, die Seitentaschen haben dagegen eine Tendenz, immer höher zu rücken, um die verkürzte Taille zu betonen. Nichts widerspricht dem Stil der Abendkleidung so sehr wie ein zu langer Aermel, zwei, ja drei Zentimeter der weißen Manschette müssen sichtbar bleiben."

„Trägt man den Sakko ein- oder zweireihig?"

„Beides, Madame, unsere Kunden sind gewöhnlich vertraut genug mit ihrer ‚Anatomie', um sich für das Vorteilhaftere zu entscheiden."

„Farben?"

„Braun ist zweifellos die bevorzugte Nuance, gestreift oder ganz klein gemustert — (Stoffballen werden an unsere Sessel gebracht) — dieser Stoff,

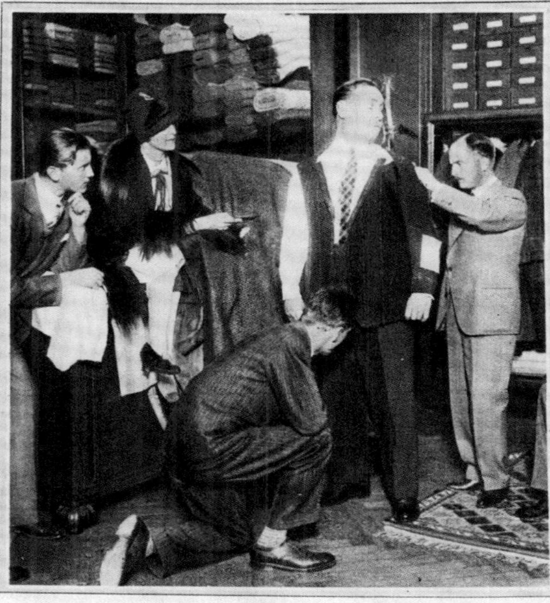

Jannings bei der Anprobe.

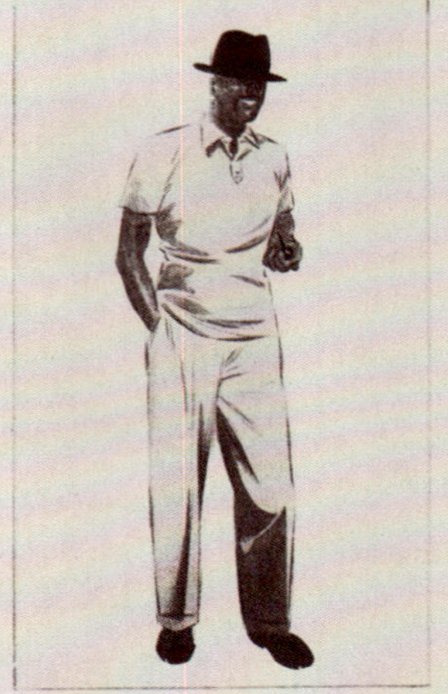

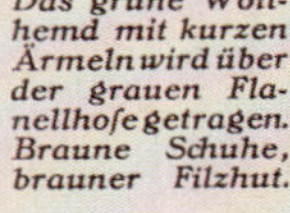

Das grüne Wollhemd mit kurzen Ärmeln wird über der grauen Flanellhose getragen. Braune Schuhe, brauner Filzhut.

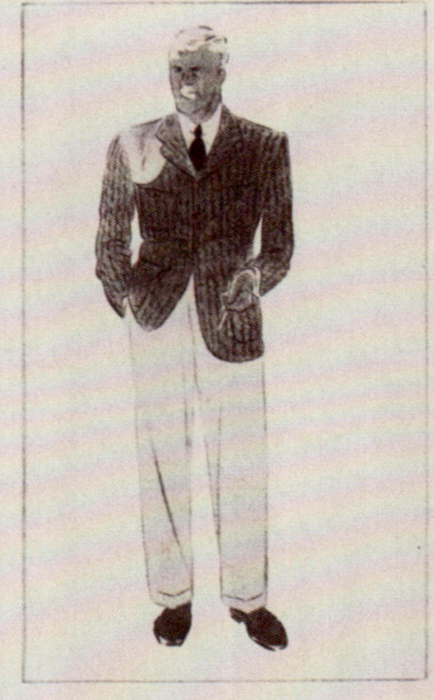

Graugrüne Tweedjacke. Hellgraues Wildleder schützt die Schulter. Eine rote Krawatte zum gelben Hemd.

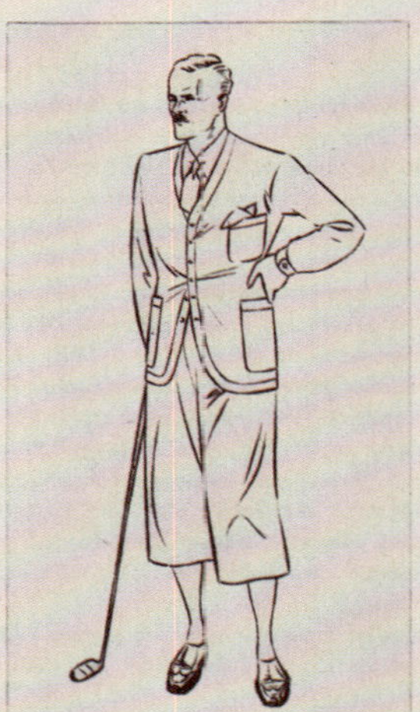

Plusfours und Strickjacke zum Golf. Die Ärmel sind am Handgelenk geknöpft. Farbiges Hemd, Woll-Krawatte.

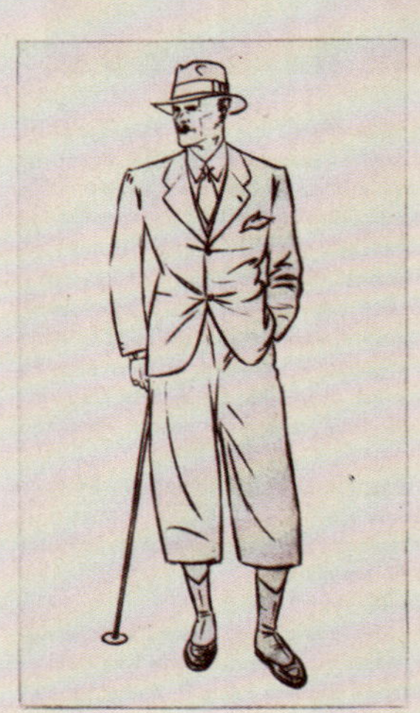

Der ländliche Jackett-Anzug hat Plusfours und Gamaschen. Modelle aus dem Hause Knizé

EIN BESUCH BEIM HERRENSCHNEIDER

„Darf ich unser Gespräch mit drei Gemeinplätzen einleiten, über die Sie nicht böse sein wollen?" — Bitte sehr...

„Schneider mit neuen Ideen sind nie erfolgreich. — Es ist unmöglich, das Kommende zu prophezeien. — Eine Revolution der Herrenmode steht weder vor der Tür, noch würde sie eingelassen."

„Wollen Sie sich näher erklären?"

„Die Damenmode wird ‚gemacht' und ‚entwickelt' sich. Die Herrenmode entsteht, das heißt, sie dreht sich um ein Zentrum, nämlich um den guten Geschmack. Er ist ein Ergebnis der Tradition, ganz selten auch eine Begabung. Einige hundert Männer, nicht mehr, ziehen sich gut an. Diese Elite gibt den Ton an und bewirkt kaum merkliche Veränderungen. Im übrigen kann von einem Pariser Einfluß auf die Wäsche, von einem Londoner auf die Anzüge, Hüte und Schuhe gesprochen werden."

„Läßt sich Konkreteres nicht sagen?"

„Die Herrenmode ist im besten und liebenswürdigsten Sinne übermütiger geworden. Noch vor wenigen Jahren hätte ein scharfbrauner Anzug mit gelbem Hemd und grüner Krawatte für seinen Träger das Ende seiner gesellschaftlichen Laufbahn bedeutet. Noch dazu wäre man geneigt gewesen, psychoanalytische Betrachtungen an dieses entsetzliche Vorkommnis zu knüpfen. Heute ist eine solche Kombination charakteristisch für den Stil der Herrenmode. Von einem gutgekleideten Mann getragen ist sie selbstverständlich und korrekt."

„Und wirklich bezaubernd..."

„Die wichtigsten Veränderungen spielen sich überhaupt im Bereich der Wäsche ab. Die Anzüge zeigen nur unwesentliche Varianten. Der Straßenanzug ist wie von jeher ein- oder zweireihig, der letztere beliebt, weil er ohne Weste getragen werden kann, der erstere, weil er „angezogener" ist. Kammgarne, fast immer gemustert, und Flanell, beide sehr leicht, sind Favoriten für den Sommer. Mille Points haben nicht aufgehört zu gefallen, Streifen gelten als neu."

„Beinkleider?"

„Die Hosen sind etwas enger, die Kragen rückwärts eine Spur schmäler, Veränderungen, die nur dem Kenner bemerkbar werden. Die Sakkos haben einen bis zwei Zentimeter an Länge gewonnen, das bewirkt eine neue Aufteilung der Knöpfe und eine Aenderung der Reversform."

„Farben?"

„Braun ist die Farbe, von der die Herrenmode ausgeht. Alle anderen Töne stehen gut zu braun. Das berühmte blaue Hemd, die Krawatten roter Tönung verdanken ihren Erfolg der Zusammenstellung mit braun. Dasselbe gilt von gelb, das heute als Wäschefarbe eine große Rolle spielt."

„Krawatten?"

„Sie harmonieren mit dem Taschentuch. Zur dunkelblauen mit weißen Punkten gehört das blau gerandete Tuch, in dessen blasseren Streifen dunkle blaue Punkte sind. Der Fond ist weiß. Rotbraun und sanftes orange zu braun. Vierecke in diagonaler Richtung auf braunem oder grauem Fond. Sie könnten die wollene Krawatte notieren, eine wirkliche Neuheit."

„Sport?"

„Die Flucht aus der Großstadt, sei es auch nur für Stunden, hat außerordentlich auf die Sportkleidung gewirkt. Uralte Rockformen sind neu erstanden, modernisiert und praktisch noch vervollkommnet worden. Hier gibt es „Nouveautés" im männlichen Sinne."

„Hüte?"

„Man schenkt ihnen auf dem Kontinent noch immer nicht genug Beachtung. Der steife Hut, der in England so beliebt ist, wird hier nur für besondere Anzugsarten geschätzt. Umsomehr begrüßen wir einen neuen weichen Hut, der „angezogen" ist. Die neuesten sind schwarz, wie lange es aber dauern wird, bis er sich einbürgert, läßt sich auch nicht ungefähr übersehen..." Helen Grund.

TUNIKA
SCHOSSBLUSE
VOLANTS

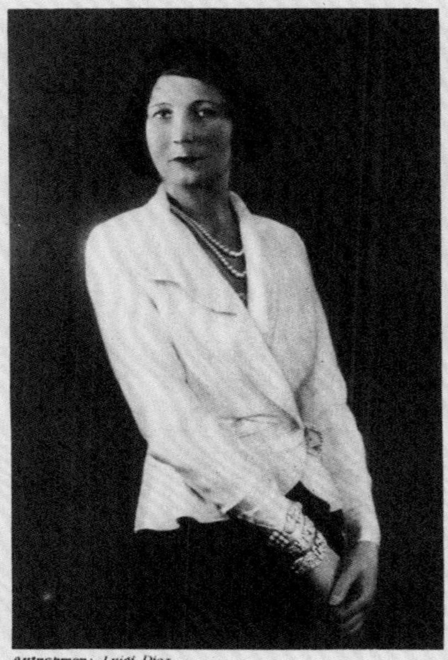

Aufnahmen: Luigi Diaz

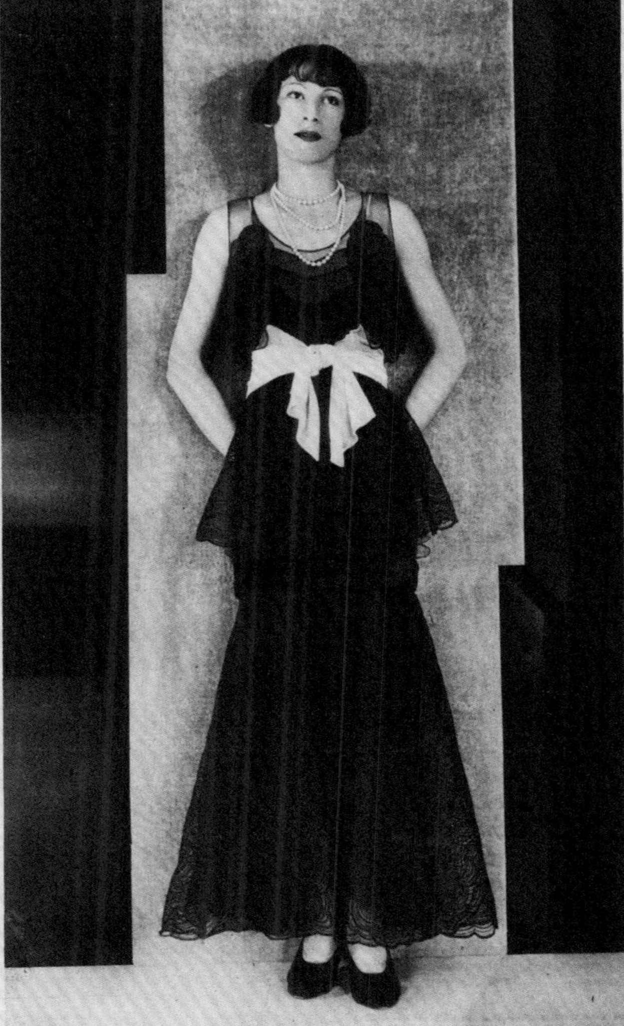

Seit die Taille in ihrer natürlichen Höhe fixiert wurde und ler Rocksaum sich immer tiefer enkte, wissen die Modeschöpfer, laß es einer Gefahr vorzubeugen ilt, der nämlich, die Gestalt in wei Hälften zu zerlegen, die vom Gürtel zusammengehalten werden. Jm diesen häßlichen Zerfall der Einheit zu vermeiden, fand man Hilfsmittel genug: die Schoßbluse, lie schrägen Nähte, die tiefeingesetzten Sättel, die Tunika, lauter Motive, um dem Gürtel seine begrenzende Wirkung zu nehmen oder ihn durch einen, die Modelierung der Taille berücksichtigenden Schnitt des Kleides ganz zu rsetzen.

Das Spitzenkleid aus dem Hause Poiret dient in seiner „Künstlichkeit" ausgezeichnet als Gegenbeipiel zu dem, was die Mode im allemeinen anstrebt. Wie lange och? Wird sie es durchsetzen, der eiblichen Gestalt ihre natürliche Harmonie zu erhalten. H. H.

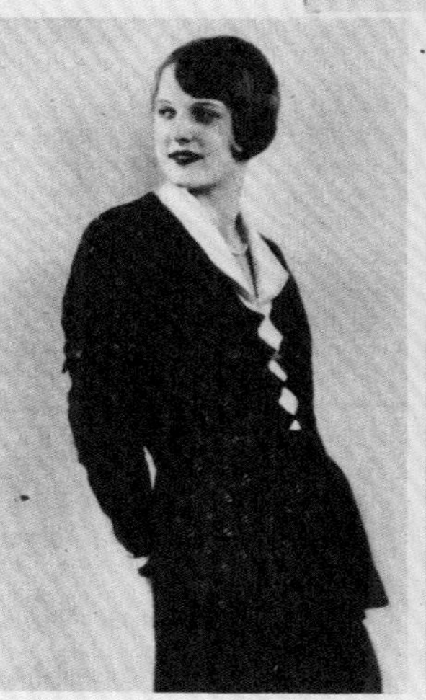

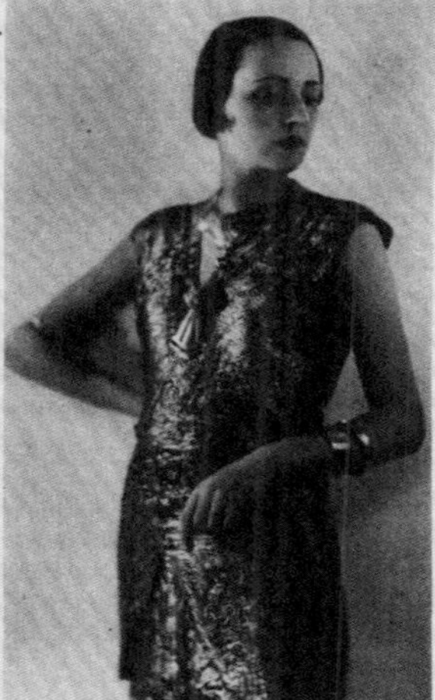

Spitze, Samt und Seal. Mod. Poiret

Links:
Rot bedruckter Lamé. Gekreuzte Tunika. Schmuck aus vergoldetem Metall.
Modell Lenieff

Ganz links:
Silberbroschierter Taft mit einem weißen von Zacken überkreuzten Atlaseinsatz. Gereihte Volants fallen in drei Stufen aus. Modell Lucile Paray

Links oben: Nachmittagsbluse aus weißem Atlas. Der glockige Schoßvolant ist einer schmalen, die Hüften modellierenden Passe angesetzt. Dieser technische Kunstgriff genügt, um das Blusige zu rechtfertigen, die Taille zu bestimmen und der Gestalt ihre einheitliche Wirkung zu wahren. Die Straßschnalle, durch die der Zipfel des einseitigen Jabots gezogen ist, gibt den Proportionen einen Akzent.
Modell Patou

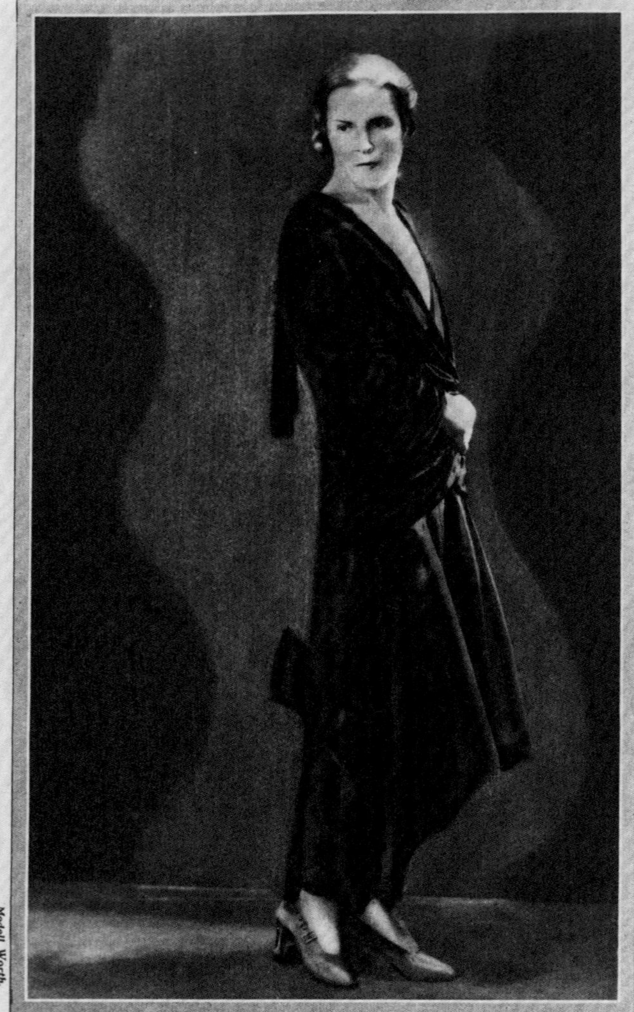

Modell Worth.

Beide Typen des sommerlichen Abendkleides — das fließende aus bedruckter Musseline sowohl wie das starrere Taftkleid — sind mit Samt garniert. Der geflochtene Gürtel, die schmale Schleppe in ihrem Fall begleitend, sammelt, grün u. rosinenfarben, die verstreute Vielfarbigkeit des Kleides in seinen samtenen Falten. Das geraffte Samtcape bringt durch weicheres Schwarz den Schimmer des Taftkleides zur Geltung.

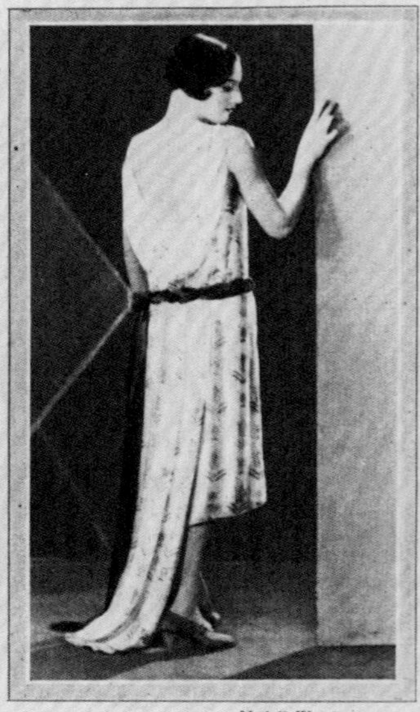

Modell Worth.

VOR DER PREMIERE DER WINTERMODE

Mit Spannung erwarten wir die Wintermode. Seit der „Großen Woche" ist über die Sommermode nichts weiter zu sagen, als daß sie getragen wird. Alles Wissenswerte ist bis in die kleinsten Details berichtet, um so interessanter sind die Hinweise auf die kommende Linie, die uns Jean Worth vor der Premiere der Mode gibt:

„Die ewig wandernde Taillenlinie wird weiter wandern, in dieser Saison aber in deutlicher Aufwärtsbewegung. Ich bin der festen Ueberzeugung, daß sie höher als seit vielen Jahren liegen wird. Wenigstens was die Front des Kleides betrifft; der Rücken wird sich dieser Bewegung nicht anschließen. Mit anderen Worten: die Taille wird vorn erheblich kürzer, im Rücken aber fallen Boleros tiefer hinab."

„Ein Ergebnis der höheren Taillenlinie: die Tageskleider nehmen an Länge entschieden zu. Das ist eine Bedingung, um harmonische Proportionen zu erzielen. Diese Verschiebung der Maße wird besonders jugendlich wirken. Die Mode arbeitet mehr denn je für die Große, Schlanke, Junge. Frauen, die es sich leisteten, dicker zu werden, müssen dieses Uebergewicht wieder hergeben, wenn sie auf der Höhe der Mode bleiben wollen."

„Die unregelmäßige Saumlinie wird in der kommenden Saison langsam, aber sicher verschwinden. Die übertrieben tauchende Linie, die einige Couturiers für den Nachmittag zeigten — ich finde sie ungewöhnlich scheußlich — hat die Anmut dieser Neuheit totgemacht."

„Zusammenfassend: Röcke werden in der Mehrzahl der Fälle ringsherum gleich lang sein, aber den Gegensatz, den die Frauen nun einmal lieben, wird die Mode ihnen mit langen Röcken für den Tag und kurzen für den Abend bieten."

„Man mißverstehe mich nicht. Ich will damit nicht sagen, die Abendkleider sollen nur bis gerade unter das Knie und die Tageskleider bis zu den Knöcheln reichen; es muß sich da ein glückliches Maß finden lassen, das die Frauen, wie ich glaube, schätzen werden."

„Die langen Mäntel sind überwunden, „démodés". In diesem Winter wird man kurze Jacken und halblange Mäntel tragen, und Pelz eher innen als außen. Wie aber die Beine vor Kälte schützen? Zunächst werden, wie ich bereits sagte, die Röcke am Tage länger sein, und ich beabsichtige, Hosen zu lancieren, die man darunter trägt, entweder aus Satin in der Farbe des Kleides oder aus weichem Jersey. Die lange, schlanke Linie muß beibehalten werden, und die kurze Jacke wird der Länge des Rockes noch einen besonderen Akzent geben."

„Unsere Wahl für den Winter fällt auf flache Pelze: Kid, Breitschwanz und ähnliche schmiegsame Felle, die wir wie Stoffe behandeln können. Soviel kann ich Ihnen heute nachmittag um 3 Uhr 30 sagen, in acht Tagen werde ich vielleicht ganz andere Ideen haben. Voilà, und jetzt gehe ich an die Arbeit."

Helen Grund.

HERBST-HÜTE

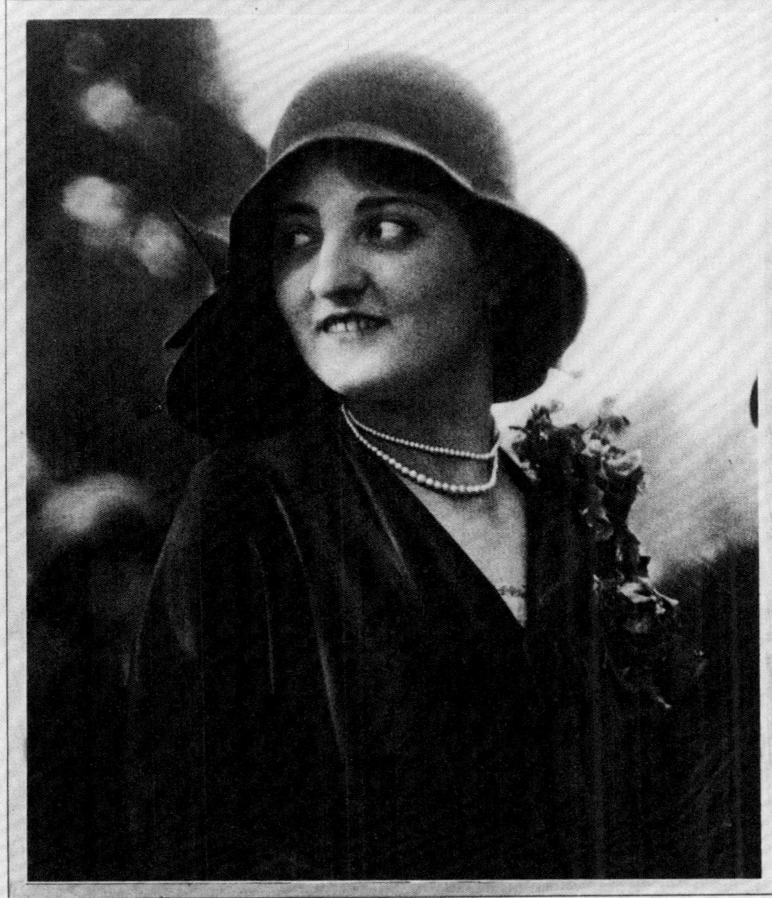

Dahlia, die Modefarbe der neuen Saison, ist ein tiefes Violett. Der Hut ist dem Kleide assortiert. Seinen langettenförmig ausgeschnittenen Rand schmückt eine Filzschleife. Phot.: Marianne Breslauer

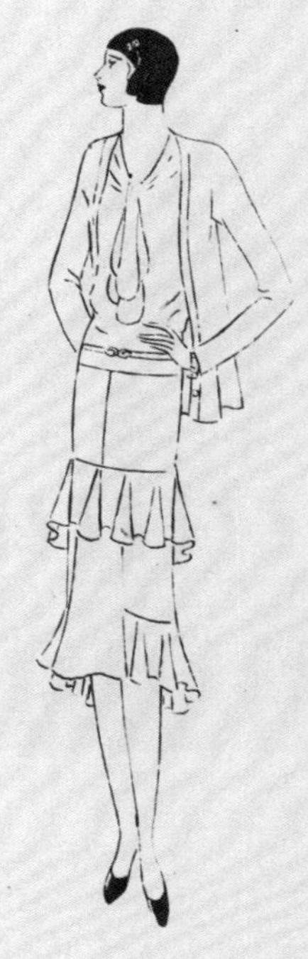

Rechts oben: Die schwarze Atlaskappe begleitet das elegante Nachmittagskostüm aus schwarzem Atlas, dessen weiße Atlasbluse ein Fichu aus gleichem Material zeigt. Modell: Lucien Lelong

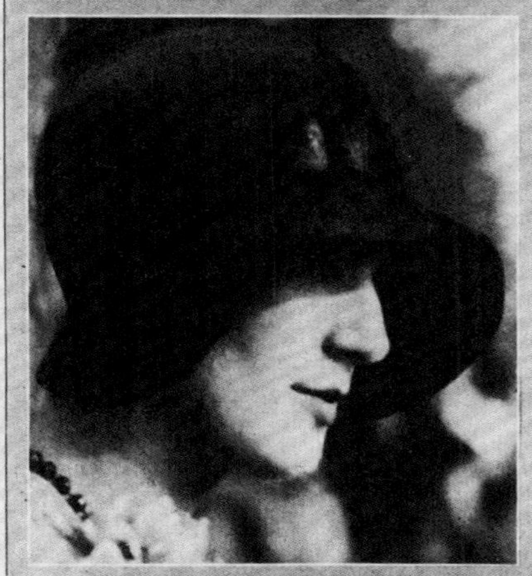

Der schwarze Filzhut ist mit einer kleinen Breitschwanzschleife garniert. Phot.: Marianne Breslauer

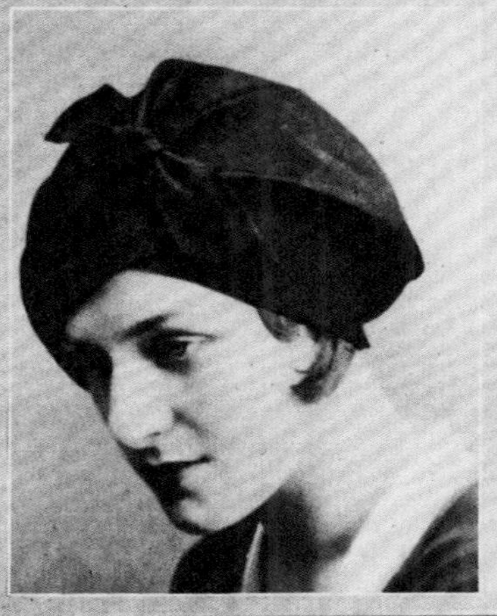

Die Falten des marineblauen Baretts münden in einer festgezogenen Schleife über der Stirn. Modell: Marie Christine.

Eigentlich sollte man über Hüte nichts Einzelnes mehr berichten. Seit die großen „couturiers“ die Erscheinung der Frau gewissermaßen „en bloc“ übernommen haben und nun auch neben Parfüm und Schmuck, Handschuh und Handtasche den Hut kreieren, ist er innerhalb dieser einheitlichen Komposition nichts anderes als der „finishing touch“.

Was man trägt? Alles, was zum Stil des Mantels und des Kleides paßt. Kleine Kappen aus dem Material des Tailleur, ein Nichts aus Tweed, gewebte, gehäkelte gestrickte Wolle, den Kopf in elastischer Enge umspannend, flockige Angoramützen, mit Samtschleifen garniert; großaufgeschlagene farbige Samtsüdwester, die das Gesicht freilassen, den Nacken decken; Baretts aus geglättetem Karakuel, knisterdünne weiße und schwarze Fellchen mit Chenillepunkten bestickt; helle Filzhütchen, deren Rand über dem linken Auge aufgekniffst ist, — alles, was man in Paris unter dem Begriff „fantaisie“ zusammenfaßt.

Neben diesem Spielerischen behauptet sich die große ruhige Linie.

Der „angezogene“ Hut umschließt schmal und faltenlos die Form des Kopfes. Sein Rand hüllt den Nacken und überschneidet in loser Welle das Profil. H. G.

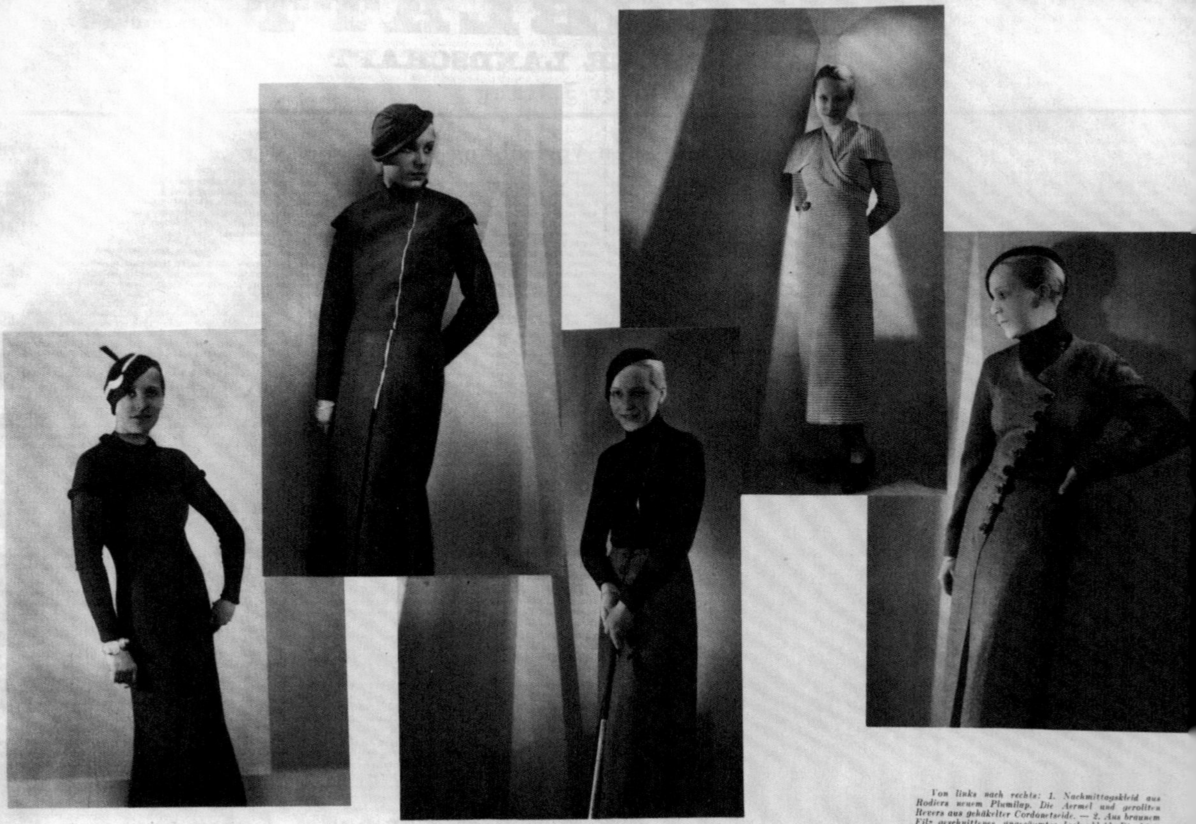

Von links nach rechts: 1. Nachmittagskleid aus Rodiers neuem Plumilap. Die Aermel und gerollten Revers aus gehäkelter Cordonetseide. — 2. Aus braunem Filz geschnittenes, ungesäumtes Jackenkleid. Die Linie des Reißverschlusses verbindet Rock und Jacke. — 3. Die blanke Linie des Reißverschlusses ist das sachliche Ornament des tiefbraunen handgestrickten Sweaters. — 4. Frühjahrskleid aus grau und weiß gestreifter Wolle. Das abnehmbare Cape bildet einen einseitig angeknöpften Gürtel. — 5. Sportlicher Tailleur aus brauner Wolle mit kragenlosem Ausschnitt und schräggekreuzter Knopfreihe.

Photos: Luigi Diaz. Modelle: Ré-Sport.

DEUTSCHE MODE IN PARIS

Ein zweites Gespräch mit Renate Green

Als wir vor etwa einem Jahr von den Anfängen des Hauses Ré-Sport berichteten, indem wir ein Gespräch mit der jungen Deutschen wiedergaben, die aller Warnungen ungeachtet in Paris, im Zentrum der Mode, ein eigenes Schneideratelier aufmachte, erhielten wir Zuschriften aus dem In- und Ausland von überall dorther, wo Deutsche unsere Zeitung lesen. Das Interesse galt vor allem den sozialen Prinzipien, auf denen das neue Unternehmen sich gründete.

„Ich fürchte keine Konkurrenz," hatte Renate Green gesagt, „was ich zu bieten habe, ist das, was die Frau braucht und doch nirgends noch findet, das Zeitgemäße, das Rationelle —"

Heute sitzen wir wie damals einander gegenüber in dem gleichen hellen, hoch über dem Friedhof von Montparnasse gelegenen Atelier, durch dessen Fenster man Türme und Kuppeln von Paris ragen und glänzen sieht.

„Sind Sie zufrieden, Renate? Haben Sie Ihre Pläne verwirklicht? Ist die große Masse, für die Sie arbeiten wollten, sind die Tausende von Fabrikarbeiterinnen, kleinen Angestellten, Verkäuferinnen, Beamtinnen zu Ihnen gekommen?" Tragen sie die Kleider aus guten Stoffen, die sinnvoll zugeschnittenen, lustig verwandelbaren, die Sie für diese bescheidensten unserer Schwestern entworfen hatten und zu so billigen Preisen herstellen konnten, daß niemand mehr in plundriger, häßlicher Kleidung zu leben brauchte?"

„Ich habe mich geirrt", sagt sie und sieht mich mit ihren klaren Augen voll an. „Eine Weile, solange bis ich die Zusammenhänge begriff, war ich ganz einfach ratlos. Das Problem, das ich gelöst glaubte, der hart arbeitenden, um ihre Existenz kämpfenden Frau die Sorge um ihre Kleidung in eine Freude an ihrer Kleidung zu verwandeln, war so verwirrend wie zuvor. Sie lehnte ab, was ich ihr anbot, nicht weil es ihr zu teuer war, sondern weil es ihr nicht gefiel. Sie fand es häßlich. Sie findet es noch heute häßlich. ‚Haben Sie nichts, das etwas weniger ‚arm' aussieht?' fragte man mich, wenn man nicht ganz verstummte. — Die zugeschnittenen Kleider fanden in Paris gar keinen Anklang. In der Provinz führten sie sich langsam ein. Ich suchte eine Erklärung dafür, ohne eine vollgültige zu finden. Mangel an Zeit? Waren die wenigen Stunden nicht zu erübrigen, die man brauchte, ein paar Nähte zu nähen? Waren vielleicht die Frauen, die ihre Kleider selbst zu nähen bereit waren, nicht geschickt genug, sie zuzuschneiden? Mochten die anderen nicht einmal einen Versuch wagen? Die Tatsachen bewiesen mir, daß ich mich geirrt hatte, aber ich konnte den Glauben an meine Idee doch nicht aufgeben. Inzwischen hatte ich so viel mit denen zu tun, die mir von den ersten Besucherinnen zugeschickt wurden und die ihrerseits wieder neue Kundinnen brachten, daß ich mehrere Arbeiterinnen dazu engagieren mußte. Da kamen sie nun tagaus, tagein in ihren armseligen Seidenfähnchen, die immer ‚etwas dran' hatten, einen Spitzeneinsatz, einen garnierten Kragen, Volants oder bunte Knöpfchen, um den Hals einen Similischmuck, nähten Kleider, die sie ‚nicht besonders' fanden und wunderten sich, daß sie den ‚Damen' gefielen. Lange habe ich mich gewehrt, diese ‚Damen', diese Intellektuellen, Künstlerinnen, verwöhnten Frauen als das Publikum zu betrachten, das so recht eigentlich das meine wäre. Die meisten von ihnen gefielen mir zwar, sie verstanden ohne weiteres, worauf es mir ankam, waren geschmackvoll, einige regten mich durch Anspruch und Vorschlag zu neuen Ideen an. Eine Architektin bat mich, ihr ein Kleid zu entwerfen, in dem sie den ganzen Tag auf dem Bau herumklettern könnte und doch im Büro angezogen wirkte. Eine amerikanische Journalistin, die einen offenen Wagen fuhr, wollte eine lose Hülle, ihre hellen Sommerkleider vor Staub und Regen zu schützen, eine ärmellose, die doch den Armen volle Bewegungsfreiheit ließe. Solche Probleme machten mir die größte Freude.

Meine Strandpyjamas mit den bunten zusammengeknüpften Tüchern, die die Brust deckten und den Rücken freiließen — es war eine so einfache Idee — wurden zu vielen Dutzenden bestellt. Die durchreisenden Amerikanerinnen kamen in Scharen. Vor meinem Hause fuhr ein Auto nach dem anderen vor. Ich empfing auch Besuche von Kommissionären, englischen, holländischen, amerikanischen, die meine ‚Collection' zu sehen wünschten und sich wunderten, daß ich nur gelegentlich ein Mannequin beschäftigte. ‚Ich habe andere Ambitionen als die Haute Couture', sagte ich einem, der, wie mir schien, mißbilligend den ‚komischen' Betrieb ansah. Später hat gerade dieser mir wertvolle geschäftliche Ratschläge gegeben. Er hat mich dazu veranlaßt, mich dem Rhythmus der ‚Haute Couture' anzupassen. Ich zeige nun jeden Tag meine Modelle, habe drei Mannequins, lade viermal im Jahr die Presse zu den Erstaufführungen ein und sorge dafür, daß die Cocktails, die vorgesetzt werden, sehr gut sind.

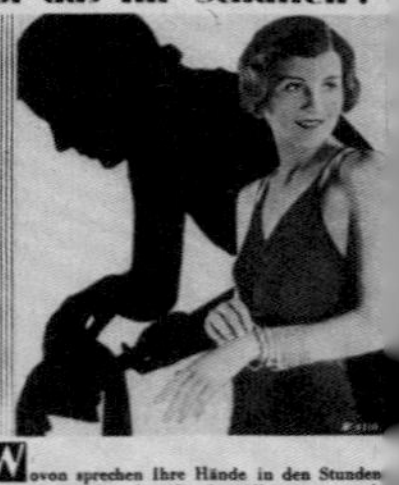

Im übrigen hat man mir bestätigt, was ich inzwischen selbst begriffen hatte. ‚In Frankreich', sagte mir eine berühmte Kollegin, ‚sieht eine Gesellschaftsklasse das Ideal noch immer in den Lebensformen der zunächst höher Rangierenden. Die Waschfrau möchte wie eine Ladenbesitzerin aussehen, diese wie ihre Kundin, die gutsituierte Bürgerin, und so fort bis zu den Verwöhntesten, die ihrerseits — und dies ist das Interessante — schon längst nicht mehr dem Begriff entsprechen, den sich die Nachahmenden von ihnen machen. Es gehört Kultur dazu, um das Einfache zu lieben."

Helen Grund.

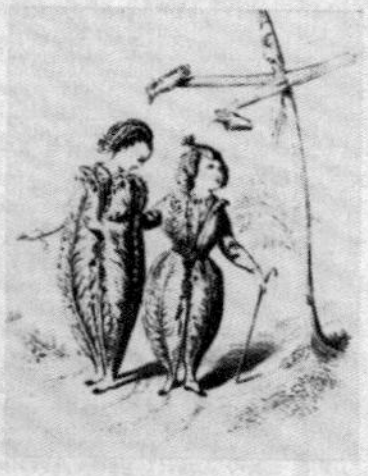

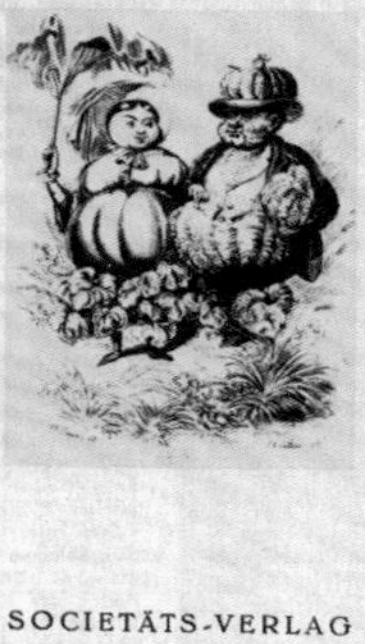

Verlag der Frankfurter Societäts-Druckerei G. m. b. H., Frankfurt a. M. Verantwortliche Schriftleitung: Max Geisenheyner. Für den Anzeigenteil verantwortlich: Robert Fuckert.

Prinzip strenger Auswahl an, das der über... Geist ihres Besitzers so treffend formuliert: ... keine guten Bücher — dazu ist das Leben ...rz — lies nur die besten!"

...nehme die englische Originalausgabe der ...ast des Denkens" in die Hand und schlage die ...e auf: „Mein Buch ist für Durchschnitts...igenzen bestimmt, die gleich weit entfernt vom Genie, das keine Hindernisse kennt, wie der Dummheit, der alles und jedes zum ...ernis wird. Es setzt normale Lebensverhält... voraus, mit normalen Chancen und normalen ...ierigkeiten."

...et kommt wieder herein und schiebt mir sorg...einen Sessel hin. „Wie sind Sie darauf ge..., über dieses Thema zu schreiben?" er...ige ich mich. „Es fiel mir auf," sagt er und ...lt etwas verschmitzt, „daß die meisten ...schen, denen ich begegnete, trotz ihrer ...ligenz eigentlich selten richtig nachdenken ...n — und noch seltener fähig sind, sich zu ...entrieren und ihre geistigen Anlagen zu ent...ln. Den einen fehlt es ganz einfach an Ord...ssinn, anderen mangelt es an Ausdauer. Aber ...kranken vor allem an Mißtrauen gegen sich ...! Verstehen Sie, das muß man doch be...fen!" ruft er aus.

...e Kraft der Ueberzeugung läßt ihn merk...ig jung erscheinen. Seine Haltung ist straff ...aufrecht. Er hat rasche, aber ausdrucksvolle ...egungen. Die kleine spitze Nase unter der glat...lugen Stirn deutet auf Energie und Ziel...ßtsein. Sein feiner, schmallippiger Mund hat ...gespannten Zug: er bezeugt die Willens...olin des Priesters.

...halte mein Buch keineswegs für bedeutend," ...er bedächtiger fort, „aber ich hoffe, daß es ...ch ist. Vielleicht ist es kein Zufall, daß es ...ngen Amerika so starken Beifall und Absatz ... aber wir Europäer dürfen, auch was das Den...anbetrifft, nicht mehr gar so überheblich ..." Er lächelt wieder, diesmal nachsichtig, milde ...erzählt mir einige Erlebnisse aus der Neuen ... Er spricht wieder schnell und lebhaft. Aus ..., was er sagt und wie er es sagt, spürt man ...Temperament des Romanen, das sich bei ihm ...glücklichste mit der optimistisch-praktischen ...ellung des Amerikaners verbunden hat.

...et macht kein Aufheben von seinem großen ...en. Aber ich empfinde deutlich: hier ist ...Denker, der viel und fruchtbar über die ...chkeiten der Menschen nachgedacht hat — ...iebe, Humor und Aktivität genug besitzt, um ...eduld mit uns nicht zu verlieren. Er hat sein ... eine Fibel für Erwachsene genannt. Das ... leicht falsche Vorstellungen erwecken. Es ist ...aus nicht lehrhaft, sondern sehr unterhal...geschrieben! Dabei ist ihm nichts zu gering. ...chreibt ebenso anschaulich von der Schreib...rdnung, wie von der besten Methode, eine ...e Sprache zu erlernen oder eine Zeitung zu ...eren. Gewiß, er bringt manche sogenannte ...nweisheit, aber Binsenweisheiten, die schon ...t in Vergessenheit geraten sind, und ...an nicht oft genug wieder hören kann. Er ...t sie mit solcher Grazie und würzt sie mit so ...genden kleinen Beispielen, daß wir's uns gerne ...en lassen. Er scheut sich auch nicht, die ...eme des schaffenden Künstlers, besonders des ...ftstellers, zu erörtern und beweist in der fe...en Schilderung kleiner Begebenheiten seine ... dichterische Sprache. Ich denke vor allem ...ine zauberhafte kleine Szene von einem Schul...hen in der Eisenbahn, das in der römischen ...hichte liest.

...s spät geworden. Ich verabschiede mich. „Auf ...ersehen!" sagt Dimnet herzlich. „Jetzt mache ...ine Radtour in den Süden, und im Winter ver...e ich jährlich zwei bis drei Monate in Ame... Aber die übrige Zeit finden Sie mich immer ..."

...amen Sie doch einmal nach Deutschland," ...re ich ihn auf. „Das ist schon lange mein ...ch," entgegnete er ernsthaft, „ich bin seit ...Krieg nicht dort gewesen. Ich schäme mich ..." — das klingt ohne Zweifel verlegen —, ...ich Ihre Muttersprache immer noch nicht be...e. Ich habe mein eigenes Rezept schlecht ...t. Aber ich freue mich, daß „die Kunst des ...ens" im Lande der Denker eine so freund... Aufnahme fand."

...ihrt mich auf einer Balkon, von dem man ... schönen Blick auf das Dach und die Türme ...Notre Dame hat, und deutet auf die nachdenk... Grimasse der steinernen Chimäre gegenüber ...dem Sims. „Wir müssen dahin gelangen," sagt ...versichtlich, „daß wir ein heiteres Gesicht ...en, wenn wir denken. Und es wäre fast mühe... erreichen, wenn wir unseren Kopf nicht mit ...el überflüssigem Ballast beschweren und ver...n würden."

WILDBRET AUF ...STLICHER TAFEL

Von Carl Georg von Maaßen

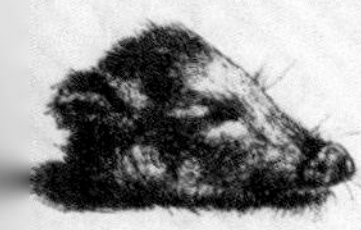

...den pompösen Geflügelbraten Truthahn und ... gibt jedes Stück Wild der schöngedeckten ... ein festliches Gepräge. Eine alte, bis in ...e Zeit hineinragende Berliner Sitte stellt bei ...chen Gastmählern neben den gefüllten Puter ...garnierten" Rehrücken. Das Erscheinen die... Dioskurenpaars soll den Gästen wohl ... die Blume sagen, daß nur das Beste vom ... gut genug für sie sei. Diese Sitte könnte ... gut aus der Gründerzeit stammen, denn sie ... in ihrem Protzentum und ein bißchen ...sigkeit. Aber wie dem auch sein mag, die ...tsache ist ja, daß diese Zusammenstellung ...Gästen behagt hat. Gespickte Hasen, Reh... und Rehkeulen sind ebenso willkommene ...nachtsbraten wie Gans und Puter, zeigen sich ...erst in ihrem höchsten Glanze, wenn ihnen ...olnischer Karpfen oder gar ein majestätischer ...outt vorangegangen ist. Der Gegensatz des ...atischen Wildbratens zu dem vorhergegange... ...drucksloseren Fisch ist zu loben, denn ... vielleicht erlahmenden Appetit wird durch ...ikanten, würzhaften Geschmack wieder ener...uf die Beine geholfen.

...Arzt des 18. Jahrhunderts, der das Wild ... seiner fäulniserregenden Eigenschaften nur unter gewissen Voraussetzungen als Nahrung empfiehlt und es Kranken ganz und gar verbieten will, verkennt dennoch seine Vorzüge vor anderen Genußmitteln nicht. Er nennt es mürber, leichter verdaulich und ohne die „ekelhafte Süßigkeit" des Fleisches zahmer Tiere. Dieser Arzt ist der angesehene Hamburger Johann August Unzer, der sich in seiner berühmt gewordenen Zeitschrift „Der Arzt" (im 111. Stück, 1761) ausführlich über die Bekömmlichkeit des Wildbrets ausläßt. Er spricht von einer „subtilen Materie", die ihm besonders eigen sei, „einem feinen Dunst, den die Franzosen Fumet nennen, der allezeit die Eigenschaften eines flüchtigen laugenhaften Wesens zum Grunde hat und wodurch der Geruch und Geschmack die verschiedenen Arten tierischer Speisen am deutlichsten unterscheidet". Dies laugenhafte Wesen soll sich nach seiner Ansicht der Fäulnis nähern und unseren Säften eine ähnliche Neigung zum Verderben mitteilen. Er sagt: „Es ist das Analogon der Fäul-

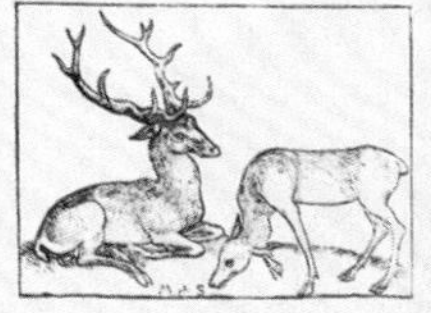

nis, das flüchtige Laugensalz seiner Säfte, einer Art der Dissonanz im Geschmacke, die allen Speisen dasjenige gibt, was man einen haut-goût nennt." Wir brauchen Unzer in all seinen Gedankengängen nicht zu folgen, wir sind über das Zeitalter der Vielfraße hinaus, denn nur im Uebermaß genossen mag das Wildbret „faulen Geschmack, Hitze, Durst und Hang zur Fäulnis" erzeugen. Immerhin rät er zum Wildbraten im Winter, besonders bei feuchter kalter Witterung, weil er die Ausdünstung befördere. Als Beigaben empfiehlt er einen leicht säuerlichen Wein, allerlei Salate und eingemachte Früchte. Es ist sehr merkwürdig, daß Vaerst fast ein volles Jahrhundert später diese alten Ansichten des damals ganz vergessenen Mediziners für seine „Gastrosophie" als eigene übernimmt, ohne auch nur mit einem Wort auf ihn hinzuweisen. Heute rechnet man das Wildbret zu den allergesündesten Fleischarten. Die Gefahr, daß sich jemand seinen Magen allzusehr damit überladen sollte, ist bei der hygienischen Einstellung unserer jetzigen Generation herzlich gering.

Von berühmten Leuten schätzte Karl der Große das Wildbret über alles. Jäger mußten es sein, welche ihm diese geliebte Speise an Bratspießen zur Tafel brachten. Auch Beethoven schätzte es besonders hoch. Im Jahre 1820 schrieb ihm der Kellner in sein Konversationsheft: „Es ist Wildschwein da für Sie, 1 Gulden 48 Kreuzer. Vorzüglich!" Der Verfasser des „Lockenraubs", Alexander Pope, der ein großer Esser vor dem Herrn war, liebte eine gebratene Rehkeule abgöttisch. Und, so dürfen wir fragen: „Wer liebte sie nicht?"

Neben dem Hasen ist das Reh das bevorzugteste und gewiß gesündeste Wild. Sein Fleisch ist von Natur so zart wie das liebenswürdige Tier selber, und ich begreife die Kochbeflissenen nicht, die ihm mit der Essigflasche zu Leibe rücken wollen.
Ein Oberprediger zu Gröningen bei Halberstadt versuchte einmal an der Tafel eines Prälaten, diesen für die alten Dokumente des Klosterarchivs zu interessieren. Der Prälat fuhr ihm sofort in die Parade und äußerte ohne Rückhalt, daß ein guter Rehbraten und ein gutes Glas Wein ihm wesentlich lieber wären als alle Dokumente. Worauf ein Gast den Einwand machte, daß er es doch diesen alten Papieren verdanke, wenn er jetzt Rehbraten essen und Wein trinken könne.

Gegen das zierliche Reh tritt der stolze Hirsch in kulinarischer Hinsicht gewaltig in den Hintergrund. Er ist zwar der König der Wälder und die Freude des Jägers, aber für den Feinschmecker gewinnt er erst dann Interesse, wenn er in ganz jugendlichem Alter auf der Schüssel erscheint. Die gastronomischen Schriftsteller schenken ihm wenig Beachtung, nur der alte Grimod de la Reynière preist mit pomphaften Worten ein gebratenes Hinterviertel, wenn es gehörig mariniert, mit dickem Speck bespickt und einem gründlichen kunstgerechten Saucenregen ausgesetzt wird. Zu dieser Hirschtunke gehören Schalotten, Sardellen und Orangen. Rumohr überlegt, ob nicht ein leichter Wermutgeschmack dem Hirschbraten förderlich sein könnte; ausprobiert hat er es freilich nicht. Jedenfalls muß man dem kräftigen Burschen mit adäquaten Mitteln, als da sind scharfe Gewürze verschiedener Art, auf den Pelz rücken. Die sich vornehm gebärdenden Rezeptbücher haben den stolzen Waldgesellen, poesielos wie sie sind, überhaupt aus ihren Registern gestrichen, und doch vermag ein junger Hirsch — geradezu beglückend, wenn er nicht älter als drei Jahre ist — sehr appetitanregende kleine Steaks und Koteletten abzugeben. Dammhirsche sind zarter als Hirsche, aber härter als Rehe und haben ein talgartiges Fett. Theodor Fontane erzählt in seinen Erinnerungen aus den Kinderjahren, daß um die Weihnachtszeit ins elterliche Haus stets von der Oberförsterei ein Hirsch eingeliefert wurde, den man aufgebrochen — so wie man ein Rind aufbricht — an der Giebelwand des Gemeindehauses aufhing. Tag um Tag trat dann die Köchin an diesen abschreckenden Giebelschmuck heran und schälte erst den Ziemer und dann die Vorder- und Hinterschlegel heraus. „Wir atmeten auf", schreibt Fontane, „wenn es mit dieser Wildherrlichkeit wieder vorbei war."

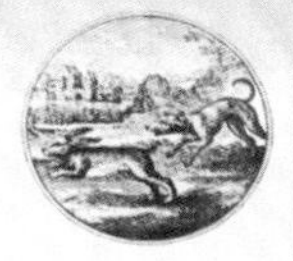

Mit den Gemsen (ebenfalls eines Jägers Glückseligkeit und Ehrgeiz, denn der Erwerb der begehrten Trophäen, Bart und Krucke, erfordert Kraft und Gewandtheit) steht es kulinarisch bei weitem schlechter, denn ihr Fleisch ist, falls es nicht von ganz jungen Tieren stammt, sehr grobfaserig und trocken. „Alte Gams und alter Has / Geben einen Teufelsfraß", lautet ein altes Verslein. Dagegen heißt es in einem uralten Fibelverse:

„Gebrat'ne Hasen sind nicht bös,
Der Hammel gibt gar harte Stöß!"

In seinem im 17. Jahrhundert erschienenen „Acerra Philologica" läßt sich Lauremberg über das lateinische Sprichwort „Tu te lepus es, et pulpamentum quaeris" („Du bist selbst ein Hase und suchst Wildbret") aus und schreibt: „Obwohl der Hase ein schwaches, furchtsames und schlechtes Tier ist, dennoch so hat er an seinem Leibe gute Leckerbißlein, die wol zu essen und nit zu verwerfen seynd." Er erklärt dann den Gedanken, den das Sprichwort in sich schließt, und fährt fort: „Sonst haltens die Aertzte, daß das Hasenfleisch melancholisch Geblüt mache. Aber die alten weisen Poeten seynd viel einer andern Meynung, nemlich, wann man Hasenfleisch esse, so werde man schöne und bleibe sieben ganzer Tage schön." Nach anderer Ueberlieferung glaubten die alten Römer, daß derjenige, der sieben Tage hintereinander Hasenfleisch esse, schöner an Gesicht und Gestalt würde. Aus diesem Grunde ließ sich der Kaiser Alexander Severus, wie Lampridius berichtet, täglich Hasenbraten vorsetzen. Es gab eine Zeit, da man ernstlich glaubte, daß Hasenfleisch nicht nur die Frauen fruchtbar mache, sondern überhaupt die Sinnlichkeit wecke, weshalb Papst Zacharias im Jahre 745 den Genuß desselben untersagte. Sein Nachfolger, Papst Stephan II., hob jedoch das Verbot wieder auf — zur Freude der Jäger und Feinschmecker. Erst im 17. Jahrhundert erstand den Hasenfreunden ein neuer Feind in einem italienischen Arzte, der die Behauptung aufstellte, daß Hasenessen Melancholie und Selbstmordgedanken erzeuge, welch blödsinnige Idee dann auch von spanischen und deutschen Aerzten aufgegriffen wurde. Bekanntlich hatte Moses den Juden und Mahomet den Türken das Verspeisen von Hasen verboten. Dafür aßen ihn die alten Griechen und Römer mit um so größerer Hingebung und zogen ihn allem anderen Wildbret vor. Martial nennt ihn das ruhmvollste Geschöpf unter allen Vierfüßlern. „Inter quadrupedes gloria prima lepus." Von den alten Bretonen aber berichtet Julius Cäsar, daß zu seiner Zeit das Hasenessen bei ihnen wie ein schweres Verbrechen bestraft wurde.

Es gibt wundervolle, aber auch recht kuriose Zubereitungsarten dieses harmlosen, aber zu seinem Unheil so schmackhaften Wald-, Feld- und Wiesenbewohners. Die atheniensischen Köche brieten ihn nur ganz kurz am Spieß und trugen ihn noch blutig auf. Nach dem ältesten Hamburger Kochbuche, aus der zweiten Hälfte des 16. Jahrhunderts, wurde ein ausgeweideter Hase mit Ingwer, Pfeffer und noch mancherlei anderen Gewürzen gefüllt und dann gebraten. In dieser starken Verwendung mannigfacher Gewürze zeigt sich noch der Einfluß mittelalterlicher Küchenkünste. Der französische Dichter Catulle Mendès, ein ebenso großer Feinschmecker wie Kochkünstler, wußte einen Hasen „à la royale" höchst vortrefflich selbst zuzubereiten. Mit der Zubereitung Meister Lampes hat es aber manchmal seine Schwierigkeiten. So erzählt Friedrich Förster in seinen Erinnerungen aus dem Befreiungskriege in einem Briefe vom 26. April 1813, wie Theodor Körner ein frischgeschossenes Häschen ins Lager bringt, das Förster braten soll. Allein da ist guter Rat teuer: „Mit dem Spicken wird es seine Schwierigkeiten haben," schreibt er, „ich habe nach dem nächsten Dorfe eine Speckpatrouille geschickt, allein du verzeihst, wenn ich jetzt abbreche: ein Hase hat sieben Häute, und die wollen abgezogen sein."

Charles Dickens hatte eine besondere Vorliebe für Hasensuppe. Auf einer Speisekarte hatte er sich das Rezept dazu notiert. Als vor einigen Jahren ein Londoner Koch, der diese Karte besaß, der Oeffentlichkeit davon Mitteilung machte, gerieten die zahllosen Dickens-Verehrer in eine ungeheure Aufregung. Alle wünschten das Rezept der Hasensuppe, weil sie ihrem Lieblingsdichter so gut geschmeckt hatte, kennen zu lernen. Es war aber in keinem Kochbuche zu finden, und so zwangen sie den Koch, es in einer Zeitung zu veröffentlichen. Als sie sich dann an die Zubereitung der Suppe machen wollten, war in ganz London kein Hase aufzutreiben. Es war Schonzeit. So mußten sie sich noch ein paar Monate in Geduld fassen.

Was es auch an raffinierten Zubereitungsarten geben mag, am besten mundet immer noch ein gespickter Hase in saurer Rahmsauce. Er ist neben dem Rehbraten ein durchaus würdiges Festessen. Denn wir halten es mit Martial, wenn er sagt: „Inter quadrupedes gloria prima lepus!"

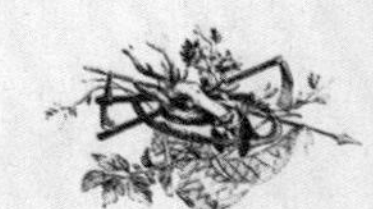

KLEIDUNG UND LEBENSFREUDE

Wer von uns lebt denn vernünftig? — Wer kann sich noch auf seinen Instinkt verlassen? — Dürfen wir wirklich annehmen, daß die Mehrzahl der Frauen — um von den Männern ganz zu schweigen — mit ihrem eigenen Körper so auf Du und Du steht, daß sie seine Zeichensprache achtet, versteht, ihr gehorcht? — Betrachtet man die Flut von neuen Veröffentlichungen, deren Thema Diät ist, Gymnastik, Schönheitspflege, Atmung, die von Bestrahlungen und Entfettungskuren handeln; sieht man, welch einen reißenden Absatz diese Broschüren und „Werke" mit ihren betrüblichen Statistiken, ermunternden Anekdoten und konkreten Ratschlägen finden, so muß sich der Gedanke einschleichen, daß eine große Anzahl unserer Zeitgenossinnen wenigstens schon so weit ist, Gesundheit, Schönheit und Lebensfreude als Güter zu betrachten, die man erarbeiten und erwerben kann und — die man in gewünschtem Maße nun einmal noch nicht besitzt.

Viele der Professoren und Laien, die uns Jungbrunnen versprechen, sind der Meinung, wir brauchten nichts weiter als unsere Bequemlichkeit zu überwinden und unsere Verwöhntheit abzulegen — früh aufstehen, wenig und das Richtige essen, unseren genußsüchtigen Gaumen zu Gunsten des Magens beherrschen — um die schlanke Linie der ersten Jugend zu erhalten und wiederzugewinnen. Für diese kleinen Opfer versprechen sie uns höchste Belohnungen. Andere führen die Erscheinungen des Verfalls auf die gestörten Funktionen der Drüsen oder auf die mangelhafte Atemtechnik zurück. Gewiß sind wir uns darüber einig, daß ein Zusammenwirken von Kräften aller Art nötig ist, um uns die natürliche Lebensfreude, den Mut und die Elastizität zu erhalten, die wir „jugendlich" zu nennen gewöhnt sind. Kontrollierbarer in ihrer nahen Wirkung, und darum gewissermaßen vergnüglicher, scheint uns aber, unser seelischen Leiden einstweilen beiseite zu lassen und mit dem sichtbar Gegebenen, mit unserem Körper, uns ins Einvernehmen zu setzen. So gering aber ist unsere Kenntnis dessen, was uns gut oder schlecht tut, so verbreitet sind Voreingenommenheit und Aberglauben, so abgerissen linienlos verläuft der Faden der Tradition, daß wir, was Nahrung und Lebensweise anbetrifft, auf tastende Experimente angewiesen sind, auf den Glauben an diese und jene Lehre. Eins aber empfehlen alle, die gewissenhaften und gewissenlosen Ratgeber: die Bewegung in frischer Luft. „Gehen Sie so oft Sie irgend können zu Fuß. Laufen Sie in jeder freien Stunde aus dem Haus, aus dem Büro hinaus und sei es auch nur zu einem Rundgang durch den nächsten Park!" — raten alle Schönheits-, alle Gesundheitsärzte. Ja, aber wie sollen wir das machen? Gelegentlich, wenn die Sonne gerade scheint, wenn ein frischer Wind weht, wenn es nicht zu heiß und nicht zu kalt ist, wenn alles uns lockt, die gewohnte Routine zu durchbrechen, gelegentlich also, sind wir wohl geneigt, ganz einfach um der Freude an der Bewegung willen zu gehen, ohne Zweck und Eile, fröhlich und atmend, uns dem Gehen hinzugeben, aber nur wenigen wird dieser Genuß zur Gewohnheit, die man nicht mehr missen mag.

Es war immer unsere Meinung, daß das Temperament, ja der Charakter, mehr noch, die Lebensauffassung der Frauen in geheimnisvoller Weise von ihrer Kleidung bestimmt, zum wenigsten beeinflußt wird. Das Genie darzustellen ist ihnen angeboren. Es ist durchaus nicht nur komisch, wenn eine gute Hausfrau das Mißlingen des Kuchens darauf zurückführt, daß ihre weißen Aermelschürzen durch einen Zufall gerade in der Wäsche waren. Und so behaupten wir, daß es der Gesundheit schädlich ist, wenn wir versäumen, für einen Mantel zu sorgen, der uns gegen Staub und Wetter schützt, einen Mantel, der durch sein Vorhandensein allein uns schon anregt, spazieren zu laufen, wie auch immer Wolken drohen oder Winde wehen. Um die richtige Suggestion auszuüben, sollte er eins unserer schönsten Kleidungsstücke sein. Er muß uns so gut stehen, daß wir eine Art von Zärtlichkeit für ihn empfinden, wie für die raffiniertesten, die kokettesten unserer Dinge. Er sollte bei aller klassischen Einfachheit unserer Phantasie einen gewissen Spielraum lassen, indem wir ihn so oder so knöpfen, ihn gürten oder lose tragen können. Taschen soll er haben, tiefe, bequeme Taschen, in denen wir das Nötige versenken können, das sonst in der Handtasche Platz findet. Es wäre verfehlt, seine Halslinie so „fertig" zu stellen, daß sie nicht ebensowohl offen wie geschlossen sein kann oder ihn farbig zu fixieren, nein — wir wollen unsere ältesten und unsere neuesten Tüchlein und Schals in seinen Revers aufleuchten sehen, die wollenen, die seidenen, die aus Kattun, die schottischen, die violetten, die mit den Punkten. Keine Enge soll uns bedrängen, keine Weite uns lästig sein. Schlicht aber nicht unscheinbar, leicht aber aus gutem Material, auf das man sich verlassen kann — so wünschen wir ihn. Wenn wir viel in ihm spazieren laufen, sollten dann nicht die Farben unseres Gesichtes frischer, blühender werden? Ob dann nicht ein Hütchen kleidsam wäre, eins dieser kleinen, kecken Jägerhütchen mit einer Feder oder eine Mütze in einem leuchtenden Grün, das die Lieblingsfarbe der Herbst- und Wintermode zu werden verspricht?

H. G.

Knitterfreie Seide ist das Material der beiden Mäntel, die nicht mehr als 250 gr wiegen. Sie schützen gleichermaßen vor Regen und Staub, sind luftdurchlässig und wasserdicht. Modell: Juwel-Gloriawerke. Aufnahme: Yva.

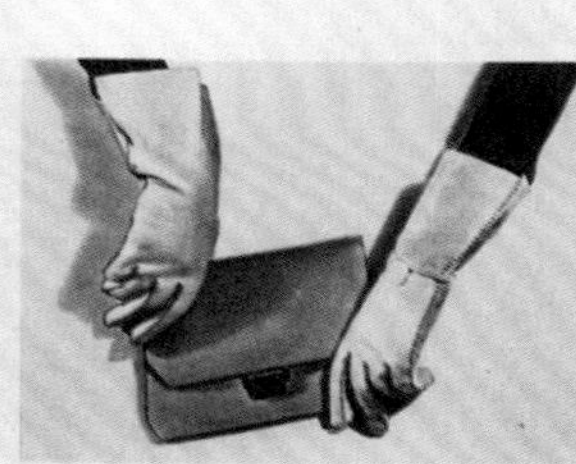

Vorbildlich elegant sind die raupenlosen, braunen handgenähten Handschuhe aus Schweinsleder, deren Stulpen nur eben eine graziös-bequeme Weite haben. Zu ihnen passende Handtasche aus dem gleichen Material mit braunem Holzverschluß. Modell: Hermes. Photo: Doreyne.

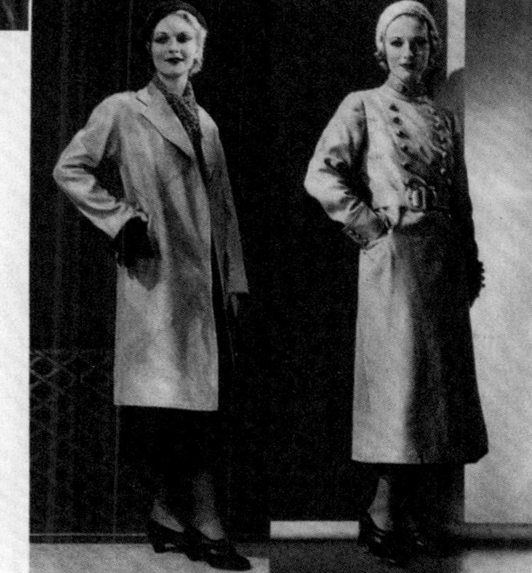

Unten rechts: Dreiviertellanger Mantel aus hellem Ziegenleder in gesteppten Rauten gearbeitet. — Handgeflochtene Knöpfe schließen den beige Ledermantel, dessen Fronteinsatz, schräge Taschen und geknöpfte Manschetten auf die „militärische" Note des Kragens eingehen. Modell Hermes. Photo Doreyne.

Schriftleitung: Rudolf Geck, Frankfurt a. M. Druck und Verlag: Frankfurter Societäts-Druckerei GmbH., Frankfurt a. M. Verantwortlicher Anzeigenleiter: Dr. W. Mapp, i. V.: H. L. Rumbler, Frankfurt a. M.

KONTRASTIERENDE JACKEN

sind das eigentlich Neue

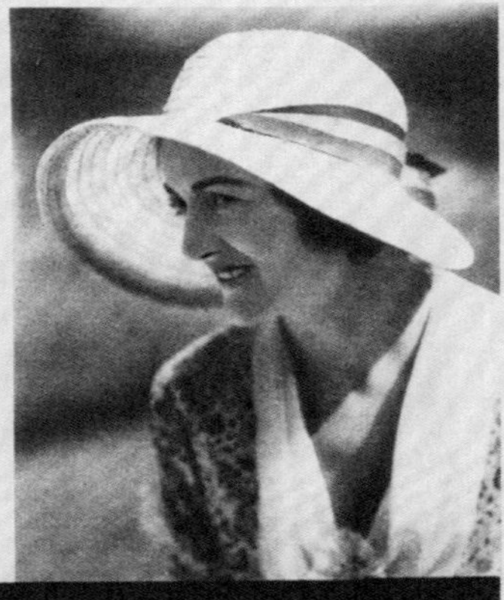

Weißer Strohhut zum geblümten Kleid. Aufnahmen: Luigi Diaz. Zeichnungen Marietta Riederer

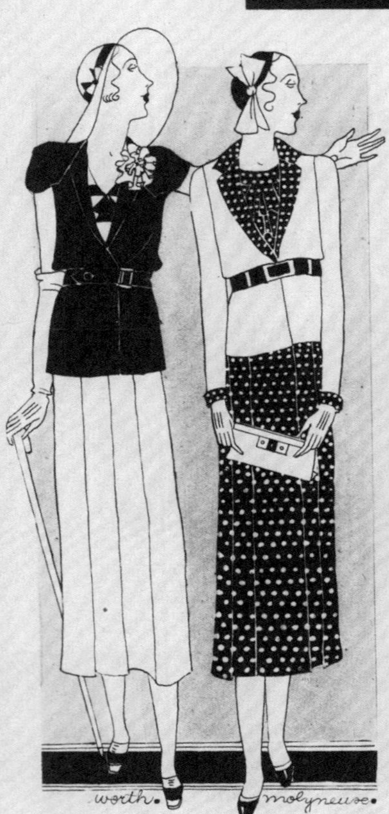

Rote Sinellic Jacke. Kleid aus rotem Tussor. Die weiße Blume ist rot gerandet. Modell Worth — Waschseidene weiße Jacke. Blaues Crêpe de Chine-Kleid mit weißen Tupfen. Modell Molyneux

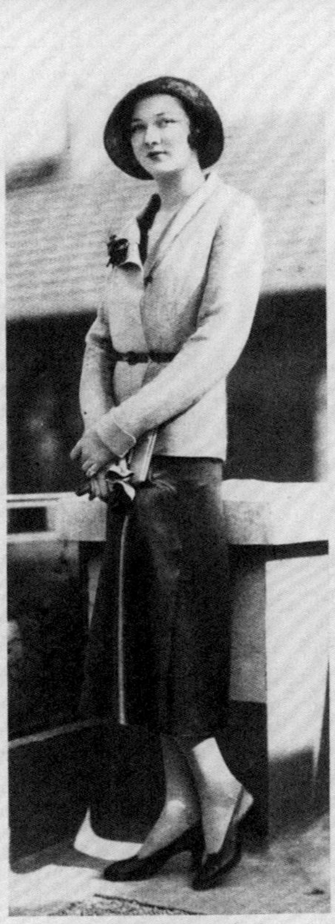

Opaline grüne Jacke. Dunkelblaues Crêpe-Satin-Kleid Modell Patou

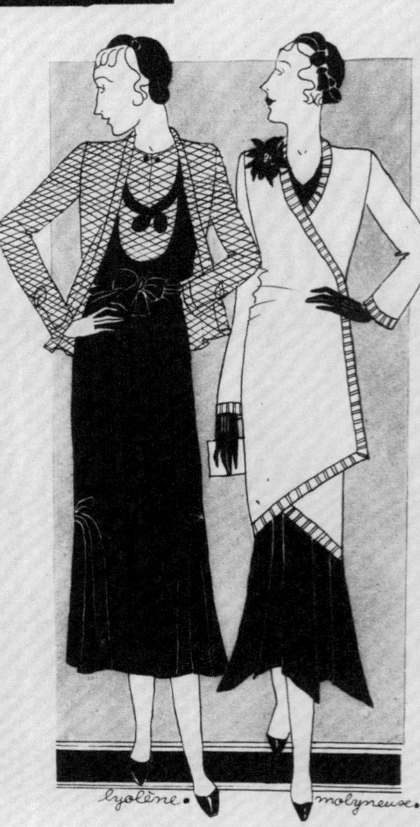

Jacke und Kleideinsatz aus schwarz-weiß kariertem Piqué zum schwarzen Marocain-Kleid. Modell Lyolene — Die lange Jacke ist aus beige Shantung, die Kante gesteppt. Modell Molyneux

Sie sind das eigentlich Neue und doch so „richtig", daß wir gar nicht mehr ohne sie auskommen mögen. Sie gehören zum Morgenkleid und Pyjama, zum Nachmittag und Abend. Alle jungen Frauen sehen noch jünger in ihnen aus, sorgloser, zwangloser, munterer. Ein gläsern grünes Leinenjäckchen oder der längere gekreuzt drapierte Mantel aus hellbeige Shantung nimmt dem schwarzen Atlaskleid alle lästige Feierlichkeit, die weiße, blusig gegürtete Jacke beruhigt das Gewimmel der weißen Punkte im dunkelblauen Crêpe de Chine; über dem weißen ärmellosen Tussorkleidchen leuchtet das Rot der kunstseidenen Sinellicweste, deren breiter Kragen einen Aermel vortäuscht; schwarz-weiß karierter Piqué, der gleiche wie der des Chemisetteinsatzes, macht das ärmellose Marocainkleid zum Frühjahrskostüm. Sie dürfen lose, gegürtet, geknöpft sein, uni oder gemustert, sofern sie nur einen Kontrast bilden, sie können sich durch Revers oder Blume auf das Kleid beziehen oder ihre Unabhängigkeit bewahren, eins aber ist Bedingung: ihr Material muß um ein weniges „geringer", um einen Grad „vergänglicher" sein als das des Kleides. H. G.

Für die Riviera

Die Frau ist der begabte Regisseur des anonymen Schauspiels, das wir das tägliche Leben nennen. Sie hält auf den Wechsel der Dekorationen und liebt die klimatischen Kontraste als Vorwand, ihre Erscheinung vielfältig zur Geltung zu bringen. Eben noch kleidete sie sich bis zum Halse in dunkle schneedichte Stoffe, umrahmte ihr Gesicht mit engen Pelzkappen und flockigen Schals, paßte ihren Schritt den geölten Stiefeln, den gleitenden Kufen der Skis an, heute schon muß all das Winterliche aus den Koffern hinaus und einer leichten hellen Garderobe Platz machen, die in den Rahmen des Rivierafrühlings paßt. Galt es, in Eis und Schnee sich auf das Sachliche zu beschränken, so fordert der neue Sonnenschein vor allem das Vielfältige.

Das Geheimnis der sehr gut angezogenen Frau beruht fast immer darin, daß ihre Kleidung als Linie den Vorschriften der allerneuesten Mode entspricht, im übrigen aber so einfach gehalten ist, daß sie durch nichts die Aufmerksamkeit ermüdet. Ein Vermeiden der sehr starken Farben gehört dazu, ein Bevorziehen der Töne, die vom Licht umspielt werden, zu denen man in Schal und Gürtel eine dekorative Wirkung komponieren kann, wenn die Laune des Tages sie inspiriert. Nicht umsonst schlagen die großen Schneider von Paris immer wieder weiße Kleider vor und sehr zartfarbige, sie erfinden kleine Schultercapes, die Schreitende zu umflattern, oder sie setzen ihre ganze Kunst dafür ein, kleine fast schulmädchenhafte Kleidchen zu schaffen, die durch Schal, Blume oder Hut unendliche Variationen zulassen. Die großen, in leichten Linien das Gesicht umspielenden Hüte zeigen bei jeder Wendung des Kopfes neue Ausschnitte des Ovals, des Profils.

[Für die Frau, Februar 1930]

Narren-Garderobe

Der Karneval ist unter anderem eine Revolution der Mode. Sein Kleid entkleidet oder verhüllt, aber es bekleidet nie. Es verheimlicht die Anatomie, es leugnet das Skelett. Es lebt von der Abweichung, seine Harmonie ist eine Schöpfung des Augenblicks, der gleich vergeht.

Was der rechten Hand und dem linken Fuß billig ist, davon sollen die beiden anderen nichts wissen.

Der Anklang an vergangene Mode-Ideale ist wie ein Gelächter.

Travestie – bedeutet es nicht beides, Verkleidung und Verspottung?

Eine Krause wird zum Blasebalg, eine Kappe zum Hahnenkamm, alles sitzt so leicht an, gewaltige Stulpenstiefel lockern sich an halber Beinhöhe, Mieder schmiegen und spalten, Gürtel laufen aus in Falten, alles sitzt mit Recht wie am unrechten Ort und ist halb schon vergangen, ehe es noch endgültig wurde. Die abgestimmte Harmonie milder Farben hat keine Geltung, Geschmack ist die Kühnheit im Grotesken. Verpöntes Giftgrün, mesquines Lila treten aus der Verbannung in legitime Rechte zurück, wie sanft wird ein bitteres Rosa zwischen Türkis und Rostrot, ein keifendes Gelb zwischen Tupfen aus Orange und Ultramarin. Aber neben dieser spielerischen Seite unterscheidet den Karneval vom Alltag etwas Feierliches im Grotesken, das im genauen Gegensatz steht zur gedämpften Feier zivilisierter Bürger und verwandt ist mit der taumelnden der Naturvölker, bei denen der Tanz ein Gottesdienst ist und aller Schmuck wie an Opfertieren hängt, der statt ihrer oder mit ihnen gleich auf den Altar getragen werden wird.

[Für die Frau, Februar 1930]

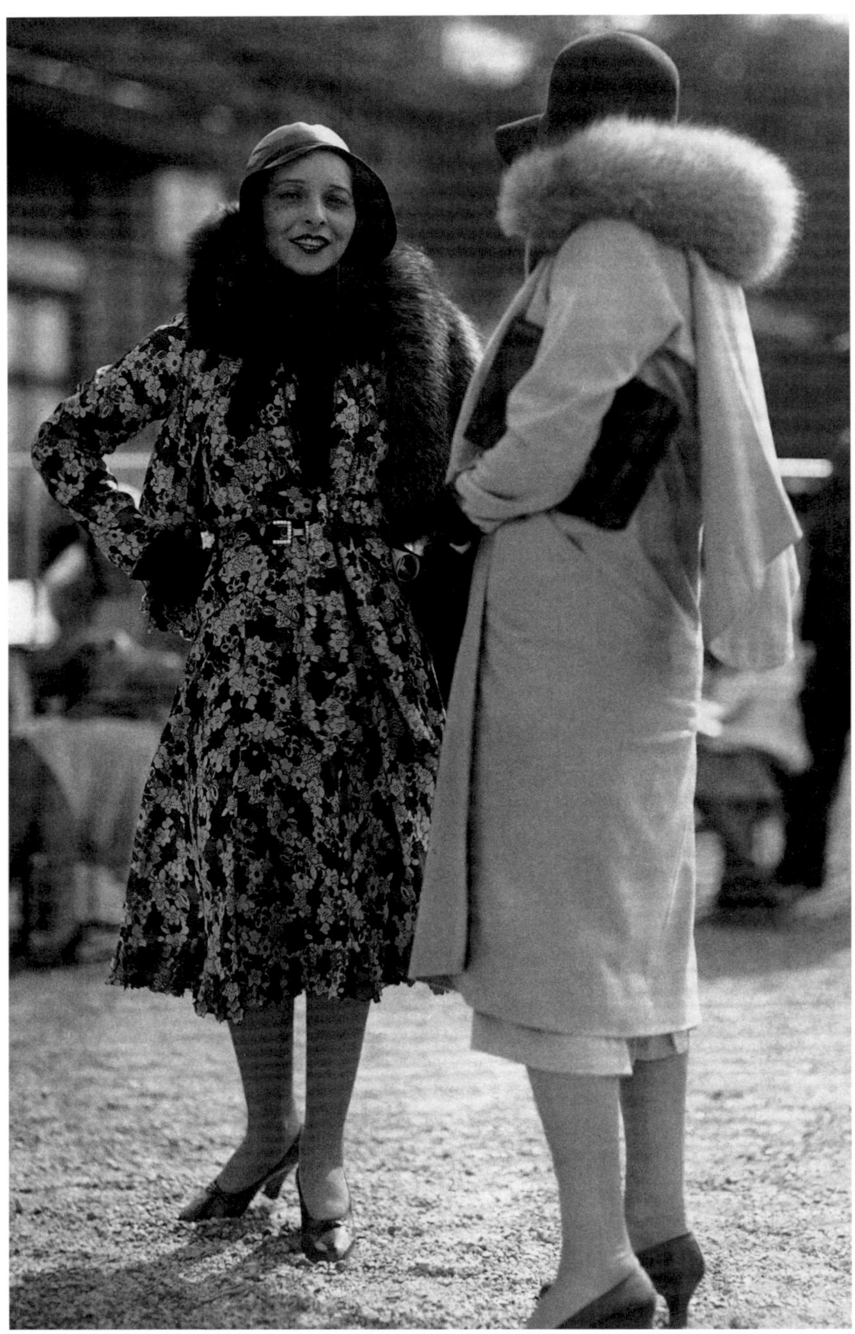

Pariser Frühlingsmoden, um 1930

Die Frau im Frühling

Sie hat sich gewöhnt, ihm über geographische und klimatische Grenzen hinweg entgegenzukommen, an der Riviera seinen Aufwand an Blüten und Düften vorwegzunehmen. Kehrt sie aber aus der verwöhnenden Landschaft in die Stadt zurück, so berührt das noch unerfüllte Versprechen des Frühlings sie inniger, heimatlicher. Sie richtet sich gerader in ihrem taillengegürteten Tweedkleid, fühlt sich einverstanden mit der neuen gereckteren Haltung, die ihr die Mode vorschreibt, mit dem Mieder, das die Hüften umspannt und dem Oberkörper eine bewegte Freiheit gibt. Trifft die Sonne auf den weißen Pikee ihrer Kragen und Manschetten, so gibt es blaue Schatten, die an Schnee erinnern, scheint sie auf den Fuchs, der um ihre Schultern liegt, so sträubt sich sein Fell. Mit den elastischen Schritten der Watenden durchquert sie den gleitenden Fluß der Autos, wird von den zufallsbunten Kindern bedrängt, die Veilchen und Anemonen zu ihr hinstrecken, macht halt vor den Auslagen, in denen alles farbig geworden ist mit der gesteigerten Anmut der Jahreszeiten, rosa, getupft, geblümt, pastellgrün wie silberne Weiden, braun wie Kastanienknospen.

Schon ist der Pelz nicht mehr unentbehrlich, selbst am Steuer des offenen Wagens genügt der bequeme Tweedmantel über dem leichten Wollkleid, sofern er nur durch einen breiten Pelzkragen Hals und Schultern schützt. Aus lauter Freude am Spielerischen trägt sie das Pelzjäckchen aus grauem Hermelin, dessen seidige Weiche mit dem fließenden Moiré des Kleides harmoniert, das über der Brust offen bleibt und es dem Handschuh überläßt, den Unterarm zu bekleiden. Nichts aber entspricht so sehr dem Gefühl für die neue Jahreszeit wie das Mantelkleid mit seinen korrekten Revers, dem Knopfverschluß und den breiten Rockfalten. Ein wenig später erst wird sie die crepeseidenen Tailleurs vorziehen, die schlanken, einfarbigen, unter deren kragenloser Jacke bedruckte Musselinblusen farbige Akzente geben. Auch zum Tennis wird sie in diesem Jahr seidene Stoffe bevorzugen, Shantung in matten Farben, der durch seinen porösen Glanz zu den sportlichen Geweben gehört. Draußen aber auf den Golfplätzen kommen all die neuen Tweeds zur Geltung, die dekorativ gemusterten, die deutlich und fein gezeichneten und die anderen, deren vermischte Fäden ein einheitliches Grün, Taubenblau oder Rosa ergeben, das wie in einem grauen oder bräunlichen Nebel lagert.

[Für die Frau, April 1930]

Locken, Frisuren

Die Mode manövriert mit optischen Täuschungen. Diese Erkenntnis ist nötig, um ihre Methode zu durchschauen; nur unter dieser Voraussetzung kann man die bewundernswerte Folgerichtigkeit ihres Vorgehens würdigen. Alle Verurteilung einer einzelnen «Neuheit», alle Wißbegier auf ein Detail sind nicht zu widerlegen.

Soll man sein Haar wachsen lassen? Wird der Nacken wirklich noch rasiert? Darf man nun endlich wieder die Frisur tragen, die einem am besten steht? Diese Fragen lassen sich nicht beantworten.

Es wäre sehr kurzsichtig, die Mode des geschnittenen Haares auf das praktische Moment zurückführen zu wollen oder auf die Laune einiger Modedamen und den Nachahmungstrieb der vielen. Haben nicht auch die Gegner des «Bubikopfes» gewisse Frauenerscheinungen als geradezu «shocking» empfunden, die zum kurzen Rock eine gebauschte Knotenfrisur trugen? Der Mode geht es bei jedem Wechsel ihrer Gestaltung um das Ganze, um das, was der Modejargon mit «Silhouette» bezeichnet. Einer der wichtigsten Punkte ihrer architekturalen Aufgabe ist die Proportion des Kopfes zur Gestalt. Es wird immer als Vorzug gelten, einen kleinen Kopf zu haben. In der Mode des letzten Jahrzehnts aber war durch die tiefgegürtete, vom Hals bis zum Knie die Frau ohne deutliche Modellierung umhüllende Kleidung der Kopf in Gefahr, zu groß und zu schwer zu wirken. Es blieb dem abwägenden Gefühl der Modeschöpfer gar nichts anderes übrig als korrigierend einzugreifen und die Frisur mit allen Hilfsmitteln so glatt zu gestalten, daß die Kontur des Kopfes in nichts diesen störenden Eindruck betonte. Die großen, schmalen Frauen auf hohen Beinen repräsentierten am besten den Stil der Nachkriegszeit. Heute wendet die Mode sich wieder anderen Proportionen zu. Die in natürlicher Höhe gegürtete Taille streckt die unteren Maße und verkürzt den Oberkörper. Dieselben Frauen, dieselben Mannequins, deren «Rasse» wir bewunderten, wirken in langen Abendkleidern überlang und karg, wenn sie nicht durch eine anmutig gelockerte Frisur dem allzu klein gewordenen Kopf eine umhüllend weichere Linie geben. Eine nach der anderen teilt es wieder in gelockte Strähnen, die in Reihen geordnet auf Stirn und Wangen fallen oder in Gruppen gerollt Profil und Hinterkopf voll umspielen. Dieser Übergang vom «sachlichen» Haarschnitt zur nicht minder sachlichen, wenn auch ungleich komplizierten Lockenfrisur, drückt sich auch in den Formen der neuen Hüte aus.

[Für die Frau, Mai 1930]

Alkmenes Garderobe

«Ob ich mir viel aus Kleidern mache?» wiederholt Valentine Tessier meine Frage. «Die schönen entzücken mich wie alle guten Kunstwerke, aber die Mode im allgemeinen, das Modische finde ich nicht sehr aufregend.»

Die bezaubernde Darstellerin der Alkmene in Giraudoux' Schauspiel *Amphytrion 38* sitzt vor ihrem grellbeleuchteten Toilettenspiegel, im Begriff, sich abzuschminken. Es ist anstrengend, in diesen heißen Sommernächten zu spielen. Hier oben in ihre Garderobe blinkt durch das offene Fenster das Wetterleuchten des nahen Eiffelturms. «Als Schauspielerin hat man ein besonderes Verhältnis zu dem, was man trägt. Die Bühnenkleider gehören den Personen, die wir darstellen. Sie müssen den Geschmack, das Lebensgefühl, die Schicksale interpretieren, die uns durchaus und eben auch gar nichts angehen. Die Biegung eines Hutrandes, ein fließender Saum, eine Farbe, eine Boa sprechen zum Publikum, ehe wir noch den Mund auftun. Es ist gut, daß die großen Schneider uns bei dieser Aufgabe helfen, sie ist sehr, sehr subtil», sagt sie und führt mit weißen Fingern den Wattebausch die Wimpernreihe entlang. «Für mein Privatleben ist mir nichts einfach, nichts kostbar genug. Alle Zwischenstufen sind mir verdächtig. Sie wissen, was ich meine, diese Kleider mit Namen wie *L'heure du cocktail, je suis à vous, adultère* und was es sonst noch an unpassenden Bezeichnungen gibt.»

Sie lacht ihr frisches Lachen, bei dem der Bogen der Brauen skeptisch bleibt. «Drei Kategorien von Kleidern genügen mir, das Reitkleid für den frühen Morgen, der Tailleur am Tage, mit waschbaren Blusen und einer Blume am Halse, des Abends fließende Stoffe, in denen das Licht sich spiegelt. – Was soll ich machen – ich ziehe mich nicht an, um die Rolle meines Lebens zu spielen, ich möchte sie lieber erleben.»

[Für die Frau, August 1930]

Helen Wills und die Mode

Seit vier Jahren trägt die Tennisweltmeisterin das gleiche Kleid aus weißer Baumwolle. Patou hat es 1926 für sie kreiert. Bisher hat er das Modell etwa zwanzigmal für sie wiederholen müssen. Es hat einen Faltenrock und eine lange ungegürtete Bluse. Alle Vorschläge, der neuen Modelinie zu folgen, alle Versicherungen, heute eher noch besser dem Praktischen und Bequemen Rechnung tragen zu können, nützen nichts. Liebenswürdig, aber bestimmt lehnt sie ab: Ich fühle mich wohl in diesem Kleid, ich möchte kein anderes Modell, dies eignet sich für mich und meine Arbeit.

Vielleicht ist es ein Kennzeichen des echten Aberglaubens, in dem Versprechen und Drohung sich genau decken, daß er nicht zugegeben werden darf, daß er nicht laut werden soll. Bestehen wir nicht darauf, erlauben wir uns nur, aus diesem Symptom eine Minute lang Rückschlüsse zu ziehen auf die jenseits von Vernunft und Können liegende Spannung, mit der die «Großen» ihre Kämpfe unter dem blauen Sommerhimmel überstehen.

Helen Wills, oder genauer Mrs. Moodly Wills, wie sie seit ihrer vor sechs Monaten geschlossenen Ehe heißt, ist entzückt von Paris. «Hier kann man umhergehen und nicht weiter tun, als ansehen und zusehen.» Lieber noch als im Bois geht sie an den Kais spazieren, die Reihen der Bücher und alten Stiche entlang. Das Pittoreske der winkligen Gassen des linken Seineufers zieht sie an, sie wäre gern selbst ein Künstler, bekennt sie. Manchmal zeichnet sie in einen Block bewegte Gestalten. Sie haben alle ein Rackett in der Hand.

Patou schildert sie als eine charmante Kundin, die sich beraten läßt aber durchaus zu wählen weiß, und – niemals eilig ist. Fast könnte man in Versuchung kommen anzunehmen, sie habe keine Phantasie, so sehr bevorzugt sie das Schlichte; beweist aber bei der letzten Anprobe das Spiegelbild, daß alles Technische vollkommen ausgeführt ist, so versteht sie durchaus den farbigen Effekt einer Blume, eines Gürtels das Korrekte mit dem Spielerischen zu überbieten.

[Für die Frau, August 1930]

Premiere der Wintermode

Paris ist leer. Verschwenderisch leer. Autos, Kinder, Spazierende verlieren sich auf den windgefegten Plätzen, Boulevards, Quais, Brücken und Anlagen. Die Läden der Fenster und Schaufenster sind reihenweise geschlossen. Das Publikum auf den Terrassen der Cafés um die Oper und in den Champs-Élysées ist auch jetzt international, aber es fehlt die Jugend, es fehlen die Pariser. Sie sind auf Reisen und haben das Feld den Touristen überlassen und der Konfektion, die an allen Bahnhöfen ankommt, um an der Quelle der Mode neue Vorräte zu holen. In diesen Wochen zeigt die «Haute Couture» die Wintermode 1930-1931. Gehört man zur Presse mit dem Spezialfach Mode, ist man Einkäufer, Kommissionär oder Chef eines ausländischen Modehauses, so hat man Zutritt zu einem der anstrengendsten und reizvollsten Schauspiele, das Paris zu bieten hat. Vier Kollektionen am Tag zu sehen, das bedeutet um elf, um drei, um fünf und um neun Uhr bereit zu sein, je etwa zweihundert Kleider an sich vorbeiziehen zu sehen und ihre modische Qualität zu bemerken. Jedes Haus hat seine besondere Note, sein Temperament und sein Prestige. Von Patou erwarten wir die neue Linie, von Chanel neue Raffinements in Stoff, Farbe und Detail, von Lanvin den dekorativen Schwung, von Worth den innerhalb der Tradition ausbauenden Geschmack, von Madeleine Vionnet die fließende Grazie, von Molyneux das Unerwartete, von Redfern die Frische, die auch das Prunkvolle jugendlich macht, von Schiaparelli das farben-

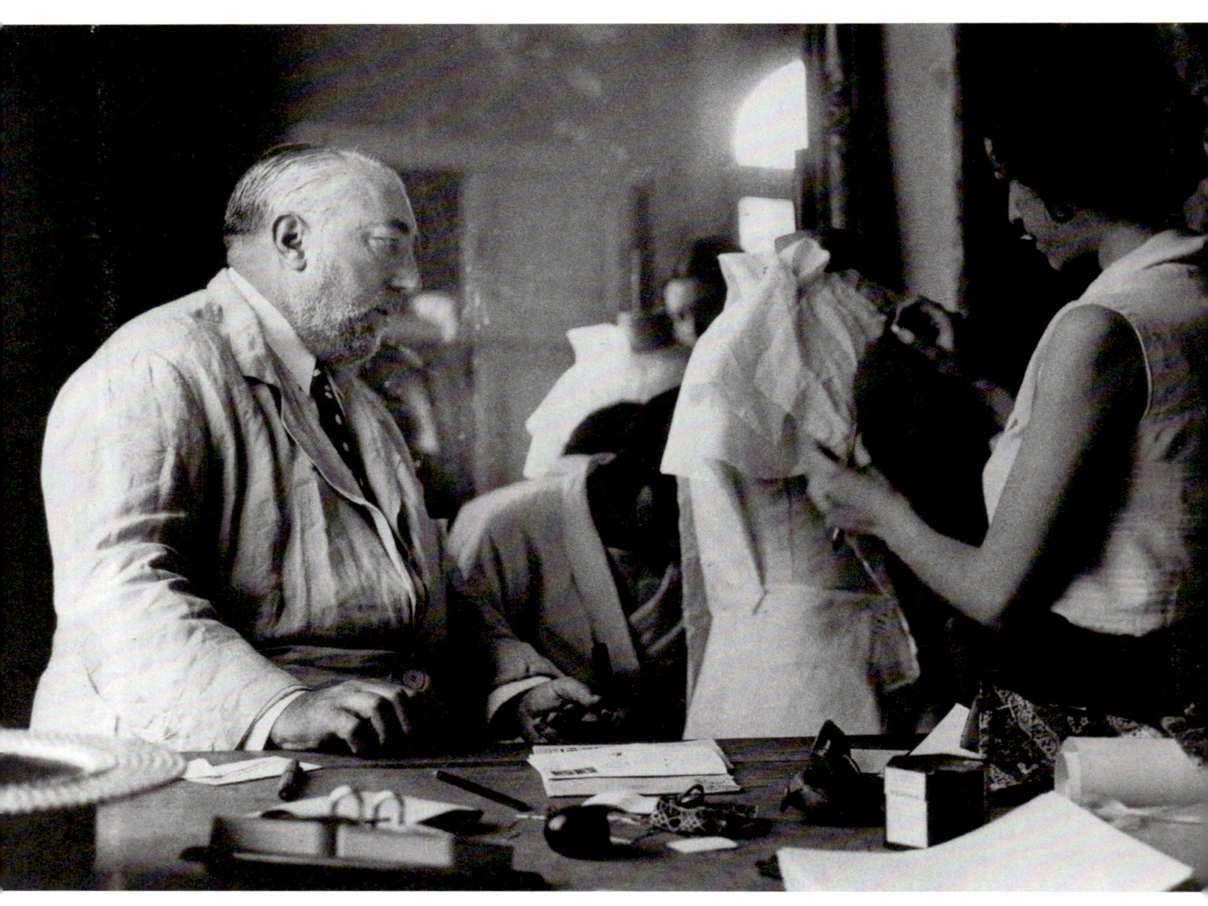

Paul Poiret bei der Arbeit, 1933

kluge Detail und den studierten Komfort des Sportlichen, von Jane Regny die Meisterschaft der Einfachheit. In all diesen Häusern und den vielen, die noch zu nennen wären, hat man seit Monaten und in den letzten Tagen mit fieberhafter Eile gearbeitet. Modellistinnen und Atelierzeichner haben, die erfolgreichen Kleider der Saison zur Richtschnur nehmend, neue Variationen entworfen. In Leinwand ausgeführt, wurden sie am lebenden Modell, am Mannequin probiert, vervollkommnet oder verworfen. Eigentlich spannend wurde es aber erst, als die Stoffabrikanten ihre Muster sandten. Alle schöpferischen Elemente des Hauses versammelten sich, um die neuen Gewebe auf ihren Faltenwurf und ihren Effekt zu prüfen und sich von Muster, Farbe, Schmiegsamkeit und Trockenheit zu neuen Ideen anregen zu lassen. Fünfzig Prozent aller Kleider sind durch die neuen Stoffe inspiriert. Und wer inspiziert die Stoffabrikanten? «Neben der Wahl der Frau», antwortet Rodier, «die uns von einer Saison zur anderen leitet und die wir zur Basis des Neuen machen, ist es die fließende Bewegung des Lebens selbst, das sich uns in Ausstellungen, Zeitschriften, Büchern, Möbeln und Bildern, im Gesellschaftlichen und Politischen, ja sogar im Wetter darstellt. Man wundert sich über die Einheitlichkeit, mit der die Mode fortschreitet. Das Gemeinsame versteht sich aber immer von selbst. Selbst die brüskesten Bewegungen der Mode sind bedingt. Viel schwerer ist es, dem legitimen Verlangen der ‹Haute Couture› nach Exklusivität und gleichzeitig der allzu oft beharrlichen Vorliebe der Frau für gewisse Gewebe Rechnung zu tragen. Wird Tweed in diesem Jahr, wenn wir ihn in neuen Mustern bringen, noch Anklang finden, trotzdem er in billigen Ausführungen in allen Warenhäusern zu sehen ist? Der bedruckte Samt hat sich lange gehalten, nachdem er schon allgemein war. Wer kann die Dauer der Frauenlaunen voraussehen, wir können nur dem Wunsch nach Abwechslung entgegenkommen.» Die Wahl der Stoffe und Farben bedingt die Wahl der Pelze, die Schnitte der Kleider, die der Schuhe, Hüte, Schmuckstücke, Gürtel. Modellschuster, Modistinnen, Juweliere und Sattler lieferten das Zubehör zu den Créations, die nun in riesigen Wandschränken in der Kabine der Mannequins oder in einer oberen Schrankgalerie hängen, von wo sie

Folgende Doppelseite: Garderobe der Mannequins bei Molyneux

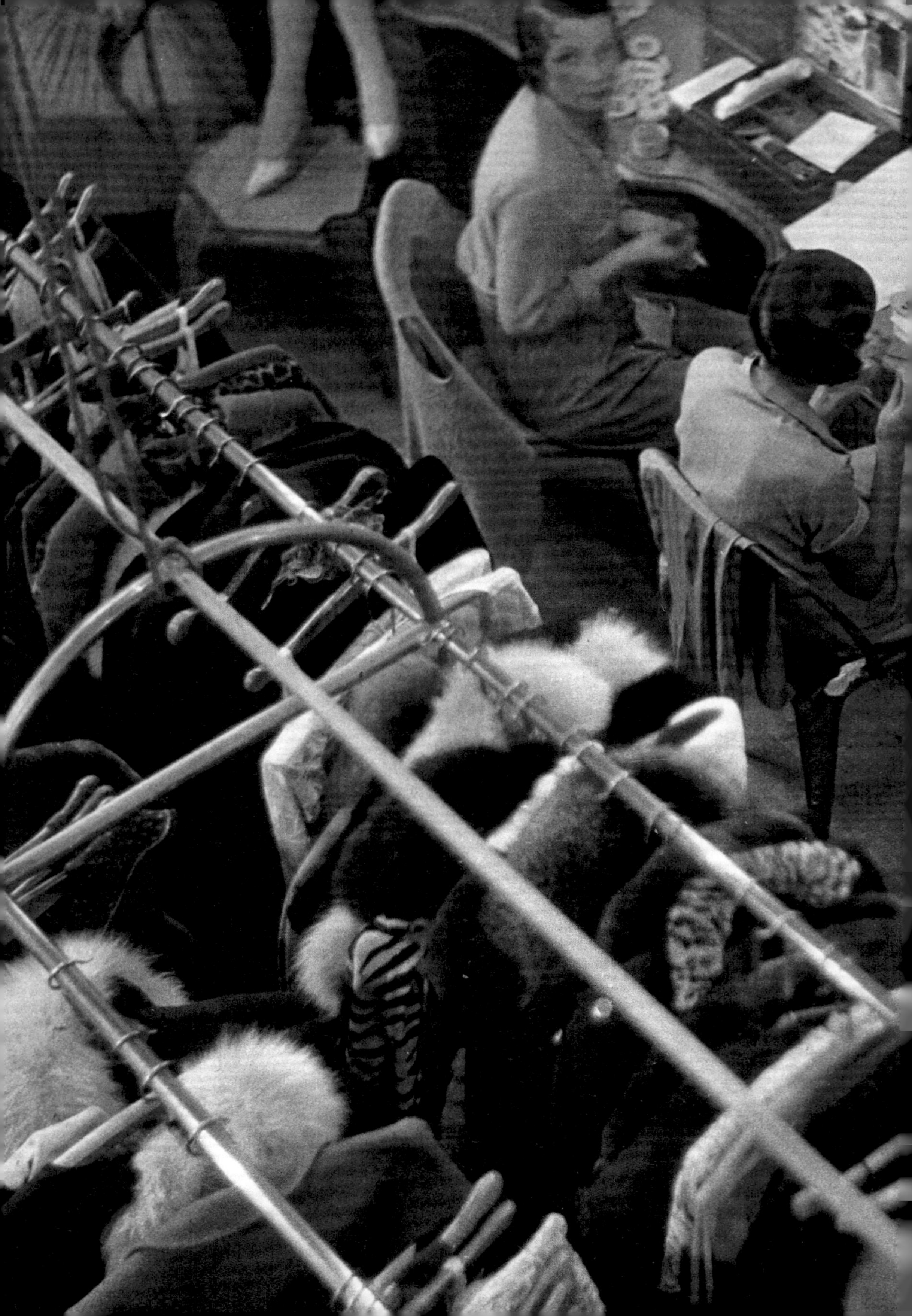

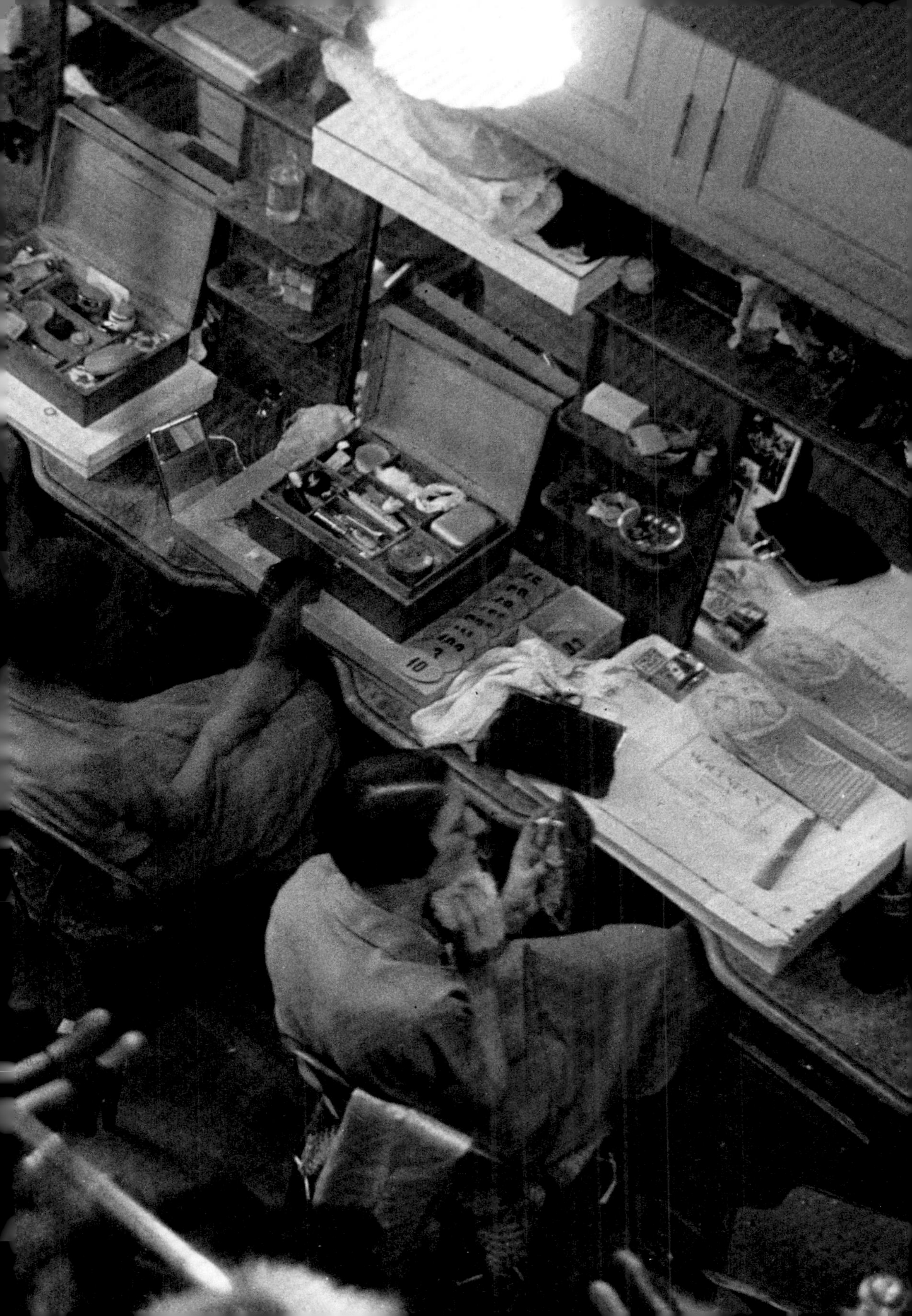

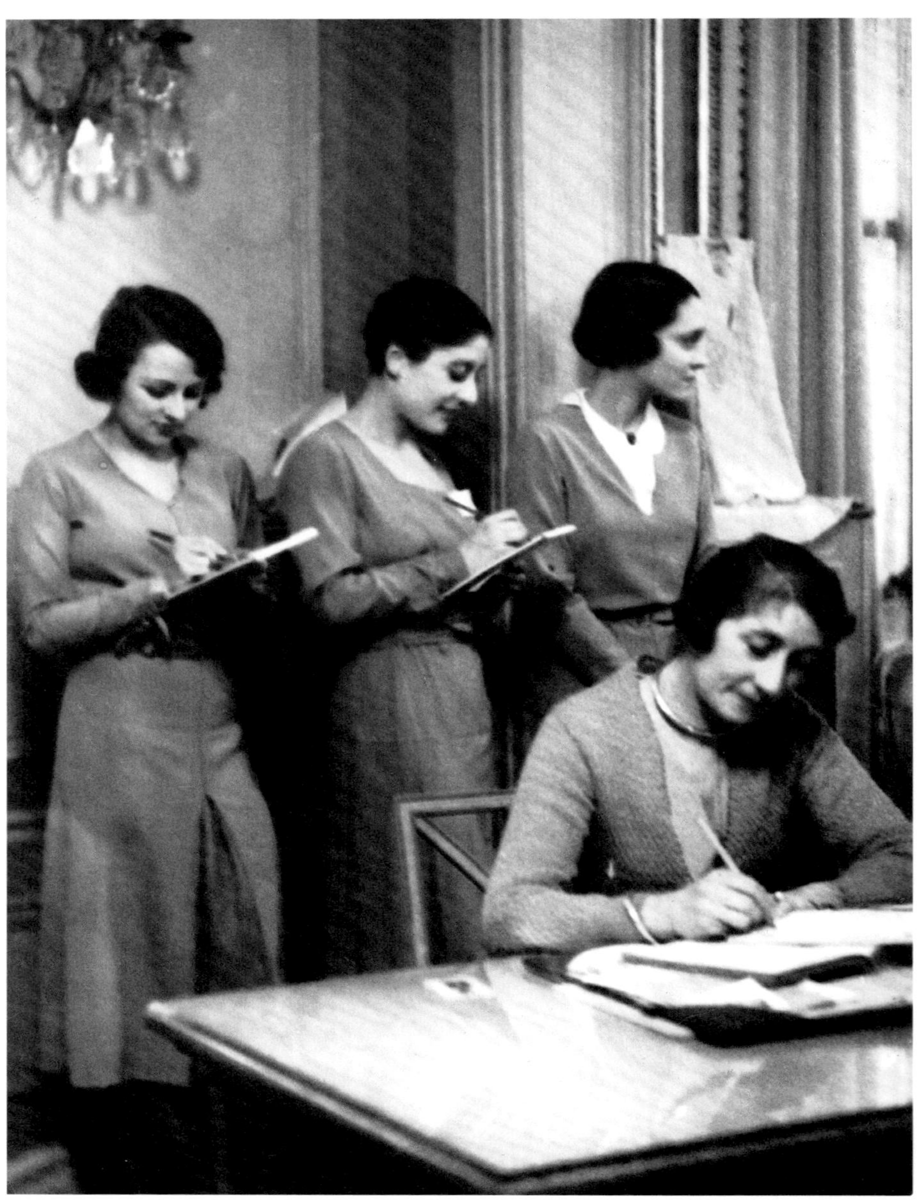

Modereporterinnen bei Molyneux, 1933

an Lederriemen, die wie Flaschenzüge funktionieren, in den Ankleideraum herabgelassen werden. Da sitzen die Vorbildlichen der Mode vor ihren hohen Toilettenspiegeln, hantieren in Eile oder mit routiniertem Phlegma mit Puderquaste, Lippenstift und Kamm, strecken ihre langen Beine den kleinen Hilfsmädchen zum Beschuhen, ihren Hals den Habilleusen zum Überschlüpfen des Kleides hin und handhaben zwischendurch das schwarze Bürstchen, das den Puder aus den Brauen stäubt. Drüben in den grellbeleuchteten und schon rauchdurchzogenen Salons sitzen an blumen- und sektflaschengeschmückten Tischen Hunderte von wartenden Zuschauern, von denen die nächste Stunde scharfe Konzentration fordern. Am Eingang jedes Salons hocken, wie Schwellenhüter, junge Verkäuferinnen in der Tracht des Hauses auf hohen Barstühlen. Ihre helle Stimme eignet sie für ihr Amt als Ansager. «Numéro un» ruft die erste, «Actualité» und wiederholt, «Number one, Actuality». Programme rascheln, Bleistifte kritzeln. Kaum hat das Auge Zeit, das Gesicht des Mannequins zu streifen, wichtiger sind Stoffe und Schnitt, Kollier und Schuh. Denn nun läuft die Kette des «Neuen» ohne Unterbrechung. Kaum hat die erste ihren Rundgang durch den Raum genommen, so tritt die zweite auf, ihr Name, ihre Nummer erschallen, während die der ersten wie ein Echo von der Schwelle des zweiten Salons ertönt. Herren im Frack, deren Physiognomie Kalkulation ausdrückt, neben sich die eifrig notierende Sekretärin im einfachen Abendkleid, nicken beifällig oder runzeln zweifelnd vor sich hin. Dies Kleid mit der Tunika aus Goldlamé und dem lamégefüllten Mantel kann ein Schlager werden. Grün in diesem satten Ton wird Farbe der Saison. Ein beigegrauer Astrachan als Besatz gleichfarbiger Mäntel hat Distinktion. Zu knappen, geknöpften Tailleurkleidern Pelzcapes und Muffen, pelzgarnierte Hütchen, die ein Ohr unbedeckt lassen und wirken, als könnte ein Wirbelsturm sie fortwirbeln. Werden wir wieder Hutnadeln brauchen? Und diese Ärmelformen! Puffärmel mit Schleifenformen abgebunden, halbe Ärmel, die rückwärts in langen Tüten hinabfallen, gebauschte, über hohen Stulpen, Mantelärmel mit ausladenden zackigen Pelzbahnen. Viel Baumwollsamt selbst als helle Abendkleider und Mäntel. Schwer zu tragen, der flaschengrüne

Teagown, der seitlich fast bis zum Gürtel ausgeschnitten ist. Das ringsum Blusige wird Anklang finden, auch bei den Damen, die nicht «ideal» gebaut sind. Zum großen Abendkleid – weißer Bilitis und Lamé sind zu notieren – gibt es lange Abendmäntel aus Atlas, Lamé und Samt mit großen hochgestellten Pelzkragen. Weniger Fuchs als im vorigen Jahr. Fast sportlich wirkt das knappe, schwarze Abendkleid, dessen Saum breit mit Marabu gerandet beim Schreiten weht. Spitzenfichu auf schwarzem Samt auf schwarzem Samt, der bedruckte scheint ganz verschwunden. Fast alles ist uni, bis auf den Lamé, der auch für Nachmittagsblusen auftritt. Hermelin wird wie Lingerie verwendet. Weiße Samtblusen schmiegen sich in das Innenrevers der Kosakenjacken, die ganz mit flachem Pelz umrandet sind. «Mademoiselle!» Sie bleibt stehen. Finger greifen tastend nach dem Stoff: Tweed in der Wirkung von Moiré, Ärmel und Passe aus Jerseyspitze, ein loses, dehnbares Netz, unter dem die Haut schimmert, gewaffelter Wollkrepp, Vigogne. Schwarzgefärbter Hermelin ist eine Neuheit und hell entfärbter Maulwurf. All die kurzen, gegürteten Pelzjacken! Der aus schwarzem Gaillack sind weiße waschlederne Revers eingeschnürt, sehr frisch und elegant. Viele schwarze Handschuhe mit Stulpen aus Lackleder oder Hermelin. Immer wieder lange Nachmittagsmäntel, Pelz und Tuch so inkrustiert, daß von Besatz nicht gut zu reden ist. Reiher schmücken Hüte und Schultern. Wie schmal und fest sind die Hüften der Mannequins, wie frei regt sich die Brust. Der Rocksaum ist immer mit der Hand gearbeitet. Hier fällt er in kleinen Zacken, dort in Bogen aus. So oft er unregelmäßig ist, gehört eine kurze Jacke zu Kleid. Der lange Nachmittagsmantel aber deckt das Kleid ganz. Bravo, die hervorhängenden Zipfel sind überwunden. Wieder ein Samtkleid und das aus Tuch hat samtgefaßte Nähte und einen Gürtel aus Samt. Zum schwarzen, eng modellierenden Satinkleid wirkt das schiefe, knappe Manethütchen, dessen Pleureuse bis auf die Schultern herabrieselt. Diener reichen die Platten mit Erfrischungen umher, die hindern den Wandel der Mannequins. «Votre nom, Mademoiselle?»

«Souviens-toi, Madame.»

Wir Umsitzenden lachen über das ungewollt Schnippische der Antwort, die dicke Dame im türkisfarbenen Cape aber notiert viel zu

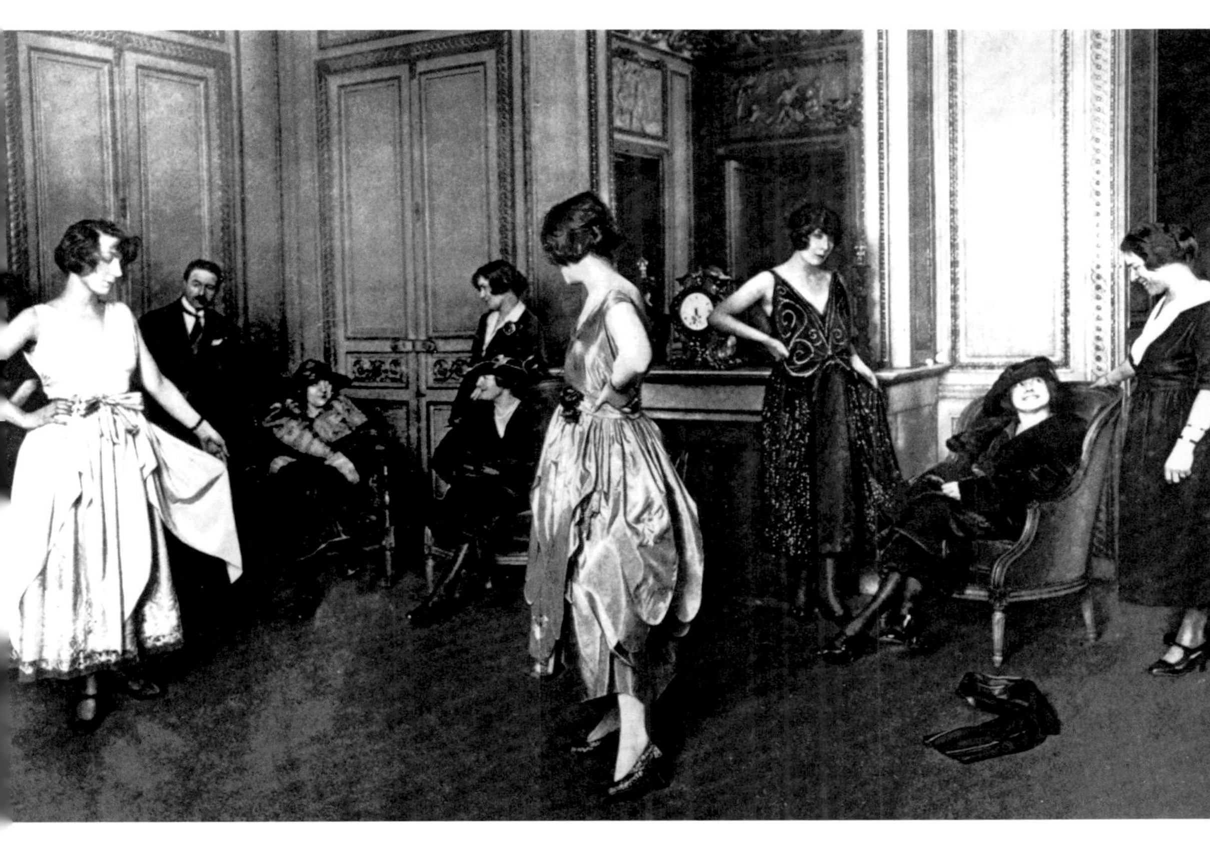

Modenschau, Paris, um 1930

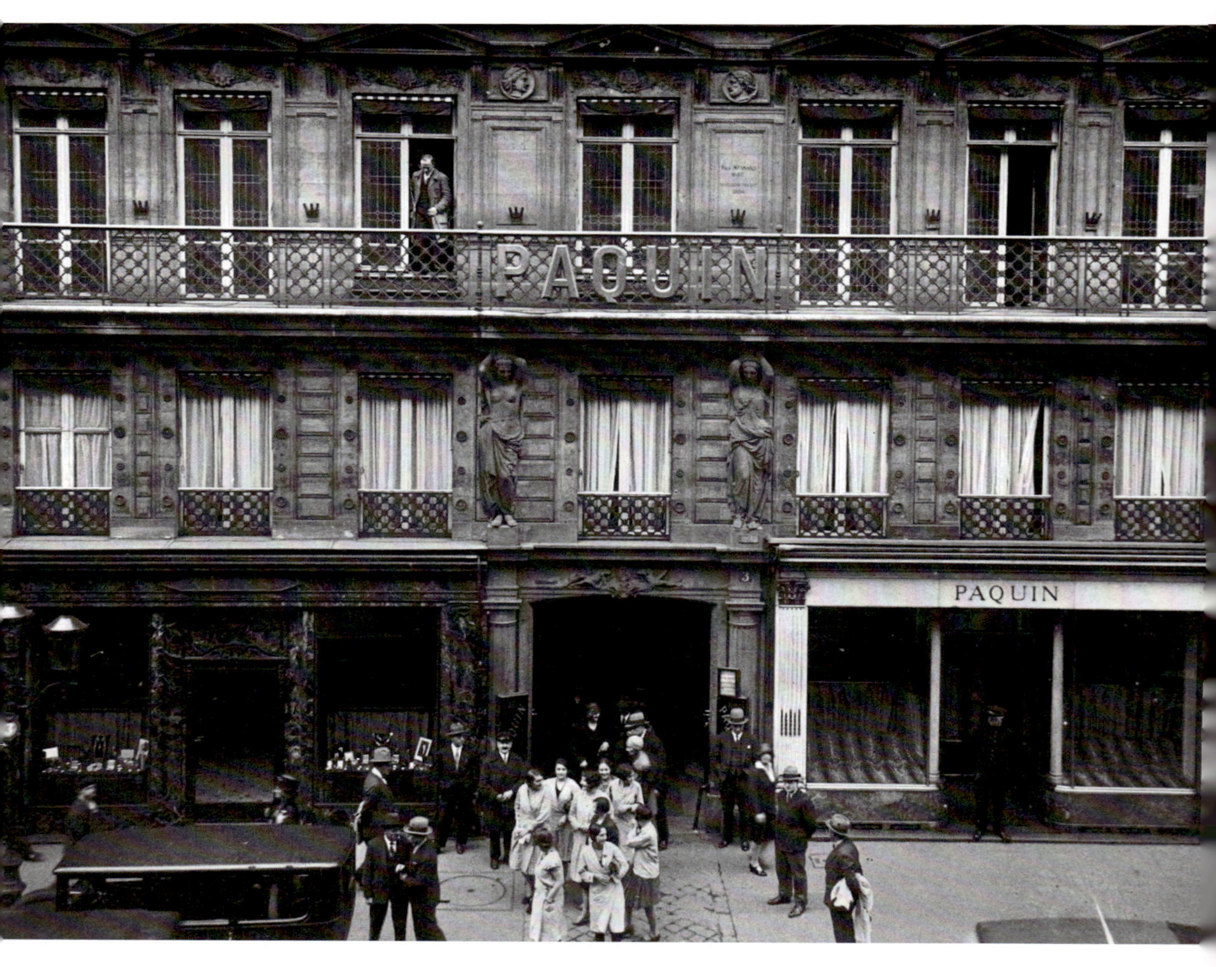

Nach der Modenschau bei Paquin, um 1930

eifrig, um sich zerstreuen zu lassen. Sie ist eine Vertreterin eines der wichtigsten New Yorker Blätter und muß jeden Tag eine Spalte schreiben. Hübsch ist die kreolisch Matte im weißen Abendkleid, ihre schwarzen Scheitel glänzen. Sie schreibt für ein Hollywood-Syndikat und hat nur für photogenetische Kleider Interesse, vor allem für Teagowns. Zwei blonde Schwedinnen plaudern, rauchen, trinken. Ist man ein wenig eingeweiht, so kann man aus der Placierung der Korrespondentinnen den Rang und die Auflageziffer ihrer Zeitungen erkennen. Im Hautsalon finden, eskortiert von tadellos Befrackten, die Mitarbeiterinnen von *Vogue* und *Fémina*, von *Harper's Bazar* und *Jardin des Modes* ihren Platz neben den Zeichnern und Modephotographen, neben Stoffabrikanten, Juwelieren, Freunden den Hauses. Viele tragen das Bändchen der Ehrenlegion. Von hier strahlt es aus bis in die schmalen Gänge, wo Debutantinnen in verjährten Kleidchen untergebracht sind, die ihre Einladung irgendeiner Gunst zu verdanken haben und eingeschüchtert und passioniert viel mehr und viel weniger sehen als wir Routinierten: die Schönheit der Mannequins, die ihre leerplastischen Gesichter wie eine Maske tragen und die im Glanz und der Eleganz ihrer Verwandlungen, die sie so sicher tragen, die Illusion von Hunderten von verwöhnten und strahlend glücklichen Frauen erwecken, denen alle Stunden des Tages, alle Situationen der Jahreszeit Vorwände für ihre Grazie sind.

Vor dem Portal des Hauses hat sich trotz des Regens und der späten Stunde ein Spalier Neugieriger gebildet. Wir aber fühlen uns ein wenig beschämt im Vertrauen dieser bewundernden Blicke, ist doch im Erlebnis dieser letzten Stunden unsere Erscheinung von heute unversehens in eine gestrige verwelkt und vor uns liegt eine noch unerfüllte Aufgabe.

[Für die Frau, September 1930]

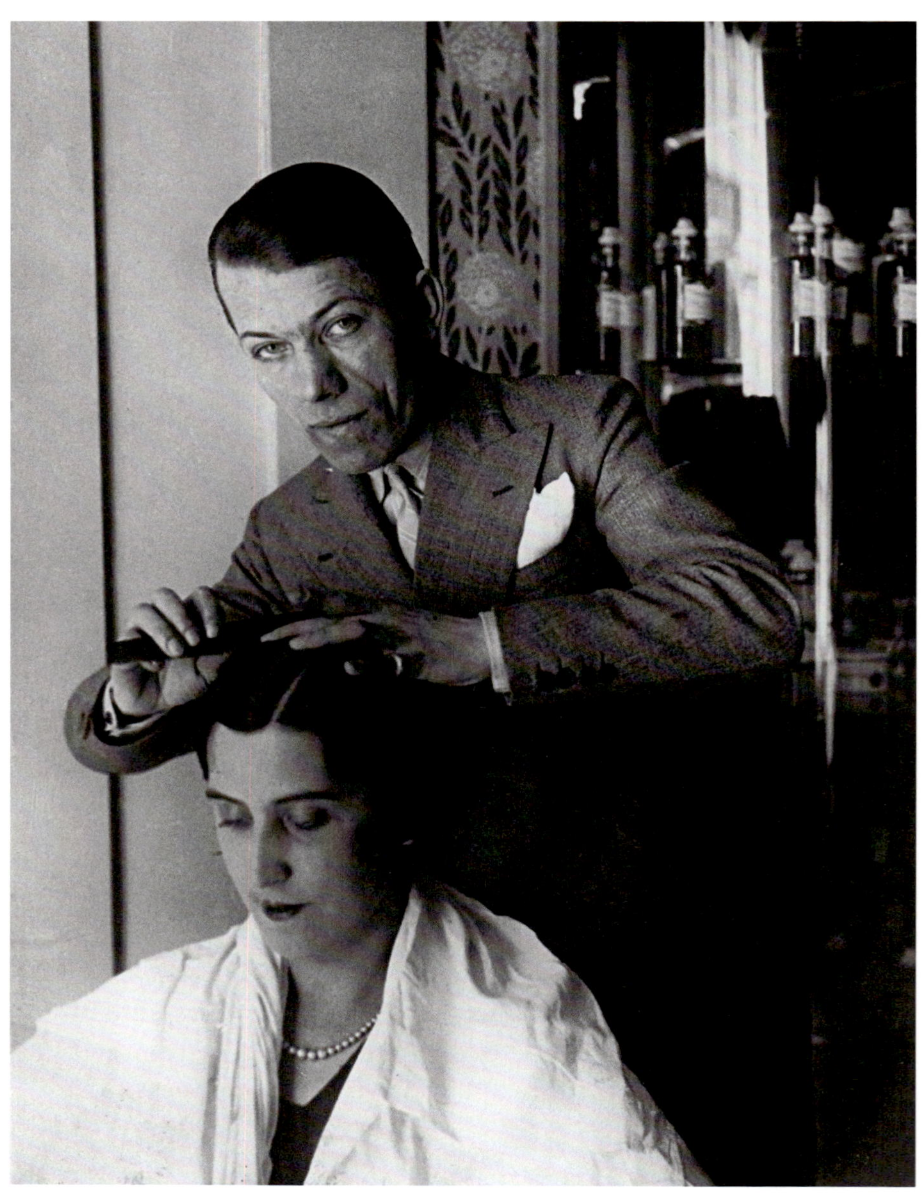

Christian Reynolds, der schnellste Figaro der Welt, 1930

Besuch bei Antoine

Antoine wird immer berühmter. Er behandelt in Paris, New York, Warschau und Cannes. Ich möchte Sie bitten, mich zu einem Besuch bei ihm zu begleiten. Machen wir uns darauf gefaßt, ein wenig warten zu müssen. Es ist nicht uninteressant, dem Treiben in dieser ersten Etage zuzusehen, in der sich alle Wohlgerüche mit dem Summen der Trockenapparate, dem Rauschen der Duschen, dem Klappern der Scheren und dem Geplauder der vielen schleierumhüllten, tücherumwundenen, in weiße Mäntel drapierten Frauen mischen, die ihrem «Aussehen» hier die Akzente der Schönheit geben lassen. Motive zu einem Tonfilm sind hier zu holen, mit einer Gratisbeigabe an Düften.

Der Meister selbst ist gerade mit dem Hinterkopf einer bekannten Schauspielerin beschäftigt, aber er winkt uns herbei. Sagen Sie Ihren Leserinnen, sie sollten besonders darauf achten, rückwärts die Oberschicht des Haares schneiden zu lassen, gerade bis zur Biegung des Nackens. Die Locken, die unterhalb dieser Biegung hervorquellen, müssen einzeln gelegt werden, nicht als Masse. Mit anderen Worten, sie müssen trotz des längeren Haares keine wilde, gebauschte Frisur tragen, sondern die Form des Kopfes respektieren, sei es auch mit den künstlichsten Mitteln. Die Profillinie soll von der Stirn bis zum Nacken eine deutlich gezeichnete sein. Die Rundung muß zurückbiegen, ehe die Locken ansetzen. Das erreicht man nur durch sorgfältiges Schneiden und Ausschneiden des Oberhaares. «Wollen Sie einen Augenblick den Hut absetzen, Mademoiselle» – wendet er sich an unsere junge Begleiterin. Er betrachtet sie wie ein Bildhauer einen noch roh behauenen Block und dreht das Köpfchen nach allen Richtungen. Dann ruft er einen seiner Friseure: «Maxime, diese, diese und diese Strähne sind in ganz leichte Dauerwellen zu wickeln, hier ziehen wir eine Welle in die Schläfe, um den langen Schnitt der Augen zu betonen. Hellen Sie die Farbe ein wenig auf. Den kleinen Knoten – seit wann lassen Sie Ihr Haar nachwachsen? – werden wir opfern. Fürchten Sie nichts, es handelt sich um 10 Zentimeter, die Nackenlocken, die ich Ihnen vorschlage, werden Ihren Hals noch schlanker erscheinen lassen. Warum verdecken Sie die Ohren? Gut, ich bin derselben Meinung, wir werden das Oval des Gesichtes auf alle Fälle erhalten.»

Unsere junge Freundin wird von Maxime vor dem Spiegel mit Tüchern umhüllt. Bald liegen auf dem Frisiermantel viel zarte Büschel, ein Kranz von dunklem fleckigem Haar. «Nicht zuviel herausschneiden», bittet sie, aber Maxime kennt sein Metier und läßt sich nicht auf Kompromisse ein. Und der Erfolg gibt ihm recht. Als die gelinde Tortur der Dauerwellen und alle Waschungen und Spülungen überstanden sind, als der Knoten, der zu spärlich im üppigen Haar saß, nun zu geringelten Locken gerollt, den Nacken umgibt, die Welle sich leicht in die Schläfe schmiegt, hat sich das Haar dem Gesicht als vollkommener Rahmen angepaßt. Antoine übt seine letzte Kritik, verdeutlicht hier eine Kurve, gibt der Stirn noch ein wenig Raum. «Werde ich nicht sehr viel Mühe haben, diesen künstlichen Bau selbst zu ordnen?» – Mit ein paar Strichen zerstört der Meister sein Werk: «Versuchen Sie es gleich und hier.» Er überreicht ihr den Kamm, als sei er ein Zepter, und es bedarf fast gar keiner Hilfe, das Haar ist so geschnitten, so gewellt, daß die Frisur sich von selbst ergibt. – Fertig? O nein. Wir geraten in den stilleren Raum mit den tiefen weißbezogenen Sesseln, in dem ausgesucht hellhäutige Mädchen die Gesichter der Kundinnen behandeln, Gesichter, die von dem Weiß der Mäntel sich wie Objekte abheben. Ein Reinigungscreme, ein Gesichtswasser, eine Dampfdusche bereitet die Haut vor. Ihre Zusammensetzung bleibt Geheimnis, wir erfahren nur, daß Pflanzen und Öle eine Rolle spielen in diesen Essenzen, die bestimmt sind, die Gewebe zu festigen und die Poren zusammenzuziehen. Eine leichte Klopfmassage, die fast lächerlich, neckischzärtlich anmutet, folgt dem Einreiben der Creme, die den Feind der Schminke bildet. Während man ihr Zeit gibt einzudringen, bereitet Mademoiselle Maud die Palette vor. Auch sie hat diesen besonderen Blick uns anzusehen, der eine absolute Gleichgültigkeit für unsere Persönlichkeit enthält, sofern sie sich nicht in Haut und Haar, Farbe und Form ausdrückt. Mit einer Pinzette bewaffnet entfernt sie die Härchen aus den Brauen, die der Regelmäßigkeit des Bogens schädlich sind, eine schmerzhafte Prozedur, aber auch hier lohnt das Ergebnis. Der Blonden dort drüben werden Wimpern und Brauen mit einem ins dunkle Blau spielenden Farbstoff bestrichen, leicht und sicher führt die Hand das schmale Bürstchen, starr blickt die blaue Iris ins Leere. Die vorher unscheinbaren Wimpern biegen sich lang und geben dem erlösten Auge eine gewisse, mir scheint ein wenig romantische Melancholie. Maud verreibt die Wangencreme bis zum Ohr und zur Schläfe hinauf, bis sie als zarter Hauch, nicht zu nahe zur Nase, nicht zu hoch zum Auge hinauf, sich gleichmäßig verteilt hat. Die Mischung des Puders – zwanzig Nuancen von Ocker bis Weiß stehen zur Auswahl – nimmt Zeit in Anspruch. «In dieser Jahreszeit wollen wir nicht zu hell gehen», meint sie und tupft die endgültige Mischung über das ganze Gesicht, bis es diesen matten, an den Wangen rosig durchschimmernden Ton annimmt, der alle Modellierungen des Gesichtes zarter und in Harmonie erscheinen läßt. Der Bogen des Mundes wird mit dem Lippenstift energisch betont und abgetupft, die Brauen werden mit einem braunen, die Wimpern mit einem dunklen Ton nachgezogen, die Lider mit einem tieferen Rot als die Wangen getönt. Auch die Hände bekommen eine leichte Massage mit einer aufhellenden oder brauen Flüssigkeit, die im Trocknen matt wird. Die Manicure wurde schon erledigt, während das Haar unter der mittelalterlich anmutenden Nickelhaube trocknete, das helle Lackrot hat die Form der Nägel präzisiert. Und während sich nun die «Verschönte» im Spiegel betrachtet, ganz aus der Nähe und von weitem, kommt Antoine und nimmt ihr mit seiner Gegenwart, was sie eben im Begriff war zurückzuerobern, den Kontakt mit sich selbst. «Gut», sagt er, «ich bin zufrieden. Wir haben aus dem Material, das sie uns vor ein paar Stunden brachten, das Beste gemacht. Es war nicht so schwer bei so viel Jugend und Charme. Wir haben Sie verdeutlicht. Das entspricht unserer Zeit, Neue Sachlichkeit», setzt der Vielgereiste auf deutsch mit Betonung auf der letzten Silbe hinzu und zeigt uns lächelnd seine schönen Zähne.

[Für die Frau, Oktober 1930]

Gespräche mit Madame Agnès

Ihr Boudoir hat eine goldene Decke, goldene Wände, goldene Kissen. In Nischen, hinter Glas, ruhen, weisen, tanzen asiatische Götter und Dämonen, korallenrote, jadegrüne. Neben uns in einer goldenen Vase duften, sterbesüß, ganz frische Lilien.

Sie ist schön, Madame Agnès, jung mit einem grauen Schimmer im Haar.

Ihre Anfänge? – Ein Zimmer in der Chaussée d'Antin im dichtesten Geschäftsviertel der Warenhäuser, zwei Hände, um alles zu verrichten, die ihren. Eine Kundin bringt die zweite, zwei vier, vier acht – eine Multiplikationsrechnung. In wenigen Jahren ist ihr Renommee gemacht.

Heute wohnt sie in der Straße der «Größten», dicht an der Place de la Concorde, gegenüber von Patou. Durchschnittlich hundert Hüte liefert am Tage das Haus, über dem in goldenen Lettern Agnès steht.

Nebenan, der Kundensalon, ist erstaunlich einfach. Unscheinbare Stühle, Spiegelstreifen an allen Wänden, davor eine Holzbar, auf der, achtlos durcheinandergeworfen, undefinierbares Buntes herumliegt, das erst auf dem Kopf der probierenden Hut wird. Sittsam aussehende Mädchen führen vor, zeigen Profil und Nacken, eilige Verkäuferinnen stecken Falten ab, zerren ein Zuviel fort, schmiegen einen Blumentuff an eine Wange.

Heute aber sind wir nur durch das Gesumm der Stimmen mit dem Drüben verbunden. Hier sind wir allein.

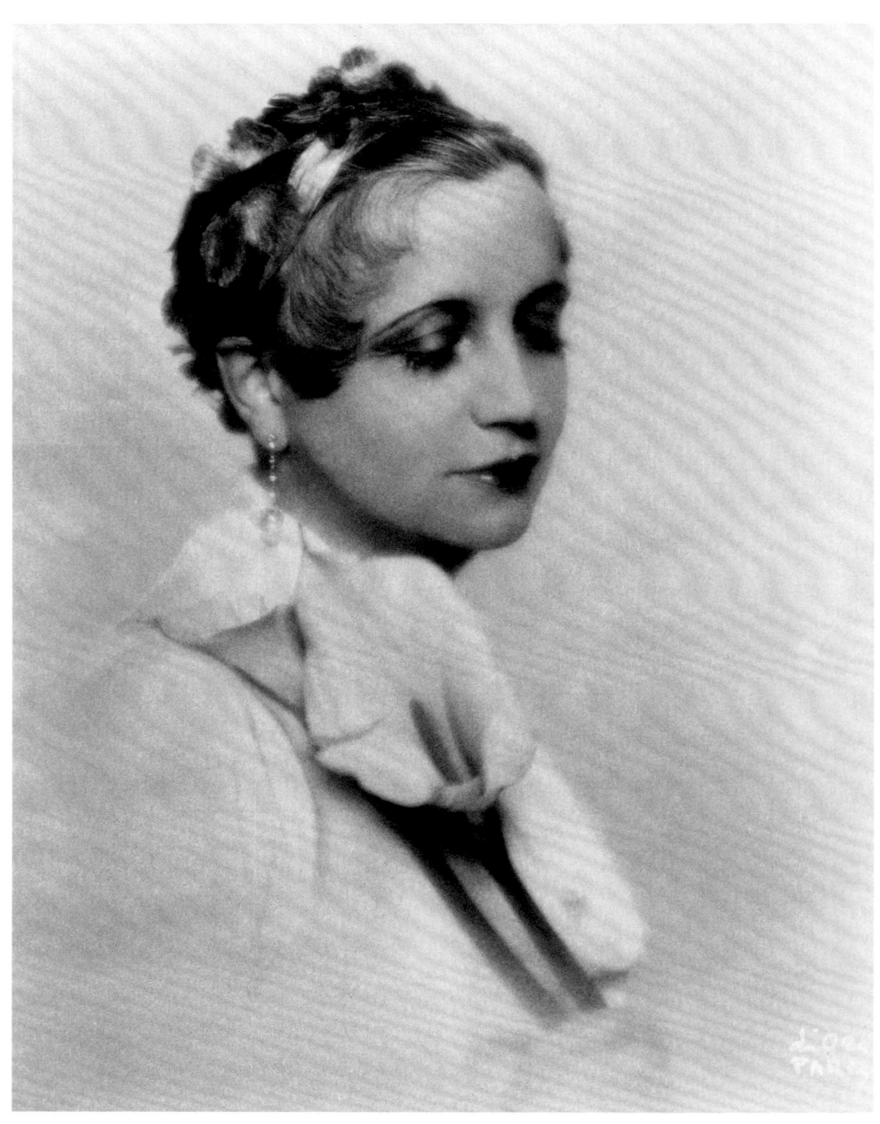

Madame Agnès, 1933

Was halten Sie von der heutigen Mode? – «Sie ist praktisch.» – Praktisch? – «So sehr, daß sie sich des Abends sogar und trotz der langen Kleider nicht phantastisch gestalten kann. Meine Kundinnen verlangen für alle Tages- und Abendgelegenheiten Hüte, die nichts wiegen, die man in die Tasche stecken kann, die nicht ‹verkleiden› –»

Gibt es einen Typus Gesicht, der Sie besonders inspiriert, der eigene vielleicht? – Mein Gott! Ich trüge das gleiche kleine ‹Nichts› jahraus, jahrein, wäre ich es nicht ‹Madame Agnès› schuldig, bei gesellschaftlichen Ereignissen das Neue, das Unerwartete zu präsentieren.»

Wer also inspiriert Sie? –

«Alles, nur nicht das, was man mir nahelegt, oder auch das, indem es mich zum Widerspruch reizt. Ich empfange niemanden, der mir Material anzubieten kommt. Alles, was ich brauche, bestelle ich nach eigenen Angaben.»

Und was brauchen Sie? – «Das, was sich eignet, meine Ideen auszuführen, immer etwas Neues; alles, was sich modellieren läßt: Stroh, Wolle, Filz, Samt, Pelz, Batist, Baumwolle – es aufzuzählen nähme kein Ende.»

Wie die Modelle entstehen? –

Erst die Idee, dann das Material, eine Besprechung mit den sechs Premièren, die oben in den Ateliers neben den 120 Arbeiterinnen Tür an Tür schaffen. «Liebe Kinder, gehäkelte Borten, Pelzstreifen, so und so, Blumen, ein Kranz aus diesen blanken Federchen, den Samt geflochten, noch mehr Stirn.» – Stichworte, die jede auf ihre Art ausdeutet und ausarbeitet. Die Ungeschicktere ist oft die Originellere, die Gewandte liefert ihre Technik. Gemeinsam wird geprüft, widerspruchslos gehorcht. Nur diese Vertrauten wissen, wie viele Opfer an Material es kostet, wievieles zertrennt, verworfen, verändert und umkomponiert wird, ehe sich die letzte Fassung der Modelle herausgestellt hat. Aus einem Motiv leiten sich Hunderte von Variationen ab. «Agnès macht in diesem Jahr Kappen, sie rückt sie noch mehr aus der Stirn» – das ist ein Schlagwort, sehr wenige geben sich die Mühe, darüber nachzudenken, welch eine Summe von Technik, Geschmack und Phantasie dazu gehört, auch nur fünfzig gelungene Hüte zu kreieren.

Und nun kommen die verwöhnten, der Eleganz verpflichteten Frauen, warm von der Aktualität ihrer Kleider und ihres Tages und wollen den Akzent, den Hut zu diesem Mantel, diesem Kleid, dieser Gelegenheit und vor allem, für dieses Gesicht. Nicht wenige sind schön, fast alle haben Linie. Ein gut geschnittener Kopf kann Anlaß zu blitzartige Erleuchtungen geben, zu Visionen von ganz neuer Gestaltung. Für alle aber muß man die Modelle abwandeln, anpassen, adaptieren. Nur das eine Prinzip bleibt unverrückbar bestehen: so nahe wie möglich am Kopf zu bleiben. Das ist das Besondere unserer Zeit, den Schädel zu respektieren, den Knochen, das Skelett. Die moderne Frau hat eine Abneigung gegen das Verkleidende. Sie wird auch noch lange nicht zum Haarknoten zurückkehren. Die Unabhängigkeit der Frau, der Dame, ist noch so jung, sie hat an der Freiheit im Auto noch so viel Freude.

Sind Sie, wie die «Couture», an bestimmte Daten gebunden, an denen die neuen Modelle vorgeführt werden? – «Ich wäre verloren», sagt sie fast ängstlich, «jeder Zwang lähmt mich. Es gibt Zeiten, in denen ich nichts tun kann als abwarten, andere, die mich mit Einfällen überschütten, dann arbeiten wir wie im Fieber. Von einem Tag auf den anderen entschließe ich mich zu ‹zeigen›, und schicke die Karten. Glücklicherweise hat man Nachsicht mit meiner ‹Unregelmäßigkeit›, alle kommen, Kommissionäre, Presse, Kundinnen.»

Und wie verhält sich die Kundin zum Neuen? – «Die Amerikanerin begierig, nur das ‹Letzte› interessiert sie, die Französin zögernd, sie mag, was sie schon mochte, trennt sich ungern von einer kleidsamen Linie, muß sich an die neue erst gewöhnen – aber wie es auch sei, für mich hat die Kundin immer recht; viel leichter als meine Verkäuferinnen nehme ich selbst jeden Einwand an. Vielleicht liegt darin das Geheimnis meines Erfolges. Ein Hut ist so sehr Ausdruck der Persönlichkeit, man kann nur vorschlagen, nicht diktieren, wenn es sich um so Subtiles handelt.»

Gibt es denn gar so viele Möglichkeiten? – «Alle. Vom Haaransatz bis zum Rand des Schattens, den der Hut über Nase und Wangen breiten kann, verwandelt jeder Zentimeter mehr oder weniger das Gesicht.

Das Profil kann ausgelöscht oder bis zum Ohr freigegeben werden. Der Bogen der Brauen, der Bogen des Mundes, die Vertikale der Nase, alle Flächen, Modellierungen und Linien können betont oder gedämpft werden je nach dem Rahmen, den wir dem Gesicht geben. Nichts anders wie die ‹Haute Couture› ihren Scheinwerfer in jeder Epoche auf einen anderen Reiz der Gestalt richtet, betonen wir bald diese, bald eine andere Schönheit. Es gibt auch hier eine ausgleichende Gerechtigkeit. Im Augenblick öffnen wir das Gesicht, die schöne Stirn, die unter der Cloche verloren war, hat heute ihren Tag.»

Verständigen sich die bedeutenden Modistinnen untereinander? – «Feindinnen, erbitterte Feindinnen. Es ist lächerlich, aber es ist so.» Aversionen? – «Ich liebe das Meer nicht. Ich brauche den Gegensatz. Es ist unerträglich zuzusehen, wie es immer wieder ausholt, sich zu überholen.»

Passionen? – «Von morgens bis abends in meinem Geschäft zu sein, mich um alles zu kümmern, meine Arbeiterinnen bei guter Laune, guter Gesundheit, guter Moral zu erhalten. Zu reisen. In Museen zu gehen. Botticelli. Chinesische Plastiken. Und dieses Kind.»

Sie reicht mir die Photographie ihres Söhnchens herüber, eines strahlenden Jungen in Reitbreeches.

«Wenn es ihm gut geht, wenn er froh ist, strömen mir die guten Ideen zu – aber glauben Sie wirklich, daß auch dieses unpikanteste aller weiblichen Liebesbekenntnisse Ihre Leserinnen interessieren wird?»

[Für die Frau, November 1930]

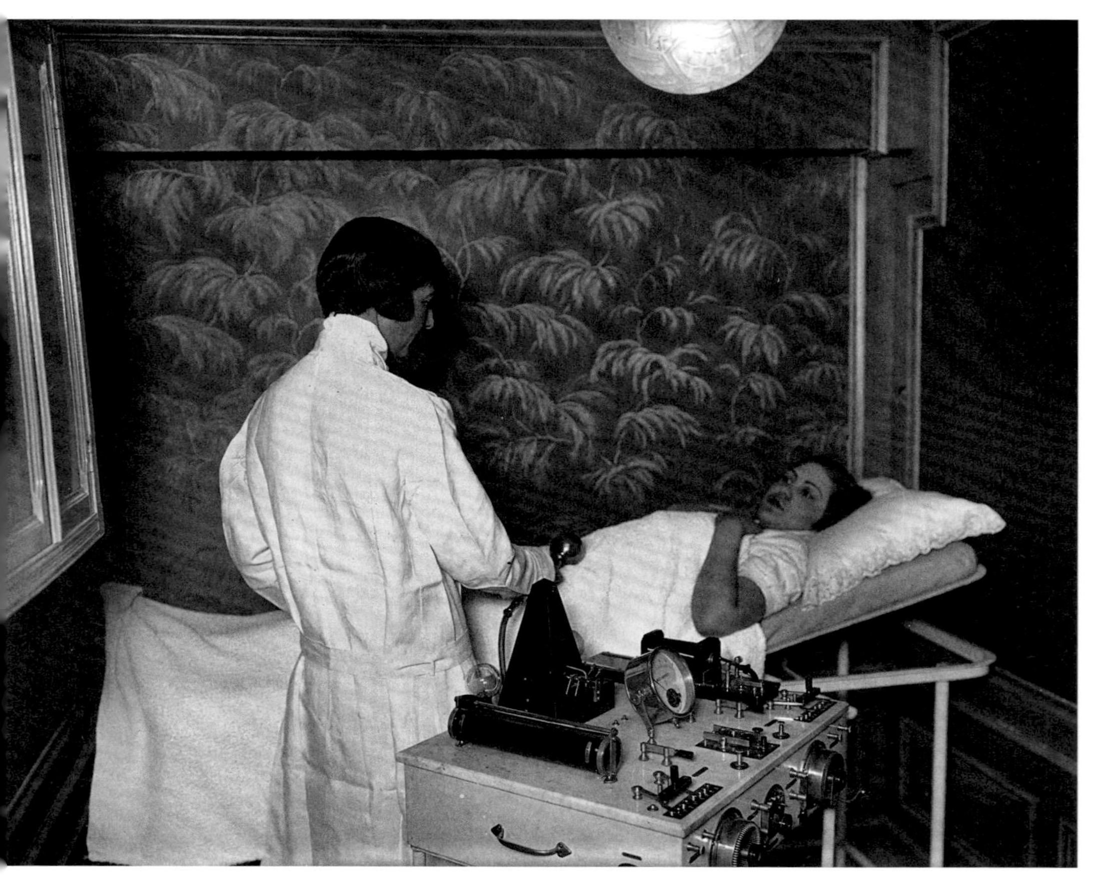

Elektromassage im Schönheitssalon Lido, Paris um 1930

Dienst an Venus

Statistiken melden, daß alljährlich ungeheure Summen für Schönheitspflege ausgegeben werden. Sie verschweigen, ob diese Goldmillionen dem Angriff oder der Verteidigung dienen, Amazonen oder Sklavinnen. Jedenfalls gehört Mut dazu – Übermut oder der der Verzweiflung –, sich einer oder der anderen Verschönerungsmethode auszuliefern. Diese und jene können, so behauptet die Konkurrenz, verhängnisvolle Folgen haben, und schlägt eine dritte vor. Wollen wir uns am Faden unserer Skepsis in das Labyrinth wagen?

«Mit den Fingern massieren! Welch ein Frevel!» entrüstet sich Madame Lina C. «Die Haut zerren und lockern, da doch der Zweck ist, sie zu spannen!» In ihrem Institut wird es glatten, vom regulierbaren elektrischen Strom durchpulsten Metallkugeln anvertraut, die erschlaffte oder erschlaffende Haut zu beleben. Vertrauensvoll entspannt, den negativen Pol in der Hand, bietet die Patientin ihr Gesicht. Ein metalldurchwirktes Lederkollier deckt den Hals, mit Draht umwundene Lederrollen rühren über Kompressen an die gefährdete Linie von Nase zum Winkel des Mundes, rosenöldurchtränkte Gaze erfrischt die Lider. –

Nahe an der Place de l'Alma hat sich die Enkelin Tolstois etabliert. Stil 1930. Letzter Komfort. Hier wird nur mit den Fingern massiert. Zehn manikürte samtweiche Fingerspitzen tupfen und schmeicheln, klopfen und kosen und führen auf dem schlüpfrigen Boden der eingefetteten Haut ein beschwörendes Ballett auf, sie locken die entweichende Jugend zurück an die Oberfläche. –

Hinter der Madeleine, in der die mondänen Trauungen stattfinden, liegt ein weltberühmtes Institut de Beauté, das seine vielversprechenden Kataloge und Präparate in alle Staaten verschickt. Es scheint auf Dekor nicht übermäßigen Wert zu legen, dafür aber soziale Arbeit zu leisten. «Dürfen wir dem Lehrkursus ein paar Minuten beiwohnen?» Monsieur legt die Zigarre auf den Aschenbecher und öffnet die Tür zum Saal: Viele junge und ältere Mädchen mit dem grüblerischen Ausdruck der Lernenden. An den Wänden anatomische Karten, Muskelbündel, rot, wie es sich gehört. Über Tische gebeugt tasten sie Gips. Ein Abguß der Venus, eine Büste der Marie Antoinette sind Lehrmaterial. Die Ältere mit der freien Stirn fragt ab, man kommt dran und darf das Gelernte sagen. Später, wenn das Theoretische absolviert ist, übt man am lebenden Modell weiter, am Gesicht der Kollegin. –

«Alle äußere Massage, wie sie in Schönheitssalons angewendet wird», belehrt mich le Docteur F., «ist Zeitverschwendung.» Er bewohnt eins der schönsten Hotels aus dem 18. Jahrhundert, dessen cour carrée von einem schmiedeeisernen Gitter abgeschlossen ist. «Die Haut ist eine Begleiterscheinung. Was ist denn häßlich? Das Unbelebte, nicht wahr? Das Doppelkinn, die schwere Oberlippe, die hängenden Wangen, die klobige Nase. Die Muskeln zu beleben ist Aufgabe des gewissenhaften Helfers. Gesichtsgymnastik vertreibt den Fettansatz, gibt den Zügen die Jugend des vibrierenden Lebens. Auch dem Gesicht bekommt die, quasi, sitzende Lebensweise nicht. Die Zunge ist der beste Masseur. Beachten Sie, welchen Umkreis sie innerhalb des Mundes zu erreichen imstande ist. Jede um ihre Schönheit bemühte Frau sollte morgens und abends mit geschlossenen Lippen die Backentaschen mit der Zungenspitze massieren, die Nasenflügel dehnen, die Nase rümpfen, den Kiefer in eine schaukelnde Schwingung versetzen, mit den Ohren wackeln, die Kopfhaut spannen. «Bitte lachen Sie nicht, Madame», sagt Dr. F., der seine Rede mit Demonstrationen begleitete, nicht ohne Würde, «ich versichere Ihnen, meine Patientinnen nehmen diese Übungen sehr ernst, weil die Erfolge sie überzeugen.» –

«Und Sie, Simone, was machen Sie, um immer strahlend und frisch auszusehen?» – «Ich rauche nicht, trinke keinen Alkohol, stehe um 7 Uhr auf, dusche mit kaltem Wasser, lebe nur von Früchten, Salat und Gemüsen, laufe jeden Tag zwei Stunden spazieren. Einmal in der Woche ein Dampfbad, dreimal in der Woche um 10 Uhr zu Bett.» – «Können Sie das trotz Ihrer gesellschaftlichen Pflichten durchführen?» – «Man scheint es sogar pikant zu finden, daß ich an bestimmten Abenden nicht ausgehe und nicht empfange, daß ich, wenn die anderen Hummer und rotes Fleisch essen, mir nur rohe Tomaten und Spinat servieren lasse. Wenn ich bei Cocktailparties ein Glas frisches Wasser verlange, finden die Frauen mich albern und die Männer versuchen, mich auf Abwege zu bringen.» Sie lacht mit ihren frischen Zähnen. – «Wie jung sind Sie? Wollen Sie es mir sagen?» – Simone kramt in ihrem Täschchen und reicht mir eine rosa Karte, ihren Führerschein, hinüber. Geboren: 18. VI. 95. «Nicht weitersagen», bittet sie. Fünfunddreißig! Mit der Haut und der Frische eines Kindes.

Jugend, die verweilte Reife, die süß bleibt, Alter, das nicht verzweifelt! In der Klinik der Frau Dr. N. wird täglich operiert. Sie ist der raffinierteste Tailleur von Paris. Ihr Material ist die menschliche Haut, ihr Handwerkszeug Messer, Fingerhut, Nadel und Faden. «Fort mit dem Unordentlichen», ist ihr Motto, «adrette Linien.» Sie arbeitet nach selbstentworfenen Schnittmustern, die immer kühner, technisch immer vollendeter werden. Jeden Tag bewirkt sie «Wunder». Die Schönen zu verschönern, das interessiert sie nicht. Aber die Entstellten möglich zu machen, die Häßlichen angenehm, die Verbitterten liebenswürdig, ist das nicht auch ein Dienst an Venus, wenn er sich auch begnügt, ihre Folie zu negieren? –

[Für die Frau, Januar 1931]

Die Wäsche der Dollarbraut

Ein Gespräch mit Madame Margot

Betriebskapital? – «500 Francs! Alles, was uns nach dem Verlust unseres Vermögens blieb, und auch dies bißchen war schon halb verbraucht, als ich in Paris ankam.»

Hatten Sie eine bestimmte Absicht? – «Die, Geld zu verdienen, aber in welcher Form, das wußte ich noch nicht. Ein Champagnerabend mit Freunden, die mich aus meiner Glanzzeit als tonangebende Dame der Gesellschaft kannten, brachte mich darauf. Sie neckten mich mit meiner Vorliebe für schöne Wäsche. Schon am nächsten Tag gab ich eine Annonce in die Zeitung: Wäschenäherin gesucht. Es meldeten sich vierzig Frauen und Mädchen. Keine konnte Schwedisch, ich verstand ihr Französisch kaum. Die Kleine, die ich engagierte, ist noch heute, nach vier Jahren bei mir. Vormittags hatte ich Crêpe de Chine gekauft, den schönsten, teuersten –»

Rosa? – «O nein, rosa, das machten ja alle. Ich habe es immer unkleidsam gefunden. Es tötet die feinen Nuancen der Haut, es macht eine Blonde blaß, eine Brünette grau. So oft ich mich später nach dem Rätsel meines raschen Erfolges fragte, bin ich zu derselben Lösung gekommen: Nur eine für die Liebe begabte Frau, die im Luxus gelebt hat, sollte das Recht haben, Wäsche zu entwerfen –.»

«Ich nehme Ihr Bekenntnis entgegen, Madame.» – Sie legt mir die Hand auf den Arm: «Sie sollten sich über meine Offenheit nicht mokieren. Eine Braut, eine Frau, die nicht in ihrer Wäsche schöner ist als in ihrem Kleid, fehlt ihr nicht der letzte Zauber der Gepflegtheit?» Madame Margot schüttelt ihre goldbraunen Locken. Sie ist ein wenig üppig, nicht ganz «letzte Generation». «Auf dem Teppich meines kleinen Hotelzimmers», fährt sie fort, «wurde zugeschnitten, das Nähen besorgte die Kleine. Als die Garnitur fertig war, hatte ich nicht mehr Geld genug, zu frühstücken. Mit meinem Karton unter dem Arm ging ich in eins der berühmten Hotels. Der Portier wies mich an den Eingang für Lieferanten. Das hat mich fast gefreut, es paßte in meine Vorstellung von dem Abenteuer, das ich zu bestehen hatte. Auch als ich durch einen kleinen Irrtum in die Küchenräume geriet und der stattliche Koch Gefallen an mir zu finden schien, so daß er mich zu einem Souper einlud, war ich nicht empört. Nur nach dem Anklopfen an einer fremden Tür, in dem Augenblick, der dem Öffnen vorausging, schlug mir das Herz: Würde eine verwöhnte Frau mich, die noch eben selbst eine war, wie eine Lästige behandeln? Sie war liebenswürdig, jung und elegant. Eine Amerikanerin. Hat sofort gekauft, bezahlt, neue Aufträge gegeben, ist noch heute eine meiner besten Kundinnen.»

Wie ging es weiter? – Schwierig zuerst, aber nie hoffnungslos. Frauen, die irgend, was es auch sei, auch nur ein bißchen besser als der Durchschnitt können, haben – das ist meine Meinung – es in unserer Zeit gar nicht so schwer. Vor dem amerikanischen Krach beschäftigte ich 200 Arbeiterinnen, heute sind es noch über 100.»

Wer entwirft die Modelle? – Ich selbst. Soll ich Ihnen mein Notizbuch zeigen?» Sie bringt ein schwarz gebundenes Kontobuch gewöhnlichster Art und blättert darin. «1927» ... drei Seiten Stenographie. «1930» ... sechs Seiten. «Hierhinein notiere ich meine Einfälle.»

Machen Sie keine Skizzen? – «Nein, die Schnitte ergeben sich aus den Modellen der Haute Couture und die Effekte wird es mir leichter in Worten zu formulieren. Tanzende Frauen, flirtende, verliebte Frauen, die ich in den Restaurants und Dancings beobachte, Kinoheldinnen und die Situation, in der sie verführerisch sind, inspirieren mich. Des Nachts erwache ich und weiß genau, was für Wäsche diese oder die andere Frau, die ich gar nicht kenne, tragen müßte. Sehen Sie, hier zum Beispiel steht: Première, Champs-Élysées, Loge. Blondine, Türkisen,

Stirnlocke, lange Arme … und daneben: Blaudurchschimmertes Weiß, runde Schleppe, vier Volants bis zum Ellbogen, eventuell blaue Perlen –.»

Führen Sie alle Ideen aus? – «Die meisten. Aber ich sammle sie erst und lasse sie nachreifen. Die eigentliche Arbeit paßt sich dem Kalender der Mode an. Im Januar wird die Sommerkollektion, im Juni die Weihnachtskollektion fertiggestellt. Hauptkunden sind die Amerikaner, mehr als einmal habe ich 100'000 Repetieraufträge bekommen. Für Reklame habe ich nie einen Sou ausgegeben, aber es macht mir, besonders für drüben, Reklame, daß unsere Prinzessin Astrid und die belgische Königstochter beide ihre Brautnegligés bei mir bestellten.»

Woraus besteht heutzutage eine vollständige Brautausstattung? –

«Aus dem Kombination unter dem Brautkleid, die ganz im Stil des Kleides gehalten ist. Für das Nachtkleid aus Spitze und Crêpe de Chine habe ich ein Gürtelchen aus Orangenblüten erdacht, das am nächsten Morgen durch eins aus Margueriten ersetzt wird. Beim ersten Frühstück ist sie farbig bekleidet, sehr jugendlich; am ersten Abend, wenn sie nahe Freunde empfängt, reich, in Panne und Spitze. Zwei Négligés, darunter ein wattiertes, können dekorativ sein, man schlüpft sie nach dem Bade, nach der Massage über. Für die Wäsche unterscheide ich wie die Schneider streng zwischen ‹Sport› und ‹angezogen›. Nichts scheint mir geschmackloser, als unter Golf- und Tenniskleidern Spitzen und Crêpe Satin zu tragen. Der beste Sitz, der dichteste Crêpe de Chine, Hohlsäume oder ein gutkomponiertes Monogramm gehören zum Stil unserer Jerseys und Tweeds. Zu jedem Hemd lasse ich ein passendes geschlossenes Höschen arbeiten.

Auch die Nachthemden für das Bett sind ganz einfach. Sie reichen bis zum Knöchel, haben lange Ärmel mit durchgeknöpften Manschetten und ein Plastron, Inkrustationen oder Hohlsäume. Für Phantasiepyjamas habe ich keinen Sinn, ich erkläre sie für geradezu entsetzlich, für eine Übertretung aller subtilen Geschmacksgesetze der Liebe. Der Pyjama, wenn er richtig verstanden ist, muß die Frau neutralisieren, er verträgt keinen Hauch von Parfüm, er muß sportlich, jugendlich, frisch wirken. Die Wäsche für den Abend: ein Nichts, das heißt ein

Spitzenhöschen und ein Büstenhalter; die für den Nachmittag: eine Spitzenkombination in den Linien des Kleides, die reichlich das Knie deckt.»

Wieviel von jeder Sorte? – «Auch die verschwenderischste Amerikanerin bestellt kaum mehr als ein Dutzend oder begnügt sich auch mit weniger. Nur bei den Nachtkleidern, die wohl für Boudoir und Schlafzimmer, nicht aber für das Bett bestimmt sind, gerade für diese zarten Hüllen, die Schönheit, Anmut und Koketterie in ihrem Zusammenspiel zur Geltung bringen, werden in unbegrenzter Anzahl gewünscht. Die stumpfe transparente Georgette lockt mit spröderem Reiz, Crêpe de Chine, besonders wenn eine lichte Farbe das Weiß, das ich über alles liebe, wie mit einem Hauch durchzieht, ist verliebter, Crêpe Satin, den ich seines zu entgegenkommenden Effektes wegen meist vermeide, kann, inkrustiert, zarte Formen mit seinem flüssigen Glanz betonen – niemals dulde ich, daß die Spitzen, auch die kostbarsten nicht, prunkhaft wirken, sie sind ein Gitter, hinter dem das Kostbare schimmert, die Haut einer jungen Frau–.»

Machen Ihre Kundinnen eigene Vorschläge? – «Kaum eine, aber wenn sie entzückt sind von der fertigen Ausstattung, kommt den meisten, den reizendsten der gleiche Gedanke: Entwerfen Sie nun auch etwas für ‹ihn›.»

[Für die Frau, Februar 1931]

Verwandlungen

Die Mode ist eine Waffe im Kampf der Geschlechter. Eine geistreiche Frau ist mit ihrer Hilfe imstande, der naturbedingten Polygamie des Mannes gerecht zu werden, viele Frauen in einer Person zu sein. Durch die Wahl der Farben kann sie heute brünetter, morgen blonder sein, durch die Art der Frisur hat sie die Wahl unter den Temperamenten – und welches echte Frauenwesen birgt nicht mehr als eins –, durch den Wechsel der Silhouette und der Stoffe, der Schuhe, Parfüms, Blumen und Fächer kann sie die ganze Skala vom Kindhaften bis zum Heroischen, vom Übermut bis zur Entrücktheit lebendig machen. In unserer Zeit der wirtschaftlichen Not, in der die Frau sich dem Manne anzugleichen gezwungen ist, in der sie in ehrenwerter Verblendung erst «Mensch» und dann «Frau» sein will, hat sie schon aus ökonomischen Gründen weniger von der schweifenden Unrast des Mannes zu fürchten. In der Unabhängigkeit hat sie vorübergehend einen Ersatz gefunden, der sie für die eingeborene Lust entschädigt, zu umhegen, zu inspirieren, zu ermutigen, anonym zu werden zugunsten des Mannes, der Söhne.

Was die Mode heute für sie tut, entspricht, wie immer, genau der Konstellation der Frau im Bilde der Zeit. Sie bietet ihr das Praktische in der einen, das Spielerische in der anderen Hand. Wie die Schauspielerin erst im Kostüm die Wirklichkeit ihrer Rolle ganz empfindet, wie die Ärztin erst im Desinfektionshauch ihres Leinenkittels den abgeklärten Ton findet, der dem Patienten Vertrauen gibt, braucht die

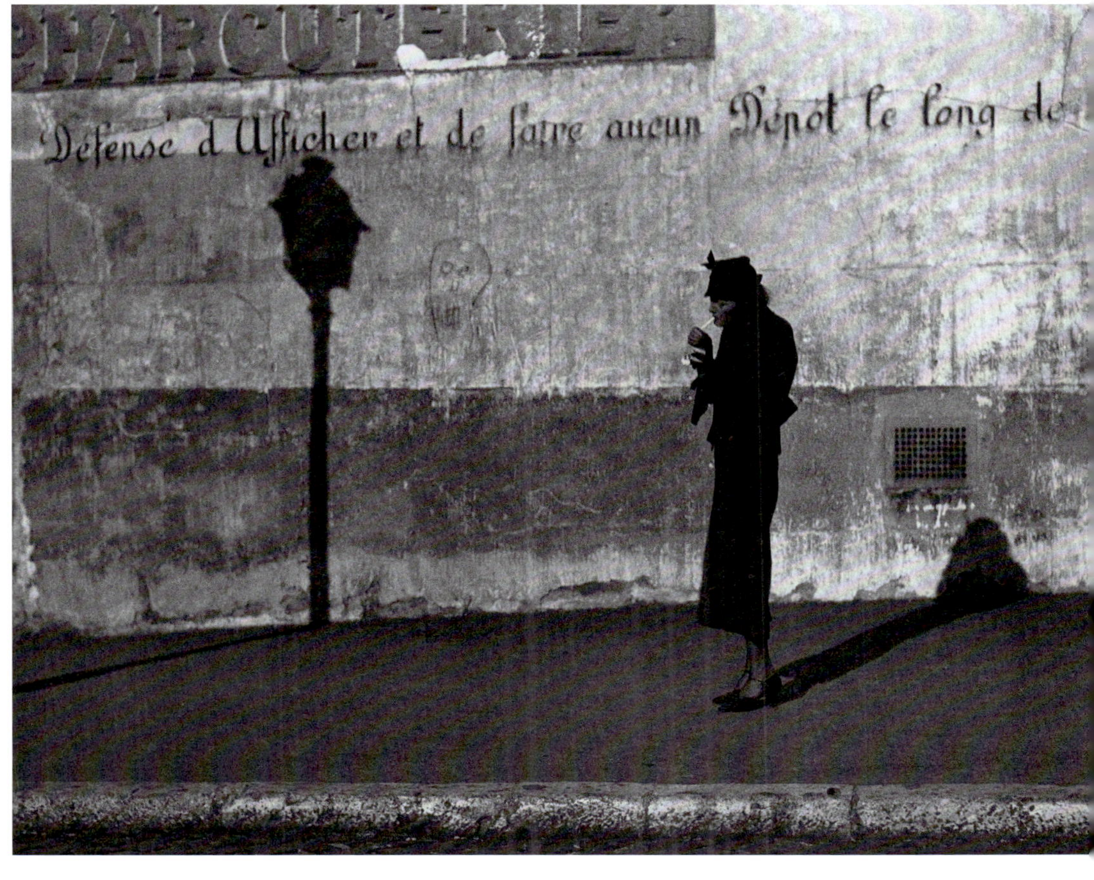

Marianne Breslauer: Paris 1937

aktive Frau unserer Tage Kleider, die das Hin und Her ihrer beschäftigten Tage ausdrücken.

Unterscheidend vom Gestern ist nur, daß diese Kleider immer mehr sich mit der Rolle eines Fonds begnügen, auf dem die persönliche Phantasie, sei es auch nur die wählende, zur Geltung kommt. Ein Tailleur gibt den Vorwand zu vielen Blusen, den schlichtesten und den kompliziertesten, ein Kleid wird in seiner Wirkung variiert durch das Geflecht, die Schleifen, die Farben, die Schnallen der Gürtel. Tauscht man nun gar die Strohkappe gegen den breitrandigen Hut, die geknöpfte Wolljacke mit ihren Taschen gegen den farbigen Seidenbolero, so kann nur der Eingeweihte, was sage ich, die Eingeweihte wissen, daß ein Wechsel des Zubehörs genügte, um die Erscheinung zu verändern und der neuen Situation anzupassen.

Diese neue Freude an der Verwandlung ist mehr als eine Umkehrung der Not, neben dem praktischen Motiv klingt das Spielerische an. Ist es nicht amüsant, zu einem Weekend bei Freunden oder in einem eleganten Badeort nur ein Kleid mitzunehmen, aus dem sich vier machen lassen, je nachdem man ein Blüschen über- und ein Jäckchen abstreift, den Rock gerafft drapiert oder ihn bis zum Knöchel ausfallen läßt, in eine Tunika aus rosa Atlas schlüpft oder dem einheitlichen Schwarz die Halbtransparenz einer Musselinejacke hinzufügt? Und spart man nicht auch Platz im Koffer, den man für Hüte und Blumen, Handschuhe und Taschen, Schals und Schuhe ausnutzen kann, die um so nötiger sind, als keine der Verwandlungen zugunsten des Praktischen Konzessionen auf Kosten der Eleganz machen darf.

«Fregoli», so nennt einer der erfinderischsten Modeschöpferinnen diese neuen wandelbaren Gebilde und geht doch einen Schritt weiter, indem sie dem Jäckchen, das vorn kurz wie ein Schultercape und braun ist, einen grünen Rücken gibt, der bis zur Taille reicht und mit einem grünen Gürtel schließt, der vorn braun ist – oder zum Abendkleid einen Schal erfindet, der nur einen der Arme umhüllt. Der Tischnachbar links wird mit einer dekolletierten Frau dinieren, während der andere sich mit den Glanzlichtern der Pailletten begnügen muß.

[Für die Frau, Mai 1931]

Zwischen Abreise und Ankunft

Nein, es ist nicht möglich, eine Autoreise pünktlich anzutreten, meistens fährt man doch früher ab. Am Nachmittag vorher etwa in der Hitze der glasgedeckten Garage, in die man hinüberlief, einen letzten prüfenden Blick auf den Wagen zu werfen, das Einfüllen von Wasser, Öl und Benzin zu kontrollieren, den Reservereifen zu befühlen, scheint es plötzlich sinnlos, noch bis morgen warten zu wollen. Sicher, in der Stadt ist es heiß, die Vororte werden überfüllt und schwül sein, aber ein wenig später käme man in die kühle Helle des Abends, zwischen Sonnenuntergang und Nacht, in die feuchtere Luft, die den Motor beschwingt. Fort also, heute schon, jetzt gleich. – «Au revoir, mein Lieber. Sei froh. Den Mantel hier neben mich, die Karten rechts in die Seitentasche. Leb wohl.» – Die Kilometeruhr ist auf Null eingestellt. Wieviel Vorsprung kann man im besten Falle seinem eigenen Programm abgewinnen? Man rechnet in Stunden und Strecken, erwägt die Möglichkeit, eine Nacht zu «sparen», verbindet Ziel mit Eile, und durchfährt doch noch immer die Stadt, dem Stab des «agent» gehorsam, der die Lust der Abfahrt in lauter Stoßseufzer zerhackt. Die Vororte, die erste Landschaft, die nahen Städtchen sind voll Erinnerung an Tage, da sie Ziel waren; heute sind sie zur Etappe entwertet, zu Anhaltspunkten für die Richtung ins Weitere. Allmählich ist die große Straße frei geworden, Last- und Lieferwagen bogen von ihr ab, in den Dörfern lehnen die Männer in den Türen, sitzen auf den schmalen Terrassen des Cafés, die Frauen

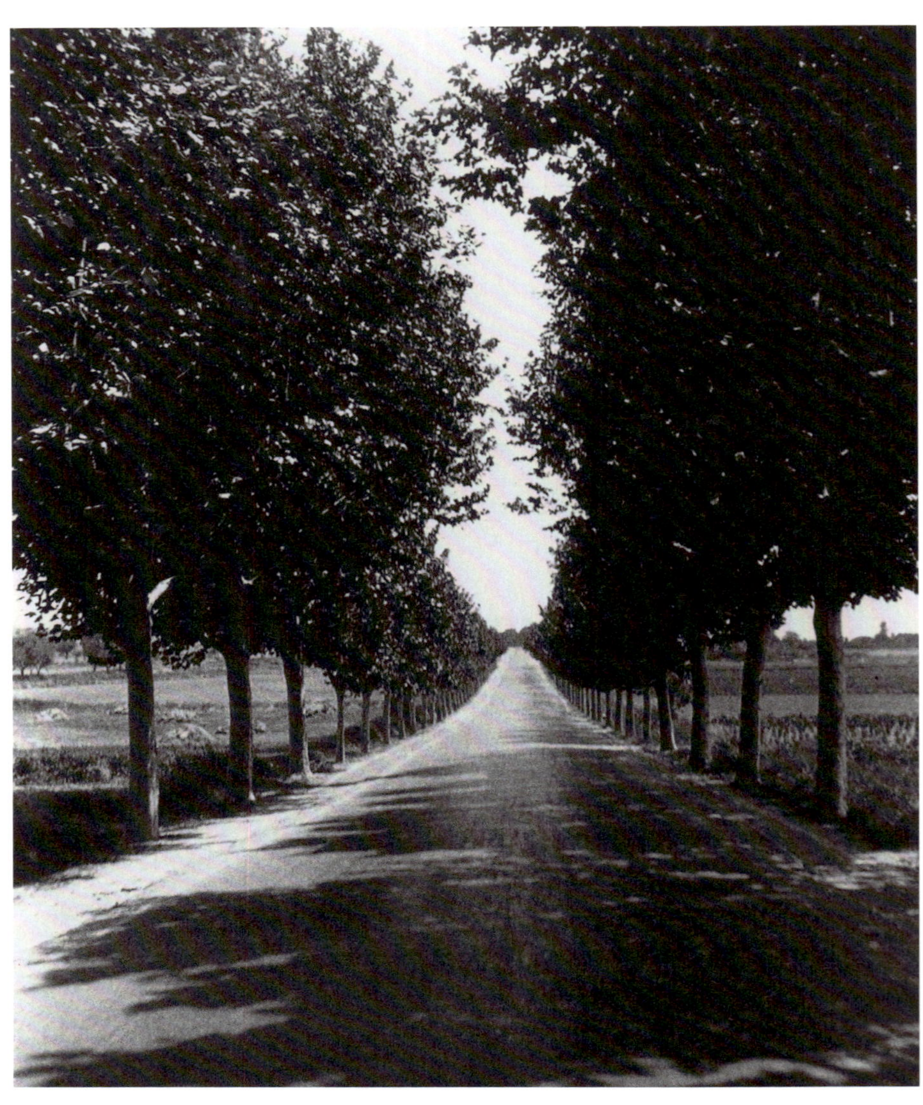

Germaine Krull: Straße, Frankreich, 1931

rufen den Kindern, den Hunden. Noch steht die Sonne über dem Horizont. Aus den überhängenden Büschen hinter der Parkmauer zwitschert übergrell ein lächerlich ängstlicher Vogel. Kleines Ding, dem das Herz schlägt. Die große Allee zum Schloß hin ist schon dicht wie gegossen, das Grün ihres Laubes, das Braun der Stämme vermischt sich in dunkler Bronze. In Schichten duften die schwere Erde, das leichtere Heu, die niedrigen Wolken von Jasmin, die rieselnde Würze der Tannen. Der Wald wird zur geschlossenen Wand. Der Lichtfinger der Scheinwerfer tastet an ihr entlang, weckt das Weiße aus den Kilometersteinen, pudert die Hauswände des Dorfes. Sollte ich halten? Den Mantel anziehen? Aber die Kühle tut wohl, die andrängende Luft faßt das Gesicht in eine weiche Maske, das schieferblaue Band der Straße liegt glatt und glänzend in unablässiger Lockung. Und dann geschieht es plötzlich, das Eigentliche, vor dem Abreise und Ankunft zu Nichts werden, zu Hülsen, die den Bogen des Glücks halten: Ich reise! Kein Versprechen für morgen liegt darin, kein Entlastetsein vom Gestern hat teil daran. Es ist ein reines, ein herausgeschältes, ein selbständiges Glück. Als hätte es die ganze Zeit fertig dagelegen, einem Feuerzeug ähnlich, das unbenutzt ein totes Ding scheint und doch nur des Anschnellens bedarf, um seine Flamme zu entzünden. Diesmal hat ein Blick in den Himmel hinauf den hellen Schreck geweckt. Da steht die Nacht. Während das letzte Rot der Sonne, erst noch als Wetterzeichen für morgen ausgedeutet, im Verweilen und Vergehen seinen süßen Schimmer bis in erste Kinderzeiten breitete, hat die Nacht mich heimlich von rückwärts her eingeholt und nun ganz umfangen. Ihre Sterne leuchten. Sie stehen still und flimmern. Wie schön ist es so allein. Reisen, schneller sein, als man ist, den Gegenprall der Ferne zu fühlen, den Gegendruck der Höhe, das Umstelltsein von Weite. Über die Wellen der Erde rolle ich ihr zu, ihr nach. Jedes Bergauf führt direkt in den Himmel, jedes Bergab in den Schwung, der wieder hinaufträgt. In den Kurven neigt man sich zur Erde, zärtlich bewegt. Sie bleibt zurück, wenn die Planken der Brücke unter mir dröhnen, und nimmt mich am Ende der Wölbung wieder auf. Dort drüben breitet sich ein weites Netz von Lichtern mit deutlichen Nähten und verstreuten Maschen.

Eine Stadt? – Die Stadt, in der ich morgen erst ankommen sollte? Die Stadt mit der Kathedrale, zwischen engen Gäßchen, von der du mir erzählt hast? Lange fällt die Straße in sanften Windungen hinab, wird Pflaster zwischen Häusern, trambahngeteiltes holperiges Pflaster. Stimmen klingen herüber, eine Gruppe junger Leute ruft mir zu. In der Apotheke am Markt funkeln die grüne und die rote Kugel. Das Hôtel du Lion d'Or ist stattlich erleuchtet, das Tor der Einfahrt und die breite Rampe. Der Wirt selbst kommt an den Wagen. «Madame voyage seule?» fragt er.

[Für die Frau, Juni 1931]

Krise auch in der Mode

Ein Hut schrumpft ein, viele, alle Hüte schrumpfen ein und mit ihrem Kleinerwerden tun sich die großen Probleme der Mode auf. Noch nie wurden die Wintermodelle mit größerer Spannung erwartet. Die Frage nach der Richtung, die primitiv «Hut oder Hose» hieß, war eine Zuspitzung viel breiter und tiefer gelagerter Unruhen. Zu beiden hatte die Frau Ja gesagt, zu dem winzigen Gebilde, das Profil und Hinterkopf freiließ und auf seine Funktion als Kopfbedeckung mehr oder weniger verzichtete, Ding an sich wurde, «fantasie», Symbol der Unvernunft – und zu der Hose, die ganz im Gegenteil das praktische Motiv zu ihrer Legitimation ausspielte. Gerade in den Wochen der akuten Weltwirtschaftsängste fiel in den Pariser Modesalons eine Entscheidung, deren Wichtigkeit niemand übersehen kann, der das Wesen der Mode kennt, ihre Bedeutung als Spiegel der Sitten, als Hinweis auf kommende Wandlungen. Eine romantische Weiblichkeit aus den Idealen vergangener Epochen zusammengesetzt, zu wallender Hutfeder Silhouetten der 70er Jahre, würde eine solche Umkehr die natürliche Konsequenz des Überdrusses am «Sachlichen» sein? Die Frau als Luxusgeschöpf von anspielenden Puffen und Bauschen, von hinweisend aufgebogenen Rüschen, andeutend gerafften Volants umkleidet, knisternd und raschelnd kompliziert? Im gleichen Augenblick drohte wieder der Spalt zu klaffen, den der langsame Aufbau der Nachkriegszeit überbrückte, indem er das Gefühl für das Organische erzog und mit dem

«Geschmack» identifizierte – der Spalt zwischen den Müßigen und den Tätigen, zwischen modisch und zweckmäßig, zwischen arm und reich. Wendet sich auch die Haute Couture, die schöpferische Schneiderei, von jeher an ein im kapitalistischen Sinne exklusives Publikum, das bereit ist, für die technisch und stofflich vollendet interpretierte «Idee» hohe Summen zu zahlen, so ist doch im großen gesehen die Mode immer mehr Allgemeingut geworden. Seit die Frau die Eleganz ihrer Nacktheit begriff, an sie glaubt und sie bewußt pflegt, seit sie in ihrem Wuchs den Maßstab für ihre Kleidereleganz findet, ist eine Verständigungsbasis geschaffen, die imstande wäre, die Klassenunterschiede zu verwischen. Quantität und Qualität lassen dem Snobismus Spielraum genug, aber im Formalen begegnete man sich und der Vorsprung an Aktualität verminderte sich immer mehr. Die jeweils modische Silhouette, da sie die Gegebenheit der Gestalt umspielte, nicht aber verleugnete, ließ sich ohne allzu große Mißverständnisse weiterreichen. Was die Haute Couture im August für den Winter, im Februar für den Sommer brachte, gelangte kaum vorgeführt als Schmuggelgut auf geheimnisvoll geölten Schienen in die Ateliers der Kopistin und von dort in die Konfektion. Kommen auch auf dem Wege über die Etappen Risse und Sprünge in die Einheit des schöpferisch Konzipierten, so erhielt sich doch die modische Idee. Die «petite femme chic» konnte, vielleicht noch ehe ihre verwöhnte Schwester, die «femme du monde» im Oktober oder November zur Stadt zurückkehrend ihre Toiletten bestellte, den Schal à la Patou oder Schiaparelli binden, dieses verkürzen, jenes verlängern und Kleid und Mantel im Sinne der letzten Parole arbeiten oder arbeiten lassen. Eine exakte, schnelle Reportage, Organisationen, neue Schnitte, Stoffe, Accessoires der Provinz zugänglich zu machen, taten ein übriges. Der Kreis war geschlossen.

Dieses Ausfluten vom Zentrum zur Peripherie wäre mit einem Ruck gehemmt, sobald die Mode eine Phantasie-Silhouette durchsetzte. Ihre Nachahmung führte unweigerlich zum Grotesken, zur Karikatur. Eines steht heute fest: Alle Modehäuser, die sich an der Hutmode orientierten und der Frau das «Sensationelle» bieten, haben falsch spekuliert.

Das zweite Empire läßt sich nicht leicht wieder schmackhaft machen. Seine Linien und Details muten grausig, ja leichenhaft an.

Aus der Vielzahl sogenannter tonangebender Häuser ragen nur ganz wenige, die sich der Krise gewachsen zeigten. Sie bauen auf dem Gestern ein Heute, dessen Kennzeichen sich in drei Sätzen formulieren läßt:

Die Silhouette 1931-32 hat Schwung.

Die Farbe ist Element der Mode.

Das Abendkleid ist «natürlich».

Silhouette: Patou vergleicht sie treffsicher mit einem Zuckerhut. Der Oberkörper wirkt schmaler durch ein Vermeiden des Blusigen, die Schultern abfallender durch Ärmel, die den Ellbogen erweitern. Länger fallen Röcke und Mäntel herab. Sie erweitern sich höher als früher, dicht unter den Hüften und verzichten auf jede rückwärtige Modellierung des Beines. Schräge Linien führen zu logisch asymmetrischen Halsausschnitten.

Mäntel: Neue Variationen in der Zusammenstellung von Pelz und Wolle. Hochgestellte Kragen verbinden sich mit kurzen Pelerinen, die den Ärmelansatz bedecken. Der Ärmel ist immer und durch alle Hilfsmittel, Inkrustationen, Schnitt Stulpen und Bausch erweitert, nur die dem Wollmantel eingesetzten Pelzärmel machen eine Ausnahme, sie sind gerade und glatt. Kleine Pelzkrawatten oder einseitige Schalrevers gehören zu den loseren dreiviertellangen Samtmänteln für den Nachmittag und frühen Abend. Pelzjäckchen reichen knapp bis zur Taille, die knielangen erweitern sich vom Gurt her und sind oft kragenlos, ein bunter Foulard deckt den Ausschnitt.

Nachmittag: Das typische Nachmittagsdreß basiert auf der Bluse, der angedeuteten, der inkrustierten oder der unabhängigen. Ihr Material in der Skala Tüll, Spitze, Atlas, Samt bis zu Lamé bestimmt ihre komplizierte oder einfachere Form. Immer steht sie in farbigem Kontrast zu Rock und Jacke. Das elegante Mantelensemble ist auf zwei Farben gestellt, die hüllende, dumpfere des Außen und die leuchtende des Kleides. Schwarz weiß, sofern es nicht in sehr jugendlicher Form auftritt, kann trotz seiner bewährten Distinktion gegen den neuen Geschmack an der Farbe nicht aufkommen.

Farben: Braun zu allen Tages- und Abendstunden. Braun über Korinth zu Rot, über Kupfer zu Rosa. Grün vom tiefsten Olive zu einem fast bitteren Türkis. Patou hat Schwarz zugunsten eines Negerbraun ganz aus seinen Kollektionen verbannt. Chanel stellt ein mesquines so mit Tütenblau, Grau und Kirschrot zusammen, daß die hübscheste ihrer entzückenden Jerseyblusen entsteht. Rot ist eine ihrer Hauptfarben in Wolle und Samt. Sie ist die Einzige, die noch immer Linon und Piqué verwendet. Eine ihrer neuen Ideen, Effekte mit farbigem Lackleder, wird sicher Anklang finden, Lanvin lanciert Violet und Grau.

Abends: «Blouse du soir» nennt Lanvin ein neues Genre, daß sie in vielen Variationen zeigt: zum rings plissierten Rock eine ärmellose, gegürtete, zarthüllende Bluse, die von der Mitte der Brust her komponiert ist und in Schals rückwärts von den Schultern weht. Silber- und Kupferpailletten schmücken diesen leichten Panzer. Patou bringt knöchelfreie Abendkleider in braunem und hellem Atlas mit knappem Ausschnitt, die besonders elegant wirken. Chanels Abendkleider mit ihren weiten runden Volantröcken rauschen: gelbe Spitze über Taft, hellblauer Tüll, schwarze gerüschte Musseline über Taft. Worth bringt das «Sensationelle»: Rüschen und den Bausch, der die Wirbelsäule in der Taille knickt.

Stoffe: Nur ganz vereinzelt sieht man gemusterte Kleider. Uni sind Wolle, Seide und Samt. Rodier und Meyer variieren das Hauptthema, das der rauen, lockeren, lebendig unregelmäßigen Oberfläche. Rodiers plissierter und gerippter Jersey ist zu notieren. Eine Neigung zur Diagonale hält sich, auch in matt und glänzend gestreiften Seidengeweben von Bianchini. Zu den großen Erfolgen ist ein halbtransparenter matter Seidensamt zu rechnen und ein gerippter Velvet, der in starken Farben verwendet wird.

Hüte: Noch ist der geschweifte Bogen von Stirn zu Nacken charakteristisch, aber sie sind plastischer geworden, reicher in der Kontur. Drapierte Samtschleifen, Turbanrollen, Schneckengewinde, die am Wirbel in spitzem Zipfel abstehen, rings geschlitzte von Puffen durchbrochene Barette, bunte, weiche Möwenkäppchen werden über das allzu billig kokette Federhütchen siegen.

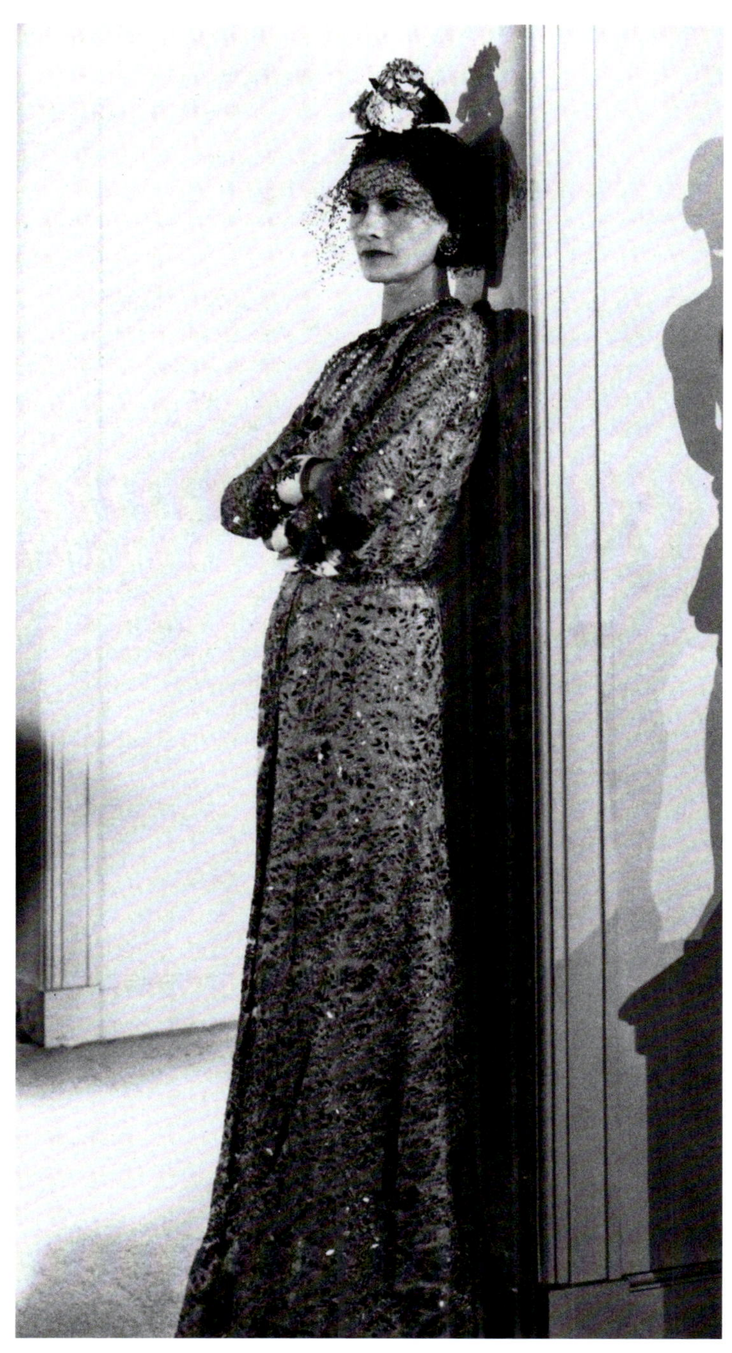

Coco Chanel, um 1930

Einzelheiten: Hahnenfedern als Saum oder flatternde Achselträger der Abendkleider. Große nicht wattierte Muffen, kleine pelzgerandete in der Wolle des Mantels. Gürtel, die im Rücken schließen. Epaulettes zu den zweireihig geknöpften Redingotes. Pelzhandschuhe in allen Längen. Goldkäferschuhe zu all dem Braun …

[Für die Frau, September 1931]

Die elegante Frau trägt:

am Strande einen Pyjama mit sehr weiter grader einfarbiger Hose, die wie ein Herrenbeinkleid einem geknöpftem Bund vorn in breiteingelegten Falten angesetzt ist. Darüber die lange Jacke aus bedrucktem Crêpe de Chine;

an sehr sonnigen Tagen den flachen, kleinen Schirm mit dem Bambusgriff, den sie manchmal mit der Visière aus rauchbrauner oder grüner Cellophane vertauscht;

in einem der Fächer ihrer Tasche aus wasserdicht gefüttertem Leinen das feuchte Badekostüm, die kleinen Badeschuhe aus glattem und gekrepptem Gummi und die enge Kappe, die unter dem Kinn schließt;

im anderen Fache den gestreiften Strandteppich aus gleichem Leinen wie die Kissen, auf denen sie sich lagert;

zum weißen Strandkleid die weiße oder pastellfarbene Ledersandale, deren Riemen durch eine winzige Schnalle über dem Spann gezogen wird;

auf der Schulter der einfarbigen offenen Jacke, die das weiße Kleid begleitet, einen großen Tuff Musselineblumen in der gleichen Farbnuance, der von hellen gemalten Tupfen übersät ist und dem Dessin des Schultertuches entspricht;

zu geblümten und gemusterten Nachmittagskleidern die große Strohcrapeline, deren Kopf lose geflochten ist und mit einer engen Strohborte gegen die breite Krempe absetzt;

und die Tasche aus schwarzem Wildleder, durchquert vom glatten Goldbügel, den ein flacher Klappverschluß hält;

zum hellen einfarbigen Schantungkleid den bedruckten Foulard, dessen Enden sie nicht knotet, sondern durch einen schmalen Ring aus Metall oder Jade zieht und zu dem die Tasche aus gleicher bedruckter Seide mit dem Kugelverschluß gehört;

über der sportlichen Hemdbluse den Tweedrock, der in Taillenhöhe von einem Ledergurt gehalten wird und, vorn gespalten, noch ein wenig ansteigt;

den ärmellosen Sweater mit einem deutlichen, geometrischen Ornament;

über dem leicht ondulierten Haar beim Tee und Dancing eine enge Kappe aus Filz mit Inkrustationen aus Strohborten;

und als Schmuck zu allen Tageszeiten goldene und silberne Colliers, schuppig gegliederte, aus runden Plättchen gereihte und starre, die Rundung des Halses modellierende Fransen. Nur am Abend trägt sie die farbigen Ketten, zu Schnüren dicht gereihte bunte Glasperlen, die mit großen opalisierenden Glaskugeln durchsetzt sind.

[Für die Frau, Oktober 1931]

Deutsche Mode in Paris

Ein Gespräch mit Renate Green

Vor einem halben Jahr empfingen etwa hundert Menschen in Paris Einladungskarten, deren Text und Satz durch ihre Klarheit auffielen. Sie enthielten die Bitte, der Einweihung des Hauses «Ré-Sport» beizuwohnen. Wer Renate Green, die junge, zart-energische Deutsche mit dem fast ekstatischen Blick dunkler Augen noch nicht kannte, hatte doch schon von ihr und ihren originellen Ideen gehört und war neugierig, sie selbst und die Vorführung einer Reihe von Kleidern zu sehen, die ihre Besonderheit ganz neuen sozialen Prinzipien verdanken sollten.

Seitdem hat «Ré-Sport» die Feuerprobe bestanden. Schon kann man überall in Paris nicht nur im sensationslüsternen Montparnasse Gestalten junger Frauen sehen, die dadurch auffallen, daß sie so unerhört «natürlich» aussehen. Es ist nichts an ihrer Erscheinung, das ein Raffinement verriete; keine ausgedachte, ausgeklügelte Nuance, keine kapriziöse Linie lenkt den Blick auf sich. Kein Zuviel verleugnet die Form des Körpers; der Effekt einer farbigen Mütze, eines Gürtels, hoher Lackstulpen, die den schlanken Arm ritterlich schützen, einer flockigen Schleife aus Angorawolle, die den Hals zärtlich hüllt, ist so sicher angewandt, daß er durchaus zugehörig und notwendig erscheint.

«Gehörte nicht viel Mut dazu, Renate, gerade im Zentrum der Mode, in Paris, Ihr Experiment zu wagen?»

Wir sitzen auf elastischen Stahlmöbeln deutscher Herkunft in einem hellen, doch über dem Friedhof von Montparnasse gelegenen Atelier, von dessen Balkon man Türme und Kuppeln von Paris ragen und glänzen sieht. In diesem Raum mit den crèmeweißen Wänden, den ambulanten und eingebauten Möbeln ist kein Ding, das nicht diente, kein vorlauter oder verwöhnter Gegenstand, der anspruchsvoll besondere Aufmerksamkeit verlangte, selbst die Tulpen in ihrer kugeligen Glasschale strecken die milchgrünen Zungen ihrer Blätter, öffnen den schwarzgetupften Schlund ihrer Glocken, als seien sie in dieser stillen Helle gewachsen und zu Hause.

«Mut? – Ich hatte nichts zu fürchten. Meine Idee ist einfach. Sie lag in der Luft. Die Frauen brauchten etwas, was es nicht gab. Ich wußte, daß ich das herstellen konnte, was sie brauchten. Es konnte nicht anders gelingen.»

«Aber gerade in Paris, mitten in all der Konkurrenz!»

«Ich habe etwas anderes zu bieten als die anderen: das gutsitzende, praktische, von der Modelaune unabhängige Kleid aus besten Stoffen und so günstig, daß die Sekretärin oder das Dienstmädchen es sich von ihrem Lohn kaufen kann.»

«Philanthropie?»

«Es genügt schon, nicht ausbeuten zu wollen. – Ich verdiene – »

Und nun erzählt sie mir, wie in den frühesten Eindrücken, in der revolutionären Atmosphäre der Nachkriegsjahre, in der Lehrzeit im Bauhaus, der Zweifel an der Gültigkeit des Bestehenden in ihr wach wurde und immer deutlicher wurde, als sie in der unabhängigen Stellung einer Berliner Moderedaktrice die Haute Couture in Paris und ihre Kopie in Berlin kennenlernte und ihrem Betrieb studierte. Als Zeichnerin kam sie mit der Konfektion in Berührung und mit allen, die für das große Feld der «Mode» arbeiten, entwerfen, erfinden und herstellten.

«Eine enorme Arbeitsleistung sah ich, in der Snobismus und Prestigefragen neben dem Verlangen, möglichst große Summen zu verdienen, eine große Rolle spielten. Nirgends aber erstrebte man das Ziel, den Frauen aller Stände so billig wie möglich die Gelegenheit zu verschaffen,

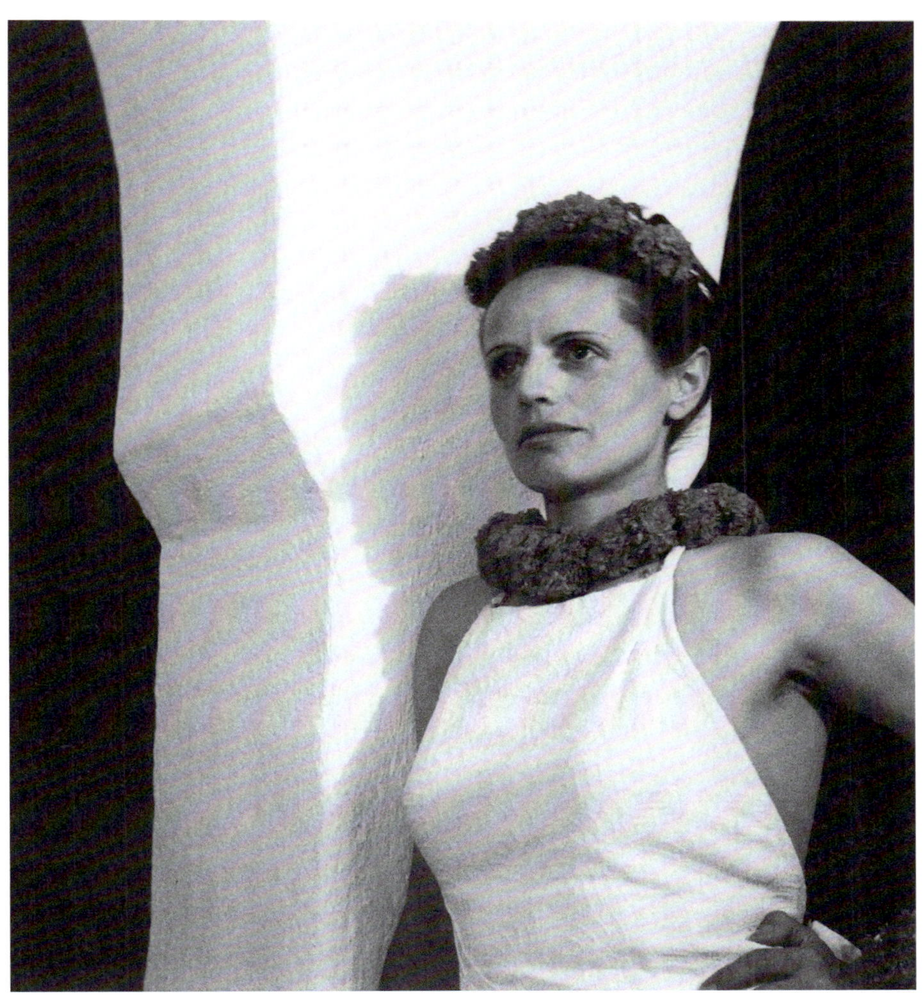

Renate Green, 1938

sich hübsch und gut anzuziehen. Die Haute Couture versorgt zu Preisen, die in nichts dem realen Wert von Material und Arbeitslohn entsprechen, die reiche Frau mit oft geschmackvollen und technisch tadellos gearbeiteten Kleidern. Ist aber die mondäne Frau die Sklavin des Modediktators, so befindet sich die Haute Couture auch in einer Zwangslage. Immer wieder muß sie neue Linien und Farben ersinnen, neue Parolen ausgeben, um das ‹Vorjährige› unmöglich zu machen, obgleich keine modern denkende Frau das Bedürfnis hat, in jeder Saison ihre ‹Silhouette› zu verändern, so wenig wie das, zu ihren Anproben durch Paläste zu laufen. Das Komplizierte, die mühevolle Handarbeit, das technisch überaus Schwierige sind Kunstgriffe um die ‹Exklusivität›, es koste was es wolle, durchzusetzen. Um 500 oder 600 Mark für ein Kleid fordern zu können und genug Kundinnen zu behalten, die solche Preise zahlen wollen, ist es nötig, eine Nachahmung fast unmöglich zu machen. Das ist kein reines Ziel.»

«Und die Konfektion?»

«Sie ist notgedrungen auch kompromittiert, solange sie auf die Unselbständigkeit der Frau spekuliert und ihr die Modeneuheiten der Haute Couture zu billigen Preisen glaubt liefern zu müssen. Ihr einziger Ausweg ist, am Material zu sparen. Einer kultivierten Frau ist mit schlechten Stoffen, billigen Knöpfen, Similischnallen aber nicht gedient. Sie wird sie als wesensfremd ablehnen.»

«Bleibt die geschickte kleine Schneiderin und die gute Modezeitschrift.»

«– und viel Zeit. Viel mehr Zeit als die tätige Frau übrig hat. Anproben, Besorgungen, Umtausch und nochmals Anprobe.»

Renate Green blättert in einem Stoß Zeichnungen: «Ich mache Kleider, die alle Frauen ohne Unterschied des Standes tragen können, die Bankiersgattin und die kleine Verkäuferin, die Herzogin und das Dienstmädchen.»

«Welche Katastrophe, wenn sie sich im selben Dreß begegneten!»

«Aber verstehen Sie doch, sie würden es nicht einmal merken. Meine Kleider sind ein Fond, der die Gestalt respektiert, der sie in schönen, klaren Linien umgibt. Ich rechne mit zwei oder drei, höchstens vier Typen von Frauen, mit denen, die entweder ein spitzer, ein runder oder ein viereckiger Ausschnitt kleidet. Alles, was ich verkaufe, ist in drei Größen zugeschnitten und geheftet. Das passende Garn, die passende Seide, Knöpfe oder Schnallen gehören dazu. Die arbeitende Frau braucht ihre Zeit nicht auf der Suche nach ‹Zubehör› zu vergeuden. Ist sie geschickt, so genügt eine sehr beschränkte Anzahl von Stunden, das Kleid oder den Mantel fertig zu machen. Zwischen ihrem Einkauf und dem Augenblick, an dem sie das Kleid tragen kann, braucht nur eine kurze Spanne Zeit zu liegen. Zieht sie aber vor, eine Mark und fünfzig Pfennig mehr zu opfern, so stecken wir ihr das Kleid hier nach ihrer Figur ab, so daß ihr wirklich nur das Nähen zu tun bleibt. Voraussetzung zu dieser Beschleunigung oder Verkürzung der üblichen Arbeitszeit ist ein genaues Erwägen des Entwurfes. Knopflöcher werden durch Schluppen ersetzt, das Einheften von Manschetten erspart durch ein Anknöpfen über dem Handgelenk. Die Ärmel meiner gestrickten Jumper können über den Ellbogen aufgerollt werden oder hinuntergestreift bis dahin, wo diese einzeln gestrickten Stulpen ihnen begegnen. Dieser Mantel ist so geschnitten, daß er die ganze Gestalt umwickelt und niemals, auch beim Chauffieren nicht, sich über den Knien öffnen kann, ein Träger hält ihn über der Schulter. All meine Kleider sind verwandlungsfähig. Es ist eine Probe auf die Vollkommenheit des Schnittes, wenn einem Kleide gewissermaßen alles ‹steht›: der große Capekragen, der schmale Schal, die kurze Schleife oder nur das Kettenkollier und die Lackstulpen. Wollte eine Frau ein buntes Kattuntuch um den Hals dieses Kleides knüpfen, es würde noch immer, falls sie es nur mit Chic tut, nicht ‹pover› aussehen. Davor schützt es schon die Qualität des Stoffes.»

Und sie erzählt mir von der Abmachung mit dem berühmtesten Stofffabrikanten von Paris, der in jeder Saison «neueste» Muster für die Haute Couture weben läßt, und Renate Green, überzeugt vom Erfolge ihres Unternehmens, ganz besondere Vorrechte bei seinen Ausverkäufen einräumt. Das einzige Mannequin des Hauses ist gekommen und führt ohne Prätention und Maskenlächeln Kleider, Mäntel, Pyjamas und Tailleurs vor. Alle haben einen überzeugend «natürlichen» Stil, alle entsprechen dem Zweck, viele haben Neuheiten praktischer Natur: Spalten, durch die Gürtel geschlüpft werden. Halsausschnitte, die durch Einbiegen oder Aufklappen sich variieren lassen, angeschnittene Schalteile, die so oder so zu drapieren sind. Stoffe in schönen sanften Farben und weichem Fall reicht man mir zu, wir spielen mit den Ketten und Gürteln und Taschen, die alle einfach, schön und praktisch sind und so billig. – Hier ist kein Ding, das nicht seinen Sinn hätte.

«Und aus welch einer Art von Frauen besteht Ihre Kundschaft?»

«Ich muß Ihnen bekennen», sagt Renate Green beinahe verlegen, «daß ich mich gründlich geirrt habe. Meine Entwürfe waren für die einfachsten Frauen bestimmt, für Verkäuferin und Arbeiterin. Ein einziges Mal kam ein Dienstmädchen zu mir. Die Helle in meinem Atelier, die Stahlmöbel, irgend etwas in der Atmosphäre hat sie wohl verwirrt. Trotz der Verlockung für ein Drittel des Preises den sie in einem Warenhaus zu zahlen hätte, ein Maßkleid aus gutem Stoff zu bekommen, ist sie wieder weggelaufen. Ich habe daraufhin beschlossen, Prospekte in Fabriken verteilen zu lassen. Ich werbe um mein Publikum, um die große Masse.»

«Nun und vorläufig?»

«Ja», sagt sie, «es kommen die Verwöhnten, die Selbständigen, die Klugen, Gebildeten, Künstlerinnen, Filmschauspielerinnen, lauter schlanke junge Frauen, die mit der Mode Bescheid wissen. Die meisten verstehen sofort, worauf es mir ankommt, und sind wirklich sympathisch. Sie kaufen zwei oder drei Sachen, kommen in einer Woche wieder, und kaufen noch mehr, und dann schicken sie mir alle ihre Freundinnen.»

[Für die Frau, 24. Januar 1932]

Einfachheit auch in der Mode

Es ist durchaus nicht erstaunlich, aber wert, immer wieder konstatiert zu werden, daß die Mode mit dem Weltgeschehen in ganz enger Fühlung steht. Im Rückblick auf vergangene Epochen wird niemand an dieser Wahrheit zweifeln, da die Mode aber ihrer Natur nach keine abwartende Haltung annehmen kann, da sie nicht nur der Jahreszeit, sondern auch der «Zeit» immer einen Schritt voraus ist, kann man dem Ausdruck, den sie der Erscheinung der Frau in der Gegenwart gibt, künftige Strömungen ablesen. Die Ausbreitung der «Krise», der «crise mondiale» bedroht naturgemäß auch die «Haute Couture» in immer größerem Maße. Ihr Einfluß äußert sich augenscheinlich in einer Neigung zu besonders rationeller Einfachheit. Die gut angezogene Frau trägt am Tage und bis spät in den Nachmittag Kleider, deren Chic in nichts anderem besteht, als in ihrem «vernünftigen» Schnitt, ihren den Wuchs erhöhenden knappen Proportionen und der lebendigen Schönheit der leichten, weichen Stoffe. Diese Beschränkung aber, in die sie willigt, anstatt zum traurig Uniformen zu verleiten, öffnet wie durch Magie allem individuellen Sinn für das dekorative farbenfrohe Detail Tor und Tür. Schon seit Jahren nicht genügte eine so geringe Anzahl von Kleidern, um eines der Ideale der Mode, das nämlich, die Frau immer neu und überraschend erscheinen zu lassen, zu verwirklichen. Das moderne Gefühl für den Reiz des Wandelbaren, das unsere Wohngesetze so erneuert hat, daß die «Flucht» von Räumen,

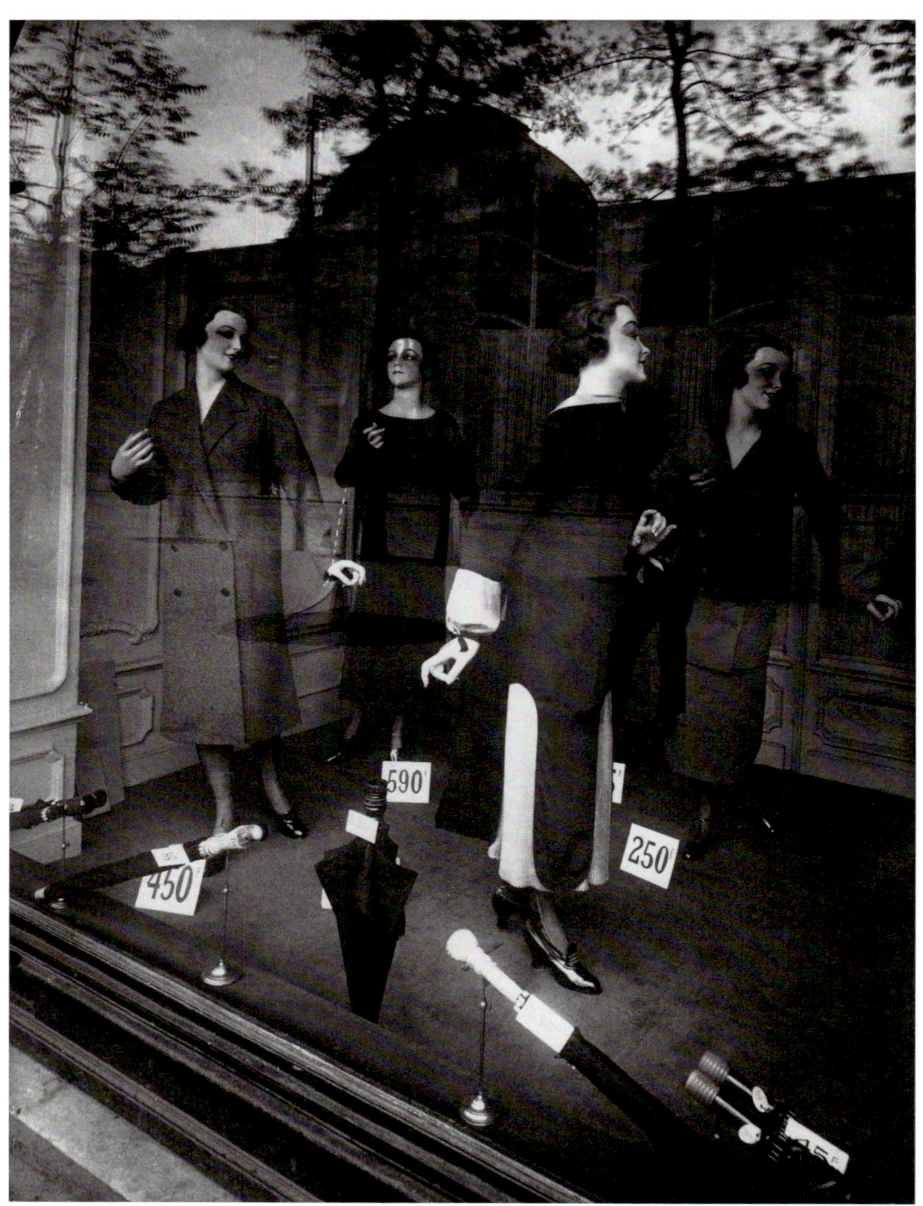

Eugène Atget: Pariser Schaufenster

deren jeder einer Bestimmung diente, einem Zweck nur entsprach, uns heute fast unerträglich «stabil» erscheint und wir den Raum, den wir täglich und stündlich umgestalten können, weit lebendiger, intimer, spielender und leichter bewohnen; dasselbe Gefühl beherrscht auch die Mode. Eine Frau von heute, die mehr Kleider als Hüte besäße, ist fast nicht denkbar. Tatsächlich sind unsere Kleider umso richtiger, je mehr sie Gelegenheit geben oder Möglichkeiten offen lassen, ihnen immer neue Aspekte zu geben. Ein Beweis für diese Behauptung ist der neue Ausgleich zwischen den seidenen und wollenen Stoffen. Fast alle neuen Wollstoffe für das Frühjahr sind einfarbig und außerordentlich schmiegsam, fast alle Seidenstoffe vermeiden den Glanz und betonen den matten, spröden Schimmer. Die Unterscheidung «Seide» oder «Wolle» bestimmt nicht mehr den Zweck des Kleides, beide haben sich zusammengetan und erweitern damit die Möglichkeiten.

Weiter: Seit man die «Silhouette» stabilisiert hat, das heißt, seit die natürliche Gestalt der Frau nicht mehr verkleidet, sondern bekleidet wird, fehlt der Mode ein weiterer Vorwand zu geheimnisvoll komplizierendem Raffinement. Es gibt eine gemeingültige Form, die Anpassung an das Gegebene läßt phantastische Variationen nicht zu. Diese Vereinfachungen aber, weit entfernt, Anzeichen von beginnender Resignation oder Neigung zur Monotonie zu sein, sind vielmehr die Voraussetzung des lebendig Neuen, der Lust an der Komposition. Die Frau ist der Diktatur des Modehauses für den Augenblick entwischt, oder, pessimistischer gesagt, die Mode überläßt der Frau für eine Weile die Initiative. Sicher ist, daß, seit Jahren nicht, bei so wenigen unumstößlichen Vorschriften, soviel Appell an den eigenen Geschmack der Frau ergangen ist. Sie kann Locken tragen oder einen freien Nacken; ist es auch erwünscht, daß der Haaransatz an Stirn und Schläfe sichtbar sei, so kann die «Windstoß»-Frisur ihn doch auch verdecken. Alle Hüte, die die linke Seite des Kopfes freigeben, sind zugelassen, die Barette mit den Federchen, die Toque mit Blumen, der aufgerollte Strohsailor, der breitrandige, ein wenig männliche Filzhut – alles ist möglich und zwar mit ganz geringen Einschränkungen zum selben Kleid oder, wenn man will, zu allen Kleidern, die man besitzt. Eine Wechselbeziehung scheint eingetreten, fast gibt es kein Einzelnes mehr. Das Kostbare ist zur Lächerlichkeit geworden, falls es sich nicht zu verständigen versteht – der luxuriöse Pelzmantel ist fast ganz aus dem Bilde der Straße verschwunden, mutet er nicht pompös und veraltet an, ist nicht das anspruchslose Fohlenjäckchen viel eleganter? Alles, was einen «Einfall» verrät, gefällt, das praktisch Originelle ist in Mode. Nicht als sei nun alles und jedes erlaubt – das Zufällige ohne Verantwortlichkeit Gewählte und Getragene bleibt nach wie vor Feind der rechten Eleganz – aber all die neuen Arten einen Schal zu tragen, vorn zu einem Zopf geflochten, rückwärts schmal geknotet, auf der Schulter geknüpft, auf der Brust zur Schleife geschlungen – all die neuen Farben und Farbenzusammenstellungen, die sich durchaus nicht nur auf die Modenuancen beschränken, – um die Vielfalt der möglichen Stoffe von Jersey bis zum Pelz, sind schon imstande, der «Frau im Tailleur» die pikante Frische zu geben, den Eindruck der Erneuerung, der Einmaligkeit wachzurufen, der eins der Zaubermittel ist, mit denen die Mode in ihren Bann zwingt.

[Für die Frau, 7. Februar 1932]

Frühlingshüte

Wenn man Madame Agnès «zeigt», ist die enge Rue St. Florentin gegen 3 Uhr nachmittags fast unpassierbar. Die Reihen der an- und abrollenden Autos verwickeln sich mit den Weg versperrend haltenden zu zuckenden Knoten. Uneingeweihte Eilige schimpfen über die schlechte Verkehrsordnung, die längst zur Maßnahme der Einbahnstraße hätte schreiten sollen, und machen sich in ihrer Passantenahnungslosigkeit geradezu lächerlich. Hier, wo auf hundert Meter Pflasterlänge drei der wichtigsten, die Mode Europas und Amerikas bestimmenden Institute liegen: Patou, der Napoléon unter den Schneidern, *Jardin des Modes,* das staatserhaltende Presseorgan, und Madame Agnès, deren Einladung wir folgen, hier muß, koste es, was es wolle, die Anfahrt von beiden Seiten erhalten bleiben – das sieht selbst die Polizei ein und fügt sich der höheren Gewalt.

Alt ist das Haus, halbdunkel die Treppe, ohne jeden Prunk der Vorraum, kahl der schmale Saal mit den gardinenlosen Mattglasscheiben, golden und liliengeschmückt das Boudoir der Herrin des Hauses, das sie heute dem Publikum öffnet. Schon ziehen blaue Rauschschwaden von Raum zu Raum, das Begrüßungsgeschwätz, in dem die deutschen Laute aufklingen, wird immer lebhafter, Madame Agnès hat die Runde gemacht, hat hier und da ihr hübsches, so sorgfältig soigniertes Köpfchen vorgestreckt oder aufgerichtet, um den Doppelkuß mit den Intimen des Hauses auszutauschen, diesen Kuß auf die Wangen, den man als Kind gelernt haben muß, um ihn so taubenlieb auszuführen, so unbeteiligt, so manövergewandt – da wird es still.

Das Haus begnügt sich mit zwei Mannequins, mit Recht, denn die kleine Minute, die der Hutwechsel hinter den Kulissen erfordert, gibt der Vorführung gerade genug Atempause. Mademoiselle Charlotte hat schwarze «coup de vent»-Strähnen, ein kleines pikantes Gesichtchen, flatternde Wimpern; rötliche Ohrläppchen zwischen blonden Kringellocken lassen der Kollegin durch Schüchternheit gebändigtes Temperament erraten. Trotz ihrer hübschen Zwillingstracht, Puffärmel und rückwärts gebundenes Fichu aus weißer Häkelspitze zum schwarzen Kleid, fehlt dem Gang dieser beiden die beherrschte Grazie der Couture-Mannequins, fast bleiben Knöchel, Hüften und Arme im Schatten des «Privaten» vor lauter Konzentration auf Hals, Locken, Näschen und Stirn.

Wollte man noch an der Wichtigkeit zweifeln, die dem Hute zukommt, so müßte vor dem Schauspiel, dem wir jetzt beiwohnen, das letzte Bedenken schwinden, wandeln doch hier vor unseren Augen beide, die Blonde und die Brünette, das Thema ihres Gesichtes von Minute zu Minute ab in vielen überraschenden und doch überzeugenden Variationen, zaubern sie uns doch die Illusion eines Klimas, einer Situation, einer Disziplin oder Unbekümmertheit vor, die sich durch nichts anderes erklären läßt als eben durch die Linien dieser Gebilde aus Stroh und Stoff durch eine aufgebogene Kurve, eine schattende Krempe. –

Was wird man tragen? – Drei Arten von Hüten, die jede auf ihre Weise das Prestige des eingeschrumpften schiefen Käppchens bedrohen. Nicht, als sollte ein radikaler Umschwung stattfinden, mit so brutalen Mitteln geht die Mode nicht zu Werke, die Hüte sind noch immer klein, aber sie haben sich aus allzu verwegenem Winkel aufgerichtet, und viele entfernen sich in ihrer Achse nur noch um ein Geringes von den anatomischen des Kopfes und überlassen es der Krempe, das Gesicht mehr oder weniger schräg zu rahmen.

Der Krempe – damit ist das entscheidende Wort gesprochen: Die Hüte sind keine Kappen mehr, sie haben einen Rand, und es versteht sich nun von selbst, daß aus dem Spiel mit seinem Schwung, seiner Breite und seiner Richtung eine Unzahl von Möglichkeiten verwirklicht werden.

Die jugendlichste Form nähert sich dem Vorbild des kindlichen Matrosenhutes. Seine Krempe ist ringsum in sanft gewölbter Rundung aufgebogen. Wie ein Heiligenschein liegt sie um den Kopf der Blonden, neigt ein wenig nach rechts hinab und trägt als einzige Garnitur ein winziges Silberschleifchen, das haftet wie ein Schmetterling an seinem oberen Rand. Drüben, des anderen Krempe, faßt ein blauer Streifen ein, der mit der Schleife im Nacken harmoniert. Diese runde Canotierform aus blankem oder mattem Stroh ist entzückend in ihrer Einfachheit und paßt zum Tailleur, zur Bluse, zum Schal – kurz, zu dem unkomplizierten Chic, den wir so gern tragen. Sie hat nur einen Fehler, den, allen jungen Gesichtern so kleidsam zu sein, daß wir sie bald überall sehen werden, auch da, wo sie nicht am Platze ist.

Weniger von absoluter Jugend abhängig ist die flach aufgebogene Krempe, die dem Hut eine Toquewirkung gibt. Sie deckt den Nacken und das rechte Profil. Ein roter kleiner Hut dieser Art aus dichtgekrepptem Marocain, der jetzt gerade unter vielem Beifall vorüberspaziert wird, ist auf der Höhe des Kopfes wie ein Beutel zusammengezogen, dessen Schnurre in einer Flügelschleife spitz nach oben sticht. Alle Hüte mit einseitig aufgebogenem beschatten noch immer das rechte Auge und geben die Locken des linken Profils und des Nackens frei, aber – der Schwung ist gemäßigter, die Reaktion ist unleugbar da und wird noch augenscheinlicher an den kleinen, durch Nackengarnituren leicht nach vorn geneigten Strohhüten, farbigen Schäferinhütchen, die mitten über der Stirn mit Blumen garniert sind, Feldblumensträußen, Hyazinthen, Kornblumen, ja selbst Tulpen, deren Stengel und Blätter von schmalen Schleifen überbunden sind. Ihr leicht gebogener Rand breitet einen Schatten über beide Augen und lüftet sich über dem linken nur so viel, um Schläfen und Locken aufdämmern zu lassen und rückwärts die Schleifen, die in Flügeln die Innenkrempe bekleiden. –

Und das Material? – Viel Stroh und Strohlitzen mit Wolle gemischt, Panamapapier in gezackten und gestreiften Zusammenstellungen, gewachstes in sich schattiertes Band, Grosgrain für die steilen Schleifen, gehäkelte Spitzenschleifen auf schwarzen Picothüten, Florentinerstroh mit dem goldenen Ernteschimmer, gehäkeltes, halbtransparentes Strohpapier, realistische Blumen der ländlichen Arten, Sumpfdotterblumen, Gänseblümchen, Kornblumen in leuchtenden Tuffs, zwischen denen die blassere nicht fehlt, überhaupt viel Blau der Modefarbe entsprechend, Rot, da es gut mit ihm harmoniert, ein kräftiges Grün zu dem neuen Beige und Grau, Federn nur hier und da für den «angezogenen» Nachmittag.

Der abendliche Turban aus drei Tönen gewachster Peau d'Ange – diese Ausnahme muß erwähnt werden – bleibt der sehr aus dem Gesicht gerückten, schrägen und randlosen Linie treu: das Profil der dekolletierten Frau, das linke, dem Begleiter zugewandte, ist nackt bis an die Schläfen, bis an die Wurzel der Haare.

[Für die Frau, 25. März 1932]

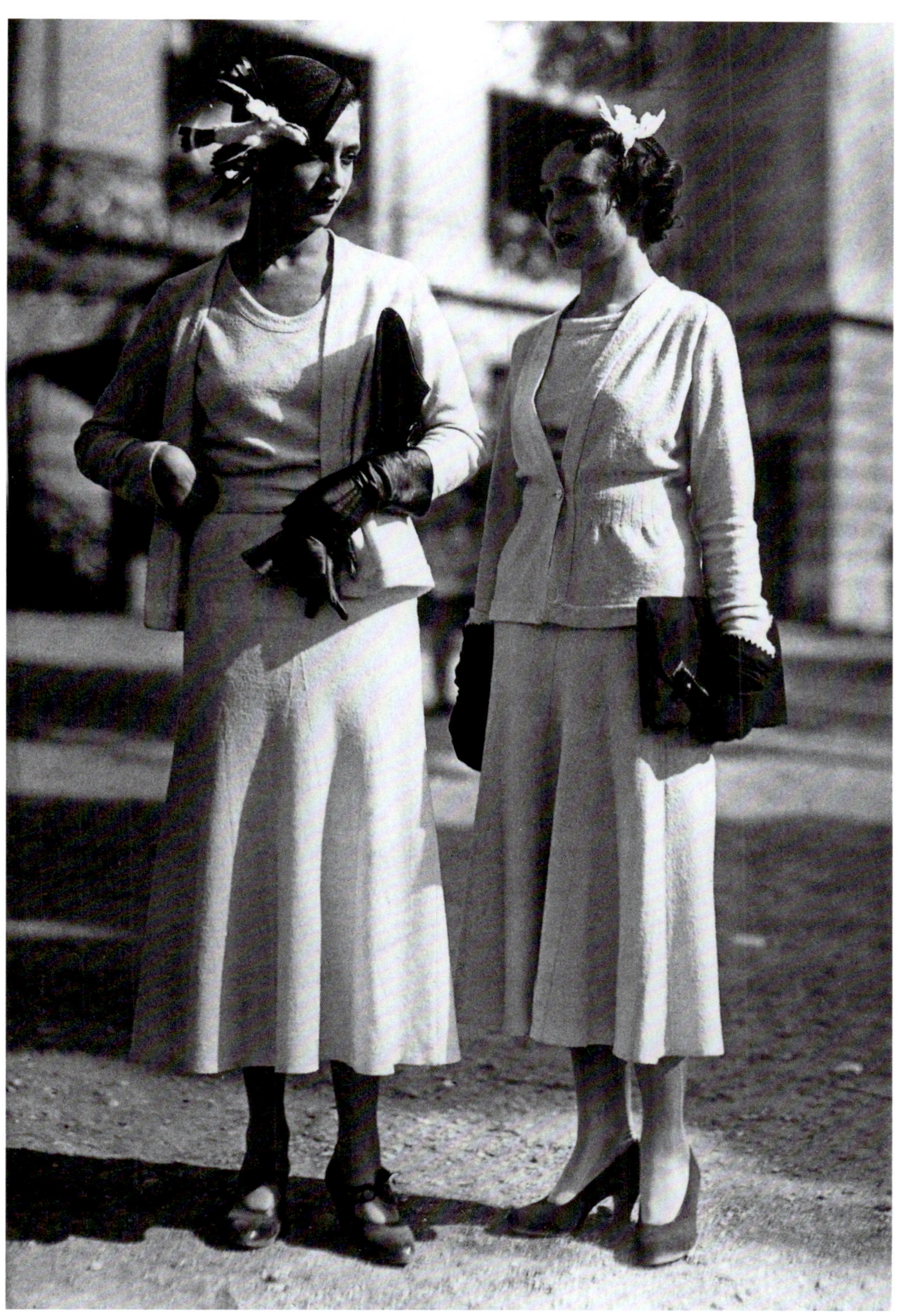

Pariser Frühjahrshüte, 1931

Marcel Rochas (links) mit Mannequin

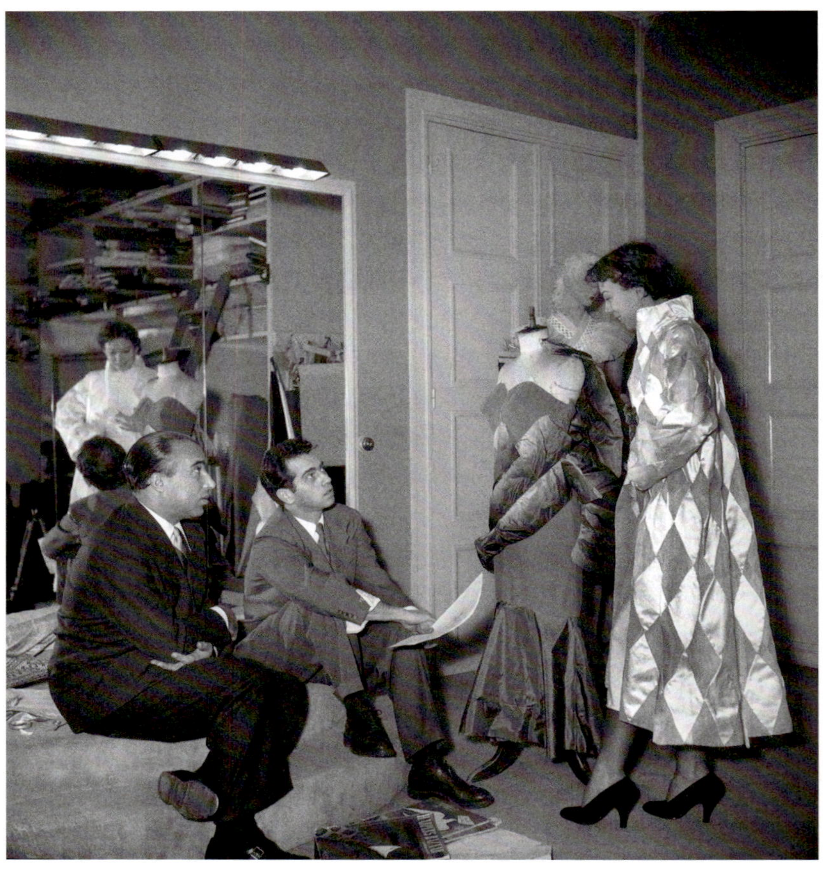

«Spaßig» oder «klassisch»?

Es ist nicht leicht möglich, dem Uneingeweihten eine Vorstellung von dem Zeremoniell zu machen, mit dem die großen Modeschöpfer ihre Beziehungen zur Außenwelt und im besonderen zu einander regeln. Es ist ein Resultat der Bedeutung, die sie sich selbst und ihrem Metier zumessen. Die Aufgabe, die «Eleganz» schlechthin, das Vorbildliche zu schaffen, an dem sich alle orientieren, kann – das sehen wir ein – nicht verantwortlich genug genommen werden. Ist zwar die erste Absicht nur die, der internationalen Gemeinschaft gepflegter und verwöhnter Frauen neue Möglichkeiten zu liefern, ihre Schönheit zur Geltung zu bringen, so sind die Konsequenzen dieser Tätigkeit, ohne daß wir dabei ins Phantastische abzuschweifen brauchen, ganz ungeheure. Der Wechsel der Mode schafft unweigerlich neue Schönheitsideale, die in unvorherzusehender Weise Kunst und Lebensgefühl beeinflussen. Im Reigen der Mode um das «Ewig-Weibliche» spiegelt sich das Kreisen der Menschheit um die Probleme des Daseins, an dem wir alle Teil haben.

Wir sind also durchaus geneigt, die Schöpfer der Mode in Anbetracht ihrer Bedeutung auch in denjenigen ihrer Gewohnheiten gelten zu lassen, die uns auf den ersten Blick befremden. Läge es nicht in ihrem Interesse, so fragen wir uns, da sie doch wissen, daß nur ein Bruchteil der aus hunderten von Modellen bestehenden Kollektionen wirklich «Erfolge der Saison» werden, sich in regelmäßigen Zusammenkünften über ihre nächsten Absichten zu verständigen, Richtlinien, sei es auch noch so lose, zu fixieren, um das Allzuviel, das Tastende auszuschalten? Fürchten sie die Konkurrenz? – Ein Thema ist unerschöpflich, nur seine Behandlung entscheidet über den Wert. Glauben sie den vielerlei Ansprüchen, die auf der Vielfalt der weiblichen Temperamente beruht, nicht genug bieten zu können? – Die beste Antwort auf diese Fragen war so formuliert: Einer Vorführung gleichmäßig guter Kreationen fehlt es an dem Reiz, Widerspruch zu erregen. Die banalste Antwort lautete: Ich bin mit eigenen Ideen viel zu intensiv beschäftigt, um Zeit für die der anderen zu haben. Banal, da diese Auskunft die Tatsachen des glühenden Interesses unterschlägt, mit dem die «Großen» sich über die Schöpfungen der anderen «Großen» unterrichten, Interesse, das umso eifriger ist, als es sich unter einem Deckmantel von Gleichgültigkeit zu verbergen hat. Es ist nicht allgemein bekannt, daß ein schweigend akzeptiertes Gesetz es verbietet, daß Einer oder Eine, die zur Gilde gehören, die Vorführung eines anderen «Hauses» besucht. Wollte man aber daraus folgern, der Einzelne glaube wirklich, für sich bestehen zu können, einen unabhängigen Diktatorposten erobern zu können, so käme man zu völlig falschen Begriffen. In der jedesmaligen Spannung des Konkurrenzkampfes liegt der Stachel, das Äußerste zu leisten; daß die Parole selbst der Intuition des Schaffenden zu finden überlassen ist, macht seine Version überzeugend.

Aus dem Abstand, den die führenden Männer und Frauen der Modeschöpfung zueinander innehalten und der sich als kluge Maßnahme bewährt hat, erklärt sich auch die Toleranz, mit der sie sich gegenseitig beurteilen. Kritische Äußerungen? So energisch sie von den «outsiders», dem Publikum und der Presse vorgebracht werden, die imstande sind, den Ruf eines Hauses ernstlich zu bedrohen, nie hört man sie von einem «Rivalen». Das Äußerste an Mißbilligung liegt etwa darin, die Veröffentlichung von Zeichnungen und Photos der Modelle nur unter der Bedingung zuzulassen, daß sie nicht mit denen dieses oder jenes Hauses auf der gleichen Seite erscheinen. Wird dieses Gesetz, gegenseitige Duldung, gegenseitige Achtung an den Tag zu legen, einmal übertreten, so fällt eine solche Ausnahme umso mehr auf. Als Patou in einem der Vorworte, die seinen Katalog begleiten, sich erlaubte, mit sehr durchsichtiger Bescheidenheit zu klagen, es fehle ihm unbedingt an Humor, den er an manchen seiner Kollegen bewundere, die imstande seien «drollige» Strandkostüme zu erfinden – er selbst könne sich leider ähnlicher Einfälle nicht rühmen, da er von der altmodischen Vorstellung nicht loskäme, daß der Reiz einer gutgewachsenen Frau auch anders zur Geltung zu bringen sei, als durch Pyjamas oder Badeanzüge, die zum Lachen reizen –, damals gab ihm wohl mancher recht, im allgemeinen war man aber über die Keckheit dieser Bemerkung, die einem Angriff ähnlich sah, leicht schockiert. In der Tat hat die Frau seit einer Reihe von Jahren die Wahl zwischen dem «Spaßigen» und dem «Klassischem», wenn sie sich für ihre Strandgarderobe entscheidet. In der Gegenüberstellung von Beidem glauben wir, auch ohne uns kritisch zu äußern, der Leserin den besten Hinweis zu geben – und wirklich: Ein Strandbild, in dem nichts den Widerspruch herausforderte, fehlte ihm nicht ein unerläßlicher Reiz?

[Für die Frau, 3. Juli 1932]

Deutsche Mode in Paris

Ein zweites Gespräch mit Renate Green

Als wir vor einem Jahr von den Anfängen des Hauses Ré-Sport berichteten, indem wir ein Gespräch mit der jungen Deutschen wiedergaben, die aller Warnungen ungeachtet in Paris, dem Zentrum der Mode, ein eigenes Schneideratelier aufmachte, erhielten wir Zuschriften aus dem In- und Ausland von überall dorther, wo Deutsche unsere Zeitung lesen. Das Interesse galt vor allem den sozialen Prinzipien, auf denen das neue Unternehmen sich gründete.

«Ich fürchte keine Konkurrenz», hatte Renate Green gesagt, «was ich zu bieten habe, ist das, was die Frau braucht und doch nirgends noch findet, das Zeitgemäße, das Rationelle –»

Heute sitzen wir wie damals einander gegenüber in dem gleichen hellen, hoch über dem Friedhof von Montparnasse gelegenen Atelier, durch dessen Fenster man Türme und Kuppeln von Paris ragen und glänzen sieht.

«Sind Sie zufrieden, Renate? Haben sich Ihre Pläne verwirklicht? Ist die große Masse, für die Sie arbeiten wollten, sind die Tausende von Fabrikarbeiterinnen, kleinen Angestellten, Verkäuferinnen, Beamtinnen zu Ihnen gekommen? Tragen sie die Kleider aus guten Stoffen, die sinnvoll zugeschnittenen, lustig verwandelbaren, die Sie für diese bescheidensten unserer Schwestern entworfen hatten und zu so billigen Preisen herstellen konnten, daß niemand mehr in plundriger, häßlicher Kleidung zu leben brauchte?»

«Ich habe mich geirrt», sagt sie und sieht mich mit ihren klaren Augen voll an. «Eine Weile, solange bis ich die Zusammenhänge begriff, war ich ganz einfach ratlos. Das Problem, das ich gelöst glaubte, der hart arbeitenden, um ihre Existenz kämpfenden Frau die Sorge um ihre Kleidung in eine Freude an ihrer Kleidung zu verwandeln, war so verwirrend wie zuvor. Sie lehnte ab, was ich ihr anbot, nicht weil es ihr zu teuer war, sondern weil es ihr nicht gefiel. Sie fand es häßlich. Sie findet es noch heute häßlich. ‹Haben Sie nichts, das etwas weniger arm aussieht?› fragte man mich, wenn man nicht ganz verstummte. – Die zugeschnittenen Kleider fanden in Paris gar keinen Anklang. In der Provinz führten sie sich langsam ein. Ich suche eine Erklärung dafür, ohne eine vollgültige zu finden. Mangel an Zeit? Waren die wenigen Stunden nicht zu erübrigen, die man brauchte, ein paar Nähte zu nähen? Waren vielleicht die Frauen, die ihre Kleider selbst zu nähen bereit waren, nicht geschickt genug, sie zuzuschneiden? Mochten die anderen nicht einmal den Versuch wagen? Die Tatsachen bewiesen mir, daß ich mich geirrt hatte, aber ich konnte den Glauben an meine Idee doch nicht aufgeben. Inzwischen hatte ich so viel mit denen zu tun, die mir von den ersten Besucherinnen zurückgeschickt wurden und die ihrerseits wieder neue Kundinnen brachten, daß ich mehrere Arbeiterinnen dazu engagieren mußte. Da kamen sie nun tagaus, tagein in ihren armseligen Seidenfähnchen, die immer ‹etwas dran› hatten, einen Spitzeneinsatz, einen garnierten Kragen, Volants oder bunte Knöpfchen, um den Hals einen Similischmuck, nähten Kleider, die sie ‹nicht besonders› fanden, und wunderten sich, daß sie den ‹Damen› gefielen. Lange habe ich mich gewehrt, diese ‹Damen›, diese Intellektuellen, Künstlerinnen, verwöhnten Frauen als das Publikum zu betrachten, das so recht eigentlich das meine wäre. Die meisten von ihnen gefielen mir zwar, sie verstanden ohne weiteres, worauf es mir ankam, waren geschmackvoll, einige regten mich durch Anspruch und Vorschlag zu neuen Ideen an. Eine Architektin bat mich, ihr ein Kleid zu entwerfen, in dem sie den ganzen Tag auf dem Bau herumklettern könnte und doch im Büro angezogen wirkte. Eine amerikanische Journalistin, die einen offenen Wagen fuhr, wollte eine lose Hülle, ihre hellen Sommerkleider vor Staub und Regen zu schützen, eine ärmellose, die doch den Armen volle Bewegungsfreiheit ließe. Solche Probleme machten mir die größte Freude.

Meine Strandpyjamas mit den bunten zusammengeknüpften Tüchern, die die Brust deckten und den Rücken freiließen – es war eine so einfache Idee – wurden zu vielen Dutzenden bestellt. Die durchreisenden Amerikanerinnen kamen in Scharen. Vor meinem Hause fuhr ein Auto nach dem anderen vor. Ich empfing auch Besuche von Kommissionären, englischen, holländischen, amerikanischen, die meine ‹Collection› zu sehen wünschten und sich wunderten, daß ich nur gelegentlich ein Mannequin beschäftigte. ‹Ich habe andere Ambitionen als die Haute Couture›, sagte ich einem, der, wie mir schien, mißbilligend den ‹komischen› Betrieb ansah. Später hat gerade dieser mir wertvolle geschäftliche Ratschläge gegeben. Er hat mich dazu veranlaßt, mich dem Rhythmus der ‹Haute Couture› anzupassen. Ich zeige nun jeden Tag meine Modelle, habe drei Mannequins, lade viermal im Jahr die Presse zu den Erstaufführungen ein und sorge dafür, daß die Cocktails, die vorgesetzt werden, sehr gut sind.

Im übrigen hat man mir bestätigt, was ich inzwischen selbst begriffen hatte. ‹In Frankreich›, sagte mir eine berühmte Kollegin, ‹sieht eine Gesellschaftsklasse das Ideal noch immer in den Lebensformen der zunächst höher Rangierenden.› Die Waschfrau möchte wie eine Ladenbesitzerin aussehen, diese wie ihre Kundin, die gutsituierte Bürgerin, und so fort bis zu den Verwöhntesten, die ihrerseits – und dies ist das Interessante – schon längst nicht mehr dem Begriff entsprechen, den sich die Nachahmenden von ihnen machen. Es gehört Kultur dazu, das Einfache zu lieben.»

[Für die Frau, 19. Februar 1933]

Junge Kleider

Im Modejargon bezeichnet das Wort «jung» nicht etwa den Gegensatz zu alt. Es will nicht ausdrücken, daß ein Kleid seine Trägerin jung oder gar jünger als ihre Jahre macht. «Jung» ersetzt heutzutage das Wort «chic». Es ist ein besonderes Genre der Eleganz, das von den Mädchen und Frauen aller Altersstufen getragen werden kann, deren Gestalt schlank und beweglich ist. Jung, in diesem Eigenschaftswort – so wie die Mode es anwendet – vereint sich eine Reihe von Qualitäten, es bedeutet gleichzeitig frisch, lebendig, farbenfroh, einfach, doch nicht ohne eine gewisse Keckheit der Erfindung, überzeugend auf den ersten Blick – und es bezeichnet den Gegensatz von pedantisch, kostbar, kompliziert. Unsere Bilder zeigen ein paar für die neue Frühjahrsmode typische Modelle, die verdienen jung genannt zu werden. Am augenscheinlichsten «neu» ist das Ensemble aus schwarzer Wolle, dessen Jäckchen – oder sollen wir es Schoßweste nennen – die schottisch karierte Bluse überschneidet, nicht aber verdeckt. Solche schmalen Andeutungen von Jacken sind ein Kunstgriff der Mode um die Zweiteilung von Bluse und Rock, die nie für «straßenfähig» gilt, mit einem Mindestmaß an Aufwand «angezogen» zu machen. Die Möglichkeit, den Anzug durch verschiedenartige Blusen zu verwandeln, entspricht unserm Bedürfnis nach Abwechslung, dem die Mode immer mehr entgegenkommt. Besonders häufig werden wir aber in diesem Frühjahr doch alle klein- und großkarierten Muster sehen.

Auch das lose Jäckchen aus dicker, weicher Wolle wirkt vor allem durch sein kariertes Muster, das zwar durchaus keine «Neuheit» ist, sondern vielmehr das klassische «Karo», durch das es den Karikaturisten des vorigen Jahrhunderts so leicht fiel, den reisenden Engländer kenntlich zu machen. Es hat noch immer einen sportlichen Charakter. Dieser kleine Bolero macht beinahe den Eindruck eins Babyjäckchens, so komfortabel und bequem sitzt es um die Schultern, so weich ist sein loser Stehkragen, so naiv wird es von seinen großen Doppelknöpfen in der Mitte geschlossen – und hat doch trotz aller betonten Einfachheit sehr viel «Stil».

Eleganter, aber durchaus nicht komplizierter ist der Frühjahrsanzug aus diagonalgerippter Wolle, zu dem eine kurzärmelige Fellweste gehört, die man in der wärmeren Jahreszeit durch eine leichte Bluse ersetzen kann, am besten, der Mode entsprechend, durch eine farbige und zugesprochen dunklere als das Graubeige des Kostüms. Das glockige Cape, das bis zur Hüfte reicht, hat eine Mittelnaht im Rücken und zeigt vorn seine ungesäumte Webekante.–

Ein Mantel aus leichter brauner Wolle, ein hellblaues Crêpe de Chine-Kleid – die farbige Zusammenwirkung ist umso hübscher, als der schmale Mantel das Kleid niemals ganz deckt. Eigentlich ist er nichts weiter als ein Cape, das noch nicht einmal bis zum Ellbogen reicht und nur im Rücken mit dem Rockteil zusammenhängt, der eng und gerade geschnitten, vom Gürtel bis zur Taille gehalten, vorn offen ausfällt. Das Braun und Hellblau vereinigen sich am Ausschnitt zur Schleife. Alles in diesem Ensemble ist auf den Eindruck des Spielerischen, Leichten, Frühlingshaften hin komponiert. Alles Strenge und Steife ist vermieden. Und während wir diese neuen Schöpfungen ausgesprochen «junger» Kleider noch einmal überblicken, fällt uns ein Gemeinsames auf, das nämlich: Ihr besonderer Eindruck mag auch darauf beruhen, daß sie auf den Reiz des «Ausgewachsenen» anspielen. So sehr ist das belastende, pedantische Zuviel vermieden, daß nun eine Jacke nur noch ein schmaler Westenstreifen ist, daß eine Pelzjacke kurze Puffärmelchen hat, eine Sportjacke nicht über der Brust kreuzt, und ein Frühjahrsmantel kaum mehr ist als ein drapiertes Schultertuch und ein schmales Röckchen, das beim Schreiten auseinanderflattert.

[Für die Frau, 8. April 1933]

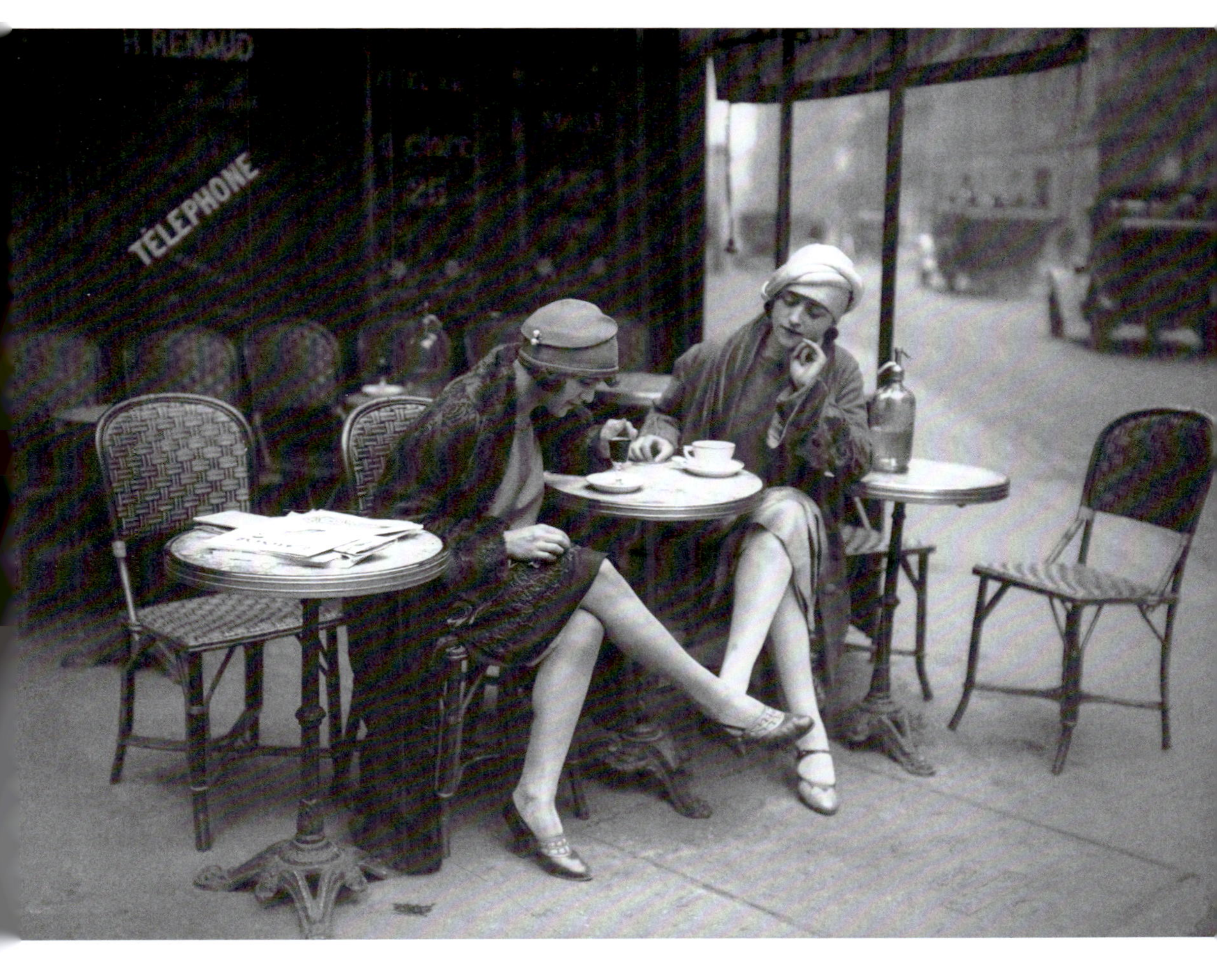

Pariser Straßencafé

1933–1938

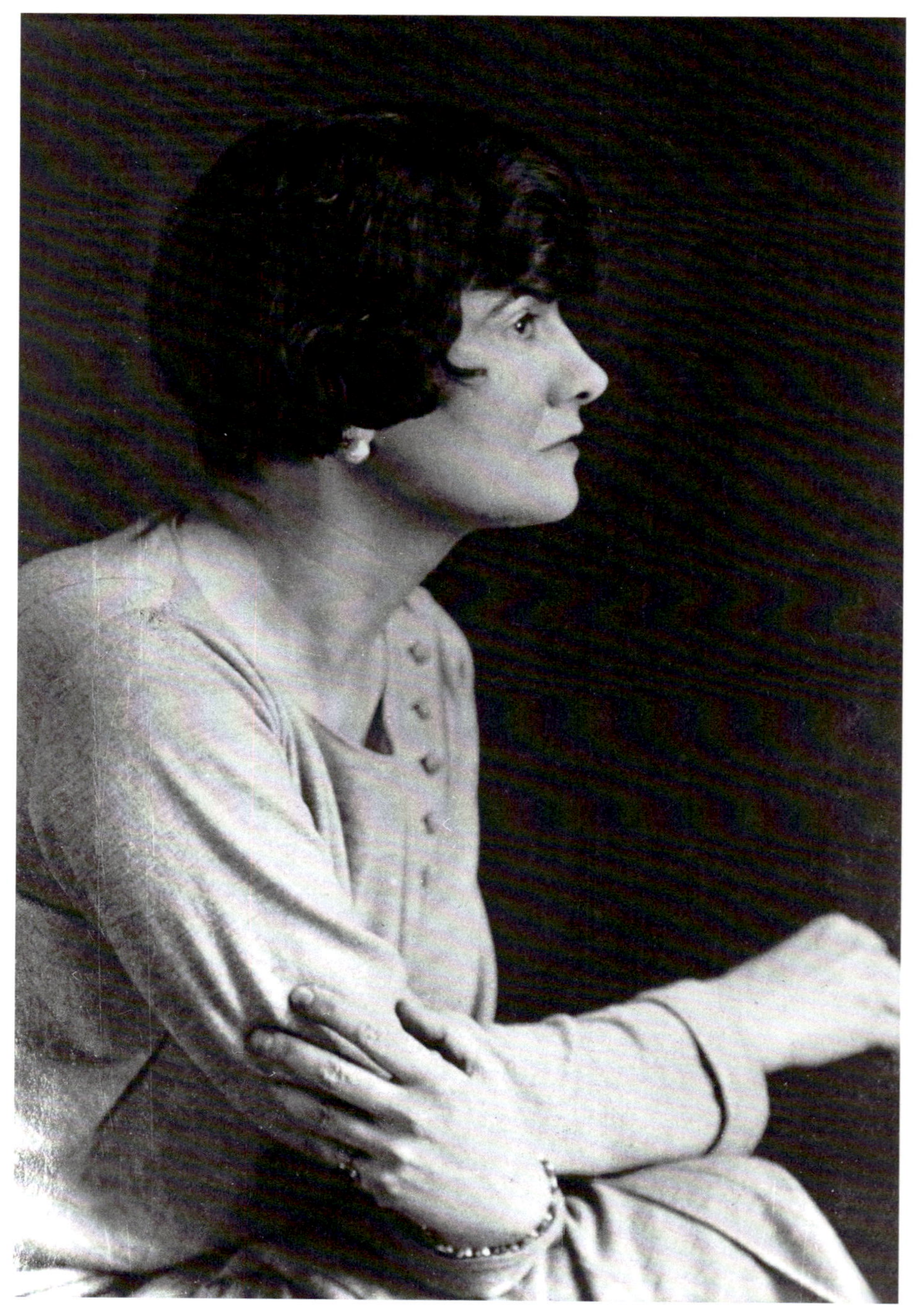

Coco Chanel, 1929

[Ohne Titel]

La forme du décolleté n'est pas pour le moins dans l'élégance d'une robe du soir; elle est, sinon le point de départ de la conception du couturier créateur, du moins la solution la plus évidente du problème que sa création lui a posé. Vu que, depuis quelques saisons déjà, nous avons toutes les raisons pour parler d'une mode, dont le trait le plus caractéristique est la «variété», il est intéressant de suivre les multiples formes qu'elle nous propose pour cette ligne gracieuse, la limite séparant le tissu, de la peau vivante du cou et des bras. Qui ne se rappelle les robes savamment drapées d'il y a quelque temps, qui symétriquement roulées autour du corps, ne couvraient qu'une épaule et laissaient à l'autre toute sa liberté? Une femme qui oserait les mettre aujourd'hui serait tout simplement «impossible». Non que notre instinct du convenable se soit aiguisé depuis, c'est plutôt notre façon de concevoir la coquetterie qui est devenue autre, moins directe, plus discrète. Par degrés, presque imperceptiblement, le décolleté a changé d'attraits. Son intérêt, qui a été concentré surtout dans le dos, a fait pour ainsi dire le tour de la femme. En même temps que le dos a cédé du terrain à la robe, celle-ci nous laisse apercevoir le charme du profil, la naissance du bras, et de face, une plus grande partie du haut de la gorge.

La robe en satin noir, aussi harmonieuse qu'élégante dans son effet, est un exemple de premier ordre pour démontrer l'ensemble des qualités nécessaires pour créer une robe «bien». Dire de Mlle Chanel qu'elle ait du goût, qu'elle ait de l'inspiration, de la sensibilité, c'est encore peu dire.

Celui de ses dons qui nous semble le plus étonnant, c'est sa maîtrise à manifester ces qualités. Pour ainsi dire, elle n'invente pas, elle réalise. Le secret de son succès mondial nous s'emble s'expliquer par la logique des ses effets, qui sont toujours «économes». Munie de sa technique, elle pourrait se permettre toutes les fantaisies, et voilà qu'elle ne nous en offre que les plus étudiées, celles qui ont une raison d'être incontestable. Jamais une robe «Chanel», même la plus somptueuse, ne fait «riche», jamais la robe la plus sans prétention ne fait «pauvre», puisque tout ce qu'elle fait, tissu, coupe, détail, sert à ce même but : donner à la femme cette élégance «naturelle», qui convainc sans persuader.

Regardons de près. Un rang de fronces au milieu du corsage moule le buste et les hanches et ramasse l'ampleur de la jupe sur le devant. Rien de plus simple, rien de plus «trouvé». Un large nœud souligne le haut du corsage noir, qui, dans un gracieux mouvement arrondi, s'attache à cette petite bande en satin rose, élargissent la silhouette de leurs contours vagues et vibrants et réussissent admirablement à rehausser et à mettre en relief l'harmonie des tons tendres de la gorge, du cou et de la figure. En levant un peu ces manches, en posant le large collier de plume autour du cou, cette robe, si doucement décolletée, sera transformée en un ensemble du soir d'une ligne impeccable et qui se suffit à lui-même sans avoir recours ni à manteau, ni à cape ou jaquette.

[Le Monde illustré, 22. April 1933]

Importance des Accessoires

«PARIS est le centre de la mode.» Que de fois n'avons-nous pas entendu cette constatation, ne l'avons-nous pas lue et répétée. Nous craindrions de nous rendre coupables de banalité en affirmant une fois de plus ce qui est bien compris, ou de nous exposer au ridicule en tâchant de contester une vérité aussi évidente. Ce qui nous semble présenter un intérêt autrement réel, cela serait d'entrer dans le sujet en examinant le «pourquoi». Loin de nous de prétendre qu'il n'y ait que la Parisienne qui sache s'habiller. Ne voyons-nous pas partout où il est de bon ton de se réunir, des jeunes femmes d'origine étrangère porter avec grâce ce que la haute couture de Paris a créé pour elles toutes? N'y a-t-il pas nombre d'Anglaises, d'Américaines, de Russes parmi les Mannequins, ces «doubles» de la femme du monde de la femme du monde, dont le talent précieux, dont le talent précieux est de savoir mettre en valeur l'élégance? Comment cela se fait-il qu'elles ne trouvent pas de robes, de manteaux, de chapeaux tout aussi jolis (à porter ou à présenter selon le cas) dans les salons de couture de leurs propres pays? Comment peut-on s'expliquer que Londres, New York, Berlin, Rome, ne soient pas autant de centres de la mode?

Selon nous, la réponse ne peut-être trouvée qu'en insistant sur le rôle unique de la femme française dans son monde et dans le monde entier, qui n'a pour ainsi dire pas changé depuis des siècles. L'émancipation ne l'a jamais touchée de près, jamais elle ne s'est révoltée contre

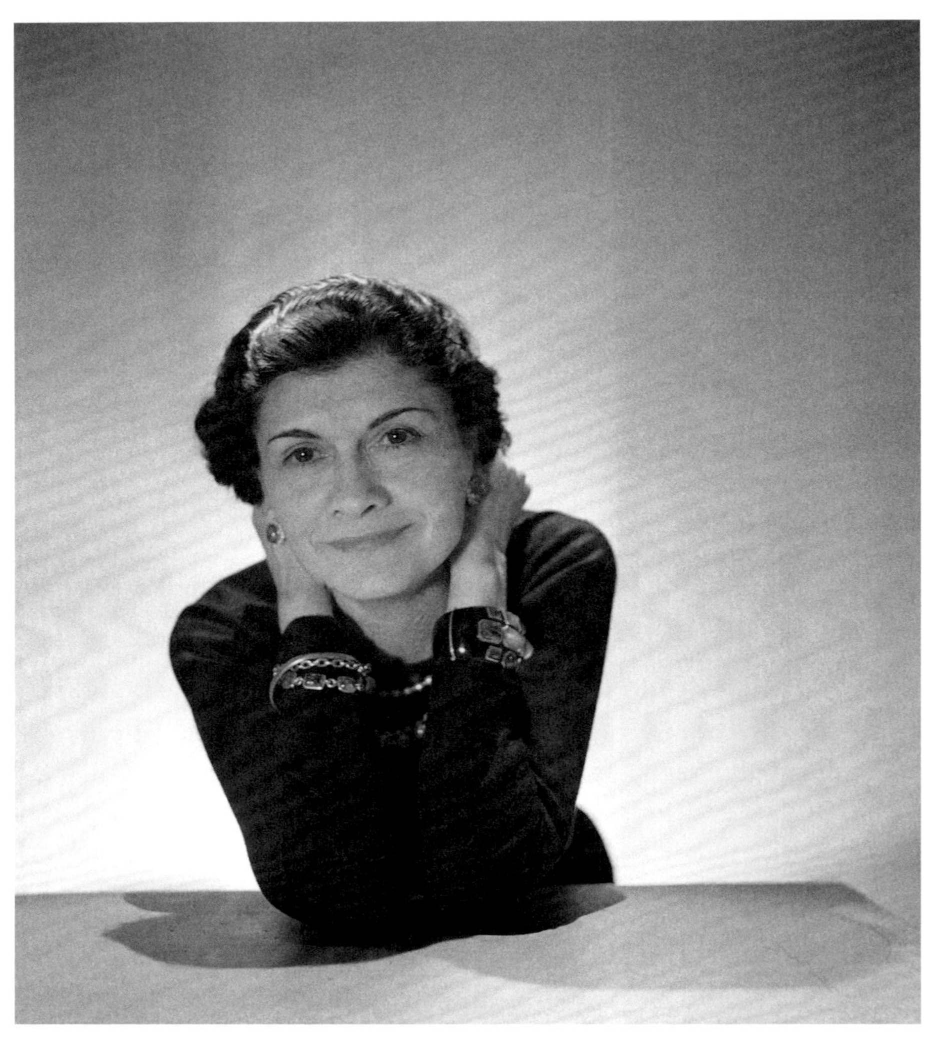

Coco Chanel, 1936

les lois faites par des «hommes», jamais elle n'a exigé des droits politiques ni manifesté un mécontentement collectif. Qu'est-ce donc qui la sauvegarde de cet esprit révolutionnaire que nous avons vu s'accentuer dans presque tous les autres pays depuis plus de cinquante ans? La femme française n'est certes pas plus résignée que ses sœurs de sur le globe, loin de là, ce qui lui donne son bel équilibre, c'est au contraire son pourvoir indiscutable et indiscuté dans le domaine qui lui est naturel. Restée essentiellement femme – c'est à dire fraîche, belle, souriante, séduisante – c'est de ce côté qu'elle exerce d'une manière discrète et d'autant plus efficace une influence sur l'esprit mâle et sur toutes ses activités. C'est elle plus que tout autre spécimen de femme moderne, qui a toujours et dans toute circonstance, considéré comme son devoir suprême d'être belle. Il nous semble que cette longue discipline n'est pas pour rien dans l'explication de la suprématie du goût français. Non contente d'un rôle purement passif, celui de savoir choisir et bien porter ce que lui propose la mode, la Française semble avoir un besoin irrésistible de créer l'élégance, une inquiétude d'artiste à l'exprimer sous de nouvelles formes, à jouer avec ces matières en apparence si futiles: tissus, volants, nœuds, couleurs pour arriver à des harmonies inédites, à des effets heureux et tout imprévus.

Toutes ces idées générales – que nous prions nos lectrices d'accepter cette fois-ci, au lieu d'un reportage plus détaillé – se sont emparées de nous au cours d'une causerie-interview avec Mlle Chanel, exemple idéal du type créateur des merveilles de haute couture. «N'insistez pas», me dit-elle, en cachant son sourire un mécontentement très sincère, «sur le fait, que les femmes les plus habituées au grand luxe sont mes clientes. Mon ambition serait bien pauvre, si elle s'arrêtait là. Créer la mode pratique, la ligne simple, le vêtement de notre époque, fait pour le moment sportif, mais aussi pour la grâce féminine, voilà une grande partie de ma préoccupation. Estimant que l'élégance, encore que fugitive et coûteuse, peut être l'apanage de toute Française, j'ai accordé une importance particulière au domaine économique en fabriquant moi-même les tissus de mes robes, des parfums, des gants, des sacs et même des bijoux.» Et nous voilà devant les tables miroitantes sur lesquelles se rangent une série d'accessoires et de parures, qui donnent à la femme ce cachet de bon ton qui n'est que de haute mode. Nous y admirons des natures mortes joliment composées: sacs, écharpe et béret (coûtant moins de 200 francs); sweaters, gants de piqué, ceintures, parures d'une grâce inimitable, et accessibles à toutes les bourses, bien qu'inspirées du goût le plus renommé.

[Le Monde illustré, 13 Mai 1933]

Organdi

Das Datum des «Grand Prix» ist nicht nur im Programm derer, die das Rennpublikum bilden, seit langem vorgemerkt, Tausende kommen in Riesenscharen, in lächerlichen, verbeulten Kleinwagen oder ganz einfach mit Trambahn oder zu Fuß hinaus, um sich zum gar nicht geringen Teil damit zu begnügen, diesseits des weitgespannten Lanzengitters Spalier zu bilden und der Auffahrt der «eleganten Welt» beizuwohnen. Kritisierend und bewundernd genießen und bekunden sie ihren Anteil. Jenseits auf den Rängen der Tribünen und auf dem Rasenrund davor ordnet sich das dichte Bild zu immer neuen Mosaiken. Die vorbildgrauen Zylinder und «Melonen» der Herren werden überschnitten von den breitrandigen weißen und zartfarbigen Damenhüten, Zuruf, Winken und begrüßender Händedruck verbinden die Zerstreuten. Mannequins, weithin kenntlich durch die «Reklamenote», die ihrer Eleganz nun einmal anhaftet, lächeln einander «augurenhaft» zu; einige der berühmten Modistinnen sind selbst erschienen und treten «persönlich» für ihre Schöpfungen ein. – Ist die «Dame» viel eleganter als ihre männlichen Begleiter, richten sich ihre Blicke allzu indiskret auf die weiblichen Gestalten im Umkreis, so können wir fast sicher sein, daß sie zu den vielen gehöre, die das modische Bild vor allem aus beruflichen Gründen herlockte, die es für ihre Pflicht halten, «auf dem Laufenden» zu sein, um ihrer bescheideneren Kundschaft mit ein paar Ideen der großen Modeschöpfer aufwarten zu können.

Ganz deutlich unterscheiden sich von ihnen die jungen Frauen, die, wenn auch nicht zur «großen Welt», so doch zur guten Gesellschaft gehören. Ihre langen, hellen Kleider, (die meisten sind aus Organdi, dessen zarte Sprödigkeit sich so gut eignet, die Schulter so oder so zu verbreitern oder zu erhöhen), ihre nackten Arme, der schattende, leichte Hut geben ihren Bewegungen die ungezwungene Leichtigkeit, die wir als einen Ausdruck der Mode empfinden, eben als «natürlich». Diese unbefangen «Lebensfrohen» bemerken es kaum, wenn der Photograph seine Kamera auf die richtet, sie drängen sich ihm weder auf wie die Mannequins, deren Ehrgeiz es ist, in möglichst vielen illustrierten Blättern zu erscheinen, – sie wehren ihn aber auch nicht ab, wie die Gruppe der sehr unauffällig Gekleideten auf den besten Plätzen der Tribüne, die von einer großen, schlanken Frau im schwarzen Tailleur und knappem Strohhut beherrscht wird. Wir erfuhren später, daß es Lady Granard war, deren Pferd «Cajdella» eine halbe Stunde später den «Grand Prix» gewann.

[Für die Frau, 9. Juli 1933]

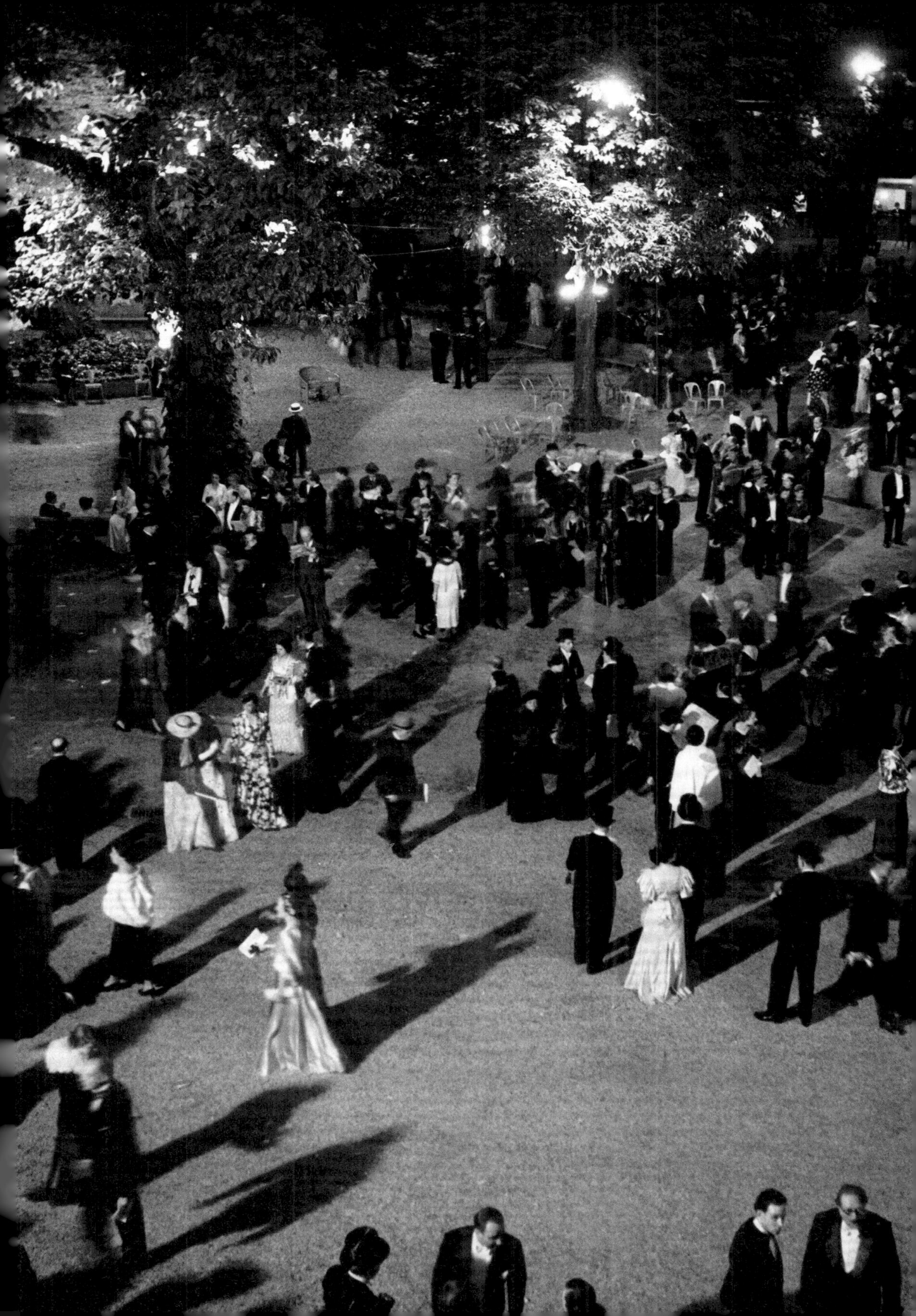

Sprache und Duft

Es ist erstaunlich und läßt auf eine weitzurückreichende Degeneration schließen, wie beschränkt die Anzahl der Adjektiva ist, die speziell dazu dienen, die Empfindungen unserer Geruchsnerven auszudrücken. Sind doch die meisten von ihnen dem Bereich des Geschmacks entlehnt und wirken wie aus zweiter Hand. Diese Bezeichnungen: herb, süß, sauer, scharf – sie sagen an Eigenem weniger aus als die Worte: dumpfig, brenzlig, moderig, die, so unerfreuliche Vorstellungen wir auch mit ihnen verbinden, doch wenigstens den Vorzug der Genauigkeit haben.

Unvorstellbar lang müßte die Liste der fehlenden Eigenschaftswörter sein, die ausdrückten, was alles wir täglich und stündlich an Sensationen des Geruchsinns erleben. Vielleicht schreckten die Sprachschöpfer vor der gar zu großen Aufgabe zurück, und ihre Bescheidenheit zwang die Menschheit, sich damit zu begnügen, das Bild, das Substantivum, zu Hilfe zu nehmen, um die zartesten, schwebendsten Eindrücke zu vermitteln. Und es wird auch weiterhin «nach» diesem oder jenem riechen und duften, «nach» Staub und «nach» Seife, «nach» Äpfeln und «nach» Tannen, nach ebenso vielem wie es Dinge in dieser Welt gibt, die sich durch Hauch, Duft und Ruch bekennen.

Wehe aber dem, der einer Frau – und sei es auch in der liebenswürdigsten und schmeichelhaftesten Weise – sagte, sie dufte nach Parfüm. So gewiß es für den Geschmack auf Rohstoff und Zubereitung ankommt, auf das Menu und die Art und Temperatur, in der es serviert wird, so gewiß ist unsere Wahrnehmung des Duftes abhängig von seiner Verbindung mit der Erscheinung, der Jahreszeit, der Situation. Bleibt das Parfüm als Einzelsensation zu erkennen, verbindet es sich nicht so genau mit der Person, daß es von ihr auszugehen scheint, nicht anders wie ihr Lächeln, ihre Geste, ihr Atem, so sind die Gesetze der Schönheit verletzt.

Die Kunst, sich zu parfümieren, setzt nicht nur Talent voraus, sie will auch geübt sein. Das war schwer zu Zeiten, in denen man nur aus der Form des Flakons und aus den Namen des Etiketts, ganz selten auch einmal aus dem kaum wahrnehmbaren Hauch, der am Samt des Etuis haftete, auf die Eigenschaften des Inhaltes schließen mußte. Heute macht uns der Parfümeur zum kritischen Mitarbeiter, indem er uns einlädt, seine Erzeugnisse zu prüfen. Treten wir doch ein, nehmen wir den Vorschlag an, begeben wir uns auf die Suche nach dem Ton in der Skala der Düfte, der jeder einzelnen von uns entspricht, bitten wir die liebenswürdige Verkäuferin, einen Proberegen hier auf das Handgelenk, einen anderen dort in die Wärme zwischen Hals und Pelz und einen dritten über das Taschentüchlein zu sprühen. Lassen wir uns nicht durch die Berühmtheit der Firma, so sehr sie auch für die Qualität Gewähr leistet, nicht durch den zarterfundenen Namen, so viel Suggestion, auch von ihm ausgeht, verführen. Gewiß, es gibt gute und schlecht Ware, Vorlieben, die an die Mode gebunden sind. In dieser Entscheidung aber, in der Wahl zwischen den verschiedenen Möglichkeiten des Guten, sollten wir die Augen schließen und sie dem Instinkt überlassen. Nicht anders wie sich dem Musikalischen im Lauschen auf den Akkord die Harmonie enthüllt, taucht hier das Gesetz der Fremdheit und Verwandtschaft auf.

Lavendel, der klarste unter den Wohlgerüchen, entzückt gewiß nicht ohne Grund beide, Mann und Frau. Führt sein ungemischter, reiner Duft uns doch in die ersten Gärten der Erinnerung zurück, in denen wir weder das eine noch das andere waren, sondern ganz einfach Kinder. Später erst, wenn mit der abtrennenden Unterscheidung auch die Sehnsucht erwachte, kam der Genuß am schwüleren Hauch des Jasmin, der

Hortensie und am erfüllteren der Rose, des Veilchens. Vergeblich zwar ist das Bemühen, im Parfüm die Natur zu imitieren oder zu finden. Immer entschiedener richten sich die Versuche auf das Gelingen der Komposition, auf die Mischung von Extrakt mit Extrakt. Dem hellen, beschwingten Hauch wird eine Schattierung verzögernder Schwere beigegeben, ein Heu-, ein Tabakduft, ein wenig Weihrauch mischt sich in der Blumen Süße, in die Herbheit der Kräuter. Rätselhaft verbunden, nicht aufzulösen mehr in seine Ingredienzien dringt ein Bukett von Wohlgeruch in Herz und Hirn, ja bis zu dem verborgensten Zentrum, in dem unsere Wahrnehmungen sich in Hoffnung und Erinnerung zu verwandeln die Fähigkeit haben.

[Für die Frau, 10. Dezember 1933]

Wandlungen der Mode

Wir haben oft behauptet, die Mode sei eines der untrüglichsten Ausdrucksmittel, deren sich das Zeitgefühl bedient. Sie schien uns immer wieder eine Empfindlichkeit zu haben, ähnlich der feinster Meßapparate der Meteorologen, an denen sich jede Veränderung der «Strömungen» ablesen läßt. Nicht als wollten wir heute von dieser, auf Beobachtung und Erfahrung gegründeter Anschauung abgehen (läßt sich doch ihre Wahrheit auch geschichtlich nachweisen), die Richtung, die die neue Wintermode einschlägt, zwingt uns aber zu dem Bekenntnis, daß wir den Ausschlag nach dem Luxus und Raffinement, nach der Ungebundenheit der Phantasie nicht zu deuten vermögen. Wie denn? – Die ganze zivilisierte Welt stöhnt unter dem Druck wirtschaftlicher Schwierigkeiten und versucht organisatorisch das bedrohte Gleichgewicht zu retten – Wie ist es denkbar, daß gleichzeitig hinter den Kulissen das Gesuchteste an Eleganz vorbereitet wurde, um dem gesellschaftlichen Bilde des kommenden Winters den Stempel der Verwöhntheit aufzudrücken? Unsere Aufgabe, über das Typische zu berichten, zwingt uns zu der Aussage: Die Mode gibt sich diesmal auch nicht die geringste Mühe um das Vernünftige, und so weit geht sie aus den Grenzen des «Gegebenen» hinaus, daß selbst der Sport davon betroffen ist. Es wird sich um den Anteil handeln, den die Frauen Europas am Modischen zu nehmen bereit sind, ob das, was wir im Gegensatz zum Romantischen das Klassische nennen oder im Gegensatz zur Mode mit «Kleidung» bezeichnen, genug Eigenwert hat, um auch weiter zu bestehen. Wir möchten an eine Spaltung in zwei Lager nicht glauben, liegt doch in ihr eine kriegerische Voraussetzung. Trotzdem scheint eine Versöhnung der beiden Interessen fast ausgeschlossen, seit die schöpferische Mode Vorschläge macht, die von dem überwiegenden Teil der Frauen aus wirtschaftlichen Gründen nicht angenommen werden können. Es gäbe allerdings noch eine Möglichkeit, die, daß wir im gespannten Bemerken des Neuen die feinen Fäden übersehen, die es mit dem Gewohnten verbinden. Die wirkliche Kraft der Woge wird sich zu erweisen haben, vorläufig konstatieren wir ihr Schäumen.

Die Schulterlinie, seit langem im Mittelpunkt des Interesses, bleibt für jede Art der Straßenkleidung bei ihrem Prinzip, zu steilen und auszuladen. Wichtig ist aber, daß es nicht mehr auf eine Unterscheidung des Ärmels und der Schulter ankommt; sie teilen sich in die Aufgabe, ohne Rücksicht auf den geraden Winkel, aus ihrer Begegnung in irgendeiner Form das «Abstehende» zu bilden, sei es als so oder so gerichtete Flügel oder Klappen oder als Pelzreifen, die, voller auf der Schulter, schmaler unter dem Arm, an Turnringe erinnern. In einigen der ans Groteske grenzenden, dabei gar nicht unkleidsamen kubischen und kegelförmigen Oberärmel, deren konstruierte Künstlichkeit der Silhouette aufgestülpt oder eingehängt ist, spürt man etwas von einer Haßliebe zu dieser Linie, von der die Mode vorläufig nicht loskommt; so lange zum mindesten, bis sie Mittel findet, die Taille schmaler zu gestalten. Eine Neigung zur «Taille» macht sich in der Tat bemerkbar. Ganz kurze, eng und dicht geknöpfte Jacken mit abstehenden, in Bogen gerafften Hüftvolants, die an «Corsagen» des vorigen Jahrhunderts erinnern, tragen zur Wirkung des «Kelchschlanken» bei. – Neu ist das Profil gewisser Mäntel, die, vorn gegürtet, die Front modellieren, im Rücken weit, lose, aber nicht formlos ausfallen. Ihre Falten, die einem Sattel entspringen, sind scharf gebügelt. – Geknöpfte Capes sind zu erwähnen, die über dem gleichfarbigen Kostüm getragen werden und nichts Reisemäßiges an sich haben. Sie bestehen aus sehr «angezogenem» Material, aus gitterartig gewaffeltem Taft oder metalldurchwirkter Wolle. – Bemerkenswert ist auch eine Reihe von dreiviertellangen Mänteln, die unter einem breiten Ledergürtel vorn weit ausfallen, so daß die Knie der Schreitenden, ähnlich dem Kiel eines Schiffes, Wellen vor sich her zu verdrängen scheinen. Bei aller Häufigkeit dieses Motivs haftet ihm doch etwas «Einzelnes» an. – Die Saumlinie, die ein Teil unserer schematischen Zeichnungen illustriert, in ihrer vielfältigen Abwandlung für den Abend, verdient Aufmerksamkeit. Das schmale, korinthfarbene Satinkleid mit den langen Ärmeln und der Drapierung auf der Brust, in deren Oval samtene Astern und taftene Aurikeln ihre Künstlichkeit leben, hat einen Saum, der durch die vordere, abschneidende Querlinie im ersten Augenblick fast peinlich wirkt. Und doch setzt dieser fortgeraffte Vorhang, der als glockiger Volant den Hintergrund bildet, die Schönheit des Beines unvergleichlich gut in Szene. – Das Samtkleid daneben, auch gürtellos, auch langärmelig, fällt, nachdem es die Gestalt eng modelliert hat, tief unterhalb des Knies in Glocken aus. Sein drahtgerandeter Schulterkragen ist im Rücken gerollt. – Die ganz schlanke Linie des schwarzen Abendkleides, noch betont durch den «Wasserfall» aus Moiré, führt zum gespaltenen Rocksaum, der zur Schleppe überleitet. – Blumengirlanden als hängende Ärmel, Blumenmuffen, Samtbandträger, Samtgürtel, enggefalbelte Atlasrüschen kommen immer wieder vor. – Neben den eng um die Taille gefaßten Abendjacken aus Samt, Lamé, Brokat und Pelz zeigt man eine Art offener, loser, oft paillettenbestickter «Chorknabenhemden».

Zu den wichtigsten Vorschlägen gehören ferner: farbige, gestreifte, karierte Samtblusen und Kappen; Samtrevers, -schleifen und -garnituren.

Stehkragen aus schottisch kariertem Wollband, am Hals zur Schleife gebunden, deren flatternde Enden bis über den Gürtel fallen. – Vorn die Taille erhöhende Röcke.

Sehr breite Boxkalfgürtel, große Boxkalftaschen und -clips –

Hochstrebende, spitzzulaufende Blusenkragen mit gewickelten Schleifenkrawatten, die an Vatermörder erinnern –

Federkäppchen in Form eines Vogels, dessen Schnabel genau über der Stirn liegt und dessen Schwanzfedern sich über die Locken des Hinterkopfes breiten –

Runde Pelzkragen mit Atlasschleifen zum nachmittägigen Wollmantel –

Fast unförmliche Ärmel aus langhaarigen Pelzen, zwischen denen die Gestalt sehr schmal wirkt –

Viel samt, Taft, Satin, Lamé, gekrauste, gewellte, borkige, gestreifte, gewaffelte Oberflächen für den Abend –

Gemischte, dicke Tweeds, eng und bunt gemusterte Jerseys, große zweifarbige Karos, mehrfarbige Schotten in den sportlichen Wollstoffen –

Für den Nachmittag außer den reinen Seidenstoffen geglückte Kunstseidenmischungen, in sich gemusterte, reliefbildende –

Daneben all die vielen leichtgewebten und rauhwirkenden Wollstoffe, über die wir in der vorigen Nummer berichteten.

[Für die Frau, 25. Februar 1934]

In durchsichtig wehenden Stoffen

Es wird überliefert, ein Modeschöpfer habe einem berühmten Bildhauer, als der ihn mit anspruchsvoller Überlegenheit darauf hinwies, ein «Handwerker» könne in den Fragen der Kunst nicht für kompetent gelten, folgende Antwort gegeben: Die Sterblichkeit der Frauen erhebt ihre Schönheit über die der Statuen. – Und in der Tat ist in der sprudelnden Lebendigkeit dessen, was wir Mode nennen, das umgekehrte Prinzip, das der Vergänglichkeit, unabwendbar enthalten, ja eine Reihe von «Hüllen», in die junge, lebensvolle Frauen sich kleiden, haben gerade darum einen so unwiderstehlichen Zauber, weil ihre von keiner Dauer beschwerte Zartheit faßt und hält und darstellt, was unfaßbar und unhaltbar scheint: die Flüchtigkeit der Gegenwart. – Jeder von uns könnte, wollte er sich nur ein wenig über seine Erinnerungen neigen, Bilder heraufbeschwören, in denen dieses Motiv des Schwebend-Verschwebenden ihm plötzlich und unvergeßlich deutlich wurde. Sei es, daß es sich ihm gewissermaßen anonym – eine Illustration seines Kindermärchenbuches – in Gestalt einer sanftverhüllten Fee darstellte, oder erdennäher als eine Braut, die er zufällig unter ihrem Schleier im Kirchenportal erscheinen oder verschwinden sah – sei es, daß diese oder jene, die er mit Namen zu nennen wüßte, einer Landschaft oder einer Situation durch das «Leichte» ihrer Erscheinung für immer ihren besonderen unaussprechlichen Reiz gegeben hat. Nein, es ist nicht wahr, daß die Aufgabe der Mode darauf beschränkt sein sollte,

Kleidung zu produzieren; es ist nicht wahr, daß Frauen Mäntel, Kleider, Hüte haben, um sich anzuziehen – viel näher kommt man der Wahrheit mit der Behauptung, sie brauchten diese Dinge, um auszudrücken, was sonst auf keine Weise formuliert werden könne: die liebe Gegenwart, den kostbaren Augenblick, das Heute. –

Gewiß hat es Zeiten gegeben, in denen der Geschmack seine Unabhängigkeit an den Reichtum verkauft hatte. Damals kam es vor allem auf die Gediegenheit oder Kostbarkeit des Materials an, auf den teueren Stoff, die komplizierte Verarbeitung, die luxuriösen Besätze und Zutaten. Mehr und mehr haben sich im Laufe der letzten Jahrzehnte diese von Privilegien diktierten Begriffe gelockert, und heute kommt es weniger denn je darauf an, andere Werte zur Schau zu tragen als die, mit den einfachsten Mitteln graziös, frisch, lebensvoll und mit der Jahreszeit in geheimnisvoller Harmonie zu erscheinen. Durchsichtige Stoffe sollen wir tragen, kleine Blusen mit kurzen Ärmeln, geschmückt mit Volants, die der Sommerwind aufflattern läßt, so daß ihre leichten Schatten spielerisch über die Haut des Halses und der Arme gleiten – durchsichtig dünne Jacken werden uns als das Eleganteste vom Eleganten zur Ergänzung der einfachen Nachmittagskleider vorgeschlagen, lose, offene Jäckchen, an denen nichts, aber auch gar nichts ist als ein paar Nähte und ein Bändchen, sie am Halse zuzubinden. – Ein Karo, durchaus nicht komplizierter als das, womit auch Küchenschürzen und Kinderkleidchen bedruckt sind, ist ein der Lieblingsmuster der Musseline und der Organdi, aus denen sommerliche Abendkleider gemacht werden – so reizende, so jugendliche Kleidchen, gerade darum, weil sie keinen Anspruch erheben.

Ist nicht der Gürtel, sind nicht die Handschuhe aus demselben transparenten Material? Und gehörte wirklich die raffinierte Kunst eines Modeschöpfers dazu, diese großen Schulterschleifen zu erfinden und diesen weitausfallenden Glockenrock zwei Motive, die – das läßt sich nicht leugnen – die Schlankheit und Biegsamkeit des Oberkörpers unbedingt zur Geltung bringen. Nein, ein sommerliches Abendkleid fällt heutzutage nicht mehr unter die Rubrik «Luxus». Es läßt sich nicht vermeiden, daß in unserem, seiner landschaftlichen Schönheiten

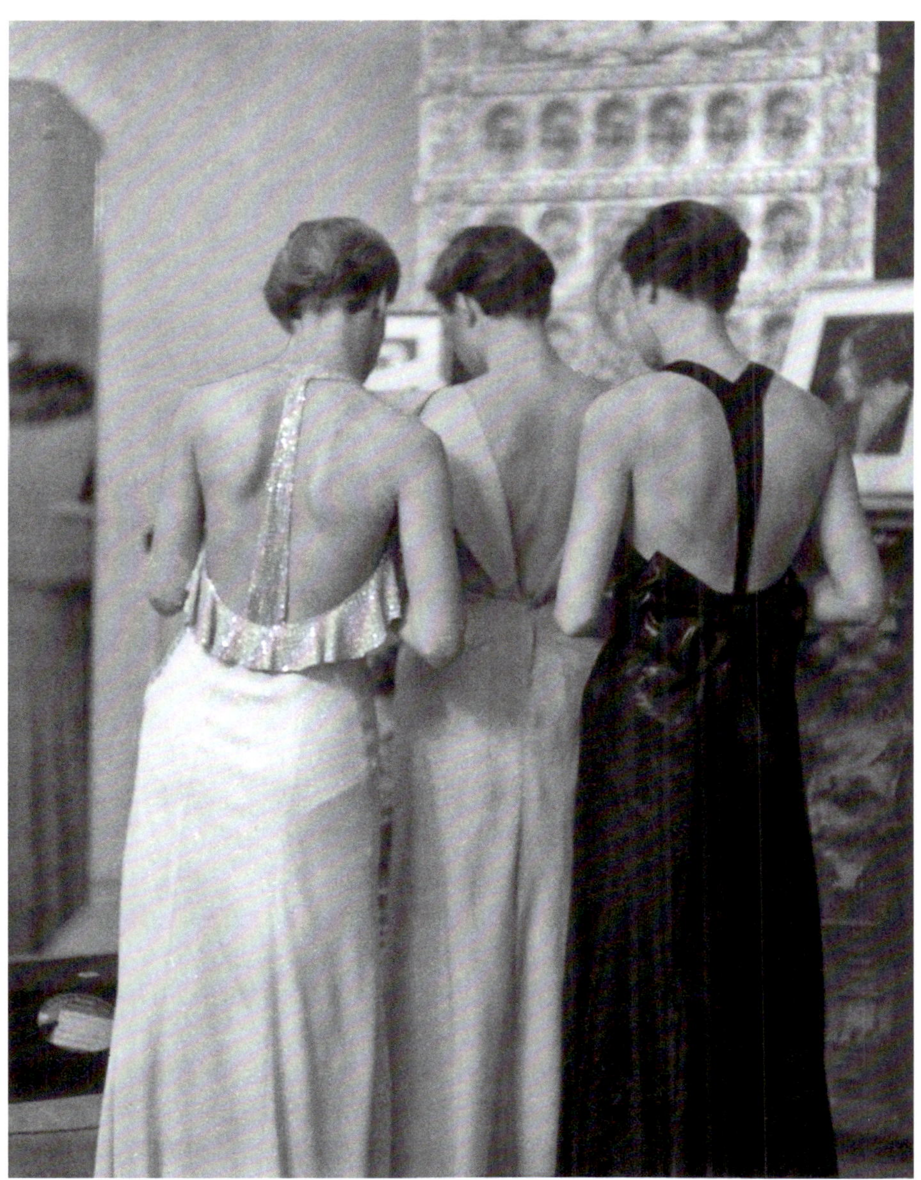

Marianne Breslauer: Abendkleier, 1932

wegen vielbereisten Deutschland seine Frauen und jungen Mädchen immer wieder verpflichtet sind, ihre besondere Schönheit auch zu repräsentieren. Mögen sie es mit den einfachsten Mitteln tun, in diesen schlichten Kleidern, die ihren geraden, schlanken Wuchs betonen; in diesen durchsichtig-wehenden Geweben, aus denen der schmalfrisierte, reingezeichnete Kopf sich mit dem freien und zugleich süßen Ausdruck hebt, der das Merkmal der Besten unserer Rasse ist.

[Für die Frau, 27. Mai 1934]

Kleidung und Lebensfreude

Wer von uns lebt denn vernünftig? – Wer kann sich noch auf seinen Instinkt verlassen? – Dürfen wir wirklich annehmen, daß die Mehrzahl der Frauen – um von den Männern zu schweigen – mit ihrem eigenen Körper so auf Du und Du steht, daß sie seine Zeichensprache achtet, versteht, ihr gehorcht? – Betrachtet man die Flut von neuen Veröffentlichungen, deren Thema Diät ist, Gymnastik, Schönheitspflege, Atmung, die von Bestrahlungen und Entfettungskuren handeln; sieht man, welch einen reißenden Absatz diese Broschüren und «Werke» mit ihren betrüblichen Statistiken, ermunternden Anekdoten und konkreten Ratschlägen finden, so muß sich der Gedanke einschleichen, daß eine große Anzahl unserer Zeitgenossinnen wenigstens schon so weit ist, Gesundheit, Schönheit und Lebensfreude als Güter zu betrachten, die man erarbeiten und erwerben kann und – die man in gewünschtem Maße nun einmal noch nicht besitzt.

Viele der Professoren und Laien, die uns Jungbrunnen versprechen, sind der Meinung, wir brauchten nichts weiter als unsere Bequemlichkeit zu überwinden und unsere Verwöhntheit abzulegen – früh aufstehen, wenig und das Richtige essen, unseren genußsüchtigen Gaumen zu Gunsten des Magens beherrschen – um die schlanke Linie der ersten Jugend zu erhalten und wiederzugewinnen. Für diese kleinen Opfer versprechen sie uns höchste Belohnungen. Andere führen die Erscheinung des Verfalls auf die gestörten Funktionen der Drüsen oder auf die mangelhafte Atemtechnik zurück. Gewiß sind wir uns darüber einig, daß ein Zusammenwirken von Kräften aller Art nötig ist, um uns die natürliche Lebensfreude, den Mut und die Elastizität zu erhalten, die wir «jugendlich» zu nennen gewöhnt sind. Kontrollierbarer in ihrer nahen Wirkung, und darum gewissermaßen vergnüglicher, scheint uns aber unsere seelischen Leiden einstweilen beiseite zu lassen und mit dem sichtbar Gegebenen, mit unserem Körper, uns ins Einvernehmen zu setzen. So gering aber ist unsere Kenntnis dessen, was uns gut oder schlecht tut, so verbreitet sind Voreingenommenheit und Aberglauben, so abgerissen linienlos verläuft der Faden der Tradition, daß wir, was Nahrung und Lebensweise anbetrifft, auf tastende Experimente angewiesen sind, auf den Glauben an diese oder jene Lehre. Eins aber empfehlen alle, die gewissenhaften und gewissenlosen Ratgeber: die Bewegung in frischer Luft. «Gehen Sie so oft Sie irgend können zu Fuß. Laufen sie in jeder freien Stunde aus dem Haus, aus dem Büro hinaus, und sei es auch nur zu einem Rundgang durch den nächsten Park!» – raten alle Schönheits-, alle Gesundheitsärzte. Ja, aber wie sollen wir das machen? Gelegentlich, wenn die Sonne gerade scheint, wenn ein frischer Wind weht, wenn es nicht zu heiß und nicht zu kalt ist, wenn alles uns lockt, die gewohnte Routine zu durchbrechen, gelegentlich also, sind wir wohl geneigt, ganz einfach um der Freude an der Bewegung willen zu gehen, ohne Zweck und Eile, fröhlich und atmend, uns dem Gehen hinzugeben, aber nur wenigen wird dieser Genuß zur Gewohnheit, die man nicht mehr missen mag.

Es war immer unsere Meinung, daß das Temperament, ja der Charakter, mehr noch, die Lebensauffassung der Frauen in geheimnisvoller Weise von ihrer Kleidung bestimmt, zum wenigsten beinflußt wird. Das Genie darzustellen ist ihnen angeboren. Es ist durchaus nicht nur komisch, wenn eine gute Hausfrau das Mißlingen des Kuchens darauf zurückführt, daß ihre weißen Ärmelschürzen durch einen Zufall gerade in der Wäsche waren. Und so behaupten wir, daß es der Gesundheit schädlich ist, wenn wir versäumen, für einen Mantel zu sorgen, der uns gegen Staub und Wetter schützt, einen Mantel, der durch sein Vorhandensein allein uns schon anregt, spazieren zu laufen, wie auch immer

Wolken drohen oder Winde wehen. Um die richtige Suggestion auszuüben, sollte er eins unserer schönsten Kleidungsstücke sein. Er muß uns so gut stehen, daß wir eine Art von Zärtlichkeit für ihn empfinden, wie für die raffiniertesten, die kokettesten unserer Dinge. Er sollte bei aller klassischen Einfachheit unserer Phantasie einen gewissen Spielraum lassen, indem wir ihn so oder so knöpfen, ihn gürten oder lose tragen können. Taschen soll er haben, tiefe, bequeme Taschen, in denen wir das Nötige versenken können, das sonst in der Handtasche Platz findet. Es wäre verfehlt, seine Halslinie so «fertig» zu stellen, daß sie nicht ebenso wohl offen wie geschlossen sein kann oder ihn farbig zu fixieren, nein – wir wollen unsere ältesten und unsere neuesten Tüchlein und Schals in seinen Revers aufleuchten sehen, die wollenen, die seidenen, die aus Kattun, die schottischen, die violetten, die mit den Punkten. Keine Enge soll uns bedrängen, keine Weite uns lästig sein. Schlicht, aber nicht unscheinbar, leicht aber aus gutem Material, auf das man sich verlassen kann – so wünschen wir ihn. Wenn wir viel in ihm spazieren laufen, sollten dann nicht die Farben unseres Gesichtes frischer, blühender werden? Ob dann nicht ein Hütchen kleidsam wäre, eins dieser kleinen, kecken Jägerhütchen mit einer Feder oder eine Mütze in einem leuchtenden Grün, das die Lieblingsfarbe der Herbst- und Wintermode zu werden verspricht?

[Für die Frau, 22. Juli 1934]

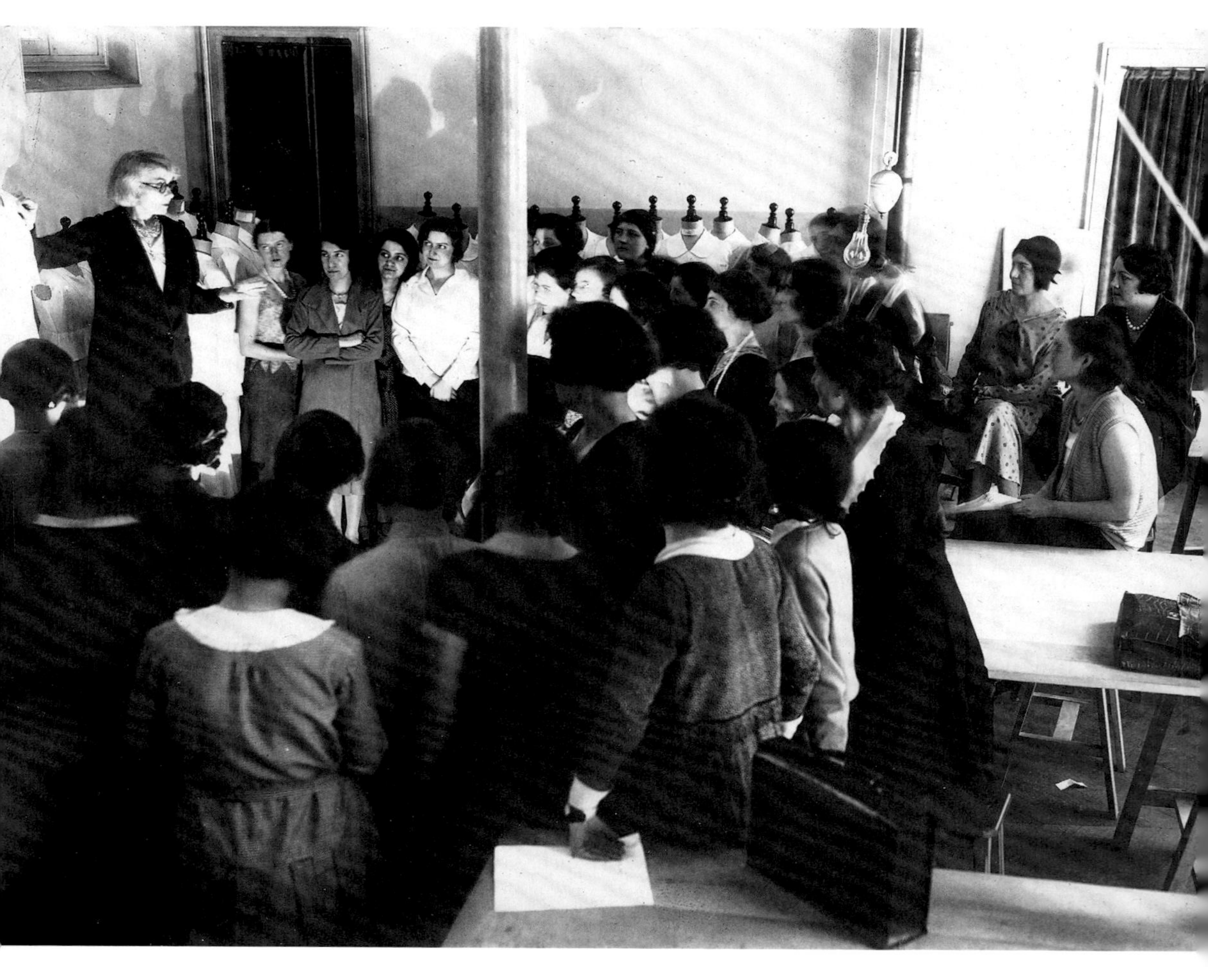

Modeschule in Paris, 1931

Lehrjahre der Mode

Ein Besuch in der Deutschen Meisterschule für Mode

Sprichwörter behaupten etwas und überlassen es uns, die Gedankenreihe, deren Endergebnis sie sind, zurückzuverfolgen. «Aller Anfang ist schwer», heißt es, und es bedeutet, daß der Weg von einer Idee bis zu ihrer Verwirklichung sehr weit sein kann und, je mehr sie zu überpersönlichen Zielen strebt, desto heftiger von Widerständen und Bedenken, von feindlichen Ansichten und entgegengesetzten Einsichten bedroht wird. Der Mut zum «Anfangen» ist also an sich schon eine Leistung. In der Deutschen Meisterschule für Mode in München ist man dabei, sich an eine solche ausgedehnte Aufgabe zu machen. Niemand übersieht die Schwierigkeiten, am wenigsten ihre Leiterin und Gründerin, Frau Oberstudiendirektor Kornhas-Brandt. Sie rechnet mit der Zeit. Hier soll nicht hastig und eitel mit dem Überraschenden verblüfft werden. Alles ist darauf angelegt, den Boden so zu bereiten, daß er den wachsenden Aufbau zu tragen vermag. Das ist klug – und wie alles Kluge zuletzt auch praktisch.

Frau Kornhas-Brandt empfängt mich in ihrem Büro im Erdgeschoß des Schulhauses, dessen dicke Mauern und gewölbte Decken das alte Palais verraten. Heute zeugen schwarzweiße Anschläge und Tafeln von der Sachlichkeit neudeutschen Geistes. Auf ihrem Schreibtisch zwischen wohlgeordneten Briefschaften liegen allerlei Stoffproben, die sie im Begriff ist zu prüfen. «Glauben Sie», frage ich, «daß wir uns vom Pariser Einfluß befreien sollen und eine eigene deutsche Mode schaffen können?»

«Nicht von heute auf morgen, das wird kein Einsichtiger, kein Fachkundiger überhaupt nur in Betracht ziehen», antwortet sie. «Ein plötzliches Abreißen der Fäden, die uns mit der Pariser Mode verbinden, würde die Wirtschaft ernstlich gefährden. Daß wir es aber in langsamer Entwicklung zu einer selbständigen Modeschöpfung bringen könnten, daß dies unser Ziel sein muß, davon werden ein paar Zahlen Sie gründlicher überzeugen, als eine lange Rede es könnte.»

Sie überreicht mir ein paar geheftete Seiten: *Denkschrift für den Kultusminister*, Mai 1934.

«Der Produktionswert der Mode-Industrie beträgt in normalen Zeiten 8 bis 10 Milliarden Mark jährlich. Noch jetzt liegt er zwischen 6 und 7 Milliarden. Er ist dreimal so groß als der der Kohlengewinnung, 2½ mal als der der Maschinenindustrie. In ihm steckt ein Achtel unseres gesamten Volksvermögens. 3 Millionen Berufstätige, d.i. doppelt so viel wie im Nahrungsmittel- oder im Baugewerbe sind darin beschäftigt und zwar ohne den Handel. Die Ausfuhr der Textil- und Mode-Industrie beträgt, noch heute rund 25 Millionen Mark monatlich.»

«Welch ein schlagendes Argument gegen alle, die behaupten, die Mode sei eine Angelegenheit einiger nicht ernst zu nehmender Frauen!»

«Nicht wahr?» stimmt sie mir lebhaft bei. «Wir brauchen auf ihre kulturelle Bedeutung gar nicht einmal einzugehen, diese Feststellungen sprechen für sich. Und nun stellen Sie sich vor, welch einen Zuwachs solche Zahlen noch erfahren würden, könnten wir uns eine selbständige oder zumindest weniger abhängige Stellung auf diesem wichtigen Gebiete erringen.»

«Wie kann, Ihrer Meinung nach, diese Aufgabe erfüllt werden?»

«Auf zwei Wegen. Den Anspruch der Frauen an den Sitz, an das Material, an die Anmut ihrer Kleidung zu erhöhen, sie wieder an die Maßschneiderei zu verweisen, und auf der anderen Seite die Maßschneiderei so zu vervollkommnen, daß dieser kultiviertere Anspruch erfüllt wird. Sind Nachfrage und Angebot erst einmal gegeneinander ausgewogen, kann die Frau sich erst wieder darauf verlassen, bei ihrer Schneiderin das qualitativ Bessere, die ihrer Persönlichkeit angemessene Kleidung zu bekommen, bietet man ihr das zugleich Sinn- und

Reizvolle des Modischen, so wird sie das Ungefähr der Konfektion nicht mehr vorziehen.»

«Sie wollen also der Konfektion den Garaus machen?»

«Durchaus nicht!» erwidert mir Frau Kornhas-Brandt. «Es ist vielmehr unser Ziel, auch ihr neue Wirkungskreise und Wirtschaftsgebiete zu öffnen. Die Konfektion aber, in ihrer Massenfabrikation, wird immer auf die modische Anregung von außen angewiesen sein. Wir hingegen, die keinen Kompromiß zu machen brauchen zwischen dem verlockenden ‹Anschein› eines Kleides und seinem Wert – er besteht in der Qualität des Materials und der Gewissenhaftigkeit seiner Ausführung –, wir haben natürlich ganz andere Voraussetzungen, das Modische zu pflegen. Es gilt, das Verständnis dafür bei unseren Schülerinnen zu wecken und zu verfeinern, es gilt, sie technisch so auszubilden, daß ihre Gestaltung frei wird und die Leichtigkeit und Grazie behält, die nun einmal das ‹Gelungene› auszeichnet, das ‹Schöpferische› ...»

Und nun erzählt Frau Kornhas-Brandt von der Großzügigkeit, mit der die Stadt München den Aufbau der Schule möglich gemacht hat und unterstützt. Vierzehn Lehrkräfte wurden nach und nach berufen, lebendige, junge, im gleichen Sinne wirkende Mitarbeiter gewählt. Sie macht mich mit diesen jungen Damen bekannt, die schon durch ihr Äußeres Vertrauen erwecken.

Gemeinsam treten wir den Rundgang durch die Schule an. Im Saal des Erdgeschosses, in übersichtlicher Anordnung nach Lehrfächern eingeteilt, liegen die Schülerinnenarbeiten aus.

«Bedenken Sie, daß unsere Mädchen erst nach der Gesellenprüfung zu uns kommen. Sie besitzen also bereits eine technische Vorbildung. Von da bis zur Meisterschaft, Modelle selbständig zu entwerfen, ist aber noch ein weiter Weg. Vier Semester (zwei Jahre) sind im allgemeinen vorgesehen, ihn zurückzulegen. Durch die Intensität, mit der wir hier arbeiten, durch die lehrplanmäßige Schulung genießt unser Institut das Privileg, daß die auf der Schule verbrachten zwei Jahre im Sinne einer Zulassungsbedingungen für die Meisterprüfung für vier Jahre angerechnet werden.»

«Wie wir verfahren? Wir dulden kein Lehrfach, das als ein ‹Einzelnes› Bedeutung hätte. Mode- und Kostümgeschichte, Farbenlehre, Modezeichnen, Materialkunde, nichts darf sich ins Kunstgewerbliche oder ins entlegen ‹Künstlerische› verirren. Wir vertreten die Meinung, daß die Mode mit den Gegebenheiten der Gestalt und den Lebensbedingungen der Frau zu rechnen hat. Das Modellierfach steht im Mittelpunkt, ihm kommen alle übrigen Kenntnisse zugute. Sowohl, daß unsere Schülerinnen lernen, den Sinn einer Naht, einer Falte zu begreifen, daß sie die Möglichkeiten erproben, einen Streifen Stoff so oder so auf eine vorgeschriebene geometrische Form zu verteilen, als auch daß sie den Geschmack und das Materialgefühl auszubilden, nämlich, Farben aufeinander abzustimmen, sie den Jahreszeiten, den festlichen oder alltäglichen Situationen, dem Wetter und der Gelegenheit reizvoll und verständnisvoll anzupassen – alles bereitet auf das Eigentliche vor, auf das Kleid, das getragen werden soll, das entspricht und gefällt und in seiner Art – gerade weil es sich nicht auf sich selbst beruft, sondern auf seine Trägerin – vorbildlich wird: ein Modell.»

In den Werkstätten sind die jungen Mädchen bei der Arbeit und lassen sich, nach einem kurzen Gruß, auch nicht stören. Ich habe Gelegenheit, diese neue deutsche Jugend aus der Nähe zu sehn, die hübsch frisierten Köpfchen, blonde und braune, die straffe Haltung, den adretten Sitz ihrer einfachen Kleidung, die doch durch ein Dies oder Das den Sinn für das Modische verrät, für das Liebenswürdige eines farbigen Effekts, für die Anmut eines Kragens, einer Schleife.

In diesem Raume werden Schneiderkostüme gearbeitet, man übt sich in der anspruchsvollen Kunst streng klassischer Kragen und Reverse, eingeschachtelter Taschen, geschweifter Nähte. Nebenan wird die Aufgabe gelöst, Abendärmel zu entwerfen – nicht etwa auf dem Papier – diese unkontrollierbare Art, ‹genial› zu sein, lehnt die zielbewußte Leiterin der Schule ab; an den abgeformten packpapiernen Büsten auf ihren Dreifußständern, an diesen nüchternsten Stellvertreterinnen weiblicher Schönheit modellieren die Schülerinnen mit Nessel und Stecknadel, was ihnen unter allen Einfällen, die eine solche Aufgabe angeregt hat, am hübschesten erscheint. Und wie verrät sich gerade hier jedes Temperament! Kein Entwurf gleicht dem andern; jeder läßt einen besonderen Frauentypus in unserer Vorstellung erstehen, die Graziöse, die Ernste, das junge Mädchen, die reife, erwachsene Frau.

Man zeigt mir freimütig – der Frage und sogar dem Einwand zugänglich – die verschiedensten Entwürfe. Es scheint, die jungen Schülerinnen haben Freude an dem Interesse, an dem Verständnis einer Fachgenossin. Und meine Zustimmung ist spontan. Manche dieser modischen Ideen sind so augenscheinlich aus dem Gefühl für die weibliche Anmut entstanden, sind technisch so gelungene Leistungen, daß sie den Vergleich mit Paris aushalten. Nirgends finden sich die Anzeichen plumper Bemühung. Ein Ärmel – das weiß hier jede einzelne – ist nur gut, wenn er den Blick auffordert, die reine Form des Armes, der Schulter, der Gelenke zu empfinden.

Drüben, jenseits des Flurs, liegt die Klasse der Fortgeschrittenen, die der Meisterprüfung und dem Diplom entgegengehen. Dort entstehen die im Material ausgeführten, die endgültigen Modelle. Auch über diesem Saal liegt die gleiche Atmosphäre von Arbeitsfreudigkeit; alles deutet auf eine Beziehung des Respektes und Vertrauens zur Leiterin, zur Lehrerin, und auf Kameradschaft zwischen den Lernenden. Jedes Lob scheinen sie gemeinsam zu empfangen, keine erhebt einen privaten Anspruch auf das, was besonders gefällt. Über die Stoffe geneigt, die wir sachkundig in den Fingern fühlen, sachkundig auf ihre nahe und weitere Wirkung prüfen, hört man dem zu, was ich vergleichend von Paris berichte, von der Konkurrenz, die der künstlich gewonnene Faden der Seide und Wolle macht, von der Cellophane, dem kunstseidenen unzerdrückbaren Samt, von den Gummifäden, die den neuen Geweben Dehnbarkeit verleihen und eine Veränderung der Technik mit sich bringen, da sie die Verschlüsse überflüssig machen. Wie gern möchten sie an alldem teilhaben! Und sie erzählen mir von neuen Fabriken, die in Deutschland bald entstehen sollen, neues Rohmaterial für die Mode zu gewinnen.

Und nun beginnt die Vorführung der Modelle, die zwei schlanke, jugendhübsche Mannequins übernehmen. Im einzelnen darauf einzugehen, hieße vom Verspäteten berichten; die Winterkollektion wurde schon überall gezeigt, die des Sommers wird erst vorbereitet. Im übrigen hat der Erfolg sich längst erwiesen und praktisch bewährt. Die 70 Modelle, die für Herbst und Winter hier entstanden sind, wurden bereits auf einer Tournee in Stuttgart, Freiburg, Chemnitz, in Essen, Krefeld, Recklinghausen, Dortmund, in Flensburg, Leipzig, Dresden, zuerst einem Fachpublikum, den Mitgliedern der Schneiderinnung, und später in einer gesellschaftlichen Modeschau dem größeren Publikum vorgeführt. Ein Album mit Photos dieser Modelle, die vom einfachen Wollkleidchen bis zur großen Abendtoilette eine reichhaltige Wahl an geschmackvollen Kleidern und Complets vorsehen, ohne das Modische zu übertreiben, ohne es zu mißachten, wurde in vielen Exemplaren an die Interessenten verkauft, Schnitte wurden abgegeben – kurz, das Bild vervollständigt sich in der Vorstellung des Besuchers. Was als bescheidene Belehrung über eine Naht, eine Falte begann, was von der strengen klassischen Technik über den erfinderischen Einfall und seine graziöse Ausführung weiterführte zur Schöpfung der großen, vom Material bedingten und inspirierten Linien, bleibt nicht auf sich selbst beschränkt. Lehrkurse? Gewiß, sie sind gründlich und gewissenhaft genug. Aber sie begnügen sich nicht, Fachkenntnisse zu vermitteln; das Tor der Schule, das sich den <Gesellen> öffnet, führt die jungen Meisterinnen, die hier gebildet worden sind, auf geradem Wege in die praktische Betätigung, in die offene Welt des Schaffens.

Was hier geplant und geleistet wird, ist ein Anfang im großen Gebiet der Mode, selbständig zu wirken. Aber ein Anfang, den selbst der Pessimist respektieren müßte; wir andern dürfen ihn bewundern.

[Für die Frau, 6. Januar 1935]

Vom Wesen der Mode

Verehrte Anwesende, liebe Kolleginnen und Kollegen!

Sie haben sich hier versammelt und ich bin zu Ihnen gekommen, damit wir uns gemeinsam mit dem Pariser Modeschaffen auseinandersetzen. Es interessiert uns nicht aus unbestimmten privaten Gründen, sondern weil wir zum Fach gehören und unseren Beruf darin finden, an der Mode praktisch mitzuwirken. Es ziemt sich also nicht, daß ich Ihnen nur so etwas wie eine Modeplauderei bieten sollte, es ziemt sich nicht, uns mit der oberflächlichen Schilderung zu begnügen, die vergnüglich genug sein könnte. Auf die Gefahr hin, einige zu enttäuschen, bin ich entschlossen, das Thema mit allem Ernst zu behandeln, den es verdient. Hier, als Deutsche unter Deutschen möchte ich zur Klärung der Fragen beitragen, die so lauten müssen: Erstens: Welch einen Grad der Beachtung verdient die Mode? Zweitens: Welches sind die Vorbedingungen, die Mode zu schaffen?

In dem ersten Teil meiner Ansprache an Sie will ich mich mit dem Prinzipiellen und Ideellen des Modebegriffes befassen. Der zweite Teil soll Ihnen ein Bild des Pariser Modeschaffens vermitteln. Ja – des Pariser Modeschaffens, denn, so wie es heute nun einmal ist, existiert in der Welt kein anderes, so daß der Titel meines Vortrags ein Pleonasmus ist. In der übrigen Welt werden Kleider gemacht, nur in Paris schafft man die Mode. Alle Versuche, die bisher unternommen sind, nationale Moden zu schaffen – es gab solche in England, in Italien, in Amerika und in Deutschland, sind bisher gescheitert. Nur in Wien hat sich eine eigene Mode gebildet und erhalten, kräftig genug, um auf die Nachbarländer zu wirken, geschmeidig genug, um sich dem Einfluß der Pariser Mode furchtlos zu öffnen. Diese einzigartige Ausnahme ist sehr interessant. Sie bestätigt mir die Richtigkeit der Theorien, auf die wir gleich eingehen werden.

Meine lieben Kolleginnen – ich bitte Sie, mich nicht mißverstehen zu wollen. Es ist keineswegs meine Absicht, Sie zu entmutigen und Ihnen Paris als ein Vorbild hinzustellen, nach dem ich Ihnen zumuten wollte, sich sklavisch zu richten. Eine solche Resignation wäre ebenso traurig wie sinnlos. Aber als ein Beispiel dafür will ich es Ihnen hinstellen, zu welcher Blüte die Anfänge gelangen können, mit deren Schwierigkeiten Sie heute kämpfen. Das Positive, die großen Ziele möchte ich vor Ihnen aufrollen, um Sie zur Ausdauer anzuspornen, denn in der Tat wird noch viel zu leisten sein, ehe Deutschland hoffen kann, auf diesem Gebiet in einen Wettkampf treten zu können. Der beste Wille und die größte Begabung einzelner, ja vieler, müssen unfruchtbar bleiben, wenn gewisse Voraussetzungen und Einsichten fehlen. Diese Voraussetzungen zu schaffen, diese Einsichten zu gewinnen, daran muß uns vor allem gelegen sein.

Fangen wir beim Anfang an. Was ist die Mode, was versteht man unter ihr?

Sie ist das Bildwerden einer zutiefst in der Menschheit wurzelnden Sehnsucht nach der Vollkommenheit. Sie ist der Beweis, daß die Menschheit dem Ideal der Grazie und Anmut verpflichtet ist wie ein Künstler, der das Geleistete wohl eine Zeitlang bewundern kann, bis ihn der Trieb zur Vollkommenheit in neue Unruhe stürzt. An der Mode kann man nachweisen, daß das Gefühl für das Schöne sich nicht festlegen läßt. Sondern von Epoche zu Epoche Wandlungen unterliegt. Es ist, als ob, indem die Zeit uns weiterträgt, wir die Schönheit umkreisen und somit jeweilig eine andere Sicht auf sie haben. Diese Nötigung zum Wechsel geht so weit, daß wir nicht selten das Gewonnene wieder aufgeben und das sinngemäß Schöne mit dem sinnwidrig Schönen (wir können es auch das Häßliche nennen) vertauschen, daß wir also auch auf Umwegen die Fährte verfolgen. – Prüfen Sie die Modedokumente des vergangenen Jahrhunderts. Es läßt sich nicht leugnen, daß die Ablösung einer so edel einfachen Tracht, wie die des ersten Empire, die der weiblichen Gestalt in ihrer naturgegebenen Form so sehr entgegenkam – ich erinnere an die Bilder der Königin Luise von Preußen – vernünftigerweise nicht durch die Silhouetten aus den dreißiger Jahren mit der eingezwängten Taille und den weitausgebauschten grotesken Ärmeln hätte ersetzt werden dürfen. Es ließen sich hundert Beispiele anführen, aus denen das gleiche hervorgeht. Die Mode ist das scheinbar Unvernünftige. Es ist ganz einfach albern, so wie man es im Rokoko tat, derartig hohe Frisuren auf dem Kopf zu balancieren, daß das Gesicht einer eleganten Frau nur wenig über der Mitte der Gestalt seinen Platz fand. Und was noch toller ist, niemand außer den Karikaturisten fand es lächerlich, und wir können noch heute nach 150 Jahren uns dem Reiz dieser zierlichen Reifrockgestalten mit den das Hygienische verachtenden, gepuderten, steilen Haartrachten nicht verschließen, die uns die Malerei überlieferte. Immer wieder – so scheint es – gewinnt die Natur den Sieg über die Modetorheit, aber ebenso oft entschlüpft die vernunftgebändigte Mode und überlistet uns, neue fantastische Formen anzunehmen. Dieser Trieb muß also sehr stark sein. Wir müssen mit ihm rechnen und können ihn nicht damit erledigen, daß wir ihn «sinnwidrig» nennen. Er gehört vielleicht zu den Urtrieben der Menschheit; finden wir doch kein Volk, keinen Stamm, keine Rasse auf irgend einer Stelle des Erdballs, die nicht über das Praktische und Vernunftgemäße hinausgegangen wären. Allen wird die Kleidung Symbol, allen wird sie Objekt ihrer leidenschaftlichen oder gebändigten Phantasie zur Ausgestaltung. Jeder Urtrieb aber verfolgt einen Zweck, und wir haben alles Interesse daran, diesen Zweck zu kennen. Sagt uns ein Hungriger, daß ihm schon beim bloßen Gedanken an eine Mahlzeit das Wasser im Munde zusammenläuft, so können wir das grotesk und unbeherrscht finden. Gehen wir aber über unser Vorurteil hinweg, so bewundern wir die feine Mechanik dieses Triebes, dem Organismus die Stoffe herbeizurufen, die ihm zum Aufbau und Erhaltung nötig sind. Sehen wir einen verliebten jungen Mann, ein verliebtes junges Mädchen, so können wir ihr Gehaben ganz unsagbar lächerlich finden. Schafften wir aber die Verliebtheit aus der Welt, so ginge die Menschheit zugrunde. Stoßen wir uns also nicht am scheinbar Sinnwidrigen der Mode. Es ist weiser, nach den geheimen Absichten und den verbogenen Gesetzen dieses Phänomens zu forschen, das wir «Mode» nennen.

So oft ich einen Modeschöpfer fragte, worauf seiner Meinung nach die Mode beruhe, bekam ich unbefriedigende Antwort. Man sprach vom Spieltrieb der Frau; von ihrer Lust am «Neuen», von ihrer Begabung sich darzustellen, ihrem Wunsch zu gefallen. Das alles würde erklären, warum jede einzelne sich so oder so möglichst vorteilhaft zur Geltung brächte. Die eine würde sich Federn ins Haar stecken, um größer zu erscheinen, die zweite würde dies erfinden, die dritte jenes. Warum aber die Frauen Europas und Amerikas sich gleichzeitig und alljährlich Modevorschriften unterwerfen, so, daß auch die gesellschaftlich nicht Verpflichtete den Umschwung mitmacht, gleichgültig ob er ihren körperlichen Voraussetzungen entspricht oder nicht entspricht (ich erinnere an die kurzen Röcke, die von dicken, älteren Damen aller Kreise noch bis vor 5 Jahren getragen wurden), dafür gibt es für mich erst seit dem Tage eine gültige Erklärung, an dem ich eine Stelle in dem Buche fand, das zwar mit der Mode nichts zu tun hat. Dieses Buch ist den meisten von Ihnen bekannt. Es heißt *Der kleine Brehm* und behandelt die Entwicklungsgeschichte der Tierwelt. Auf Seite 771 wird von der Entwicklung des Zebras zum Pferde erzählt, die sich durch Millionen von Jahren hinzog. Ich zitiere die Bemerkung, die mich selbst so betroffen machte:

«Die in den Pferden liegende Strebung ging auf die Schöpfung eines erstklassigen Renners und Läufers und dieses Ziel wurde bis zur Vollkommenheit verwirklicht. Die ursprünglichsten Tiere der Gegenwart tragen eine ganz auffällige Streifenzeichnung. Es ist nun sehr merkwürdig, daß die äußeren Streifen des Zebras eine gewisse Übereinstimmung zeigen mit der Einordnung der Rippen und Wirbel im Innern. Auch kann man durch die besonders eigenartig angeordnete Streifung an Oberarm und Oberschenkel die Lage dieser Teile schon äußerlich bestimmen. Was bedeutet diese Streifung? Schützend wirkt sie sicher nicht, die gewöhnliche Isabellfarbe der meisten Steppentiere wäre auch hier das einzig Richtige gewesen. Ihre Streifen werden also erhalten, trotz ihrer ‹Zweckwidrigkeit› und – daher müssen sie auch eine besondere Bedeutung haben. Sollten wir es hier nicht mit äußeren auslösenden Reizen für innere Bestrebungen zu tun haben, die in der Paarungszeit besonders lebendig werden müssen?»

Was dürfen wir aus dieser Theorie für unser Thema übernehmen? – Mir scheint, etwas grundlegend Wichtiges. – Die «sinnwidrige» Mode übernimmt, seit die Menschheit von der Nacktheit zur Kleidung übergegangen ist, die Rolle der weisen Natur. Die Reize, die sie den Frauen verleiht, dienen dem Zweck, die Schönheit der Rasse zu erhalten oder gar zu erhöhen. Indem nämlich die Mode in ihrem Wandel und nur durch ihn eine dauernde Revision aller Teile der Gestalt anordnet und beansprucht – wir wissen, daß sie eine Zeitlang das Bein zur Schau stellt, dann die Brust, den Rücken, die Hüften, den Arm – zwingt sie die Frau zu einer dauernden Bemühung um die Schönheit. Sie zwingt die Frau, sage ich, denn, da die Natur eine Überzahl von weiblichen Menschen hervorbringt, ist die Frau darauf angewiesen, um ihre biologische Aufgabe zu erfüllen, den Mann zur Liebe zu verlocken. Der Wunsch, Frau und Mutter zu sein, ist jedem jungen Mädchen angeboren, aber die Natur hat auch dem Manne den Instinkt bewahrt, das Schöne zu lieben. – Die Mode ist also eine weise Diktatorin, heilsam und unerbittlich. Sie fordert eine dauernde Disziplin. Sie erzieht in der Frau ein fortwährendes Bewußtsein ihrer Körperlichkeit. Sie erhält ihr den Sinn für das schmeichelnde Material, das gut anzufassen, hübsch anzusehen ist, den glitzernden Stein, der das Auge anzieht, für die streichelnde Straußenfeder, für das beunruhigende Rauschen von Taft, für des Schleiers zartes Gitter, das die Neugier erregt.

Mögen wir es bei einem sehr jungen Mädchen anziehend finden, wenn sie den Eindruck macht, nichts von sich selbst und ihrer Wirkung zu wissen, so hat die naive Zufälligkeit im Anzug und in der Haltung einer Frau für alle, nicht nur für den Mann, etwas durchaus Abstoßendes. Die liebenswürdige Unbefangenheit derjenigen aber, die sich bewußt ist, anmutig angezogen und gewissenhaft gepflegt zu sein, die ist ganz unwiderstehlich. Solche Frauen sind imstande, durch ihre bloße Gegenwart und Erscheinung einer schwierigen Situation den Stachel zu nehmen, eine Spannung zu lösen. Und – der Instinkt des Mannes warnt ihn vor der, die sich von der Mode ausschließt. Sie übertritt wahrscheinlich wirklich ein Geheimgesetz.

Es bedarf nun aber gewisser Voraussetzungen, ebensowohl um die Mode zu tragen, wie um sie zu schaffen. Wo sie nicht vorhanden sind, ist die Bemühung vergeblich. Das, was Frankreich seine zentrale Stellung gegeben hat und noch gibt, das, was es Wien erlaubte, einen Platz auf diesem Gebiet zu behaupten, gründet sich auf der Anerkennung der weiblichen Koketterie, ja, hier wie dort ist der Mann jeder Frau dankbar für den Wunsch, durch ihre äußere Erscheinung zu gefallen, und zwar in gewissermaßen selbstloser Weise. Es schmeichelt ihm diese Sorgfalt, dieses Zurückziehen auf ein Gebiet, in dem er nicht kompetent ist, es macht ihm die Frau geheimnisvoll anziehender. Rücksichtnahme und Ritterlichkeit sind seine Gegengabe. Selten werden Sie in Frankreich einen Mann finden, der sich über neue Modeerscheinungen lustig macht, oder seiner Frau verbietet, sie mitzumachen. So wie eine deutsche Frau es sich nicht einfallen ließe, das Heldische im Manne zu verlachen, so wenig fühlt sich der Franzose, der Wiener berufen, den Schönheitstrieb der Frau, in welcher Form er sich auch äußert, verächtlich zu machen und sie etwa für rotlackierte Nägel, ein gepudertes Gesicht, eine kunstvolle Frisur oder geschminkte Lippen zu schelten. Ob es ihm bewußt ist oder nicht, er respektiert den Hintergrund dieser Erscheinungen. Allerdings ist zu vermerken, daß die Französin, ihrer Erziehung entsprechend, einen einzigartigen Sinn hat für die Exaktheit und die Beschränkung. In der Tatsache, daß ihr weniger daran liegt, für «hübsch» als für «elegant», das heißt «untadelig zurechtgemacht» zu gelten, liegt der Beweis, daß sie über die Gaben der Natur hinausgeht und einen hohen Grad der Zivilisation erreicht hat. Sie beherrscht das Rohmaterial, indem sie es komponiert. Ich kann hier nur kurz darauf eingehen, welche Folgen eine solche Auffassung auf die Beziehungen der Geschlechter zueinander hat. Die Französin, die dem bürgerlichen Gesetzbuch nach die rechtloseste der westeuropäischen Frauen ist – sie kann zum Beispiel, wenn sie verheiratet ist, kein eigenes Bankkonto führen (bedenken Sie, was das für eine Berufstätige für Schwierigkeiten ergibt), sie, die sich nie ernstlich um das Stimmrecht bemüht hat, braucht von der Willkür des Mannes nichts zu fürchten. Sie dirigiert, besonders in bürgerlichen Kreisen, das Leben der Familie, sie ist ausschlaggebend für alle wichtigen Entscheidungen, ihre Kinder, ihr Mann fragen sie um Rat, befolgen ihn. Gewiß, sie erfüllt ihre häuslichen Pflichten mit Genauigkeit, sie ist sparsam, fleißig und geschickt, aber – indem sie darüber hinaus in ihrer persönlichen Erscheinung den Hauch von Gepflegtheit ausströmt, indem sie dem Mann die Verlockung zum Irrationellen bietet, verpflichtet sie ihn sich in unersetzlicher Weise. Lassen Sie mich das Gesagte noch einmal kurz zusammenfassen, ehe wir zum zweiten Teil unserer Besprechung übergehen. Die Mode, sagten wir, ist keine Entgleisung der Vernunft. Sie ist die große Erzieherin der Frau, die sie davor bewahrt, häßlich zu werden. Ja häßlich, – denn ihre biologische Sendung, die, Kinder zu bekommen und zu nähren, zwingt ihr immer wieder Perioden auf, in denen ihre Gestalt entstellt ist. Verließe sie sich auf die «Natur», sie wäre in kurzer Zeit für den Mann im besten Falle ein Objekt seiner Verehrung und Anhänglichkeit. Sein Instinkt aber, das Schöne, das Jugendliche zu lieben, müßte unbefriedigt bleiben, wenn er nicht Auswege und Abwege sucht. So verwaltet die Mode auch das sittliche Gebiet. Dem Manne schenkt sie eine immer neue, jugendlich reizvolle Frau, der er gern treu bleibt. Der Frau hilft sie zur Erfüllung ihrer doppelten Aufgabe: Mutter zu werden und Geliebte zu bleiben.

Wer schafft die Mode? – Sie entsteht in 12 oder 15 berühmten Modehäusern. Ihre Namen, zu denen langsam neue hinzukommen, während andere ausscheiden, sind Ihnen vermutlich alle bekannt. Um diese «Größten» herum gruppieren sich etwa dreißig andere Häuser mit Namen, die eigene Modelle herausbringen und sie, genau zu den gleichen Zeitpunkten des Kalenders, den Einkäufern und der Presse zeigen. Zusammen bilden sie das, was die «Haute Couture» genannt wird, ein Begriff der viel mehr enthält als seine Übersetzung wiedergibt: die Hohe Schneiderei.

Die Zwölf oder Fünfzehn, die den Gipfel der Pyramide einnehmen, stellen die Gesetze der Weltmode auf. Sie tun es, ohne sich miteinander zu verständigen. Jeder folgt seiner eigenen Intuition, seiner eigenen Begabung. Es ist völlig unstatthaft und kommt nicht vor, daß einer des anderen Haus auch nur betritt. Woraus erklärt sich, daß trotzdem die Direktiven der Mode in jeder Saison einheitlich sind oder werden? Erstens aus der Folgerichtigkeit des Modewandels, der so lange in einer Richtung weitergeht bis – dem Pendel vergleichbar – der Umschwung eintritt und die Mode neue Reize propagiert, die wiederum eine Zeitlang ihr Objekt bleiben. Ein Beispiel: Von 1920 bis 1929 trug man kurze Röcke, das heißt bis 1921 waren sie nur eben fußfrei, fünf Jahre später reichten sie bis zum Knie, 1927 wurden sie langsam länger, 1928 kam der unregelmäßige Saum auf und im August 1929 zeigte Patou, der damals auf der Höhe seines Ruhms angelangt war, die ersten langen Abendkleider. Sie machten Sensation. Die amerikanischen Korrespondentinnen kabelten noch in der gleichen Nacht die umwälzende Neuigkeit, die eigentlich für niemanden eine Überraschung hätte sein sollen. – Das Interesse an den kurzen, gerade geschnittenen Hemdkleidern war völlig erschöpft. Der vorn kniekurze, hinten den Boden streifende Rock hatte eine obszöne Note, der sichere Beweis, daß eine verzweifelte, letzte Anstrengung gemacht wurde. Mit allen Vorboten hatte sich der Umschwung angekündigt. Er war nicht mehr zu vermeiden. – Dieses Beispiel – wir wählen es anstatt vieler historischer anderer, weil die meisten von Ihnen es miterleben, ist durchaus typisch. Im Entwicklungsgeschichtlichen hatte sich Folgendes abgespielt: Die Mode hatte die Frau gezwungen, schlanke und schöne Beine zu haben. Das war bis 1920 gar nicht so wichtig gewesen. Der Rock bedeckte sie. Wer sie aber als eine Gabe der Natur aufzuweisen hatte, rückte in die erste Reihe vor. In dieser Zeit kam es auf das Gesicht immer weniger an. Der erste Blick richtete sich, immer gewohntheitsmäßiger, auf das Bein. Genügte es dem ästhetischen Anspruch nicht, so ließ sich der Beschauer kaum die Zeit, andere Vorzüge zu suchen. Die Mannequins wurden nur von diesem Gesichtspunkt aus gewählt. Ich besinne mich auf reizlose Köpfe, das im Nacken rasierte, flach angeklebte Haar ließ einen platten Hinterkopf sehen, magere Arme hingen von den Schultern. Ich fand diese Mädchen bezaubernd. Ihre Gelenke, dieser zarte Wadenansatz, die gerade Steile der Schienbeine waren untadelig. – Da nun aber die losen Hemdkleider – Sie besinnen sich auf die bis zu den Hüften heruntergerutschten losen Gürtel – das Schnüren der Taille überflüssig machten, so daß das Korsett nach und nach ganz abkam, belebte sich auch die Blutzirkulation, die Frau bewegte sich besser, nichts hinderte den Schritt. Diese unkomplizierte Tracht machte die Frau burschikoser, spontaner, lebhafter, sportlicher, kurz: alle Vorbedingungen waren vorhanden, um den Wunsch der Frau, schöne Beine, wenn nicht zu haben, doch zu bekommen, Vorschub zu leisten. – Ich versichere Sie, daß diese von der Mode diktierte Revision noch heute ihre Auswirkung hat, und zwar – in der ganzen westlichen Welt. Die Frau ist sich ihres Beins wieder einmal bewußt. Nachdem diese Mission erfüllt war, wendete sich die Mode neuen Aufgaben zu, die sie bis dahin notgedrungen hatte vernachlässigen müssen. Und so wird es immer sein.

Die Modeschöpfer also haben viel weniger, als man behauptet, blitzartige Erleuchtungen und die Macht willkürlich eigene Ideen durchzusetzen. Ihre Gabe ist die feine Witterung für den Zeitablauf und der Sinn für die Folgerichtigkeit einer Entwicklung. Insofern brauchen sie sich mit Worten nicht untereinander zu verständigen. Im übrigen, was die Ausgestaltung einer im Fluß begriffenen Mode anbelangt, lassen sie sich von den gleichen Geschehnissen und Ereignissen beeinflussen, sie verkehren in der Gesellschaft und gewinnen aus ihrem Bild einen Gesamteindruck, sie nehmen teil am künstlerischen Leben, sehen Premieren und Ausstellungen, lesen die sensationellen Bücher – mit anderen Worten, ihre Inspiration entzündet sich an den gleichen Anregungen, denen, die eine bewegte Aktualität bietet. Da nun aber keine Gegenwart sich völlig von der Vergangenheit loslöst, bietet ihm auch die Vergangenheit Anregung. So, wie verwandte Saiten mitschwingen, sobald ein Akkord gegriffen wird, genau so läßt sich aber nur das verwenden, was in die Harmonie des modischen Klanges gehört. Das in die Stirn gerückte Hütchen, das wir der Manet-Ausstellung zu verdanken haben, beweist nichts anderes als daß wir eine neue Bereitschaft haben, uns mit dem Ende des vorigen Jahrhunderts auseinanderzusetzen. Niemals aber wird ein Stil kopiert. Es kommt nicht vor.

Sehen wir nun aber dem Modeschöpfer bei der Arbeit zu. Sie besteht darin, viermal im Jahre eine Kollektion von Modellen fertigzustellen, zwei große, die Sommer- und Winterkollektion, und zwei kleinere für die Zwischenjahreszeiten. Je 150 bis 200 Modelle für die einen, je 80 bis 100 für die anderen. Anfang Februar wird die Sommerkollektion gezeigt, danach in Abständen von drei Monaten die entsprechend weiteren, so daß wir im August die Wintermode sehen. Diese Kalendereinteilung bleibt für alle Modehäuser unverrückbar gültig. Die Modelle kommen also gleichzeitig und mit einem Schlag heraus. Der Vorsprung vor der Jahreszeit erlaubt dem ausländischen Einkäufer zum Anfang der Saison seine Kunden und Kundinnen mit dem Neuen zu versorgen.

Jeder Modeschöpfer hat seine individuelle Art zu arbeiten. Madeleine Vionnet, Lucien Lelong haben 50 Zentimeter hohe Puppen, an denen sie modellieren, andere entwerfen Zeichnungen, Skizzen der großen Linien, noch andere brauchen das lebende Modell, die Mannequins des Hauses, um jede Linie, jeden Effekt in Lebensgröße auszuprobieren. – Etwa 6 bis 8 Wochen vor dem Datum, an dem die Kollektion herauskommt, machen die Stoffabrikanten ihre Besuche. Sie sind ihrerseits berühmte Herren, repräsentative Gestalten, zum Teil Ritter der Ehrenlegion. Namen wie Rodier und Bianchini-Férier, um nur die beiden wichtigsten zu nennen, haben Weltruf, und sie sind sich dessen bewußt. Es gibt auch auf diesem Modegebiet 15 oder 20 Häuser, die sich in ihrer Produktion für die «Haute Couture» spezialisieren, die also das unbedingt «Neue» anstreben und ihren Vorteil darin finden, nur das Schönste, das Originelle, das Luxuriöse zu fabrizieren. Sie hängen ihrerseits vom Faden ab, den sie zwar nicht in seiner Eigenart in Auftrag geben, wohl aber die Spinnereien durch ihre Wünsche immer von neuen anregen und in Atem halten. Die Leiter der Spinnereien, in denen die Fadenproben entstehen, oft in fantasievoller Drehung und Knotung, gehören aber bereits zu den Anonymen, den hunderten und tausenden von Ungenannten, die an der Entstehung der Mode mitwirken. Denkt man an die unzähligen Arten und Abarten von Fäden, die aus allen drei Bereichen, der Tier-, Mineral- und Pflanzenwelt gewonnen sind, so finden wir den Chemiker, den Landwirt, denn Viehzüchter und den Jäger alle an der Arbeit im Dienste der Mode. Ganze Provinzen von Frankreich, von Spanien, Italien, Syrien – ohne den fernen Osten zu rechnen – überall, wo die Maulbeerbäume gedeihen – sind mit den Seidenraupenkulturen beschäftigt und mit der Seidenspinnerei. Die Lyoner Lager sind berühmte Sehenswürdigkeiten. Hierher kommen die Einkäufer der mit der «Hohen Schneiderei» verbündeten Seidenhäuser, oft zwei oder drei Jahre ehe das Kleid entsteht, um das Material für sein Gewebe auszusuchen. Für die Wollstoffe gilt das Gleiche. Der Haupterwerb der Bewohner des nördlichen Frankreich entstammt der Spinnerei und Weberei. Das Haus Rodier, der wichtigste Lieferant der «Haute Couture» beschäftigt allein zum Weben seiner Muster jahraus, jahrein 120 spezialisierte Arbeiter und daneben 400 bis 500 freie Arbeiter, die in 39 Dörfern in der Nachbarschaft der Fabrik auf eigenen Webstühlen und im Akkord diejenigen Muster ausführen, die der Chef des Hauses endgültig gewürdigt hat. Rechnen Sie, daß etwa 12 bis 15 Stoffabrikanten in ähnlichen Maßstäben nur für die «Mode», nicht für die Konfektion arbeiten, da die Unkosten zu groß sind, um ihr die Preise anzupassen, berechnen Sie, daß in jedem Jahr etwa 12'000 bis 15'000 Originalmodelle für den Weltverbrauch gezeigt werden, so können Sie sich einen ungefähren Begriff von der Ausdehnung dieser Industrien machen. Es entwickelt sich nun aber ein Weiteres, das wir nicht außer acht lassen können, ohne das Bild zu fälschen: Die Modehäuser der «Großen» werden immer mehr Sammelpunkt aller möglichen Erzeugnisse des Handwerks und der Industrie, die sich früher selbständig hielten. Noch gibt es eine Reihe von Putzmacherinnen, die einen eigenen Namen verteidigen, schon aber kein Modehaus mehr, das nicht zu seinen Modellen die Hüte selbst entwirft, oder sich mit einer dieser Modistinnen zusammentut. In engster Fühlungnahme mit den Linien und Formen der Kleider und Mäntel werden dann in gemeinsamer Beratung diese Akzente der Gestalt, die Hüte, entworfen. Genau so geschieht es mit dem Handwerk und dem Kunstgewerbe. Es beginnt sich anzupassen und einzuordnen und immer

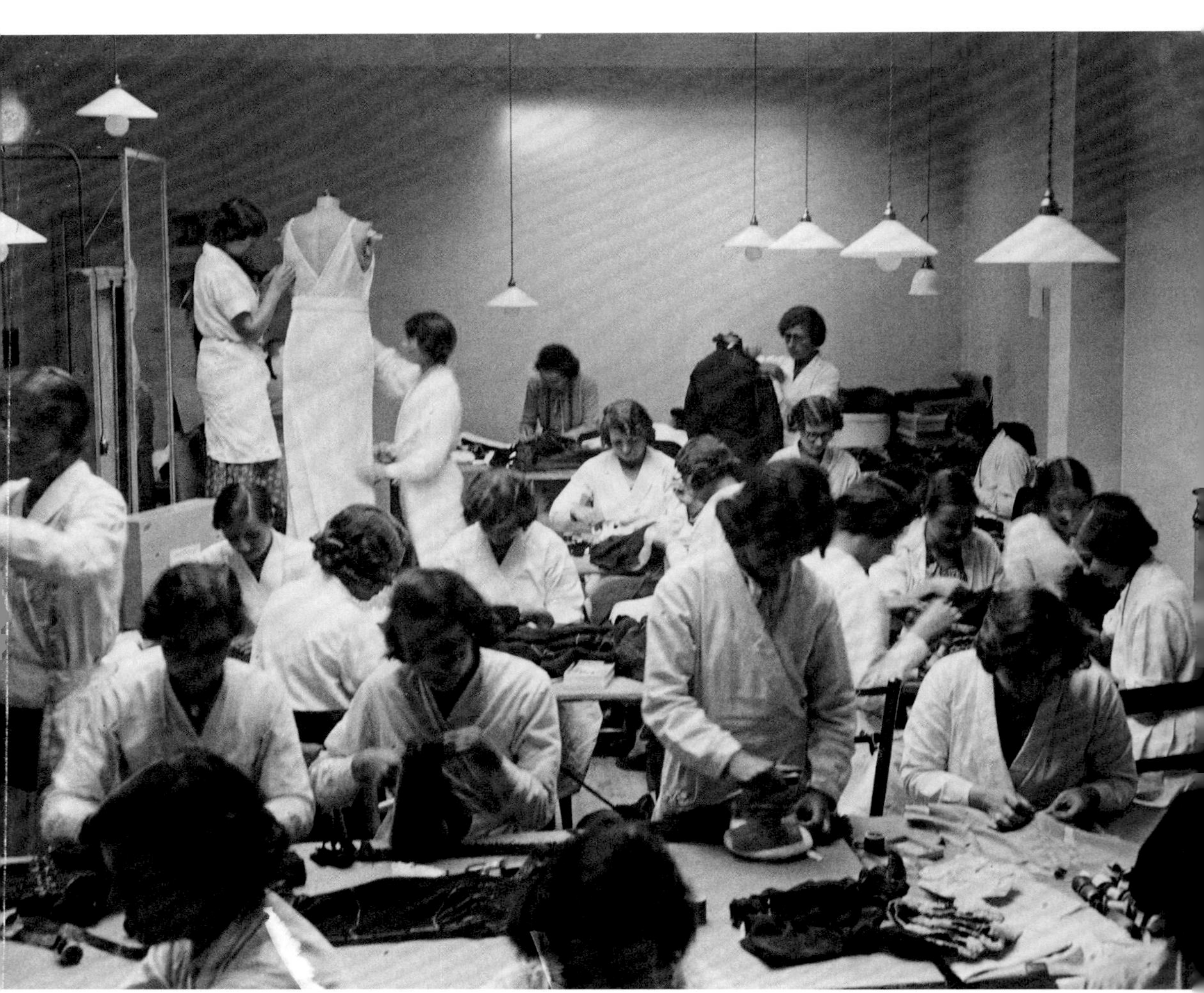

Das Atelier von Molyneux, 1934

mehr unter das Protektorat des großen Modeschöpfers zu treten. Gürtel, Schnallen, Taschen, Klips, der originelle Schmuck aus allerlei Fantasiematerial und der kostbare aus Edelsteinen, alles wird an die Zentralstelle getragen. Früher berühmte Pelzhäuser gehen ein, seit die «Haute Couture» auch dieses Feld in ihre Tätigkeit einbezogen hat, mit der einleuchtenden Begründung, daß, seit die Technik erlaubt, den Fellen eine äußerste Geschmeidigkeit zu verleihen, sie für die modische Silhouette als wichtiger Faktor unentbehrlich seien. Handschuhe und Schuhe, das ganze Gebiet der Parfüms und der Kosmetik ist im Begriff, aus der Spezialisierung herauszutreten und sich dem Modeschöpfer zur Verfügung zu stellen. Das Resultat ist, daß auch der modische Zubehör immer schneller wechselt und das Kunstgewerbe sowohl wie das Handwerk vor immer neue Aufgaben stellt. Ein Stagnieren ist nicht mehr möglich. Aus dieser Einbeziehung ergibt sich folgendes Bild: Für den Geschmack verantwortlich zeichnen 15, 20 oder 30 Namen. Hinter ihnen verbirgt sich der Erfindungsgeist und die Arbeitsleistung von vielen Hunderttausenden, ja von vielen Millionen, denn was die großen Modeschöpfer herausstellen, übernimmt, es abwandelnd, die Konfektion und versorgt die Engros-Produzenten mit ihren Aufträgen. Und, was die Haute Couture exponiert, wird in Europa bis an die Grenzen Rußlands, und in Amerika bis an die Küsten des Stillen Ozeans, kopiert und in entsprechend bescheidener Ausführung für das ganz große Publikum hergestellt.

6 bis 8 Wochen also vor der Fertigstellung seiner Kollektion wählt der Modeschöpfer seine Stoffe. Das heißt, er bekommt zuerst Stoffproben, Vierecke von etwa 40 Zentimeter in einer Hauptfarbe, an deren Rand sich kleinere, 10 Zentimeter große Proben des gleichen Stoffes in den außerdem vorgesehenen Farbtönen befinden. Unter diesen Mustern wählt er aus, man kann wohl sagen in voller Freiheit, denn die großen Seiden- und Wollhäuser stellen ihm im Vertrauen auf seine Autorität und sein Können nicht selten 60 bis 80 verschiedene Kupons zur Verfügung, Stücke von 3 bis 4 bis 5 Metern, genug und mehr als genug für ein Modell. Berücksichtigt er also nur 5 bis 6 Stoffabrikanten (er hat dreifache Anzahl zur Disposition), so ist der Verwirklichung

seiner Ideen keine Grenze gesetzt. Diese Großzügigkeit der Stoffabrikanten, die eine Verrechnung nur dann fordern, wenn das Modell verkauft wird, beruht natürlich auf einer sehr kühlen Geschäftsspekulation. Das ist nicht anders zu erwarten. Das Risiko gleicht sich durch die Gewinnmöglichkeit aus. Erfolge, wie der des Kascha und der Georgette, oder, neueren Datums, des Djalap, auf den die Kundinnen wochenlang warten mußten, da er nicht schnell genug nachgewebt werden konnte, und der «Peau d'Ange», dieser unerhört eleganten Seide, brachten den Namen «Rodier» und «Bianchini» nicht nur Ruhm ein, sondern auch Riesensummen. Dem Modeschöpfer seinerseits gibt dieses Geschäftsprinzip eine einzigartig günstige Freiheit. Umgeben von diesem Material, von seiner Eigenart und Qualität angeregt, entwirft er, seinem Temperament und seiner Methode entsprechend, die großen Linien. Diesen Anweisungen folgend entstehen in den Werkstätten – in einem großen Hause gibt es 12 bis 16 spezialisierte Ateliers – die Leinenmodelle. Sie werden korrigiert und wieder korrigiert, viele werden verworfen, bis es soweit ist, sie im Material auszuführen. Das aber bringt neue Veränderungen mit sich. Dieses und jenes erweist sich als untauglich, enttäuschend, den Ansprüchen doch nicht genügend, während andere Ideen, überraschend, sich ausgestalten. Es lassen sich die Vorgänge in diesen Wochen nur mit denen in einem Laboratorium vergleichen, wenn der Chemiker einer Entdeckung auf der Spur ist. Die Mitarbeiter des Chefs diskutieren mit ihm, die Premieren machen technische Einwände und Vorschläge, die Zeit wird immer knapper, die Mannequins, die in den Salons vor einer zusammengeschrumpften Kundinnenschar die letzte Kollektion noch vorführen, müssen in der übrigen Zeit für die neue immer wieder Modell stehen, sie sind todmüde und verdrossen, das ganze Haus, die sieben oder acht Etagen, in denen gearbeitet wird, ist nervös und abgehetzt, und dann, wie mit einem Schlage, ist alles fertig.

In den strahlend erleuchteten Salons finden sich, pünktlich und erwartungsvoll, die zur Erstvorführung Geladenen ein. Es sind das die Freunde des Hauses, des Chefs der Seiden- und Wollhäuser, der Juwelier aus der Rue de la Paix oder von der Place Vendôme, der den Schmuck geliefert hat, die Redakteure der großen Modezeitschriften, die bekanntesten der Modephotographen und Zeichner und – die Hunderte von Modekorrespondentinnen, die einheimischen und die ausländischen, alle in Abendtoilette, die Herren im Frack. Die Plätze sind numeriert. Jeder findet sich seiner Würde und der Wichtigkeit entsprechend gesetzt. Man erkennt und begrüßt einander, nimmt die hübschen Programme und den koketten Bleistift aus den Händen der Verkäuferinnen (sie sind alle in die gleiche Farbe und die gleiche Seide gekleidet, meist hellgrau oder beige). An jedem Durchgang von einem Salon in den anderen ist eine von diesen nicht immer ganz jungen, immer aber sehr sorgfältig zurechtgemachten Verkäuferinnen postiert, um beim Auftreten der Mannequins den Namen und die Nummer des Kleides, erst auf französisch, dann auf englisch auszurufen. Und da erscheint die erste der Mannequins. Das Stimmengewirr verstummt mit einem Schlage. – Ich kann Ihnen versichern, liebe Kolleginnen, eine gute Kollektion zu sehen, ist ein ganz unvergleichlicher Genuß, ja, daß es mich noch heute ergreift, dieses Defilee von schöngewachsenen, jungen Wesen, die so abstrakt bleiben, und so gut angezogen sind, so diskret, – so ausdrucksvoll, – so schön, – so verführerisch gekleidet. Sie ziehen vor unseren Augen ihre Kreise wie ekstatische Schlafwandlerinnen. Völlig neidlos, ja, gewissermaßen geschmeichelt von dieser Vorführung zartester, gepflegtester Weiblichkeit, entrückt und eigentlich berufsuntüchtig, begreift man das Erotische der Erscheinung viel intensiver und schneller als das Technische. Manche Kleider bleiben unvergeßlich. Ein schmales, violettes Tüllkleid, zum Beispiel, dessen Rock in immer breiteren Stufen weit und weiter ausfiel. Um den nackten Hals des dunkelhaarigen, hellhäutigen Mannequins stand eine riesige Tüllrüsche, zart und starr alle vertraute Annährung an dieses Gesicht abwehrend.

Zwei bis drei Stunden etwa dauert die Vorführung einer großen Kollektion. Je nach dem Tempo, an das die Mannequins gewöhnt wurden. Zum Schluß, das ist eine Tradition, erscheint eine verschleierte Braut. – Aus der Aufnahme, die eine Kollektion bei der Presse findet, läßt sich ohne weiteres auf ihren Erfolg schließen. Der Beifall ist spontan, die Ablehnung eisig. Die Presse ist unbestechlich, und man versucht gar nicht, sie zu bestechen. Was hülfe es auch? Über eine gute Kollektion läßt sich so viel sagen, über eine schlechte nichts. Nur einem Einfluß unterliegen wir leicht, dem, der Originalität viel zugute halten. – Ich erwähnte schon vorhin, daß aus der Reihe der großen Namen von Zeit zu Zeit einige verschwinden und neue hinzukommen. Es gibt Häuser mit berühmter Vergangenheit, sie haben Kaiserinnen und Königinnen angezogen, ihr Name hat schon seit Generationen Klang. In den letzten Jahren sind mehrere von ihnen der Krise erlegen. Sie hatten sich auf ein Genre festgelegt, für das es bei dem heutigen veränderten Lebensgefühl keine Kundschaft mehr gibt, sie konnten sich mit der Kunstseide, mit den neuen Kautschukgeweben nicht recht befreunden, nichts Rechtes mit ihnen anfangen. Ihre alten Kundinnen zu behalten, setzen sie fort, was früher ihren Ruf begründet hatte. – Es ist ein verhängnisvoller Fehler, wenn es sich um schöpferische Leistungen handelt, sich selbst nachzuahmen. Und für die Mode gilt dieses Wort besonders. Gewiß, Kritik und Publikum merken sich einen Namen, weil sie ihn mit einem Begriff verbinden. Sie verführen zu diesem «Auf-sich-selbst-Zurückgreifen». Von Poiret zum Beispiel, dem vielbesprochenen, erwartete man immer wieder Proben seines Genies. Ließen sich die in den üppigen Vorkriegszeiten leisten, so fehlte ihnen in den Jahren der Hemdkleider jede Voraussetzung, und seine Schöpfungen, so genial sie waren, schwebten im Leeren, entsprachen der Frau nicht mehr. Nur dann – und das ist seine Kunst – erfüllt der Modeschöpfer seine Aufgabe, wenn er ohne persönliche Eitelkeit der Frau dient, wenn seine Einfälle einzig auf sie bezogen werden. Je reifer und gewissenhafter seine Technik ist, umso freier kann er schaffen, umso bereitwilliger wird er sich beschränken. – Während nun das Renommee einiger Häuser durch ein ängstliches Haften am Prestige des Namens und der Grundsätze erlischt, tauchen neue Namen auf, die oft im Verlauf weniger Saisons zu großem Ruf gelangen. Das Geheimnis dieser schnellen Erfolge besteht in dem jugendlichen Element, das sie hineinbringen. Sie sind revolutionär, übermütig, selbstsicher, haben alles zu gewinnen und nichts zu verlieren, und sie haben recht, denn die Jugend ist auf ihrer Seite. Für diese erfolgreich Waghalsigen hat die Presse das größte

Wohlwollen und zwar, so widerspruchsvoll das klingen mag, weil sie unparteiisch ist. Mögen die Vorschläge, die in solchen Häusern gemacht werden, nicht selten vor allem durch die Keckheit interessant sein, durch die Rücksichtslosigkeit, mit der eine neue Silhouette hingestellt wird, die von der Frau eine über das Lächerliche erhabene Selbstsicherheit voraussetzt, so findet sich doch hier die ganze «Haute Couture» herausgefordert. Diese jugendlichen Elemente, ich denke an Häuser wie Schiaparelli und Marcel Rochas, verhindern ihre älteren Kollegen, Patou, Lelong, Chanel, die Mode mit dem Geschmack zu vertauschen. Der Geschmack ist nämlich tatsächlich nur ein Regulator der Mode. Den Impuls geben ihr Faktoren anderer Art, die schon besprochen wurden.

Etwa 14 Tage hindurch sehen die geheimnishaften Modeberichterstatterinnen täglich zwei bis drei Kollektionen, vormittags, nachmittags und abends, zusammen etwa 3'500 Modelle. Diese Zahlen geben Ihnen eine Vorstellung von der Filtrierung, die vor sich geht, ehe die «Schlagworte» zustande kommen und ehe die «großen Erfolgsnummern» die Richtung der Mode festlegen. Der Reklamechef des Hauses kann sich am ersten Rechenschaft ablegen. Ihm übergeben wir die Listen mit den Namen und Nummern der Modelle, zu deren Besprechungen wir Skizzen oder Photos wünschen. Es erleichtert seine Aufgabe, daß unsere Wünsche übereinstimmen. Es erschwert sie aber auch, da keine Zeitung oder Zeitschrift das als neu ansehen mag, was eine andere schon gebracht hat. Aus diesem Dilemma können ihn und uns nur die Photographen und Zeichner retten, die einem Kleid durch Pose und Beleuchtung vielerlei Aspekte abgewinnen. Die wichtigsten Zeitschriften, wie *Vogue, Fémina, Harper's Bazar,* haben eigene, mit allen technischen und künstlerischen Raffinements ausgestattete Photoateliers, die hochbegabte, spezialisierte Photographen leiten. Ihnen sichert man die Exklusivität gewisser Modelle bis nach der Veröffentlichung zu. Die Pariser Tageszeitungen – es gibt keine einzige, auch die politisch sachlichste nicht, die nicht allwöchentlich für ihre Leserinnen eine volle Modeseite herausbrächte –, Ihnen also und den ausländischen Redaktricen stellt man, je nach der Bedeutung und der

Aufmachung der Veröffentlichungen, die Mannequins zu photographischen oder zeichnerischen Aufnahmen bereitwilliger oder zurückhaltender zur Verfügung. Allen aber ist die Veröffentlichung dieser Dokumente vor dem Zeitpunkt verboten, zu dem die Kundin ihre Wahl getroffen hat, also gewöhnlich 4 bis 6 Wochen nach der Erstaufführung. Die Ursache für diese Maßregel? – Auch die Frau will sich mit dem Auftreten in der Gesellschaft in diesen neuen Kleidern den Effekt des Überraschenden nicht nehmen lassen.

Einen Tag später als die Presse sind die Einkäufer geladen. Das Geschäft beginnt. Der Ton ist verändert. Das Schöne ist käuflich geworden, muß vor der Ausnützung bewahrt werden, die in der Kopie besteht. Ein Syndikat schützt die Interessen der «Haute Couture». Jedes Haus hinterlegt Photographien seiner wichtigsten Modelle beim Polizeikommissariat. Dort werden sie mit dem Datum gestempelt. Auf diese Art läßt sich die unerlaubte Kopie wenigstens nachweisen und bestrafen. Diese Maßnahme, so rationell sie scheint, hat aber wenig praktischen Nutzen. Auch die andere, Einkäufer nur dann zuzulassen, wenn sie vorher eine Summe hinterlegen, die etwa dem Ankauf eines Modells entspricht, hat sich nicht gehalten. In der Tat hat die «Haute Couture» ein Interesse daran, sich vor der Ausbeutung ihrer Ideen zu schützen; kostet sie doch die Herstellung einer einzigen Kollektion, ohne die Pelze zu rechnen, zwischen 50'000 und 80'000 Mark, denn von 200 bis 300 Modellen, die entworfen und in den Ateliers ausgeführt werden, verwirft der kritische Chef oft mehr als ein Drittel. Die Stoffe sind kostbar, die Arbeiterinnen müssen auch für das Unverwertbare bezahlt werden, die Unkosten der oft herrlichen, alten Palais in den vornehmsten Vierteln von Paris sind riesig, die Steuern, die der Staat einzieht, enorm. Man muß also den Anstand des Einkäufers voraussetzen, oder, wenn man ihn bei einer Unanständigkeit ertappt, ihn von der Liste der Zugelassenen streichen. – Die Mannequins spielen bei den Vorführungen vor diesem Publikum eine nebensächliche Rolle. Die Verkäuferin – sie spricht immer auch englisch, meist auch deutsch – hat ihre großen Tage. Während sie immer neue Bündel von Kleidern herbeischleppen läßt, preist sie an, beweist Verständnis für die Bedürfnisse, Ängste, Kalkulationen ihrer schwierigen Kunden, macht Vorschläge, erklärt Vorteile, begreift auch die Nachteile und berechnet dabei, da sie prozentual am Verkauf beteiligt ist, die Höhe ihres Verdienstes. – In diesen zwei Wochen macht die Mode einen zweiten Filtrierungsprozeß durch. Die Auswahl für den Weltverbrauch wird getroffen. – Die Werkstätten sind mit fieberhafter Tätigkeit erfüllt. Alle haben zu tun. Die kleinen, zwölfjährigen Anfängerinnen, die Laufmädchen, werden hin und her geschickt. Die jugendlichen Näherinnen, die «petites mains», auf deutsch «Händchen» werden von den zweiten Händen, die schon gute Arbeiterinnen sind, zur Eile angetrieben, die Büglerinnen, die Kürschner in den Pelzateliers, die Zuschneiderinnen an ihren großen Tischen haben voll zu tun. Diese Räume sind hell und groß, es wird gelacht und geschwatzt, aber die Hände ruhen nicht. Die Première, die Leiterin des ihr unterstellten Ateliers, ist verantwortlich für die Ausführung und den Sitz jedes Modells. Sie leitet auch die Anproben, von denen jetzt aber keine Rede ist, da die Lieferungen ins Ausland sich nach Standardgrößen richten. Amerika wird zuerst berücksichtigt. Man zieht die Dauer der Überfahrt in Betracht. Aber der Termin für Europa ist auch kurz bemessen. – Diese Ateliers der großen Modeschöpfer sind in Frankreich die praktischen Schulen, in denen der Nachwuchs an tüchtigen, geschickten, durch und durch ausgebildeten Schneiderinnen erzogen wird. Alle diese emsigen, jungen Mädchen, deren höchstes Ziel es ist, eines Tages Première zu werden und an der eigentlichen Modeschöpfung mitzuwirken, fühlen sich dem Hause zugehörig. Man sorgt auch für sie. Die kleinen Laufmädchen – sie tragen schwarze Schulmädchenschürzen – bekommen 50 Francs in der Woche, gar nicht so wenig, wenn man bedenkt, daß sie 12 bis 14jährig sind und eigentlich nichts können. Ihr Mittagessen bringen sie mit, eine Küche mit Gaskochern steht zum Aufwärmen zu ihrer Verfügung. Alle Arbeiterinnen, die weniger als 100 Francs, also weniger als 160 Mark im Monat verdienen (eine tüchtige Durchschnittsarbeiterin verdient etwa 150 Mark im Monat) bekommen ihr freies Mittagessen. Es wird in hellen, freundlichen Räumen, an langen mit hübsch geblümtem oder kariertem Wachstuch bezogenen Tischen serviert.

Nie fehlt es an Blumen, die den Tisch dekorieren. Weißbemützte Köche sorgen für eine leichte, gut zubereitete Kost, die der Chef nicht selten kontrolliert. Alle, die mehr als 1'000 Francs verdienen, können für 1 Mark an dieser Mittagsmahlzeit teilnehmen. Die Mannequins, ein großes Haus hat ungefähr 12, haben einen eigenen Eßraum. In den sehr guten Jahren hatten sie Gehälter von 500 bis 600 Mark im Monat. Heute begnügen sie sich mit 300 bis 400 Mark. Eine Atelierleiterin oder Première verdient genug, um eine gutbürgerliche Existenz zu führen und etwas Kapital beiseite zu legen. Es kommt häufig vor, daß sie sich selbständig macht und auf Grund ihrer Ausbildung und Erfahrung in einem eigenen Geschäft Erfolg hat. Daß sie sich aber als Modeschöpfer mit eigenen Ideen einen Namen machte, dieser Fall tritt fast nie ein. Es gehört nun einmal zum schöpferischen Schaffen eine Inspiration, die das Technische allein niemals gibt. Trotzdem entstammen fast alle Modeschöpfer einem ähnlichen Milieu. Sie können sich auf eine Ahnenreihe berufen, in der Handwerker oder Fabrikanten mit der Mode verbunden waren, zu Wohlstand kamen und ihren Kindern zugleich mit einer sorgfältigen Erziehung diesen schwebenden Sinn für die Eleganz mitgaben, auf der der Drang, die Mode zu schaffen, beruht. – Ich hatte die Absicht, Ihnen eine kurze Charakterisierung dieser Männer und Frauen zu geben. Das würde uns aber zu weit führen. Sie sind fast alle, in Anerkennung ihrer Verdienste, zu Rittern der Ehrenlegionen gemacht worden, sie haben nicht selten Beziehungen zum hohen und höchsten Adel, die Tochter der Madame Lanvin ist mit einem Marquis verheiratet, Lucien Lelong hatte eine russische Prinzessin zur Frau. Dies erzähle ich Ihnen als Beweis für die Stellung, die man in Frankreich einem Schneider einräumt, wenn er imstande ist, das Prestige seines Landes zu erhöhen und zu erhalten, indem er die Frau mit all den Reizen schmückt, die den Mann immer von neuem anziehen.

Genug von den «Großen». Ihr Werk ist für den Augenblick getan. Die elegante Frau, die Dame der Gesellschaft übernimmt es, belebt es durch die Anmut ihrer Persönlichkeit und macht es gewissermaßen wieder anonym. Sie wissen, welch eine Rolle die Kleidung im Leben jeder Frau spielt, Sie wissen, wie sehr das Bewußtsein, schön und begehrenswert zu sein, alle Gaben der Anmut, Liebenswürdigkeit und des Geistes zur Entfaltung bringt. Kein Wunder, daß diese mit ausgesuchter Eleganz gekleideten Frauen imstande sind, Künstlern und Staatsmännern, Malern, Schriftstellern, Bildhauern und Architekten neue Visionen für ihr Schaffen zu geben, sie anzuregen, ohne auch nur den Versuch zu machen, sie zu überzeugen. Wir sollten solche Frauen nicht beneiden. Es ziemt sich nicht. Sie schmücken uns, indem sie sich schmücken. Sie repräsentieren unser aller Verlangen und Bemühen um die Schönheit. – Von diesem Gipfel her, der das Werk des Modeschöpfers noch übersteigt, breitet sich nun die Mode aus. Die Presse hat sie propagiert, die Einkäufer haben sie exportiert. Man ist bereits im Begriff, sie für die internationale Welt zu kopieren und zu verwandeln. In diesem Augenblick tritt die Konfektion auf den Plan. Die bunten Kataloge der Warenhäuser sind in riesigen Auflagen gedruckt, Lastwagen haben sie in alle Viertel der Stadt gefahren, in alle Städte der Provinz, Boten brachten sie in die Häuser, sie liegen in den Portierlogen, bis sie in die einzelnen Wohnungen abgeliefert werden. Die Schaufenster der großen Konfektions- und Warenhäuser der Innenstadt sind neu dekoriert. In langen Reihen stehen die künstlichen Mannequins hinter den Spiegelscheiben, vor denen sich die Frauen aller Stände drängen. Hunderte von Kleidern, Mänteln, Hüten, von Blusen, Muffen, Gürteln, Blumen, Schleifen, Schleiern, Taschen, Schals sind in den letzten Wochen entstanden, neue Stoffe liegen aus, neue Farben locken und alles ist ein wenig anders. Das also trägt man jetzt! Die Konfektion hat ihre Mission erfüllt. Die Mode, die aus den Tiefen unserer Menschheitsinstinkte aufstieg und zu ihrem Entstehen schöpferische Geister aufrief, sie, die eine Elite von Frauen mit ihren Scheinwerfern neu beleuchtet, ist im Begriff, den Bogen des Springbrunnens, abfallend, auszubreiten. Die verwöhnte Bürgerin läßt sich von ihrer Schneiderin und Putzmacherin bei der Wahl des Neuesten beraten, die weniger Verwöhnte begnügt sich mit dem Fertigen, die Unverwöhnte macht sich ein Kleidchen nach dem Schnittmuster einer wohlunterrichteten Zeitung, die das Komplizierte der neuen Linien auf ein Mindestmaß herabsetzt. – Und allmählich, indem die Jahreszeit fortschreitet, verändert sich das Straßenbild. Die Frauen sehen aus als wären sie gewachsen – liegt das an den hohen Mützen, die sie auf den Locken balancieren? – Sie scheinen jünger geworden – kommt das von den Schottenkaros ihrer Blusen? Beschwingter, seit der Rücken ihrer Mäntel lose herabfällt – angriffslustiger durch die Stehkragen – zärtlicher im Samt ihrer Kleider – reservierter durch die Knopfreihen. – Die Lust ist geweckt, sich mit diesen Verwandelten neu auseinanderzusetzen, sie kennenzulernen. Und nun ist es nur eine Frage der Zeit, daß der modische Gedanke sich auch in der Provinz ausbreitet und bis in die Dörfer kommt. Hier erst macht er Halt. Der Bauer, der Fischer, die nichts vom Wechsel und alles von der Beständigkeit des Bestehenden erhoffen, sie, die vom Ewigen erwarten, was uns die Zeit gibt, bleiben bei ihren überlieferten Trachten, die voller Symbol sind und darum voller Harmonie und Schönheit. Sie sind die einzigen, die sich über die Mode lustig machen dürfen. Wir anderen aber haben alles Interesse daran, teilzunehmen an dieser Erneuerung, dem Strömen dieses Jungbrunnens.

Sonderdruck Frühjahr 1935

Über die Haltung

Sie ist erstaunlich, die Tatsache, daß die Modeschöpfer große Schwierigkeiten haben, gute Mannequins zu finden, obgleich an schöngewachsenen jungen Mädchen und Frauen kein Mangel ist, die diesen Beruf gern ergreifen möchten. Sind auch die Züge des Gesichts hübsch, die Linien und Formen der Gestalt makellos, Arme und Beine schlank, Hände und Füße zart – es fehlt trotz aller guten Punkte das, worauf es ankommt, um die Eleganz darzustellen, die beherrschte, die freie, die anmutig noble Haltung.

Ließe sich nun mit Recht einwenden, daß auf der Bühne, vor der Linse und in den Salons, in denen die Mode vorgeführt wird, eine besondere schauspielerische Begabung nötig ist, um sich in aller Unbefangenheit zu bewegen, so beobachten wir aber auch im täglichen Leben genau das gleiche: die Seltenheit der Wesen, die in aller Natürlichkeit anmutig aufzutreten imstande sind.

«Unsere Spiegel sind zu klein», behauptet die Leiterin eines Schönheitsinstitutes, in dem man sich besonders mit der Pflege der Haltung beschäftigt, «die Frauen kennen mit ziemlicher Genauigkeit ihr Gesicht und ebenfalls sein Profil und haben darüber hinaus eine Vorstellung ihrer unbewegten oder kaum bewegten Gestalt, so wie sie im Rahmen der begrenzten Spiegelfläche erscheint. Sie bleiben aber ohne jede Kontrolle über das Bild, das die Summe ihrer Bewegung im freien Raum ergibt. Wenn es die Mittel zuließen, wenigstens zweimal im Jahr von jedem heranwachsenden jungen Mädchen einen Film aufzunehmen, an dessen Wiedergabe sie sich selbst studieren könnte, so würde es die Erziehung zur Anmut ungleich leichter haben.» Dieser Ausspruch verdient, gerade weil er sich nur auf das Bildhafte beschränkt, mit einigem Nachdenken aufgenommen zu werden. Stellt nicht die Moral immer wieder dieselbe Forderung, sich selbst zu erkennen? Verheißt sie uns nicht auf diesem Wege der Überprüfung und Einsicht zu einer Verständigung mit uns selbst zu gelangen, die auf unsere Haltung zur Umwelt den günstigsten Einfluß haben wird? In eben diesem Sinne steht der Ästhetik das Recht zu, die Unbefangenheit erst einmal zu zerstören, die fehlerhafte Haltung bewußt zu machen, ehe sie daran geht, sie nach besseren Prinzipen neu aufzubauen.

Der Anstandsunterricht, mit dem frühere Generationen alles getan glaubten, scheint uns heute insofern unzulänglich, als wir den Wert der Einzelkorrekturen bezweifeln lernten. Die Mahnung ‹Halten Sie sich gerade› kann nicht mehr erreichen, als Lässigkeit eine Weile in Steifheit zu verwandeln. Und die andere ‹Bewegen Sie sich natürlich› – kommt uns völlig sinnlos vor. Die Voraussetzungen zu schaffen, aus denen die geschmeidig aufrechte Haltung entsteht, die Bedingungen herzustellen, die eine gekrampfte Verziertheit ausschließen, diese Aufgabe stellt sich die heutige Schönheitskultur.

Worin besteht die Anmut? – fragt sie und stellt, indem sie die Antwort gibt, ein hohes Ideal auf. Die anmutige Haltung ist der Ausdruck einer harmonischen Verfassung. Und was ist eine harmonische Verfassung? – Nichts anderes, als was sie auch im Politischen ist: eine gesetzmäßige Ordnung, in der alle Kräfte durch ihr ungehemmtes Zusammenspiel zur höchsten Entfaltung kommen. Und wie sollen wir uns diese ideale Ordnung im Physischen vorstellen? – Indem wir die lebendige Einheit des Organismus in allen seinen Funktionen erkennen und respektieren. Die Vorbedingung der Anmut ist die Sicherheit, das Vertrauen in das Gleichgewicht. Da nun aber jede Bewegung, wie die Physik lehrt, den Schwerpunkt verlegt, so daß, so oft wir einen Schritt tun, den Arm heben, uns neigen oder die Hand ausstrecken, eine neue Balance gefunden werden muß, kommt es auf die willige Verständigung

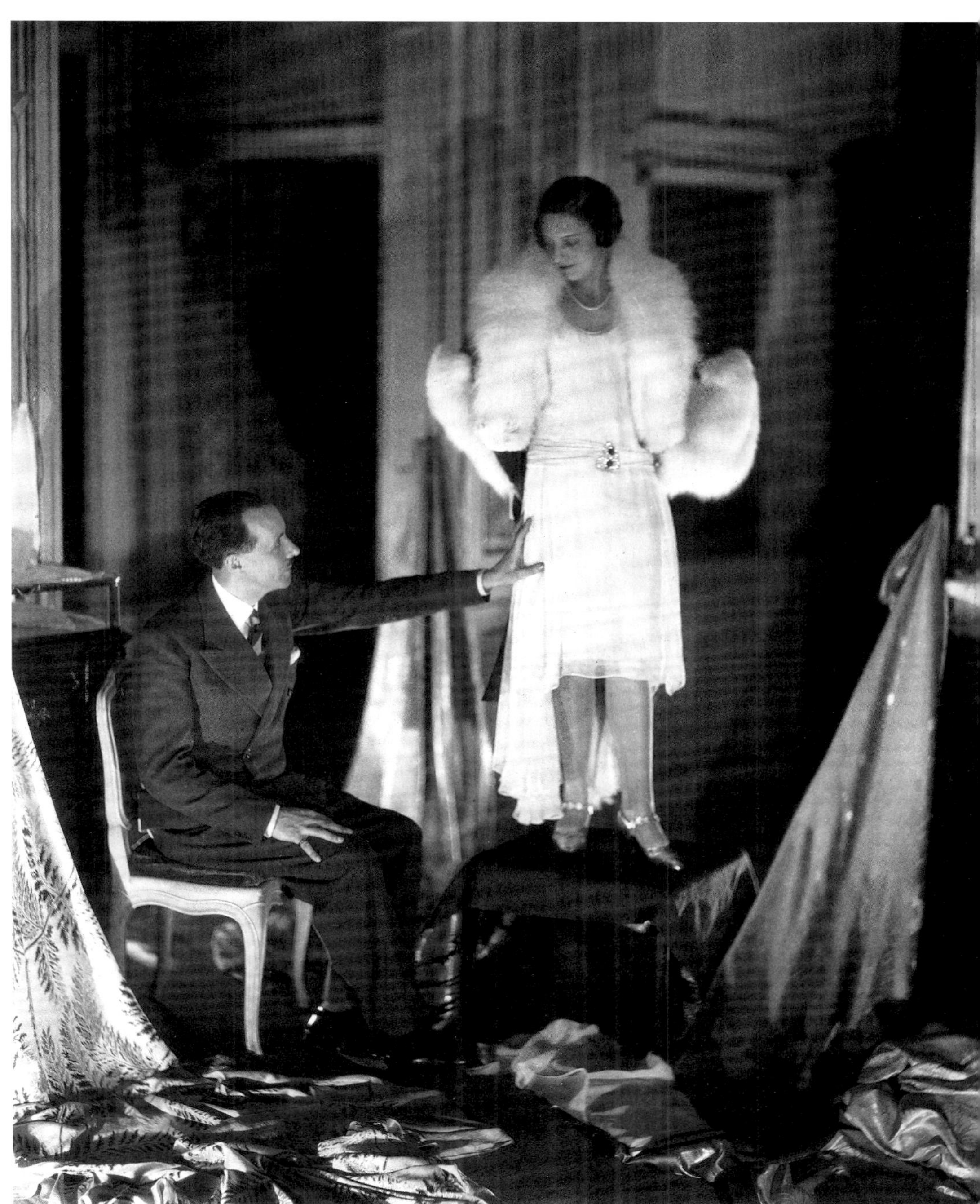

Der Modeschöpfer Worth mit einem Mannequin

aller Hilfskräfte an, die diesen Ausgleich herstellen, auf die Nerven, Muskeln, Sehnen und Bänder, die den Spielraum verwalten, der zwischen den Wirbeln und Knochen unseres Skeletts der Beweglichkeit vorbehalten ist. Der gute Zustand dieser Hilfskräfte und ihr Zusammenspiel hängt seinerseits von der Beschaffenheit des Blutes ab, auf die Schlaf, Atmung, Ernährung und der Rhythmus unserer Lebensweise einen ständigen Einfluß ausüben. Sind wir uns über die großen Zusammenhänge im klaren, so ergibt es sich von selbst, daß wir die Fehler der Haltung erst einmal in Störungen des physischen Organismus suchen. Aufgestützte Ellenbogen, einwärts gesetzte Füße, ein schleppender Gang sind Zeichen eines Mangels an Spannkraft, gekrampfte Muskeln, ein steifer Rücken, gewohnheitsmäßig übereinandergeschlagen Knie lassen auf Kontraktionen schließen, auf eine dauernde Überspannung und Überanstrengung. Gewiß übersieht man auch hier nicht die wichtige, ja die führende Rolle, die dem seelischen und moralischen Antriebe zukommt. Die Freude beflügelt den Schritt, die Enttäuschung übt einen lähmenden Druck aus. Das sind keine unbestimmt poetischen Behauptungen, sondern erwiesene Wirklichkeit. Da man sich auch mit Sicherheit auf die Wirkung des physischen Befindens auf das Psychische verlassen kann, da die Erfahrung immer wieder praktische Resultate zeitigt, fängt die Schönheitskultur entschlossen mit der Materie, mit dem Stofflichen an. Eins bewilligt sie der Schülerin, was die Medizin ihr vorenthielt, sie macht sie zur Mitwisserin ihrer Absichten und klärt sie über den Sinn ihrer Übungen und Vorschriften auf:

Stehen Sie des Morgens früh auf, nicht etwa, weil wir das für richtig halten, sondern weil sie tatsächlich ein Geschenk ausschlagen, das die Natur Ihnen anbietet, ein kosmetisches Mittel wirksamster Art, den reinen Sauerstoff der Luft, der noch ganz unverbraucht ist. Machen Sie die Bauchatmung, die wir Sie lehrten, weil sie Ihnen die Gewähr gibt, sich leicht und frei zu fühlen und nach einiger Zeit Ihren Pflichten viel besser gewachsen zu sein. Versäumen Sie nicht, sich zu recken und zu dehnen, und eine Viertelstunde den Übungen zu widmen, die Ihre Muskeln geschmeidig machen, die Sehnen strecken, den Kreislauf des

Blutes beleben und Ihnen diese Sicherheit geben, das Vertrauen in das Gleichgewicht, auf dem – sagten wir es nicht schon? – die Anmut der Haltung beruht. Gehen sie spazieren, so oft Sie eine Gelegenheit dazu haben, und sie wird sich um so häufiger bieten, je früher und frischer Sie den Tag beginnen. Diese rhythmische Bewegung des Schreitens wird Sie mit einer Wärme beleben, in der die hoffnungsvollen Pläne keimen und die klaren Entschlüsse reifen. Wählen Sie Ihre Ernährung mit aller Sorgfalt. Sie wird Ihr eigenes Fleisch und Blut. Vermeiden Sie, was beschwert und gärt, was überreizt und hitzt. Halten Sie sich, von Ihrem sich erneuernden Instinkt für das Verwandte geleitet, an das Frische, Leichte, das der Natur noch nicht Entfremdete, das gut riecht und gut anzusehen ist, an Obst und Gemüse. Geben Sie sich der Ruhe und dem Schlaf hin, diesem tiefen Alleinsein mit sich selbst, in dem die zerstreuten Kräfte sich sammeln, sich verständigen und zu neuer Bereitschaft sich ordnen.

Es liegt – wir sind uns dessen ganz bewußt – im Weitergeben dieser Ratschläge eine Wiederholung. Wir sind im einzelnen und viel ausführlicher auf die Disziplinen eingegangen, die von der modernen Schönheitspflege gelehrt werden. Wie sie aber auf die Haltung wirken, das blieb noch zu sagen übrig. Nur, wenn der zarte Mechanismus unseres Wesens ohne Hemmungen und Stockungen arbeitet, nur wenn wir selbst die Verantwortung übernehmen, ihn rein zu halten und ihn von allen störenden Schlacken und Resten zu befreien, nur dann gewinnen wir das wertvolle Gut, die Natürlichkeit, zurück, die wir als kleine Kinder einbüßten, als die Erziehung anfing, unsere Instinkthandlungen als unschicklich und unsozial zu verbieten, und uns zwang, bestimmten Konventionen zu gehorchen. Die Lehren des Anstandes, die wir mechanisch annahmen, dies Grüßen, Stillsitzen, Handreichen, Aufstehen, Verneigen, den Abstand wahren – das eine Schablone angepaßt ist, kann – ist die Veranlagung eine besonders günstige – gewiß einen angenehmen Menschen heranbilden. Die echte Anmut der Haltung aber, die beherrschte, freie, entsteht nur aus der Selbsterkenntnis und dem Einverständnis mit dem eigenen ‹Ich›. Wer sich mit sich selbst einig ist, kann weder frech noch schüchtern sein, weder plump noch geziert, sein Gang wird ebensowenig hastig wie zögernd sein, sein Benehmen sicher, da keine Sorge um die Wirkung ihn befangen macht. Er wird den Vergleich mit anderen nicht scheuen, der kleinlichen Rivalität entrückt sein und andere gelten lassen, da er sich selbst bejaht. Auf diesem Innersten Gleichgewicht beruht die Bereitwilligkeit auch zur schwer zu leistenden Forderung zum Verzicht, aber auch der Mut, die unbillige Belastung abzulehnen.

Und dieser glückliche Zustand sollte sich einstellen, sobald man richtig amtet, ißt, schläft, spazieren geht? – Ganz ohne Zweifel. Denn in diesem Willen, das geheimnisvolle Gebilde, das wir unseren Körper nennen, nicht zu schädigen, seine Gesetze zu respektieren, seine Fähigkeit auszubilden, liegt eine hohe Moral: Das Studium seiner Funktionen bietet eine Fülle weiser Lehren, und in der Zucht, das zu leisten, was für seine Gesundheit erforderlich ist, das zu meiden, was ihn stört, liegt eine edle Aufgabe.

[Die Frau, 18. November 1935]

Der große Abend

So oft eine gesellschaftliche Veranstaltung großen oder größeren Stils eine Anzahl von festlich Angezogene zusammenführt, kann man vor dem Portal der Anfahrt gedrängte Gruppen von Neugierigen beobachten, die es sich gern Zeit kosten lassen, das Schauspiel großer Toiletten zu genießen. Dieses Bedürfnis, am Glanz der eleganten Welt teilzunehmen, sei es auch nur als Zuschauer, entspricht einer Fähigkeit, des menschlichen Geistes, die Wirklichkeit des Einzeldaseins durch die Phantasie zu überbieten. Die kleine Verkäuferin, die sich einen Platz in der ersten Reihe erobert hat, die ältere Dame, deren Hut nicht gerade der letzten Mode entspricht, der junge Mann mit dem Paket, dicht hinter ihr – sie empfinden beim Anblick dieser ordengeschmückten Herren, dieser diademgekrönten Damen, die den Autos entsteigen und in der erleuchteten Vorhalle entschwinden, durchaus keinen Neid und stellen keinen Vergleich mit ihrem dunkleren, bescheideneren Dasein an. Was sich hier vor ihren Augen abspielt, gibt ihnen vielmehr die Möglichkeit, sich mit der Eleganz und der Gepflegtheit, die sie erblicken, eins zu fühlen, ja, fast möchten wir sagen, eine gewisse Verantwortung für sie zu übernehmen. Keine Kritik ist treffender, kein Beifall spontaner als der des Zurufs der anonymen Zuschauer, die, etwa vor dem Kirchenportal, Brautpaar und Hochzeitsgäste vorbeiziehen sehen. Es findet nämlich in der Tat ein Austausch statt. Indem der Einzelne sich bewußt ist, alles zu leisten nicht imstande zu sein, so daß eine Rollenverteilung notwendig eintreten muß, verliert sich doch keineswegs das Gefühl für die Gesamtheit, für das Zusammenspiel, um in der Theatersprache zu reden. Der Maschinist, der Elektrotechniker, denen das Funktionieren der Bühnenapparate anvertraut ist, die Garderobière und der Portier – sie hängen von der Kunst der Hauptdarsteller ab, um sich in ihrem eigenen Selbstgefühl befriedigt zu finden. Und in diesem Sinne schmücken wir heute unsere Seite mit einigen der kostbaren Abendkleider, die für die großen gesellschaftlichen Veranstaltungen bestimmt sind. Kleider, die ein kurzes, aber sehr intensives Leben haben.

Über die Vorliebe für luxuriöse Stoffe haben wir schon berichtet, auch über die Anregungen, die aus der Renaissance von der Mode aufgenommen wurden. Im Fortschreiten der Wintersaison hat sich erwiesen, was wir voraussagten: die Kleider, die sich dem historischen Vorbild gar zu nahe anschließen, gefallen den Frauen weit weniger als diejenigen, in denen eine dem Geist unserer Zeit entsprechende Verwandlung der Motive stattgefunden hat. Es kommt nicht auf die Stofffülle eines Kleides oder Mantels an, um Brokat oder Lamé zur Geltung zu bringen, sondern auf die Kunst, die Gestalt dort mit dem schönen Fluß reichen Gewebes zu bekleiden, wo er als Ausgleich zur Modellierung der Form delikateste Wirkung erzielt.

Die schlanke Büste der Frau von heute, die freie Haltung ihrer Schultern, die schmalen Hüften, der aufrechte Rücken, sie heben sich, ganz rein umzeichnet, aus einem Wurf glänzender, schimmernder, malerischer Stoffe hervor, die, klug verteilt, die Bewegungen der Schreitenden begleiten, und der statischen Erscheinung eine neue, jugendliche Würde geben.

[Die Frau, 18. November 1935]

Stadt-Eleganz

Nicht das Mannequin führen wir Ihnen heute vor, das vom Photographen ins rechte Licht gerückt wurde, um in studiert anmutiger Pose die Modeschöpfungen zur Geltung zu bringen, sondern die Erscheinung der Frau, wie sie im kommenden Frühjahr im Bilde der Straße zu sehen sein wird. Es kommt uns heute auch nicht darauf an, Sie über technische Einzelheiten genauestens zu unterrichten, – auch sind die Gesichter der jungen Frauen nicht retuschiert, der Mund der einen öffnet sich unleugbar «zufällig», die Stirn der anderen zeigt ein paar Fältchen, und allen fehlt die süße Glätte des Lächelns und des Teints, die sonst das Kennzeichen der Bilder sind, die eine gute Modeseite schmücken. Indem wir den Einwänden zuvorkommen und Mängel nennen, was als Mängel gelten kann, dürfen wir auf das aufmerksam machen, was uns zu unserer Wahl bestimmte. An diesen in der städtischen «Natur» aufgenommenen bewegten Figuren läßt sich nämlich am besten nachweisen, worauf es in der Mode ankommt, was ihren wesentlichen Gehalt ausmacht.

Diese geschwind Schreitenden, Stufen Hinabgehenden, Wartenden, Lehnenden tragen die neuen Frühjahrskleider, -mäntel, -hüte, so wie wir sie – ein wenig später – tragen sollen, ohne sich auf ihre «Neuheit» zu berufen, ohne sie geltend zu machen. Nicht wahr, keine von ihnen zieht den Blick durch das Auffällige an? Nichts ist übertrieben. Fast merkt man es erst, wenn sie schon vorübergingen, wie elegant sie waren. Was

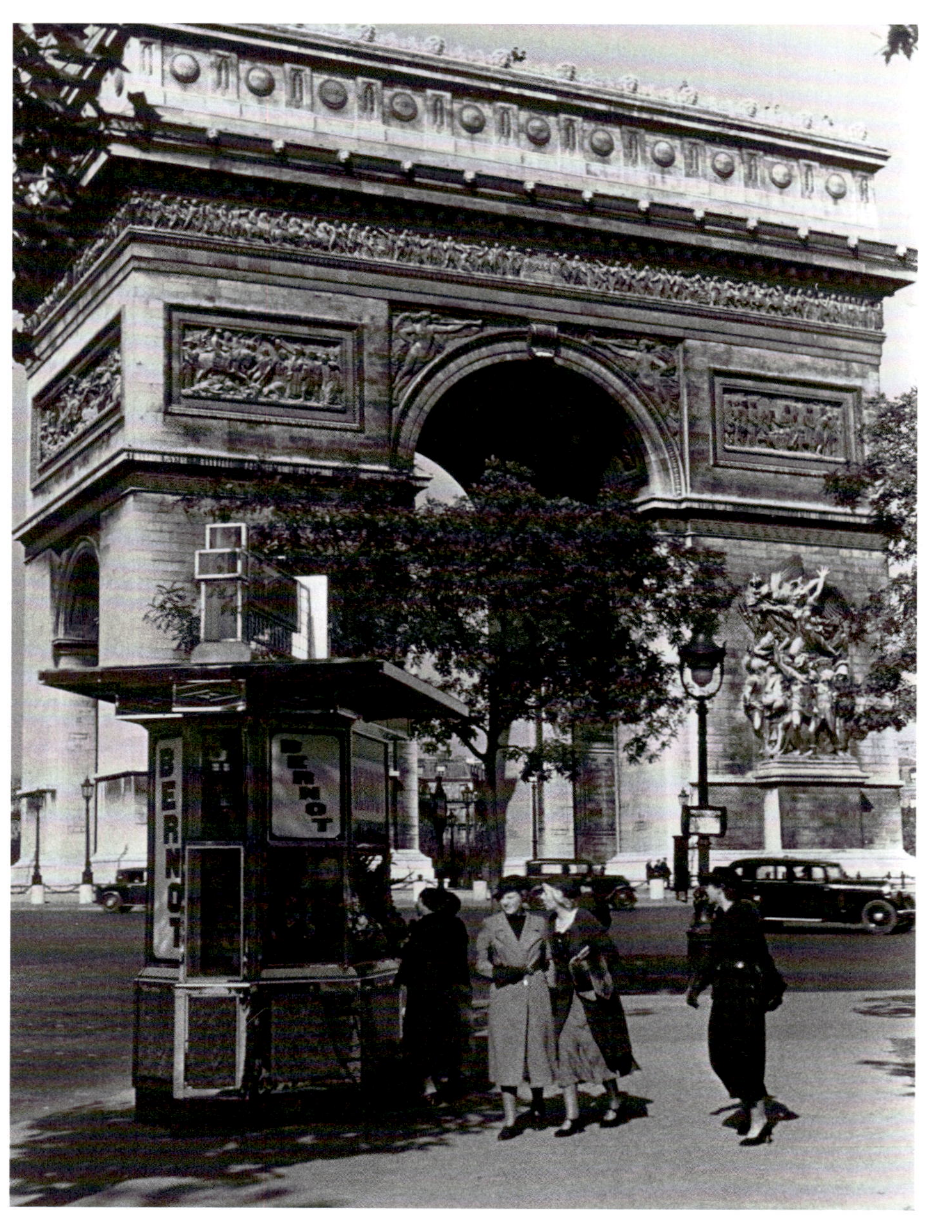

Am Arc de Triomphe, 1936

trug sie eigentlich, die junge Frau, deren Blick sich auf die Schaufenster der Läden richtete? Sie ging sehr gerade und schnell. Man sah die Linien der Gestalt, und trotzdem war die Silhouette bewegt, voll Schwung. Schwarz waren Rock und Jacke und der flache Randhut, weiß die Bluse und irgendwo etwas Grünes. Diese spärlichen Angaben würden aber, auch der geschicktesten Schneiderin, bei der Bestellung eines Straßenanzugs kaum genügen. Drehen wir also die Kurbel zurück und gehen dem Eindruck auf die Spur. Es handelt sich, ganz ohne Zweifel, um eine schmale Innenmitte. Sie fängt beim gezeichneten Kopf des Hutes an, geht über seinen Halbschatten in den leuchtenden, zarten Ton des Gesichtes über zum Grün des Halstuches, das ein Bronzeschmuckstück in Falten, ungezwungen, um den Rand der Bluse zieht. Die ist ganz weiß, ganz glatt und einfach. Die grünen Knöpfe, die sie seitlich schließen, sieht man nicht. Kein Gürtel teilt das Oben quer vom Unten. Die Blusigkeit wird durch den fester um die Taille gerafften Schoß, ganz ohne Wichtigkeit, mehr zugegeben als betont. Und auch der Übergang vom Weiß zum Schwarz ist nicht imstande, den Blick von dieser senkrechten Mitte wirklich abzulenken, die sich – so schmiegsam modelliert der Rock das Bein – zum Knie hin noch verschmälert. Der helle Ton der Strümpfe wiederholt gedämpft den matten Schimmer des nackten Gesichts, und das Schwarz der Schuhe übernimmt das Schwarz des Hutes. Doch, um diesen farbig ausgewogenen, das «Aufrechte» modellierenden Eindruck zu erhöhen, war die Jacke nötig. So lose fällt sie, daß sie auch geschlossen – ihre winzigen, ungebügelten Aufschläge lassen sich unter dem Schmuckstück schließen – beim Gehen die Gestalt faltig umspielt, ihr grünes Futter leuchtet auf alle Fälle beim ersten Stoß des lauen Frühlingswindes oder beim Schwung einer lebhafteren Bewegung auf; im offenen Ärmel wird ein Streifen Weiß des Blusenärmels sichtbar. Die Jacke schlüpft sich leicht an und aus, ihr Merkmal ist, daß sich nichts denken läßt, was weniger Kunst verriete, kein Kragen, kein geschnittenes Revers, kein Knopf, kein Gürtel, keine Taschen – nichts als der lose weiche Fall der leichten Wolle. Der Schleier um den Rand des Hutes macht es dem Saum der Jacke nach – wellig bewegt umweht, umspielt er die Disziplin der gereckten Haltung.

Und was soll diese eingehende Beschreibung eines einzelnen Frühjahrsanzuges nützen? Sie soll als Schlüssel für vielerlei Erscheinungen der Frühjahrsmode dienen und als Beleg dafür, daß die Eleganz unserer Zeit immer mehr einer Formel zustrebt, die allen verständlich, für alle anwendbar ist. Sie bezieht zwar das Komplizierte, das Seltene, das Luxuriöse als «Möglichkeiten» ein, macht es aber keineswegs zur Bedingung. Die Gestalt der Frau ist das modische Thema, ihre Beweglichkeit, der beschleunigte Rhythmus ihres Ganges, die Freiheit, Sicherheit und Zucht ihrer Haltung, die sie das Leben unserer Gegenwart lehrte. Immer kommt es darauf an, die ebenmäßige Geschmeidigkeit des Rumpfes kenntlich zu machen. Die Weite der Ärmel, die offenen Jacken und Boleros, unter denen die Bluse sichtbar wird; die farbig kontrastierenden Mäntel, die den Saum eines Kleides, seine Halsgarnitur, ein Stückchen Ärmel unbedeckt lassen, sind lauter Hilfsmittel, das «Gegebene», das heißt die schlanke Straffheit des heutigen Frauentypus zur Geltung zu bringen. Die Gutgewachsene kann mit geringen Mitteln «nach der Mode» gekleidet sein. Diese grüne, schmale Frühjahrsmantel etwa, mit seinen faltig eingesetzten, etwas verkürzten offenen Ärmeln; – die geknöpfte Tunika, die seitlich über dem engplissierten Rock spaltet, – das knappe Jäckchen, zwischen dessen blumengeschmückten Revers die karierte Bluse aufleuchtet, beanspruchen nicht mehr und kein kostbareres Material als das übliche, ihr Schnitt stellt keine größeren Ansprüche an das technische Können als der klassische Tailleur. Das aber ist das Unterscheidende der Frühjahrsmode: Gleichweit vom Phantastischen und vom Pedantischen entfernt, stellt sie die Forderung auf, die Hülle als ein Ablösbares deutlich zu machen, sie mit den Mitteln, die der Sinn für Farbe und harmonische Proportionen diktiert, so zu gestalten, daß sie den Hinweis auf den genauen Umriß des Kleides enthält, so wie das Kleid, die Bluse, sich auf die Form berufen, die sie umkleiden.

[Die Frau, 15. März 1936]

Gespräch mit einer Putzmacherin

Sie gehört – und das ist unbestritten – zu den ganz «Großen», die im Pariser Modeschaffen eine bedeutende Rolle spielen. Sie gilt für ebenso erfinderisch wie geschmackvoll. Ihre «Neuheiten» überraschen und überzeugen, beides. Einen Hut, der aus ihrem Hause stammt, unterscheidet man mit Sicherheit von anderen, aber erst einmal – findet man ihn hübsch. Erweckt ihr Name bei den meisten vor allem die Vorstellung von reizenden Hüten und Hütchen, die der Mode, fast möchte man sagen, immer schon um einen kleinen Schritt voraus sind, so verbindet sich mit ihm für die Eingeweihteren das Bild einer merkwürdig gearteten Frau. Sie eine «Persönlichkeit» zu nennen, geht nicht an, es fehlt ihr das Wuchtige, das bestimmt Umrissene. Ihr kleines Gesicht mit den schwarzen Augen und dem Grübchen im Kinn wirkt eher schüchtern als fordernd. Es ist aber bekannt, daß sie durchaus auf ihrem Willen zu beharren versteht. Sie hat sich zum Beispiel, im Gegensatz zu den meisten ihrer berühmten Kolleginnen, nie von der Reklame verlocken lassen, die darin besteht, sich mit einem der großen Schneider zusammenzutun und für seine Kollektion die Hüte zu entwerfen. Man weiß auch, daß sie, im Gegensatz zu allen anderen, sich nie an bestimmte Daten bindet und gar nicht selten den ausländischen und den aus der Provinz herkommenden Einkäufern zum Beginn der Saison nichts Neues zu bieten hat. Sie ist sogar in dem Grade eigenwillig, daß sie es ablehnt, gewisse Kundinnen, die den Wunsch äußern, von ihr persönlich beraten zu werden, auch nur zu begrüßen. Tatsächlich haben diese absonderlichen Manieren dem Ruf des Hauses nichts anhaben können. Wie alle Unternehmungen der Luxusindustrie hat auch dieses Geschäft mit der Krise zu kämpfen gehabt, sein Platz an erster Stelle ging ihm aber nicht verloren.

Auch heute sitzen rings vor den vielen Spiegeln eine Reihe von Probierenden, Wählenden – Damen aller Altersstufen, allein oder von Freundinnen begleitet. Die sanften Gebärden der Verkäuferinnen und der Premièren, das Hin- und Hereilen der jungen Gehilfinnen, die Sekretärin an ihrem Einzelpult – alles wird von den geteilten, beweglichen – Flächen der Spiegelscheiben in lauter Ausschnitten aufgefangen und durcheinandergeworfen reflektiert.

«Hier in meinem Zimmer sind wir ungestört.» Madame Agnès bietet mir einen tiefen blauen Sessel an und begnügt sich mit einem lehnenlosen Nickelschemel. Blaues Glas bedeckt die Fläche des Schreibtisches, blau sind die Buchrücken der vielbändigen Bibliothek, blau die Vorhänge der Fenster, und blau ist das Haar der berühmten Modistin.

«Es ist meine Lieblingsfarbe», erklärt sie, «es ist die Farbe, die mich zugleich beruhigt und anregt.»

«Arbeiten Sie in diesem Raum?»

«O nein,» sagt sie, «ich arbeite fast nur auf der Straße, das heißt, wenn Sie diesen Ausdruck für eine Tätigkeit gelten lassen wollen, die eigentlich keine ist. An Schaufenstern entlang zu gehen, ist mein größtes Vergnügen. Ich kann es stundenlang tun, irgendwo, hier in Paris, in einem Stadtviertel, das nicht elegant zu sein braucht, auf Reisen in großen und kleinen Städten oder in den Badeorten, überall verlockt es mich, die Auslagen der Geschäfte anzusehen. Kaufen, das ist eine Sache für sich, dazu muß man sich konzentrieren, muß überlegen und vernünftig sein, aber nur so das Vielerlei anzuschauen, zwecklos – das bringt mich auf die besten Ideen. Sehen Sie dies hier» – sie reicht mir ein bastgeflochtenes, beutelartiges Etwas, «ich habe es gestern in einem Warenhaus der Boulevards entdeckt, wo diese Dinger dutzendweise als Tellerdeckchen verkauft werden. Finden Sie nicht auch, daß dieser Bindfadenton hübsch ist? Und das durchbrochene Muster? Die runde

Form eignet sich ausgezeichnet, um ein Barett daraus zu machen. Die Dame, der Sie am Ausgang begegneten, hat gleich eins bestellt. So soll es aufgesetzt werden. – » Vor dem Spiegel hat sie sich das leichte Gebilde über die Locken gezogen und zupft nun einige der unterdrückten wieder hervor. «Gefällt es Ihnen? Vor allem müssen Sie aber meine Kristallhüte ansehen –.» Sie hebt den Hörer vom Telephon: «Marie Louise soll die kleine Toque und die großrandigen Kristalle herbringen.» «Dieser ‹Abfall› hat mich inspiriert.» Sie tippt mit dem Finger auf ein paar Filmrollen, die grau, bräunlich, und in einem orangenen Gelb mit dem Blau der Tischplatte kontrastieren, ergreift die aufgerollten Streifen und läßt sie im Licht spiegeln. «Seit Jahren habe ich den Auftrag gegeben, Versuche zu machen. Endlich ist es gelungen, solch ein Material synthetisch herzustellen. Hier können Sie selbst beurteilen, ob sich die Mühe gelohnt hat.»

Auf den blonden Locken des eintretenden Mannequins sitzt ein schwarzer, sehr einfacher runder Hut. Schwarzes Ripsband faßt den Rand und den Kopf ein. Alle anderen Flächen reflektieren – dem halbpolierten Lack der Autos ähnlich, aber viel leichter, schwebender, glasiger, kurz, ihrer filmigen Stofflichkeit entsprechend –, spiegeln das Oben, das Unten, die Wände, das Licht, den Raum.

«Und dieser Weiße, ist er nicht elegant?» – Ein breiter Rand überschneidet das Gesicht, hinter ihm werden die blauen Augen der jungen Marie Louise sichtbar, ihr blondes Haar überspinnt ein Netz dieser filmigen Streifen. – «Dies ist ein Abendhütchen, der Rand in Spiralen gedreht. Sieht es nicht aus wie Perlmutter? Nur viel zarter in seiner elastischen Biegsamkeit. –»

Einen nach dem anderen führt man die Hüte vor. Madame Agnès setzt selbst den Großrandigen auf, den ein schwarzer Samtkopf überhöht.

«Eigentlich bin ich die Konservativste der Konservativen», sagt sie, «sobald es sich aber um meine Arbeit handelt, möchte ich ganz von vorn anfangen, als sei noch nie etwas geschehen. Sie fragen, warum ich mich mit keinem der Schneider zusammengetan habe. Weil mich der Zwang lähmen würde, und – was noch viel entscheidender ist –

weil ein Hut für ein Gesicht gemacht wird und nicht für ein Kleid. Ich will Ihnen noch etwas bekennen: Nicht das Schöne regt mich an, sondern das Häßliche, das Langweilige. Wenn ich eine Frau sehe, die einen falschen Hut auf hat, wenn mich dieser Mangel an Geschmack so recht verletzt, dann gehe ich gleich an die Arbeit, um an einem meiner Nickelmannequins – sie sind so angenehm unpersönlich – einen richtigen, einen geschmackvollen Hut für die Unbekannte zu stecken.»

«Und wie entstehen Ihre Hüte?»

«Früher, als ich noch eine unbekannte Anfängerin war –»

«Ach ja, erzählen Sie mir das –»

«Ganz ohne Geld, das heißt, ganz ohne Kapital machte ich mich selbständig. Zwar konnte ich etwas, hatte bei Reboux und einigen anderen gearbeitet, die vor dem Kriege große Namen hatten. Meine ersten eigenen Kundinnen gehörten aber ganz anderen Kreisen an. Die Frauen des Bäckers, des Schlächters, des Kolonialwarenhändlers kamen zu mir. Daß ich keine Konzessionen machte, war mein Glück.»

«Das Glück gründete sich auf Ihren Charakter.»

«O nein, Madame, von Charakter war gar keine Rede. Ich konnte nicht anders, als diesen Damen und den anderen, die in immer größerer Anzahl kamen, die schönsten Hüte zu erfinden. In ein paar Jahren war ich – nicht etwa reich –, aber es kam viel, viel Geld ein. Ich konnte es zuerst kaum begreifen. In ein besseres Viertel zu ziehen, ließ sich nicht mehr vermeiden. Ich mußte ein ‹Haus› eröffnen, Arbeiterinnen engagieren. Heute führe ich meine Hüte nicht mehr selbst aus, auch die Modelle nicht. Fünf Premièren übernehmen diese Arbeit. Jede ist auf ihre Art begabt, jede deutet meine Anregungen auf ihre Weise, alle aber sind eifersüchtig aufeinander.»

Sie lächelt. «Darum, weil sie eifersüchtig sind, gebe ich ihnen das gleiche Thema. Die großen Linien besprechen wir gemeinsam. Dann überlasse ich die Ausführung ihrem Temperament, ihrem Geschmack, ihrem Gefühl für das Material und – ihren Kenntnissen. Diese Bände, die Sie hier aufgereiht sehen, enthalten unsere Archive. So oft ich reise – und ich bin viel gereist, auch in Ihrem schönen Deutschland, in Österreich, in Italien –, mache ich an allen Orten halt, in denen es berühmte

Kirchen und Museen gibt. Dann lasse ich mir den *Cicerone* kommen und bitte ihn, mich vor alle Bilder zu führen, auf denen es Hüte zu sehen gibt. Von allen Ausstellungen bringe ich Dokumente nach Hause, Reproduktionen, manchmal auch Originale. Sie sollten unsere chinesischen, persischen, indischen Blätter sehen. – Hier haben meine Premièren immer Zutritt. Erst wenn sie mit ihrer Kunst zu Ende sind, trete ich wieder auf. Ich sagte Ihnen schon, daß mich das ‹Bessermachen› anzieht. Ich kritisiere, ändere, was ich nicht gelten lassen kann, ich erkenne an, und in dem Hin und Her fallen mir neue und immer neue Möglichkeiten ein. Ohne das wir recht wissen wie, ist eine Kollektion entstanden. In solchen Zeiten bin ich taub und blind für alles andere. Es kann aber auch geschehen, daß ich wochenlang ganz ohne Einfall irgendwelcher Art bin.»

«Sie sind eine Künstlerin –»

«Ach nein, Madame, die lieben ihre Kunst, während ich weiß, daß mein Leben nur abgebogen ist in diesen merkwürdigen Erfolg. Ich habe nicht den ‹Schneid›, der zu einer Geschäftsfrau gehört, mit Kundinnen zu sprechen ist häufig eine Qual. Ich wäre gern in einfachen Verhältnissen geblieben, in denen es darauf angekommen wäre, eine gute Hausfrau zu sein; ich hätte gern viele Kinder bekommen, ein Bettchen neben dem anderen, ein ganzes Zimmer voll. Und eine schöne Stimme hätt' ich mir gewünscht, um bei all dem Scheuern, Waschen, Kochen die Lieder von Liebe und Glück zu singen, die alten und die neuen –»

[Die Frau, 26. April 1936]

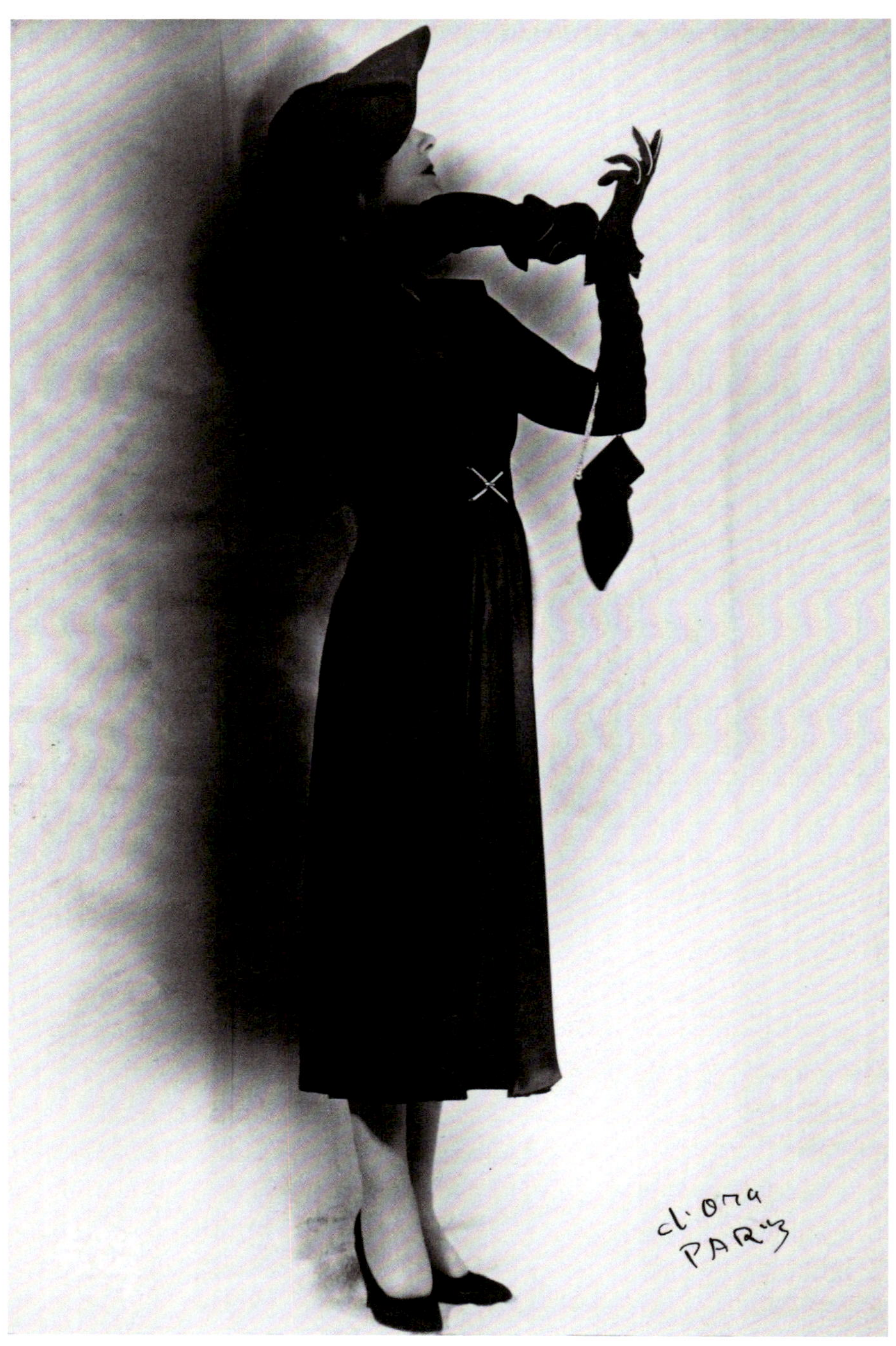

Ein Modell von Patou, um 1930

Jean Patou, Frauen und Blumen

In diesen Wochen zeigt die Pariser Haute Couture ihre Hochsommer- und Herbstkollektionen. Unter den Einladungskarten, die wir Modeberichterstatterinnen empfangen, befindet sich auch diese: «Jean Patou gibt sich die Ehre...»

Er ist tot, aber sein Haus lebt weiter. Immer noch steht der schwarzlivrierte Portier im Bogentor des Stadtpalais in der Rue St. Florentin – sie biegt vom großartigsten der Pariser Plätze, der Place de la Concorde, zur Innenstadt ein –, immer noch geleitet er die Ankommenden über die hellen Gummiteppiche, auf denen die Tritte von vielen Damenfüßchen ihre zierlichen Spuren hinterlassen, in den spiegelgetäfelten Vorraum, den, als sei er ein Garten, mit bunten Kieseln gefüllte Vertiefungen umranden (hier leuchten an festlichen Empfängen die herrlichsten Blumen), und öffnet die Türen eines der Zwillingsfahrstühle, in dem der Duft des Parfüms haftet, dessen Hauch und Namen den eleganten Frauen vertraut ist. Oben tritt man durch golden aufgelichtete Schmiedeeisengitter – sie sind weit geöffnet – in die Salons mit den hohen Decken, den geschnitzten graugetönten Boiserien und dem flutenden Licht; wenn man nicht, angezogen durch die schmetterlingsbunten Hütchen, die nebenan auf ihren Ständern schaukeln, und durch das lebhafte Stimmengewirr (überall, wo Frauen Hüte probieren und aussuchen, wird viel hin und her gesprochen), gleich links einbiegt.

«Sie wünschen Mr. B. zu sprechen?» fragt eine Verkäuferin, deren Gedächtnis für Gesichter sie nicht täuscht; sie weiß, wer zur «Presse» gehört.

Eine Tür öffnet sich auf einen langen teppichbelegten Korridor, der an den Salons entlang führt und an der *Cabine des Mannequins* vorbeileitet zu den Räumen der Parfümerie, der Buchhaltung und denen, die zum Empfang der Journalisten bestimmt sind.

«Man hat seit seinem Tode so viel über ihn geschrieben,» sagt Mr. B., der Schwager Jean Patous, «was könnte ich Ihnen wohl Besonderes berichten –»

In der Tat, es ist bekannt, da er unter den Größten der großen Modeschöpfer eine führende Persönlichkeit war. Wir haben mit eigenen Augen gesehen und davon berichten können, mit welcher meisterlichen Technik, mit welchem Sinn für die Schönheit der Frauengestalt er von Jahr zu Jahr seinen Begriff der Eleganz neu darstellte, in der die damenhafte Zurückhaltung zu ihrem Recht kam und die ebenso damenhafte Sicherheit, die dem Gewagten den Stempel des Gültigen gibt. Was uns heute, jetzt, da sein Werk durch den Tod abgeschlossen ist, beschäftigt, ist die Frage nach der Entwicklung einer schöpferischen Persönlichkeit wie der Jean Patous. Wie waren die Anfänge seiner Laufbahn? Welche Impulse leiteten ihn? Wie ertrug er Erfolg und Fehlschläge?

«Sie sagen, sein Werk sei abgeschlossen, Madame, und beweisen dadurch, daß Sie einen Hauptzug seines Charakters übersehen. Vor allem war dieser merkwürdige Mensch ein Erzieher und Anreger. Seine Modellistinnen arbeiten heute mit der gleichen Intensität, als könne er noch jeden Augenblick in die Ateliers eintreten und mit seinen unerbittlichen Forderungen die Gestaltung jedes Modells, jeder Linie, jeder Zutat bis in die letzten Einzelheiten zu Ende führen. Ja, er verlangte sehr viel von sich und hat diesen Anspruch, das Äußerste zu leisten, auf seine Mitarbeiter übertragen. Sein Grundsatz war dieser, dem ‹Zufälligen› nichts zuzugestehen. Er berechnete seine Effekte. Sie gingen alle von der Voraussetzung aus, daß die Frauen Geschöpfe sind, deren Reiz sich in allzu vielen Facetten spiegeln läßt, als daß man ihn jemals erschöpfen könnte. Er war jedesmal, fast möchte man sagen: eilig, in jeder Kollektion wenigstens das Dringendste zu leisten. Es genügt, die Mannequins des Hauses einmal von diesem Gesichtspunkt aus anzusehen. Keine ist nur einfach ‹schön›. Sie gehören alle zu der Art von Verwandlungsfähigen, an denen die Kleidung die Rolle der Betonung übernimmt. Nichts war ihm so unerquicklich wie der ‹trockene› Typus. Er glaubte nicht an die ‹Intellektuelle›, kaum an die ‹Stilvolle›. Für ihn lag die Bedeutung der Frau in ihrer Fähigkeit, ‹glücklich› zu machen. All seine Technik, alle Schattierungen seiner Geschmacksskala richteten sich darauf, das ‹Glücksversprechen›, das der Anblick einer Frau enthalten kann, zum Ausdruck zu bringen. Dieses seinem Wesen und seinem Temperament natürliche Prinzip war, aller Wahrscheinlichkeit nach, das Geheimnis seines Welterfolges. Wollte man es geschäftlich formulieren, so käme es darauf hinaus: die Nachfrage für das, was man ‹Glück› nennt (wenn Sie dieses Wort als die Zusammenfassung des Schönen, Lebensvollen, Zarten und Zärtlichen gelten lassen wollen), ist in der Welt ganz ungeheuer groß. Er kam ihr durch seine Angebote entgegen. Wissen Sie, daß in der guten Zeit, vor der Krise, sein Jahreseinkommen die phantastische Höhe von 80 Millionen Francs erreichte? Wissen Sie, daß 1'500 Angestellte in diesem Hause beschäftigt waren? – Dieser Zufluß an Erfolg und Kapital, der die Gewissenhaftigkeit seiner Arbeit nur noch schärfte, setzte recht eigentlich ein, als er im Jahre 1925 nach New York reiste und dort eine Schönheitskonkurrenz veranstaltete, von der er acht entzückende Mannequins zurückbrachte, die, jede in ihrer Art seiner Vorstellung des ‹Weiblichen›, des Blühenden, Duftenden, entsprachen.»

«Ich besinne mich –»

«Und Sie besinnen sich auf den August 1929 –»

«Als Patou die ersten langen Abendkleider zeigte –»

«Aber den anderen August, den des Jahres 1914, haben Sie nicht in diesem Hause erlebt. Patou, der seine glänzende Laufbahn bescheiden als Zuschneider und Schneider in einem mehr oder weniger bekannten Modehaus anfing, hatte sich gerade damals selbständig gemacht. Drei Tage, ehe seine erste Kollektion vorgeführt werden sollte, wurde er nach Saloniki kommandiert, wo er als Hauptmann eines Zuavenregiments den Orientfeldzug mitmachte. Neben der Ehrenlegion, die ihm später zukam, trug er seine Kriegsauszeichnung, das <croix de guerre>. Dieses Leben wurde überhaupt von einem eigenen Rhythmus bestimmt – schicksalhaft durch Dämme gestaut und wieder flutend. Sein plötzlicher Tod hat ihn, allem Anschein nach, völlig unvorbereitet getroffen. Wenn ich es aber nachträglich bedenke, so lag in der Passion, mit der er sich während der letzten Jahre auf seiner Biarritzer Besitzung der Blumenzucht hingab – anstatt der Skizzen und Entwürfe zu Kleidern, Mänteln, Blusen stapelten sich auf der Riesenfläche seines Schreibtisches Stöße von Büchern und Katalogen, in denen er die Arten und Abarten von Orchideen, von Rosen, Tulpen und tropisch blühenden Gewächsen mit Andacht studierte, bewunderte und mit denen seiner Treibhäuser und Gärten verglich –, so lag in dieser neuen Leidenschaft das gleiche Bedürfnis, der Schönheit zu huldigen, das er so viele Jahre auf die Frau gewendet hatte – nur in anderer, in abgelösterer Form ...»

[Die Frau, 10. Mai 1936]

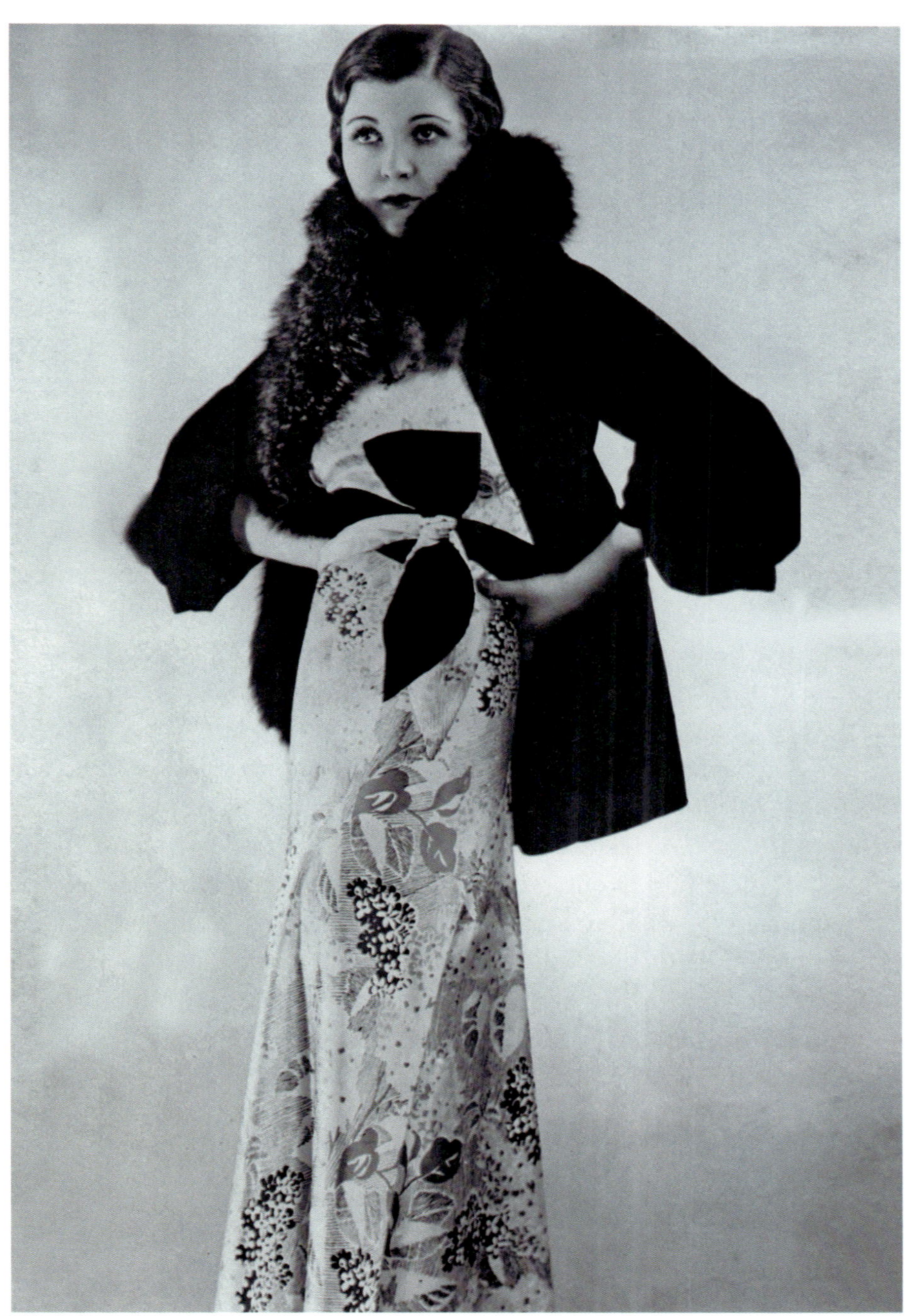

Ein Modell von Patou, 1930er Jahre

Sommerliche Abendkleider

In diesem Jahr der olympischen Spiele, deren sportlich-festliche Veranstaltungen aus allen Teilen der Welt Besucher herbeiziehen, kommt es der deutschen Frau in besonderer Weise zu, durch die Anmut ihrer Erscheinung zu dem schönen Bilde beizutragen, das sich den Fremden bieten wird. Gehört es doch zu den Gesetzen der Gastlichkeit, besondere Sorgfalt gerade dem zuzuwenden, was sich dem Auge des Gastes darbietet und einprägt und als Zeichen des Wesens ihm ohne weiteres verständlich wird. Von diesen Erwägungen ausgehend zeigen wir heute eine Anzahl sommerlicher Abendkleider, die, wenn sie auch zum größten Teil aus Pariser Modehäusern stammen, doch ohne das uns «Eigene» nicht hätten entstehen können. Und das geht so zu: Seit ein paar Jahren greift, als brauchte sie eine Auffrischung, die Mode nach den Anregungen, die ihr das «Volkstümliche» liefert. Und dabei hat sie eine Neigung, sich an Motive zu halten, die den Bauerntrachten entnommen sind. Was haben wir nicht alles, mehr oder weniger abgewandelt, an «Heimatlichem» auftauchen sehen: Die kordel- und die mit Gamsbärten geschmückten schwarzen Filzhütchen, die breiten, mit Spruch und Blümchen bestickten Ledergürtel, die grauen Lodenkostüme mit ihren grünen Blattapplikationen, die bedruckten Halstücher, die dickbestickten Aufschläge der Leinenjacken und vieles mehr. In diesem Frühjahr und Sommer hat sich, mit einer Einheitlichkeit, die nur durch die Zeitströmung überhaupt erklärbar ist, eine Vorliebe für bedruckte

Bauernmusseline überall durchgesetzt, so daß keine gutangezogene Frau, ohne Ansehen der Nationalität, der Sprache oder des Klimas auf sie verzichten mag. Ging also die Anregung von den Trachtenkostümen aus, so wird sie, für das gesellschaftliche verwandelt, durch Ausdeutung und Anwendung erneuert und bereichert zu uns zurückkehren. Wie hübsch sind aber auch diese Blumen und Blümchen, diese kräftigen Farben auf leuchtendem Grund, wie weich fällt dieser trockene, aber durchaus nicht spröde Stoff. Die glockigen Röcke, die drapierten und plissierten Effekte kommen durch ihn zur Geltung, seine gemusterte Farbigkeit macht ihn für die Schärpen der weißen Piquékleider geeignet und für den losen Fall der Abendjäckchen. Ausgefranst, seines Musters beraubt, gibt er den dunklen Ton seines Fonds als ein Mittel der Garnierung her; auf die sattesten oder mildesten Farben seiner Blumen kann man sich berufen und sie, ausgesondert, in einem anderen Material als zweifarbigen Rocksaum, als Gürtel oder Achselbänder wiederkehren lassen, die das Gedrängte der Musterung auflösen, kurz, es wird den Frauen nicht daran fehlen, die Reichhaltigkeit zu bewundern, mit der das gemeinsame Thema in aller Welt behandelt wurde. Da nun aber, so oft sich eine gemeinsame Vorliebe, wie es heute die für Blumen und Geblümtes ist, sich um so wirksamer darstellen läßt, wenn ihr das Kontrastierende zur Seite steht, so können wir uns darauf gefaßt machen, eine Anzahl von Kleidern zu sehen, deren Schönheit auf der Gegenüberstellung von zwei, rein zueinander gestimmten Farben beruht oder die das Einfarbige, es garnierend und unterbrechend, mit gemusterten Borduren belebt.

[Die Frau, 24. Mai 1936]

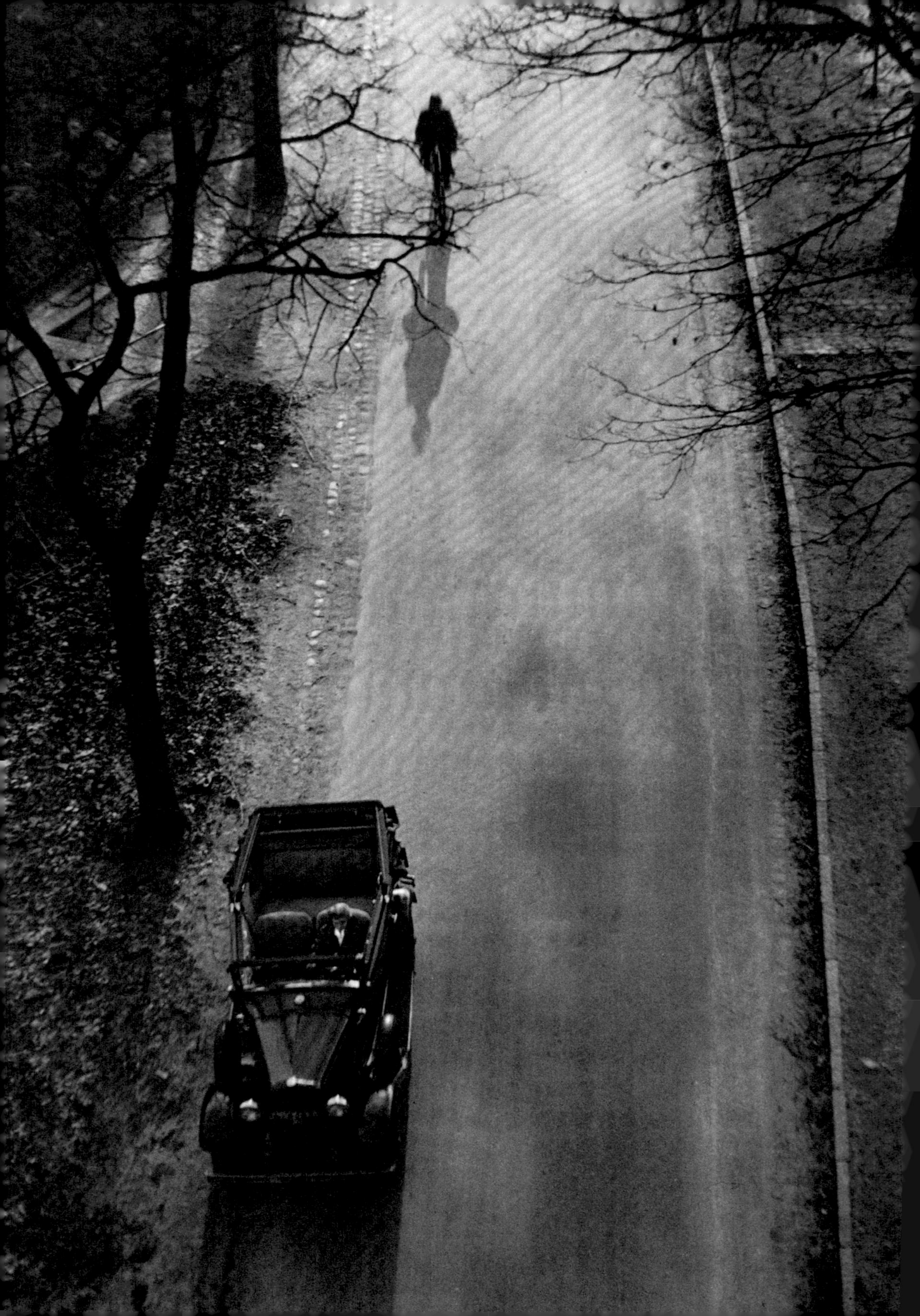

Vorherbstliche Autoreise

Im allgemeinen schickt es sich zwar nicht für Frauen, an einem Gespräch teilzunehmen, in dem Männer untereinander sich über die Vorzüge und Schwächen ihrer weiblichen Bekannten unterhalten. Es läßt sich aber kaum vermeiden, gelegentlich doch einmal Zeuge dieser Art von Meinungsaustausch zu sein. Es ist uns aufgefallen, daß der Eindruck, den eine Frau bei den verschiedenen männlichen «Temperamenten» erweckt, ein sehr verschiedener sein kann, wenn es sich darum handelt, sich über «hübsch oder reizlos», «anziehend oder gleichgültig», «anregend oder langweilig» zu verständigen. Heißt es aber von einer, sie sei «gut angezogen», so erhebt sich meist kein Widerspruch. Alle sind sich einig; daß es so und nicht anders ist. Die Ursache für diese Einstimmigkeit des Urteils liegt wohl in der Tatsache, daß der Mann, der für sein Teil der Verführung durch das Modische viel weniger oder fast gar nicht unterliegt, sich das Gefühl für das sinnvoll Organische der Kleidung erhalten hat. Der Begriff der weiblichen Eleganz deckt sich für ihn mit der Eignung dessen, was eine Frau trägt, Eignung für den Anspruch, den eine Gelegenheit, eine Beschäftigung, ein Klima, eine Tageszeit, das Wetter, ein Raum, eine Landschaft stellen. Der Spielraum, den die Sitte ihm selber für die «Phantasie» der Kleidung zubilligt, ist so gering, daß es sogar dann, wenn es sich um die Uniform oder die Amtstracht handelt, sein Ziel sein wird, die männliche Kleidung auf eine Formel zu bringen, die als Vorbild für alle Wert und Dauer haben könnte. Weit

Marianne Breslauer: An der Havel, 1932

entfernt, der Frau, deren Aufgabe darin besteht, für das wechselnde «Heute» zu sorgen, ähnlich kategorische Gesetze auferlegen zu wollen, genießt er den Reiz der Verwandlungsfähigkeit, den die Frau ihrer modischen Schulung verdankt, ja, er fühlt sich vom eintönig Langweiligen im allgemeinen abgestoßen, eine völlige Ablösung vom Zweckdienlichen aber wird er – und das trifft in allen Fällen zu – ablehnen.

Die Frau, der «alle» zugestehen, gut angezogen zu sein, ist also die Frau, die in der Wahl ihrer Kleidung von einem Plan ausgeht. Die beschränkten Mittel, mit denen es heutzutage auszukommen heißt, haben weitaus die meisten Frauen vor die Frage gestellt, auf das «Hübsche» zugunsten des «Praktischen» entweder zu verzichten oder aber beides zu vereinigen. Die Mode hat, das Wirtschaftliche als eine Zeiterscheinung auf ihre Art deutend und darstellend, aus der Not eine Tugend gemacht. Tatsächlich enthält heute die Eleganz einer Frau die Gewähr für ihre Fähigkeit, klar und klug zu denken. Die Anschaffung eines neuen Kleidungsstückes bedeutet – und das gilt bis auf wenige Ausnahmen für alle – in das Mosaik des schon Vorhandenen ein neues Steinchen, ein neues Motiv einzusetzen, das imstande ist, das Gesamtbild zu beleben. Das Kostüm, der Mantel, das Nachmittags und das Abendkleid sind zwar, nach wie vor, die Grundlage, von der man ausgeht. Es genügt aber fast, über ihre Einzahl zu verfügen, um durch die schmückende, verwandelnde Kleinigkeit aus dem Wenigen viel zu machen. Während die Schränke leer wurden, füllten sich die Fächer. Halstücher, buntgemusterte und leuchtend einfarbige; Handschuhe, die mit den Farben der Jacke kontrastieren und mit der des Hutes und der Tasche harmonieren; zart oder kräftig getönte Blumen, gestrickte Pullover in allerlei Farben, Westen und Blusen – diese Hilfsmittel, dem Anzug neue Akzente zu geben, hat unsere Zeit mit ihren besonderen Bedingungen uns gelehrt, mit Geschmack und sogar mit einer gewissen Keckheit ins Treffen zu führen.

Unsere Zeichnungen führen Ihnen eine Garderobe vor, die sich für eine Autoreise durch eine vorherbstliche Landschaft eignet, bei der es darauf ankommen wird, dem Wechsel von Ort, Wetter und Tageszeit gewachsen zu sein. – Das Stadtkostüm aus brauner, fein blaukarierter

Wolle wird bei kühlem Wetter gute Dienste tun. Die klassische Einfachheit des Schnittes macht möglich, es immer wieder anzuziehen. Die unauffällige Musterung läßt eine ganze Skala von Farben zu, etwa ein tiefes Violett, ein Weinrot, ein Gelb, ein Königsblau – die als Tüchlein, Handschuhe, Weste und Hut ihm an manchem Morgen eine ganz neue, lebhaftere oder gedämpftere Wirkung geben. Und wenn die Sonne heißer scheint, paßt auch der blaue, geknöpfte Rock aus knitterfreiem Leinen zu dieser Jacke, die, offen, wenn man mag, das weiße Leinenblüschen sehen läßt. Es ist einfach geschnitten, dem schmalen Kragenbund ein wenig eingereiht. Ganz dünne rote Kordeln schmücken die Taschenklappen und die Knopfleiste. Wir raten auch den weißen Baumwolljumper mitzunehmen, der, von der Mode völlig unberührt, dem «Sportlichen» einer im Morgenrot begonnenen, langen Etappe der Fahrt entspricht. Dann, vorsichtshalber, die wärmere Bluse aus leichtem Wolljersey etwa, die, wie ein Hemd geschnitten, sich mit dem Schmuck des eingestickten Monogramms begnügt. Die wollene, handgestrickte Jacke sollte, scheint uns, einen völlig neuen Ton anschlagen, etwa ein lichtes Gelb, in der Farbe des bleichenden Herbstlaubes. Die Autokappe aus Rohseide kann im gleichen lichten Gelb gewählt sein, das zu so vielen Farben paßt und ganz gewiß einmal zum sanften Braun des wollenen Mantels, der unentbehrlich ist. Unser Modell ist aus einem neuen, wasserdichten Loden, das leicht und warm zugleich in vielen ungemischten Tönen zu finden ist und einen Regenmantel entbehren läßt. Bis zur Hüfte mit Pelz gefüttert oder wattiert, kann er für den Winter übernommen werden. Das zweiteilige, doppelreihig geknöpfte, ledergegürtete Jerseykleid mit seinem Hals- und Taschentuch aus Foulard – sie zeigen ein lustiges Druckmuster – wird die Palette vielleicht noch um ein graues Grün bereichern, das alle Blonden kleidet, oder um ein Pflaumenblau, das schon dem Winter näher ist. Das leichte Sommerkleidchen aus bedruckter Seide wiegt fast nichts und macht, so wie die Bluse aus schneeweißem, gutgebügeltem Piqué, an deren Schulter zwei zartgetönte Kamellen, rot und rosa, liegen, dem «Angezogenen» ein kleines Zugeständnis.

[Die Frau, 2. August 1936]

Für den Abend

Die Frau, deren Lebensform es ihr zur Pflicht macht, am festlichen Bild des Winters mitzuwirken und in ihm aufzutreten, wird – auch wenn sie nicht mehr in erster Jugendblüte steht, auch wenn sie zu den Schönheiten «ersten Ranges» nicht gerechnet werden kann – in diesem Jahre besonders gut aussehen. Die Mode hat nämlich, fast unmerklich zwar, ihr Ziel um ein geringes anders gesteckt. Was sie vor allem beansprucht, was sie vor allem in Szene setzt, ist ruhige Anmut. Sehr sparsam, sehr sicher sind die Effekte verteilt und die Akzente gegeben. Das Überraschende wird immer wieder durch eine beinahe konventionelle Note aufgewogen und ausgeglichen. Niemand konnte dem Spitzenkleid zum Beispiel den Vorwurf des «Gewollten» machen, nichts vermittelt den Eindruck, als sei ein Modeschöpfer beim Entwurf dieses Kleides darauf aus gewesen, seine Phantasie zu beweisen. Und doch ist dies Kleid, das so «natürlich» dem Fluß der Linien, dem Aufbau der Gestalt und den Modellierungen der Formen Rechnung trägt, in hohem Grade Ausdruck dessen, was frühere Zeiten «Koketterie» nannten und das wir heute zu benennen vermeiden, da es sich weder mit dem Begriff der Gefallsucht noch mit dem des «sex-appeal» deckt. Dies nämlich ist der Koketterie eigen, daß sie zwar – um uns einer kaufmännischen Form zu bedienen – auf «eigene Rechnung» vorhanden ist, darüber hinaus aber für die Weiblichkeit «schlechthin» wirbt. Eine Frau, zu deren Gaben diese Art der Koketterie gehört, macht durch die Gepflegtheit ihrer Erscheinung, durch das Verständnis für die geheimen Gesetze des Liebreizes, all ihre Mitschwestern zu Liebenswürdigen, deren Nähe beglückt.

Prüfen wir, wie der Reiz dieses schlanken Abendkleides (rechts) zustandekommt. Ohne Zweifel wirken mehrere Faktoren zusammen. Der Wahl des Materials kommt ein Hauptanteil zu. Spitze, die seit Jahren abgelehnte, verschmähte, die von der Frau als «unzeitgemäß» empfunden wurde, solange ihr an einer Betonung ihrer «Unabhängigkeit» gelegen war –, Spitze übt heute wieder ihren Zauber aus. Diese zierlich verschnörkelten Gitter, diese durchbrochen verwirrende Fläche, die den Blick aufhält und fesselt – diese zarte Transparenz, diese Bogenränder, die einen Ausschnitt unbestimmter, unbestimmbarer zeichnen und überzeichnen, und aus denen ein nackter Hals, nackte Arme, glatter noch als im Kontrast der schaumigen Textur, auftauchen – all dies macht die Spitze zu einem unvergleichlichen Ausdrucksmittel der Mode. – In nüchternem Bindfadenton, aber von goldenem Faden durchzogen, liegt diese Spitze leicht um die Gestalt und überläßt es der Haut, durch ihren milchigen oder ihren warmen Ton lebendig zu wirken. Da wo die Weite des Rockes sich von der Gestalt ablöst, liegt sie noch wie ein Schleier dämpfend über dem, was ihr nahe kommt, breitet sich über den Sitz eines Sessels, läßt die Farben eines Teppichs durchschimmern. Das Goldleder der Gürtelschärpe, die so kunstlos um die Taille geschlungen ist, faßt das Geflimmer der goldenen Musterung in einen Effekt zusammen. Sonst nichts. Nur dies vielleicht: Die Perle ist mit der Spitze verwandt. Es ist wahrscheinlich, daß wir diese irisierenden Kolliers und Armbänder wieder tragen werden, die echten sowohl wie die künstlichen, die großen wie die kleinen.

Das weiße Satinkleid macht ein neues Motiv der Mode deutlich: die miederartige, schmale, querdrapierte Taille, von deren leicht geschweiftem Saum ein weiter Rock bis auf den Boden hinabreicht. Das glänzende, fließende Gewebe weicht bei jedem Schritt zurück und gleitet am Knie entlang, es modellierend. Ein wenig streng, ein wenig «bewußt» überquert der braune Tüllstreifen die Brust, den Ausschnitt randend und ihn überstreichend. Dieser Sockel, der Hals und Kopf fast wie das Werk eines Bildhauers, wie eine Porträtbüste erscheinen läßt, kleidet Frauen, die kühl und ein wenig überlegen wirken.

Schwungvoller, in entschiedener Weise 1936-37, ist das purpurrote Samtkleid mit seiner elegant geschnittenen Samtjacke, deren Linien alle zu dem gleichen Punkt streben, zu diesem Knopf in Form einer Krone, der die Jacke schließt. Hier entspringt auch die Gruppe der Rollfalten, die dem Rock eine ganz auf die Front beschränkte Weite geben. Stolz und zierlich zugleich thront der Kopfputz aus schwarzen Straußenfedern über der Stirn.

[Die Frau, 25. Oktober 1936]

DIE DAME
EFT 6 • 65. JAHRGANG
RSTES MÄRZHEFT 1938

Au

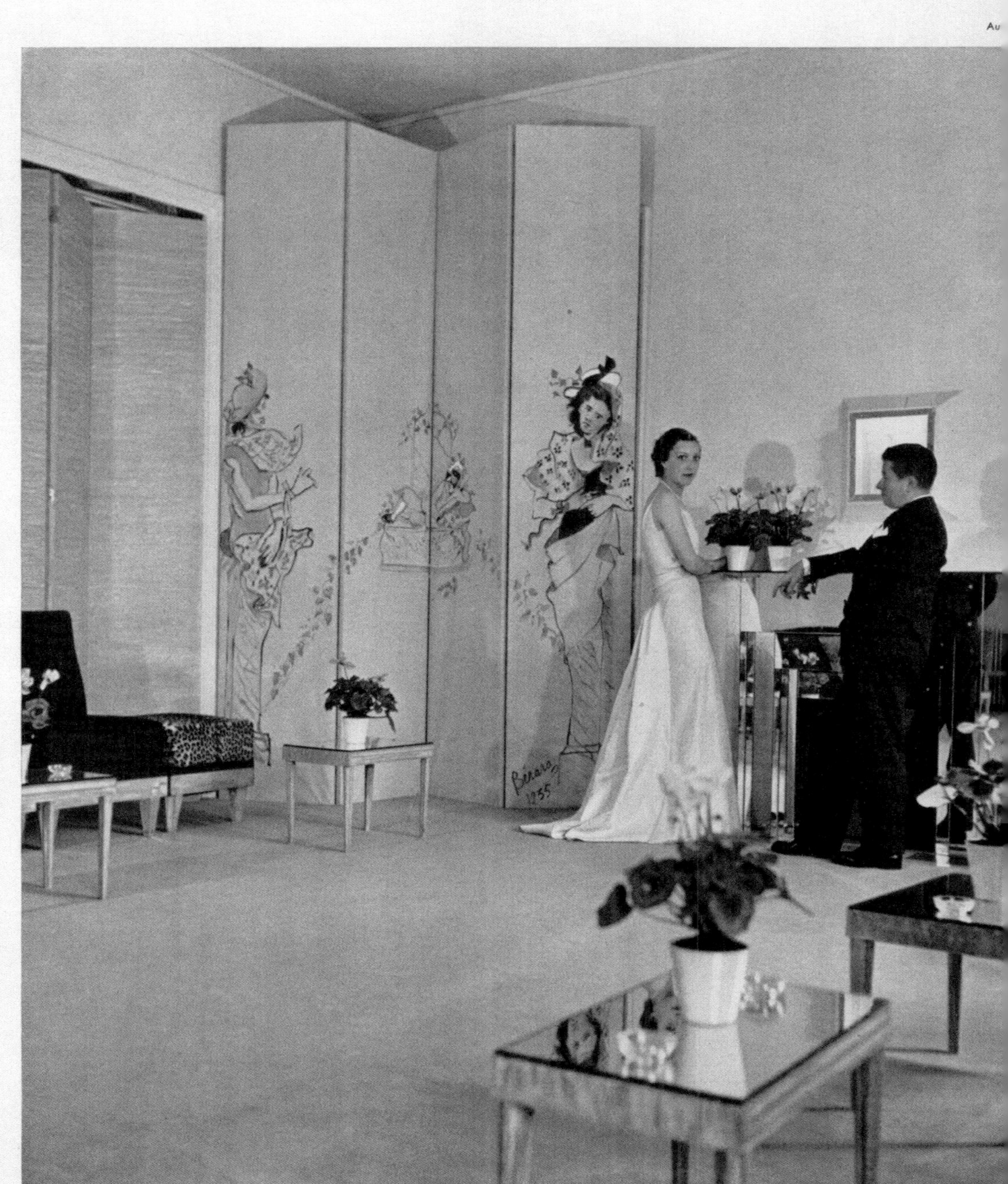

ler Moden-
emiere:
Modeschöp-
Mainbocher
ein Modell

BRIEF AUS *Paris*

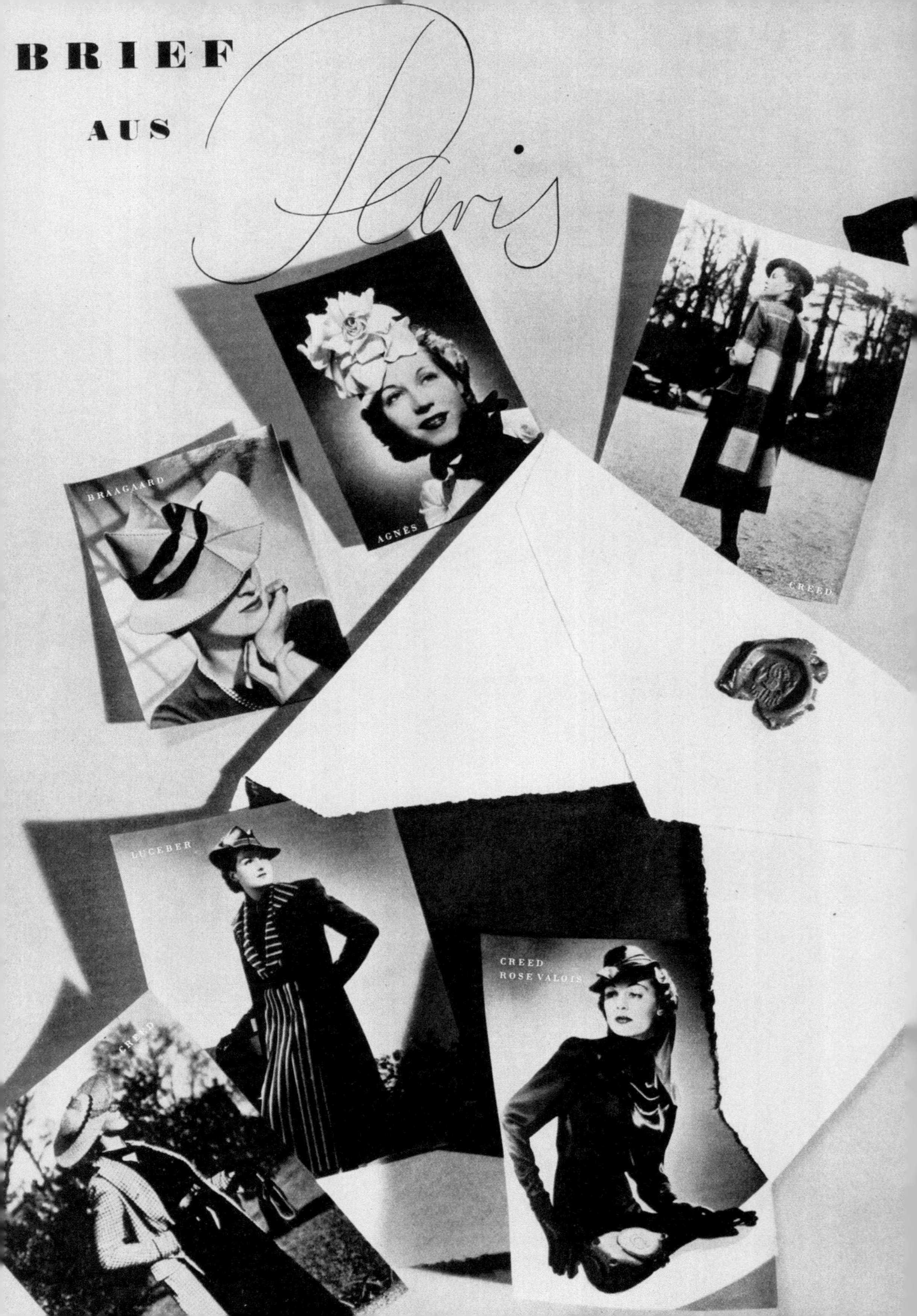

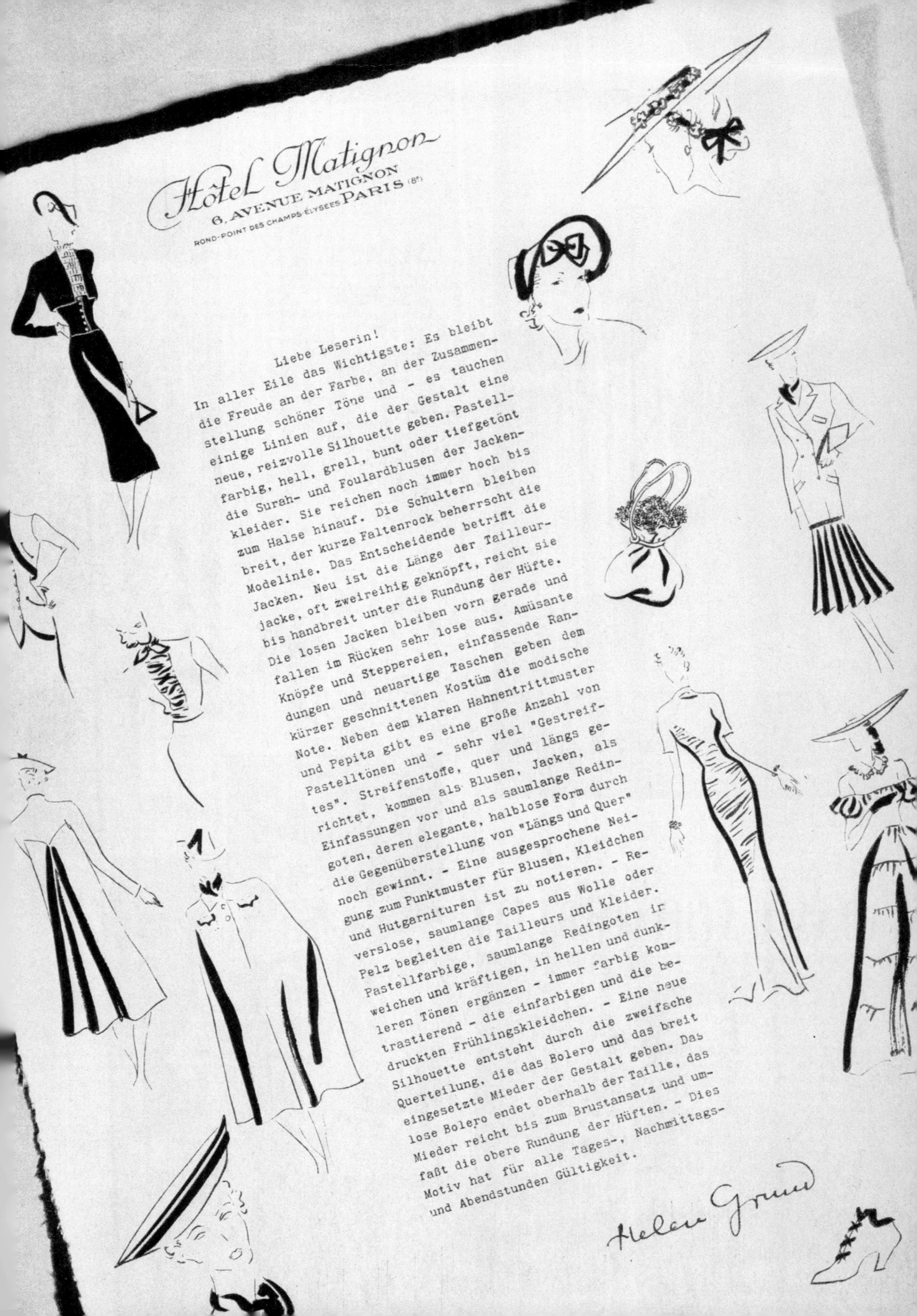

Hôtel Matignon
6, Avenue Matignon
Paris (8e)
Rond-Point des Champs-Élysées

Liebe Leserin!

In aller Eile das Wichtigste: Es bleibt die Freude an der Farbe, an der Zusammenstellung schöner Töne und – es tauchen einige Linien auf, die der Gestalt eine neue, reizvolle Silhouette geben. Pastellfarbig, hell, grell, bunt oder tiefgetönt die Surah- und Foulardblusen der Jackenkleider. Sie reichen noch immer hoch bis zum Halse hinauf. Die Schultern bleiben breit, der kurze Faltenrock beherrscht die Modelinie. Das Entscheidende betrifft die Jacken. Neu ist die Länge der Tailleurjacke, oft zweireihig geknöpft, reicht sie bis handbreit unter die Rundung der Hüfte. Die losen Jacken bleiben vorn gerade und fallen im Rücken sehr lose aus. Amüsante Knöpfe und Steppereien, einfassende Randungen und neuartige Taschen geben dem kürzer geschnittenen Kostüm die modische Note. Neben dem klaren Hahnentrittmuster und Pepita gibt es eine große Anzahl von Pastelltönen und – sehr viel "Gestreiftes". Streifenstoffe, quer und längs gerichtet, kommen als Blusen, Jacken, als Einfassungen vor und als saumlange Redingoten, deren elegante, halblose Form durch die Gegenüberstellung von "Längs und Quer" noch gewinnt. – Eine ausgesprochene Neigung zum Punktmuster für Blusen, Kleidchen und Hutgarnituren ist zu notieren. – Reverslose, saumlange Capes aus Wolle oder Pelz begleiten die Tailleurs und Kleider. Pastellfarbige, saumlange Redingoten in weichen und kräftigen, in hellen und dunkleren Tönen ergänzen – immer farbig kontrastierend – die einfarbigen und die bedruckten Frühlingskleidchen. – Eine neue Silhouette entsteht durch die zweifache Querteilung, die das Bolero und das breit eingesetzte Mieder der Gestalt geben. Das lose Bolero endet oberhalb der Taille, das Mieder reicht bis zum Brustansatz und umfaßt die obere Rundung der Hüften. – Dies Motiv hat für alle Tages-, Nachmittags- und Abendstunden Gültigkeit.

Helen Grund

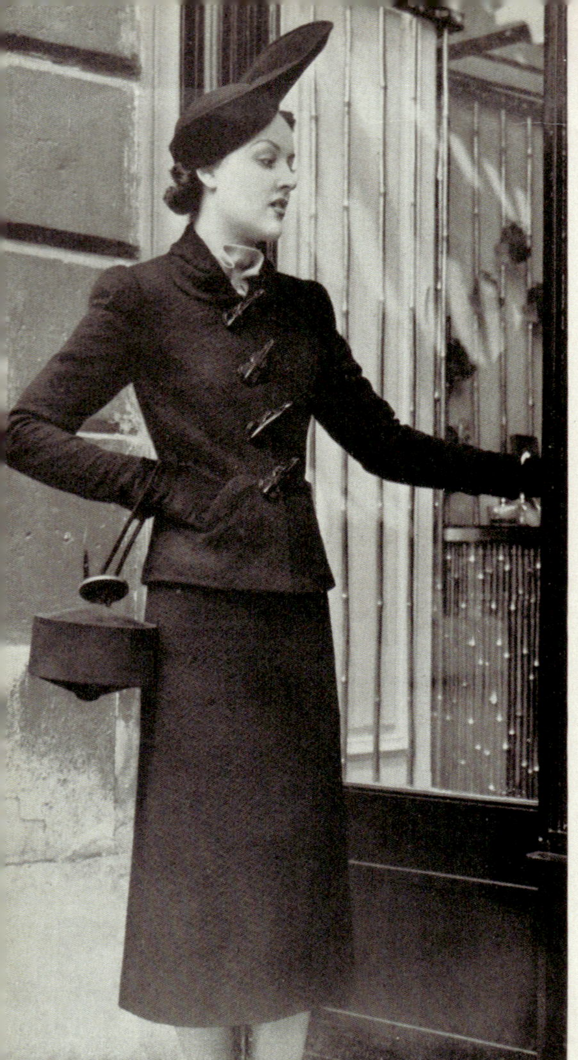

… schwarzen Wollkostüm fallen die kleinen Geigen als Verschluß auf.

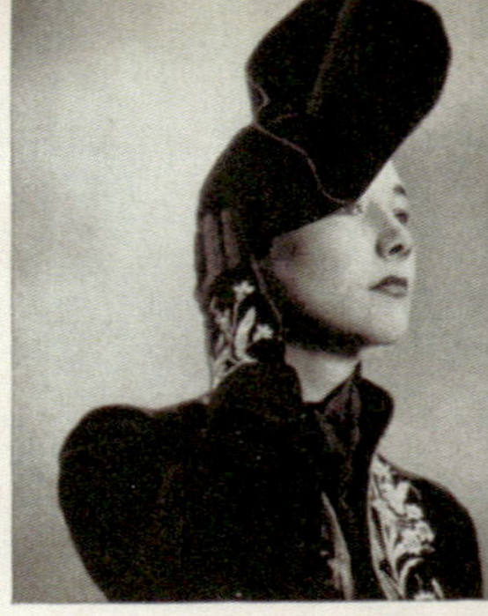

Eine für Schiaparelli typische hochstrebende Hutform

MADAME SCHIAPARELLI

Madame Schiaparelli, eine geborene Italienerin, ist französische Staatsbürgerin geworden. Ihr Wohnort ist Paris, ihr Wirkungskreis die ganze Welt. Sie hatte ursprünglich ihre hübschen sportlichen Strickmodelle für sich allein erdacht. Bewundernde Freundinnen wußten sie zu überreden, auch für ihre Bekannten zu stricken. Schnell war ein großer Kundenkreis geschaffen, Hilfskräfte mußten engagiert werden. So begann die rasche Karriere dieser Frau, die damals noch in einer kleinen Straße am linken Ufer der Seine wohnte. Die Künstlerin Schiaparelli legt vor allem Wert auf die Silhouette, dann erst denkt sie an die Farbkomposition und die Erfindung der Details. Ihr Wahlspruch lautet: „Wir leben in einem neuen Jahrhundert mit vielen Fortschritten, wir müssen uns danach kleiden!" Deshalb sind ihre Modelle Kleider von heute und morgen, die durchgetragen werden können, denn sie enthalten nur soviel Tradition, als zur Grundlage einer erahnten zukünftigen Modelinie nötig ist.

Modelle: Schiaparelli

Aufnahmen:
Schall 1, Dorvyne 1, Nepo 3

Schwarze Samtblende… sind in das Vorderte… des Wollkostüms ein… gearbeitet. Dazu ein… sehr originelle Tasche

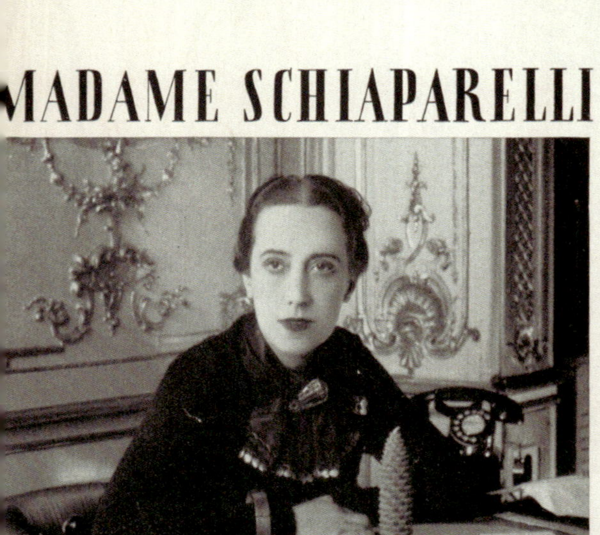

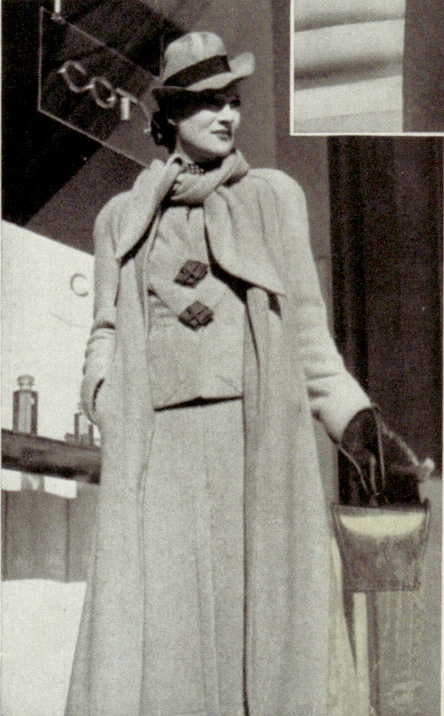

Dreiteiliges Reisekostü… aus sandfarbener sehr weichem Kasc… mir. Der Mantel wi… am Ausschnitt dur… einen Schal verknote…

Interpreten der Schönheit

Der Modeschöpfer erfüllt eine Aufgabe, die – so gern man auch etwas Entsprechendes finden möchte – mit keiner anderen verglichen werden kann. Ihn kurzweg «Schneider» zu nennen, geht nicht an. Gehört es doch nie zu seinen Funktionen, die handwerkliche Ausführung zu übernehmen. Und dies: Er arbeitet nicht für diese oder jene Kundin, seine Auftraggeberin ist die Idealgestalt der Frau. Er will – indem er sie in immer neuer Weise schön «erscheinen» läßt –, daß der Zauber, der von ihr ausgeht, sich nicht erschöpfe. Mainbocher ist Amerikaner, mit einem Stammbaum, der viele Generationen zurückreicht. In Chicago geboren, von einer französischen Mutter erzogen, treibt ihn, ganz jung, die Liebe zur Musik nach dem alten Kontinent. In München, arm wie eine Kirchenmaus, erlebt er vom vierten Rang aus Wagner und Verdi und Mozart. Aber die eigene Stimme, zu deren Ausbildung er kam, verliert sich, reicht nur aus, «Lieder» zu singen, die er zwar als Ausdruck deutscher Innigkeit damals schon und heute noch liebt, jedoch auf den Brettern dort unten wird er niemals stehen. Er sattelt um, wird Schüler der Kunstgewerbeschule bei Dietz, bis ihn die erschöpfte Barschaft nach Chicago zurückruft. *Harper's Bazar* veröffentlicht ein paar seiner Modeskizzen, bei *Vogue* in New York wird man aufmerksam. Hier ist ein Talent, das den Spürsinn für Mode hat. Was er zeichnet, enthält auf geheimnisvolle Weise die Vorahnung des Kommenden. Von einen Tag auf den anderen bekommt er den verantwortlichen

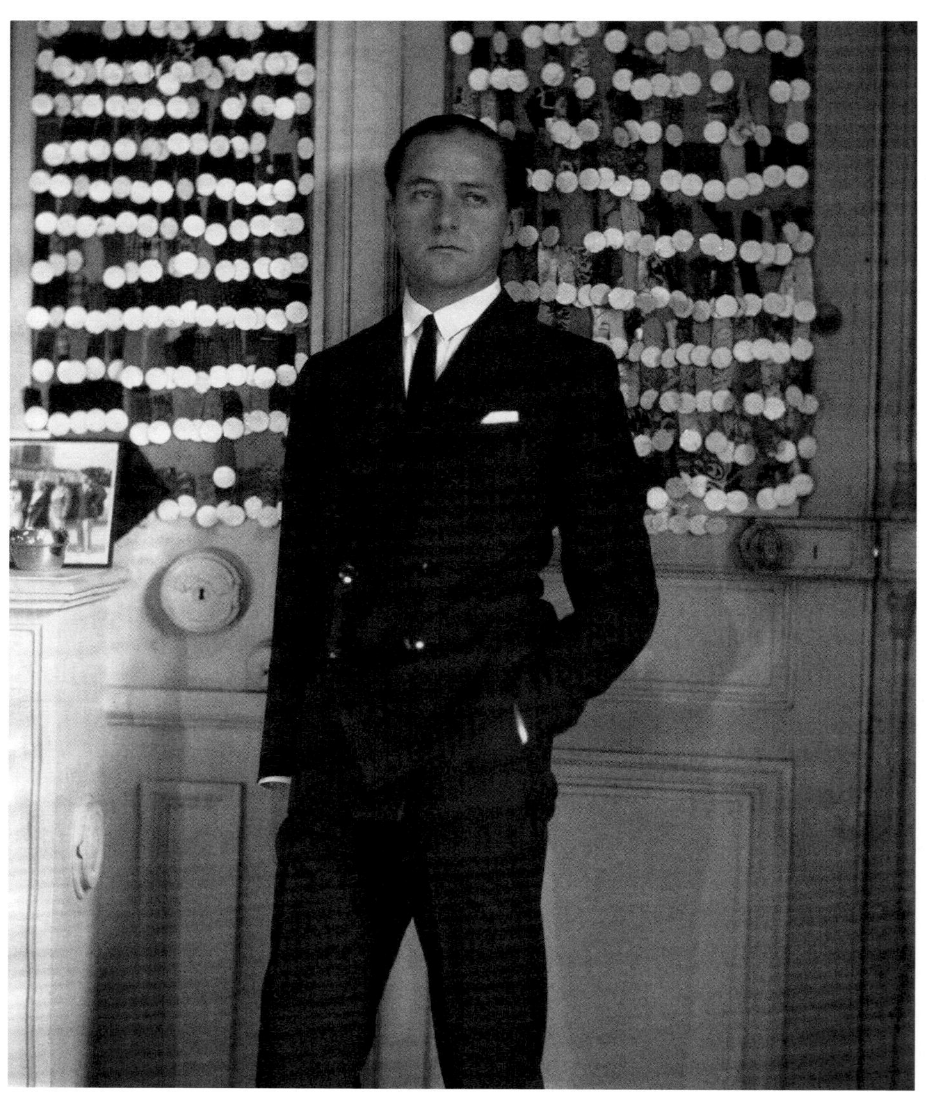

Edward Molyneux, um 1930

Posten eines Chefredakteurs der Pariser *Vogue*. Eines Tages erliegt er dem Verlangen, den Bleistift beiseite zu tun und sich mit dem Stoff und der lebendigen Form, sich mit dem Komponieren schöner Kleider also, auseinanderzusetzen. Und das Ergebnis: Es ist heute nicht möglich, über die Mode das Wesentliche auszusagen, ohne seine Kollektion gesehen zu haben. Es gibt heute in Europa und in Amerika keine dem gesellschaftlichen Bilde Verpflichtete, die den Reiz seiner Schöpfungen nicht irgendwann an sich selbst oder an anderen empfunden hätte. Er unterstützt die Frau – die, wie er bekennt, in seiner Vorstellung nur als «Dame» lebt – in ihrer empfindlichen Scheu vor dem «Verbrauchten». Ehe noch die Frische einer Idee und ihrer Gestaltung verging, bietet er ihr eine neue, in der sie – denn das ist sein Bestreben, das keinem Wandel unterliegt – den Eindruck einer Glücklichen macht, einer, die im Klima der Liebe und der Zärtlichkeit wohnt.

Molyneux

Molyneux, in London geboren, im Beaumont College erzogen, erwarb seinen Captains-Rang und sein Tapferkeitskreuz in den Schützengräben und Schlachten des Krieges, immer wieder verwundet, immer wieder an die Front. Gleich nach dem Waffenstillstand – als mündeten überstandener Tod und Kampf in dieses «Ja» zur Lebenskultur – gründete er das Modehaus in der Rue Royale, das heute in all seinen sieben Stockwerken kaum genug Raum bietet. Er beschäftigt fast tausend Angestellte, und viele Tausende sind auf eine oder die andere Art mit ihm verbunden. Worin liegt das Geheimnis seines Erfolges? Was hat er zu bieten, das anderswo nicht aufzufinden wäre? Es ist wahr, seine kleinen Kleider von so «gekonnter» Schlichtheit, daß sie in die Erscheinung der erwachsenen Frau einen Abglanz ihres Jungmädchendaseins tragen, sind unnachahmlich. Hier sah man zuerst die Abendkleider in der Form von Redingoten, die offenen Ärmel der Tagesjacken, den hochstrebenden Federkopfputz, die rundgereihten Walzerkleider mit ihren schmalen Trägertaillen. Aber das «Einzelne» ist es nicht, und überhaupt geht es nicht an, ihn als Pionier des Modewandels hinzustellen. Das «Auslassen» ist seine Kunst. Er teilt den Instinkt der Frau mit gutem Geschmack, das Originelle zu vermeiden. Er weiß, daß sie, der Tradition verpflichtet, nur das als elegant empfindet, was den Stempel der Selbstverständlichkeit und Unauffälligkeit trägt. Ein wenig blaß, ein wenig nervös, ein wenig gleichgültig, und sehr, sehr schlank führen die Mannequins immer in den gleichen Bahnen, von einem Raum in den anderen – die drei Stufen hier hinan und dort hinunter – die Modelle vor. Ein kleines Nummernschild in ihrer Hand erlaubt dem Vorgang, sich lautlos abzuspielen. Man sagt an den Tagen im Jahr, an denen die Kollektionen zum ersten Mal defilieren, verhielte sich der, dessen Empfindung und Phantasie sie entstammen, ungesehen im Versteck eines Wandschirms, um das fertige Werk mit den Augen eines Unparteiischen anzusehen. Sicher ist, daß er den persönlichen Kontakt mit der Kundin sowohl wie mit der interviewenden Presse nach Möglichkeit vermeidet, was freilich nicht hindert, daß seine Persönlichkeit in Paris und in London, wo sein Name ebenso bedeutend ist, sein Haus ein wenig kleiner, seine Kollektionen die gleichen sind, bei allen gesellschaftlichen Ereignissen zu sehen ist und erkannt wird.

Maggy Rouff

Sie hat sich lange dagegen gesträubt, dem Beispiel ihrer Mutter zu folgen, die den Ruhm eines der wichtigsten Modehäuser aus der Vorkriegszeit, Drecoll, begründet hatte. Sorgfältig und «verwöhnt» erzogen, künstlerisch begabt – sie schreibt und modelliert –, fühlt sich Maggy Rouff – Madame Besançon de Wagner – von einer beruflichen Tätigkeit durchaus nicht angezogen. Ihr Heim, ihr Mann, die beiden Töchterchen genügen ihrem Anspruch an Glück. Sie hatte keinen Ehrgeiz. Mehr im Spiel als im Ernst macht sie im Jahre 1925 doch einen Versuch, und er gelingt ihr so gut, daß es ein «Zurück» nun nicht mehr gibt. Hat sie doch auch erfahren, wie sehr Stoff, Linie und Farbe geeignet sind, der künstlerischen Empfindung Ausdruck zu verleihen.

Sie entdeckt aber auch ihr Organisationstalent. Ihre Vorschläge zum Schutz vor der Ausbeutung des schöpferischen Modeschaffens durch die Skrupellosigkeit der Kopisten und ihrer Helfershelfer sind klug und «fair». Man wählt sie zur Präsidentin des P.A.L.S., einer Vereinigung der wichtigsten Repräsentanten der Haute Couture und der Stofffabrikanten, der Modistinnen, der Juweliere, die mit ihr in Beziehung stehen. Man verpflichtet sich zu gemeinsamen Richtlinien, gemeinsamen Vorgehen. Es wird schnell eine Frage des «Prestige», dieser Gruppe anzugehören. Inzwischen hat das Haus Maggy Rouff von Jahr zu Jahr den Kreis seiner Anhänger erweitert und das hat seine Ursache. Was hier entsteht, verrät einen klugen Geschmack. Weder der Stil der großen Dame, noch die der überschäumend Jugendfrischen ist das Thema, obgleich ein Zusatz des einen und des anderen durchaus in den Rahmen paßt. Ihr selbst vielleicht unbewußt, widmet sich Maggy Rouff der jungen Frau, der schönen, anmutigen, der diskreten, der maßvollen, der zuverlässigen, deren schöne Lebensform Ruhe und Ordnung atmet.

Marcel Rochas

Er ist der Jüngste der Pariser Couturiers, breitschultrig, sonnenbraun, mit glattglänzendem schwarzen Haar und blitzend weißen Zähnen. Man sieht ihn auch in seinem Modehaus. Bei den Erstvorführungen seiner Kollektion steht er am Eingang des Flurs, der die Koje der Mannequins mit den Salons verbindet. Sein Blick folgt mit der seligen Intensität eines Jungen, der einer Regatta zusieht, den elastischen, schlanken, entzückenden Gestalten, die, als ginge es dem Glück selbst entgegen, bewußt und biegsam die Runde des großen und der kleineren Salons machen. Die atemlose Spannung des Herren dieses Hauses teil sich auch den Zuschauern mit, die, jede Ecke, jeden Winkel füllend, auf die Stufen gehockt und dicht gedrängt, zur Stelle sind. Marcel Rochas hat sehr schnell, im Verlauf von wenigen Jahren, den steilen Gipfel der Pyramide erklommen, auf dem die echten Berühmtheiten der Haute Couture stehen. Widerstände, die Mißgunst und Unverständnis um ihn aufbauten, nahm er, wie der Springer die Hürde. Was er an Temperament und Energie, Phantasie und «Metier» mitbrachte, stand von Anfang an im Dienst der Überzeugung, daß «langweilig» gleichbedeutend mit «häßlich» und «apart» gleichbedeutend mit «schön» sei. In die Mauern der Konvention schlug er hier eine Bresche und da eine Bresche. Mit starken Strichen und einer heiter farbigen Palette prägte er das Bild der Jugend, die, stählern gesund, im Zeitalter der Vitamine, der Sonnenbäder großgeworden, ihre Daseinsfreude ausdrücken will, lebendig bis zum Übermut.

Creed

Er gehört auf eine besondere Art zu den «Großen». Er unterscheidet sich von den Modeschöpfern durch den Verzicht auf die Vollständigkeit. Liegt den anderen daran, die Frau für alle Stunden des Tages und für alle Gelegenheiten ihres häuslichen und gesellschaftlichen Lebens anzuziehen, so inspiriert ihn einzig und allein das Bild der Frau, die sich außerhalb ihrer vier Wände in Stadt und Landschaft oder im persönlich neutralen Rahmen der Restaurants zeigt – mit anderen Worten, überall, wo sie den Hut auf dem Kopf behält. Gewiß, er entwirft auch Kleider und Blusen, aber er geht nicht von ihnen aus, sie ergänzen die Außenform, den Mantel, die Jacke, den Rock. Es läßt sich nun einmal nicht verleugnen, daß die Creed in einer Folge von sechs Generationen Herrenschneider waren und es heute noch sind. Wenn ihre Bedeutung als Damenschneider von Jahr zu Jahr zunimmt, so liegt das nicht zum wenigsten daran, daß die Prinzipien der männlichen Eleganz – der untadelige Sitz, der dem Schnitt entspringt, die Präzision der Kragen und Revers – eine gewisse Logik der Taschen und Knopfreihen – ebenso übernommen werden wie der Takt in der Wahl des Materials. Hier waltet ein Verständnis für die Farbharmonie der bunten Tweeds, für die sportliche Note der Karos, die dekorative der Streifen, für die formelle des feinen Streifens und die verbindlich diplomatische des schwarzen Tuchs. Hier handelt es sich um kein Ungefähr, wenn ein Mantel, ein Tailleur, ein Cape, eine Weste den historischen und den modernen Reiz der Uniformen hat. Die Tressen und Verschnürungen, die Stehkragen und Aufschläge, die Riegel und Bogennähte entstammen der genauen Kenntnis der Zeichensprache voller Sinn und Bedeutung, die der männlichen Tracht, der zivilen und der militärischen, ihre Noblesse gibt. Mr. Creed gesteht, daß er ein Steckenpferd hat. Er sammelt Zinnsoldaten und zeigt mir das Glanzstück seiner «Truppen»: den General Murat an der Spitze napoleonischer Kavallerie.

Madame Schiaparelli

Madame Schiaparelli, eine geborene Italienerin, ist französische Staatsbürgerin geworden. Ihr Wohnort ist Paris, ihr Wirkungskreis die ganze Welt. Sie hatte ursprünglich ihre hübschen sportlichen Strickmodelle für sich allein erdacht. Bewundernde Freundinnen wußten sie zu überreden, auch für ihre Bekannten zu stricken. Schnell war ein großer Kundenkreis geschaffen, Hilfskräfte mußten engagiert werden. So begann die rasche Karriere dieser Frau, die damals noch in einer kleinen Straße am linken Ufer der Seine wohnte. Die Künstlerin Schiaparelli legt vor allem Wert auf die Silhouette, dann erst denkt sie an die Farbkomposition und die Erfindung der Details. Ihr Wahlspruch lautet: «Wir leben in einem neuen Jahrhundert mit vielen Fortschritten, wir müssen uns danach kleiden!» Deshalb sind ihre Modelle Kleider von heute und morgen, die durchgetragen werden können, denn sie enthalten nur soviel Tradition, als zur Grundlage einer erahnten zukünftigen Modelinie nötig ist.

[Die Dame, September 1937]

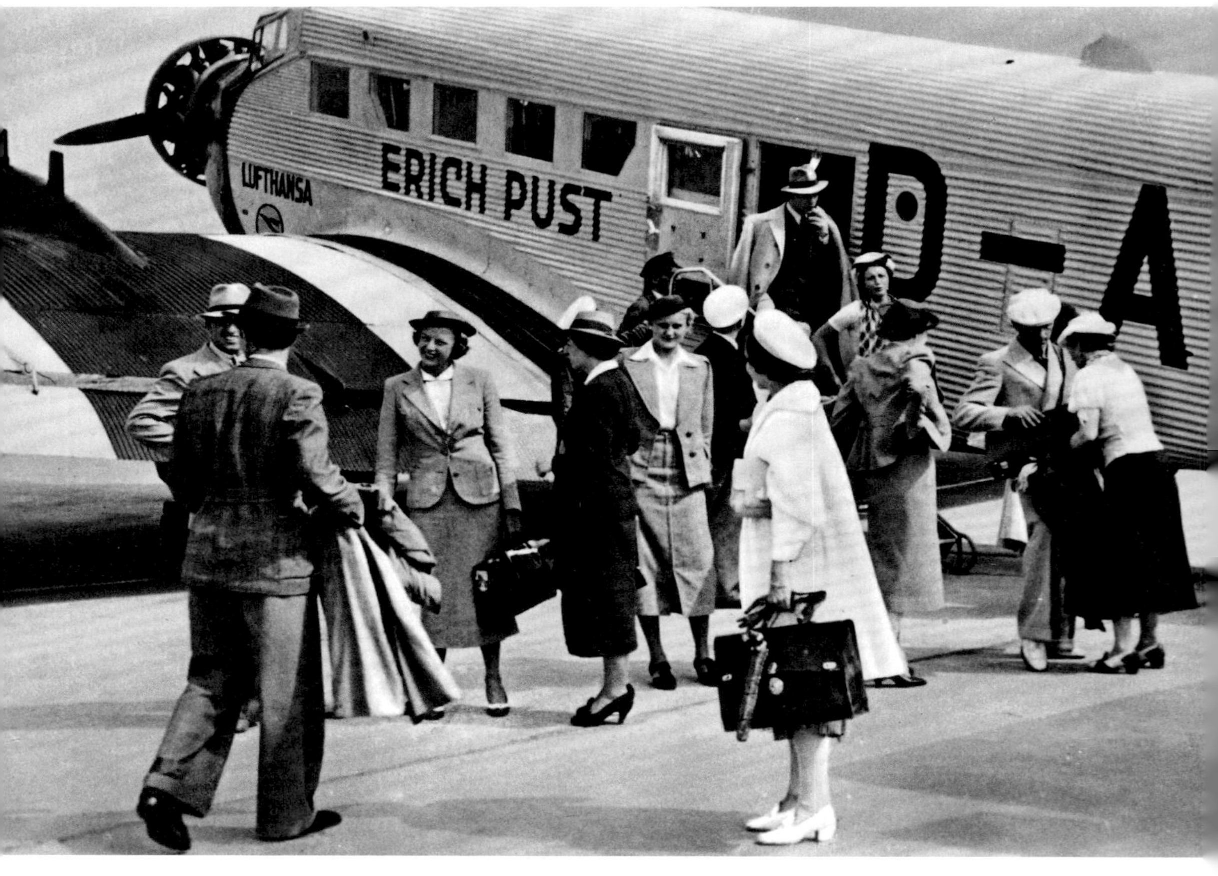

Fluggäste der Lufthansa, um 1936

Die Lust der Lüfte

Tut die Frau gut daran, zu bekennen, daß kein Bedenken sie zu hindern vermag, ihren Traum von der Reise durch die Lüfte immer wieder Wirklichkeit werden zu lassen? Wenn weder Regen noch Sturm sie zu schrecken imstande sind, so könnte doch eine andere Art der Furcht in Frage kommen, die durch soviel Unerschrockenheit dem Mann zu mißfallen. Wird er, ihr Beschützer, das Beiseitelassen ängstlicher Gedanken als «unweiblich» empfinden, als Anmaßung, auf die er mit Gleichgültigkeit, mit Kälte zu antworten gesinnt ist?

Zart und reizvoll sind viele der Fliegerinnen, die sich einen Namen machten, und was wir aus Bericht und Anekdote über das Leben der kühnsten unter ihnen erfahren, bestätigt, was die Erscheinung verhieß: Sie liebten und wurden geliebt, ihr Herz war vom Spiel und Ernst der Neigungen und Bindungen, der Zärtlichkeit und der Leidenschaft erfüllt. Was von ihnen gilt, sollte es nicht auch auf die Tausende der Namenlosen Bezug haben, die den Weg durch die Lüfte jeder anderen Art des Reisens vorziehen? Wir vermuten – und wer wollte uns widerlegen –, daß sich in der passionierten Freude am Aufschweben in die Lust der Lüfte, als sei hier ein Gleichnis, eine besondere Glücksempfindlichkeit verrät. Mag sein, die Ahnung dessen, was dort oben zu erleben sei, hat sie schon angerührt, als sie klein und artig auf dem Schoße der Kinderfrau das Märchen vom fliegenden Teppich anhörten, oder, als sie an einem Sommertag im wehenden Kleidchen, buntgeblümt wie die Wiese selber, dem Aufflug der schrilltrillernden Lerche mit Blick und wunderndem Sinnen folgten. Mag sein, diese frühen Eindrücke verwebten sich, als eine erste Trennung den süß-spannenden Schmerz brachte, dem man nur Linderung schaffen kann, indem man ihm nachgibt und das Entbehrte mit dem Flug der Sehnsucht einholt, überholt – um ihm wieder entgegentreten zu können, Auge in Auge.

Und dann geschieht es. Eines frühen Morgens – vielleicht liegt noch dichter Nebel über dem Gelände – schreitet eine dieser «Berufenen» voller Haltung, sicher und gefaßt über das feuchte Gras des Flughafens, greift vom Wind der Propeller überrascht nach dem Hütchen, betritt die Stufen des Landungsstegs, bückt sich in das dämmerige Gehäuse, läßt sich in einem der tiefen Sessel nieder und stellt fest, daß sie das Klopfen ihres Herzens fühlt. Ist es die Freude auf das Unbekannte, auf das Abenteuer – ist es ein Bangen, sich vom Vertrauten, von der Erde zu lösen? Und ehe sie noch dazu kommt, sich so oder so zu entscheiden, schnurren die Motoren, das starre Flugzeug erbebt, es rollt, es wendet, es holpert, es schwebt –. Schräg neigt sich die Achse des Flügelpaares oder ist es die Erde, die taumelt? Wie klein sind schon die Menschen dort unten, wie steil ihre Häuser, wie plastisch die Dächer, wie schwarz die Vierecke ihrer Wagen – ein wenig noch, und alles ist völlig verschwunden. Graues dringt dicht bis zum Glas der Scheibe, in der sie ihr eigenes Bild – ein milchiger Schemen – erkennt. Wie still wird die Welt im Gebrumm und Gesumm der Motormelodie. Fast hätte man Lust sich der tiefen Ruhe hinzugeben, zu schlafen, zu träumen. Wie schnell wir wohl fliegen, wie hoch wir wohl sind? Ein kreisrotes, feuriges Leuchten steht plötzlich im Grau, glüht goldener, blasser, wird ein Scheinen. Streifen aus reinem, fast schmerzhaft lichtem Türkis sind zu sehen. Der Tag, hier oben über den Wolken, bricht an, er hebt sich über ihre schneeigen Rücken – oder sind es die Häupter? – Sie schimmern, ein Ozean aus blendendem Glanz, zerklüftet: Seine Täler von Bläue angefüllt, seine Kämme von den Strahlen der Sonne rosig behaucht. Erstarrter Bewegung voll reicht ihre Decke weit, unendlich weit bis zum Rand des Himmelsgewölbes. Hier und da bäumt sich in barockem Schwung eine drohende Woge, hier und dort löst sich ein

Fetzen, schleierdünn. Es regt sich der Wunsch, mit nackten Sohlen über das Wolkengefilde zu schreiten, es, geballt wie auf den Bildern der Heiligen, als Sockel zu spüren, der in das Himmelreich hebt. Kein Vogel dringt bis hierher, nichts Irdisches belebt das feierliche Bild, das sich, unmerkbar fast, allmählich verschiebt und verwandelt. Die blauen Trichter haben sich erweitert, das Weiße umsteht in fanatischem Umriß wie windbewegte Weiden ihre Ufer. Beugt man sich dicht zum Fenster, so kann man auf dem Grunde dieser Seen seltsame Zeichnungen erblicken, Striche, die einander kreuzen, sanftgewundene Linien, verzweigte Runen aller Art. Helles Grün breitet sich in Lappen neben braunem Violett, silbrige Serpentinen blinken hinauf von dunklen Streifen überquert – und nun verschwindet alles, wieder umhüllt vom Dunst der Flockenschleier, und nun erscheint es von neuem, wird klarer, gewinnt Gestalt. Die Erde zeigt sich vom Morgenlicht überglänzt. Wie vielfältig, vielfarbig, wie warm sie daliegt. Dieser rötlichgefiederte Schaum sind Wipfel des Waldes, das abgezirkelt Getupfte darin eine Schonung, die Runen Wege, Flüsse die Serpentinen. Die braunen, gelben, grünen Rechtecke, lind gefärbte Tücher, scharfgeschnitten, nahtlos aneinandergefügt, sind unsere Stoppelfelder, Wiesen und Äcker. Wie niedrig fliegen die Tauben, wie geduckt wächst der Kirchturm. Auf einem der grünen Streifen, als hätte man eine Patience aufgelegt, liegt bunte Wäsche gebreitet. Welch eine Ordnung herrscht auf unserer Erde. Wie gewissenhaft ist ihr Äußeres gepflegt. Sind es wirklich die schwärzlichen Tüpfchen, die Menschen, die aus der Erdkruste diese zarte Musterkarte machen, dies reinliche Bild aus geometrischen Formen, von Wegen durchsteppt, zu Wäldern verdichtet, von Dächerknoten zusammengerafft? Die Sonne wandert auf Geleisen, Teich und Fluß, macht sie gerinnen wie Moiré, glänzt und versprüht ihren Schein wie einen Knall. Senkrecht stechen die Schatten der Pappelallee, als sei die Straße ein Kanal, in dem sie sich spiegeln. Sie säumen, was sich im Schneckentempo auf ihr bewegt. So friedlich ruht dort unten die gewohnte, die vertraute Erde, so aufgeräumt, unschuldig und fromm, daß die Spähende, aller Logik zum Trotz, von einem Gefühl der Beschämung erfaßt wird, als sei sie ein Detektiv, der den Verdächtigen bei einer rührenden, einer entwaffnend einfachen Handlung belauscht. Vielleicht ergreift es sie auch, wie klein, wie bescheiden die Maße sind. Von der Höhe des Himmels gesehen, würden viele der grünen Teppiche dazu gehören, ihr ein bequemes Lager zu schichten; ein Wald wäre kaum groß genug für das Kissen, der See kann als Schlüssel dienen, der Fluß als Halsband, die Geleise ließen sich als Saiten über die Mandoline spannen, und um die Natter des Güterzuges unschädlich zu machen, sollte ein leichter Gürtelschlag genügen. Und während sie die Stirn noch näher an das kühle Fenster drängt und ihr Blick über die Seen zieht, deren gekräuselte Haut die weißen Segelboote wie einen Mückenschwarm trägt, wird sie gewahr, daß das Flugzeug der Erde verhaftet blieb. Ein matter Lichtkreis, sein Schatten, von regenbogenbuntem Hof umgeben, läuft eilig mit über ihr Gras, ihre Gewässer, ihre Bergwerke, ihre Gärten, Dörfer und Städte. Und – als sei mit dieser Konstatierung viel geschehen, gibt sie sich nun vielleicht einer ganz törichten Betrachtung hin: Wollte er, an den ich zu denken nicht aufhörte, mich überall suchen und nirgends finden, da ich nun einmal wie ein seliger Geist die Erde verließ, so möge doch dieser Regenbogenschein ihm ein Zeichen meiner Zärtlichkeit sein. Schön ist es, die Erde zu betrachten, von ihr gelöst – gerade so, wie es das Herz in unvergleichlicher Weise bewegt, ein geliebtes Gesicht aus dem Abstand zu betrachten, in dem fast schon wieder das des Fremden wird, den man – eines Tages – würde lieben müssen; schön ist es aber auch, sie wiederzufinden, zurückzufinden in ihren Hauch, in den Duft ihrer Wälder und Felder, in das Auf und Ab ihrer Berge und Täler, in den Lärm, die Eile, das Getümmel ihrer Städte, in das Wunder ihrer vertraulichen Nähe. Ihr zu entschweben in die Lust der Lüfte bedeutet weder Flucht noch Verrat. Entfacht es doch immer wieder die Sehnsucht, mit aller Innigkeit das geheimnisvolle Menschendasein zu führen, das Schicksal eines dieser winzigen Punkte zu erleben, in denen der Funke des Geistes imstande ist, die weite Welt zu umfassen.

[Die Dame, Mai 1938]

Sie schreibt aus Paris

Liebe Irene!
Es ist nicht wahr, daß alle Frauen ohne Ausnahme die neue Frisur trügen. Viele bleiben noch bei den nackenhüllenden Locken. Doch besagt das nicht viel. Entscheidend ist das Verhalten der Frau der Gesellschaft, der echt eleganten, der tonangebenden. Sie hat die Initiative ergriffen. Tatsächlich taucht eine nach der anderen mit der hochgerafften Frisur auf, sieht hübsch, klar, pikant und in gewisser Weise noch «distinguierter» aus und ermutigt durch ihr Beispiel die Zögernden. Es gibt auch kein Für und Wider mehr, keinerlei Debatten. «Was könnte es für einen Sinn haben», hört man sagen, «sich zu sträuben! Als man vor zehn Jahren zu dem langen Abendkleid ja sagte, war es schon entschieden. Sind nicht auch die damenhaften Köpfchen zum mindesten ebenso reizvoll wie der herbe Pagenkopf? Und könnten wir den Modeschöpfern zumuten, bis in alle Ewigkeit das Thema der Drapierung abzuwandeln, das dem klassischen Lockenkranz entsprach? Man kann die Mode nicht zum Stillstand bringen. Auf ihrer Drehbühne erscheint, als Schönheitsideal von heute, das Bild der Dame und rückt unaufhaltsam ins volle Licht der Scheinwerfer. Schatten fallen auf die weggleitende Statue im Faltengewand und auf ihr umlocktes Haupt mit dem Marmorlächeln.»

Allen Ernstes, meine Liebe, es ist mancherlei geschehen. Wie zu erwarten war, bleibt fast nichts übrig, was irgendwie an die Herrenmode erinnert. Man geht aber weiter und fängt an, auch das, was «antiker

Form sich nähernd» uns jahrelang entzückte, das edel Drapierte, eine Spur langweilig zu finden. Auf die Anmut des spielerisch Geheimnisvollen, auf eine kleine kokette Würde im Anzug und in der Haltung kommt es an, auf Linien, die «hinweisen», aber nicht «aussagen», auf die Verteilung der Garnierungen und die Gruppierung der volleren, schwunggebenden Falten, auf das Gefunkel der Knöpfe und den Glanz der Paillettenstickereien, auf das Talent, die Farben der Kleidung wie in einem Bukett zusammenzustellen und auf vieles mehr.

Es hat den Anschein, als seien wir im Begriff, die Schätze der Empfindsamkeit wieder zu entdecken und die versunkene Welt der Romantik neu heraufzubeschwören. Man hört auch das Schlagwort «Inspiration 1900», andere sehen sich bedeutungsvoll an und flüstern «Maupassant». Machen wir es uns nicht allzu leicht. So viele Motive aus vergangenen Epochen auch mitspielen mögen, sie klingen nur an. Die Mode plagiiert sich nicht selbst, die Frau von heute trägt den Stil von 1938. Zu ihr gehört die reichere Silhouette der losen, glockig ausschwingenden Mäntel mit dem Schalkragen aus Pelz, der, im Nacken ein wenig hochgestellt, als breiter, stolaartiger Doppelstreifen bis zum Saum hinabreicht. Der weiche Fall der Falten umspielt die Gestalt, ohne ihre schlanke Grazie zu beeinträchtigen. Diese Mäntel werden als unentbehrlicher Bestandteil der Herbst- und Wintergarderobe so viel Bedeutung gewinnen wie die Redingotes von gestern. Sie ergänzen Kleider und Kleidchen so gut wie das Jackenkostüm. Nur zu den sanftgetönten, mehr lieblichen als sportlichen Tageskleidchen und zu den schottisch- und Kleinkarierten sieht man noch den taillierten Mantel, doch ist sein Rücken fast immer durch eingelegte, in der Falte eingehaltene und von dort lose ausfallende Faltengruppen erweitert. Weniger häufig, als manche erwarteten, kommt der gegürtete Mantel mit dem blusigen Rücken vor; dagegen spielt die in der Taille endende Blusenjacke, «windbreaker», wie sie die Amerikaner nennen, aus Jersey, aus Duvetine, Samt oder sogar aus Pelz eine ganz große Rolle. – Alle eleganten Frauen sind entzückt von den mit Luchs, Polar- oder Blaufuchs besetzten, schönfarbigen Nachmittagsmäntelchen, die, voll und weit, fast wie ein Cape wirken. Man ist auch völlig einverstanden, daß die Pelzmäntel, die sportlichen und die «angezogenen», die Taillenlinie nicht mehr nachzeichnen, sondern, ganz gerade oder in tiefen Rückenglocken erweitert, wunderbar bequem sind und wirken. – Der enge Mantelärmel wird kaum noch zu sehen sein. Was schlägt man nicht alles vor, um ihn so zu gestalten, daß seine Konturen dazu beitragen, die Zierlichkeit des Kopfes zur Geltung zu bringen, den kimonoweiten, den blusigen, am Handgelenk verengten, den faltig eingesetzten, der die Schultern überhöht – den Ärmel aus buschigem, den aus flachem Fell. Rochas zeigt Ärmel, die in ihrer ganzen Länge mit einem Flechtwerk von Pelzstreifen oder mit einem gedrängten Muster aus Pelzapplikationen besetzt sind. Bei Bruyère sieht man in Ornamenten gesteppte Ärmel, in Keulenform und andere, mit einem buschigen Pelzstreifen – er läuft von der Schulter bis zum Handgelenk – besetzte, die so weit sind, daß man sie wie ein Cape über der Brust zusammenraffen kann. Sehr überraschend ist der weite, keilförmig ein wenig oberhalb der Taillenhöhe eingesetzte Ärmel, den man aus unerfindlichen Gründen Dolmann-Ärmel nennt. Er umbauscht den Oberarm und wird vom Ellbogen ab eng. Läßt man den Arm sinken, so entsteht eine beutel-artig blusige, ganz nach den Seiten verlegte Weite, die sich erst ausspannt, wenn man den Arm hebt. Diese Ärmelform schlägt Mainbocher für die Kleider der Tages- und Abendstunden vor.

Du siehst, daß es mit der «Sachlichkeit» der Silhouette nicht mehr getan ist. Auch die Farben sind «romantischer» geworden. Das fast schwarze Rot der schwarzen Johannisbeere «Cassis», das Rost- und Terrakottabraun und das dem Honig verwandte Gold, sie sind in ihren Nuancen in den ein wenig melancholischen Blüten der Dahlien und Georginen zu finden. Fügt man das Violett der wohlriechenden Veilchen hinzu, das bläulich überhauchte der Pflaumen, das rötliche der Trauben, ein Olivgrün und ein Steingrau, so hast Du die Paillette, auf die es im wesentlichen ankommt.

Übergehen wir für diesmal die Nachmittagskleider, so viel auch von der schwingenden Grazie ihrer Röcke, vom Gefunkel der Knöpfe, vom Schuppenglanz der Paillettenstrickereien, von Pompons und Fransen, von Moiré und Samt zu sagen wäre.

Es ist verlockender, Dir von einigen Linien und allerlei Einzelheiten zu berichten, die das Bild der abendlichen Eleganz bestimmen werden. Die fischbeingestützte Taille ohne Träger, die wir als überraschende Neuheit zuerst bei Chanel sahen, ist nun schon überall zu sehen. Und da stellt sich nun heraus, daß sie die größten Anforderungen an die Kunst des Modeschöpfers und an die Noblesse der weiblichen Gestalt stellt. Diese Form betrachten wir etwas ängstlich, wenn man sie als «trägerlosen Ausschnitt» empfindet, aber sie ist unendlich anmutig, wenn sie wirklich wie ein Kelch ansteigt, aus dem sich die Schultern frei heben. Ohne Zweifel kann eine schöne Frau nichts Schöneres tragen. In ganz anderer Weise reizvoll sind die vielen tiefausgeschnittenen Abendkleider, deren Röcke rückwärts in keilförmigen Bahnen aus vielen, vielen leichtgerafften Rüschen bestehen, oder die weiten Taftkleider in zyklamenfarbenen Schattierungen über und über mit Perlblüten im gleichen Ton bestickt. Über den schmalen Samtkleidern mit dem viereckigen Ausschnitt und langen Ärmeln trägt man die hübschen, hochgeknöpften Laméjacken mit pelzbesetztem Stehkragen und pelzgerandetem Saum oder schmale, gehakte Jacken, deren Front mit dickumstickten, zartgetönten Porzellanblüten geschmückt ist. Bei Molyneux gibt es hauchdünne Spitzenkrinolinen über einem schmalen Fond, die ganz mit flatternden Spitzenschleifen besetzt sind. Hier sieht man auch die überaus eleganten violetten oder himbeerrosa Atlasärmel, die an der Ausschnittlinie ansetzen, die Schultern gepufft überwölben und noch über dem Ellbogen handschuheng werden; und die anderen, dichtplissierten Tüllärmel, die den Schulteransatz wie spröde Flügel überdecken. Sehr weite Capes aus Samt an runden Passen fallen, rüschengesäumt, bis zum Boden. Die Moiré- und Satinkleider würden Dir gefallen, deren weite Falten sich um die Knie der Sitzenden breiten, und der Perlmuttglanz der Lamémoirés.

Ich habe versucht, Dir hier einen kleinen Umriß der neuen Mode zu geben, wie sie lebt, wie sie rhythmisch die Bewegungen der Mannequins begleitet, die zauberhaften Farben, die abschattiert einem Orchideengarten gleichen – das müßtest Du selbst sehen. Deine Helen

[Die Dame, Juni 1938]

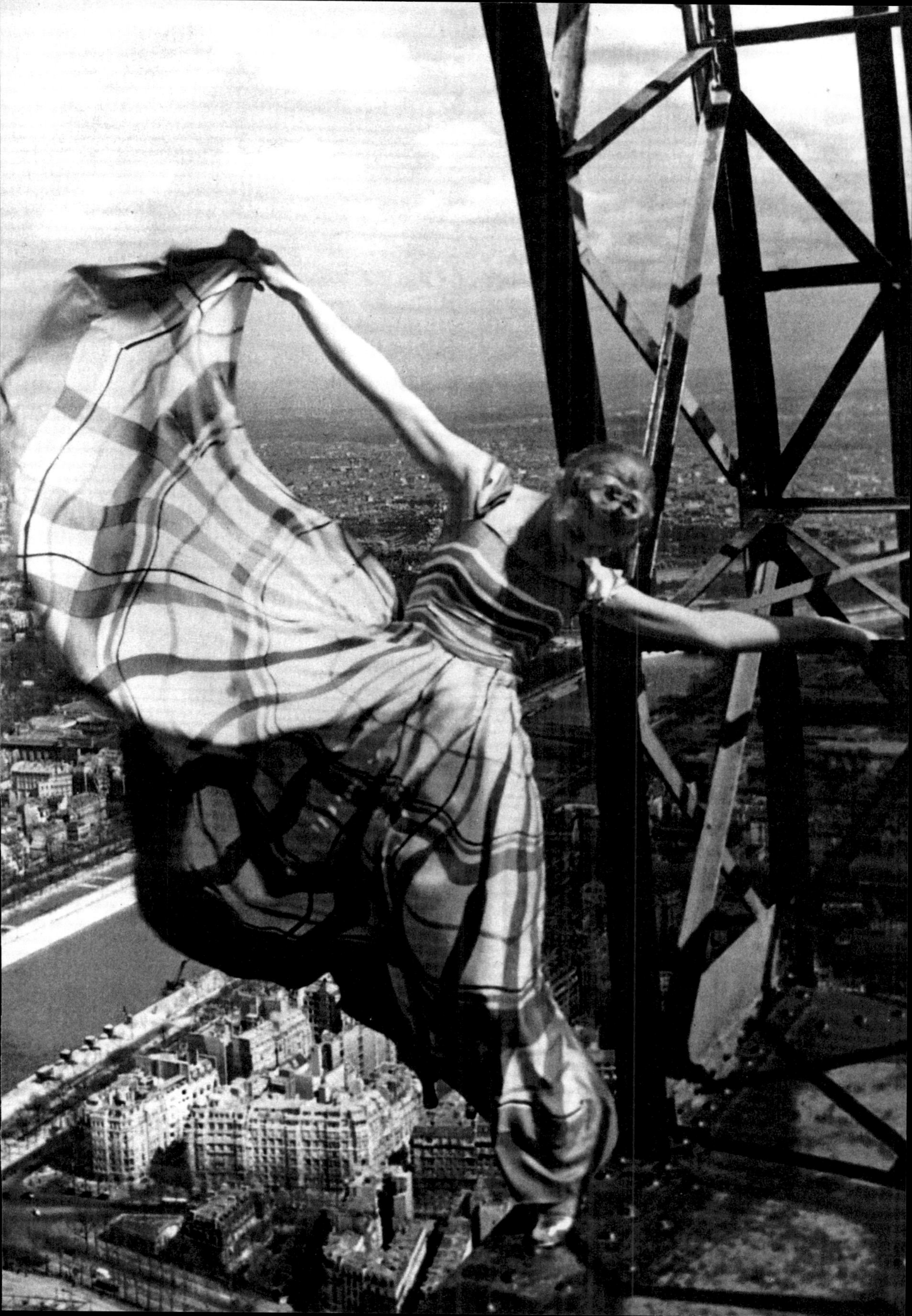

Anhang

Helen Hessel: Über Pariser Passagen, handschriftlicher Entwurf, 1926

Die Modeschriftstellerin Helen Hessel

Nachwort von Mila Ganeva

«Sie bekam den Ruf nach Paris als Modeschriftstellerin für eine große deutsche Zeitung. Und da war nun wieder eine neue Möglichkeit. […] Sie hatte in ein paar Aufsätzen so neu und eigenartig über Wesen und Erscheinungsformen der Mode geschrieben, daß man sich um sie bemühte, ihr gute Angebote machte. Sie fand die Wege zu allen wichtigen ‹Modeschöpfern›, bekam Interviews und gute Fotos und wurde zu allen Vorführungen geladen.»[1] Diese Beschreibung gilt der fiktiven Gestalt Lella aus dem unvollendeten Roman *Alter Mann* von Franz Hessel. Das autobiographische Werk entstand in den letzten Monaten vor Hessels Tod im Januar 1941. Zugleich bietet diese Figur ein recht genaues Porträt seiner Frau Helen Hessel und zeigt eine weniger bekannte Seite ihres turbulenten Lebens, nämlich ihre Karriere als Modeschriftstellerin in den späten Zwanziger und frühen Dreißiger Jahren. Im abgelegenen Sanary-sur-Mer an der Côte d'Azur, wo Franz Hessel seine letzten Monate verbrachte, kennzeichnete er mit bemerkenswerter Klarheit die schriftstellerische Eigenart seiner Frau.

Er bewunderte die Energie, mit der sie ihre Stellung erworben hatte, aber auch ihre Intelligenz, die Entschlossenheit und den Ernst, welche sie in ihre Arbeit einbrachte: «Sie vertiefte sich mit forscherischer Intensität in die philosophischen und sogar die nationalökonomischen Gesetze der Mode und schrieb von dem ‹dreimonatlichen Ruck, dem man einem Idealmannequin gibt›, von der Politik der reaktionären und fortschrittlichen Temperamente unter den großen Schneidern. Wie die bedrohten Häuser sich um das Neue bemühen, alles auf ein Brett setzen, während die festen geduldig ausbauen und dabei die überraschendsten Effekte erzielen. Sie kam in einen Kreis von Künstlern und Künstlerinnen, die aus dem Geiste der modernsten Malerei Stoffe und Modelle schufen.»[2]

Franz Hessels letzter Roman, in dem Helens berufliche Tätigkeit so deutlich beschrieben wird, galt lange als verschollen und wurde 1987 erstmals und nur auszugsweise gedruckt. Aber da lebte Helen Hessel schon nicht mehr. Und so existierte die Vorstellung von ihr als Autorin nur als Abglanz in Hessels Werk, das selbst erst im Laufe der 1970er Jahre wiederentdeckt wurde, jedoch schnell eine enthusiastische Leserschaft fand. Helen ist darin nur hinter dem Schleier fiktiver Gestalten zu sehen, erkennbar nur für jene, die mit der Hessel'schen Familiengeschichte vertraut waren.

So ‹ist› sie die Ich-Erzählerin im kurzen Text *Das Lederetui*, die ihren «Beruf» hat und «in Paris arbeiten» muß, oder aber eine der «Kennerinnen», die «streng und unbeeinflußbar wie Kritiker im Theater» auf Modedefilees schauen, wie Franz feststellt, «mitgenommen in eine Modeschau».[3]

Auch in *Teigwaren, leicht gefärbt* (1926) ist Helen präsent, nämlich als Ratgeberin in einigen Szenen. In seiner Besprechung des Buches glaubte Kurt Tucholsky, gewisse Passagen könnten «von einer Frau geschrieben sein»: «Es stehen so bezaubernd leichte Dingelchen in dem Buch, so hingehaucht, wirkliche ‹Soufflés› – zum Beispiel […] das geradezu echte Gespräch in einem Modesalon –, es ist unfaßbar, wie ein Mann so etwas schreiben kann.» Tucholskys weitere Einschätzung, es liege in Hessels Prosa etwas von weiblicher Qualität, etwas, das nicht männlich genug und zu kokett sei, kann man wohl auch damit erklären, daß Helen tatsächlich auf Bitten ihres Mannes einige dieser Passagen geschrieben oder zumindest redigiert hat, in denen es eindrücklich um Kleider, Erscheinungsweisen, Designerläden und Modeschauen geht.[4]

Auch in den Werken bedeutender Zeitgenossen hat Helens Einfluß und Autorität als Modeschriftstellerin Spuren hinterlassen, etwa bei

Walter Benjamin. Seine Sammlung von Zitaten und Notizen zum *Passagenwerk*, insbesondere im Kapitel Mode, bezieht sich umfassend auf Helens Essay *Vom Wesen der Mode* (1935), gleichrangig neben anerkannten Philosophen und Soziologen wie Friedrich Theodor Vischer, Georg Simmel oder Paul Valéry.

Zu ihrer Zeit muß Helen Hessel als unumstrittene Expertin in allen Modedingen gegolten haben. Nachdem Theodor Adorno ein Exposé zum *Passagenwerk* gelesen hatte, riet er Benjamin, dieser möge eine komplizierte Frage mit ihr näher erörtern: «Mir ist zu der Stelle über Mode, die mir sehr bedeutend scheint, aber in ihrer Konstruktion vom Begriff des Organischen wohl abgelöst und aufs Lebendige bezogen werden müßte, [...] wohl noch eingefallen der Begriff des Changeant, des schillernden Stoffes, der wohl für das 19. Jahrhundert Ausdrucksbedeutung hat, wohl auch an industrielle Verfahren gebunden ist. Vielleicht gehen Sie dem einmal nach, sicherlich weiß Frau Hessel, deren Berichte in der FZ [*Frankfurter Zeitung*] wir stets mit großem Interesse verfolgen, damit Bescheid.»[5]

Heutige Leserinnen und Leser denken bei Helen Hessel eher an ihr wildes, unorthodoxes Leben. Für viele ist sie einfach Kathe, die Frau aus dem legendären Liebesdreieck in Henri-Pierre Rochés Roman *Jules und Jim* (1953). Als Nachwirkung von François Truffauts gleichnamigem Kultfilm von 1962 wird sie im selben Atemzug genannt wie Jeanne Moreau, die Kathe auf der Leinwand verkörperte. In literarischen Kreisen sieht man sie als Frau des deutschen Schriftstellers Franz Hessel (Vorbild für die Gestalt des Jules in Roman und Film), von dem sie sich 1921 scheiden ließ, 1922 aber erneut heiratete; zugleich kennt man sie als die leidenschaftliche Geliebte von Roché (alias Jim), mit dem sie zwischen 1920 und 1933 eine unmögliche Affäre verband. Von ihren Texten erschien in Buchform bislang nur das Tagebuch der Jahre 1920/21, und auch dabei lag das Augenmerk allein auf ihrer Beziehung mit Roché.[6]

Aus ihrem Leben verdient aber etwas anderes Interesse als diese spektakuläre Liebesgeschichte. Der Blick auf ihre vor dem Zweiten Weltkrieg veröffentlichten Artikel zeigt eine ganz andere Helen Hessel, nämlich als originelle Modejournalistin, eigenständige Autorin und moderne Frau. In der Mode fand sie das geeignete Feld zur Erfüllung ihrer intellektuellen und künstlerischen Ambitionen, eine befriedigende Karriere und eine gut bezahlte Arbeit, die ihre unabhängige Existenz sicherte. Im Zusammenhang mit Helens Briefen an Roché zwischen 1920 und 1933 gelesen, eröffnen ihre journalistischen Berichte nicht nur einen lebendigen Einblick in die dynamische Modeszene der Zwischenkriegszeit; sie veranschaulichen, daß das Thema Mode für Helen eine stimulierende Wechselwirkung zwischen Schreiben und Leben, persönlicher Freiheit und beruflicher Entfaltung, Geschäft und Vergnügen ermöglichte.

Der vorliegende Band bringt viele der kurzen Texte wieder ans Licht, die Helen Hessel zwischen 1921 und 1938 veröffentlicht hat, die meisten davon unter ihrem Mädchennamen Helen Grund. «Hessel» blieb gleichwohl ihr legaler Name in all den Jahren, der Name, unter dem sie in der deutschen wie der französischen Öffentlichkeit am ehesten bekannt war, der Name, unter dem sie 1933 in französischen Blättern publiziert hat, und schließlich ist es der Name, der auf ihrem Grabstein auf dem Friedhof Montparnasse steht.

Noch kennt man ihr Werk erst fragmentarisch, doch tritt uns darin eine erfahrene Autorin und eine kluge Beobachterin ihrer jeweiligen Umwelt entgegen. Verstreut an vielen Publikationsorten, über Jahre hinweg vor langer Zeit erschienen, gerieten ihre journalistischen Arbeiten in Vergessenheit. Es bedurfte langjähriger Sammelbemühung, einiger Zufälle und freundlicher Hinweise, um diesen verstreuten Schatz zusammenzutragen, ohne daß heute schon für Vollständigkeit garantiert werden kann. Der vorliegende Band stellt ihre besten Artikel aus den Jahren bis 1938 zusammen, um die besondere Qualität dieser Modeschriftstellerin zu belegen.

Die Mehrzahl der vorliegenden Stücke erschienen in der *Frankfurter Zeitung* und deren zahlreichen Beilagen und Magazinen (*Für die Frau, Das Illustrierte Blatt, BäderBlatt, Stadtblatt*), aber auch in Zeitschriften wie *Das Tage-Buch, Der Querschnitt, Die Dame,* und *Le Monde illustré.* Der Essay *Vom Wesen der Mode* (1935) wurde in einer Auflage von 1'000

Exemplaren gedruckt und war lange Zeit eine bibliophile Rarität. Einzig ihr frühes Reisefeature *Aufatmen in Paris* ist in jüngerer Zeit im Rahmen einer Anthologie von Autorinnen der 1920er Jahre zugänglich gemacht worden.[7] Die übrigen Texte mußten in verschiedenen Zeitungsarchiven in Deutschland und Österreich sowie in den USA aufgespürt werden.

Leben und Schreiben

Am 30. April 1886 in Berlin geboren, als Tochter von Friedrich (Fritz) Grund und Julie Anna Butte, verbrachte Helen einen erheblichen Teil ihres beinahe hundertjährigen Lebens in verschiedenen Teilen Europas und Amerikas: Berlin, London, Paris, München, Hohenschäftlarn (bei München), Sanary, New York, San Francisco und anderswo. Seit je war das Reisen eine wichtige Inspirationsquelle für ihre Texte. Als sie 16 war, wurde sie von ihren Eltern zu Verwandten nach England geschickt. Englisch blieb neben Deutsch und Französisch eine ihrer Schreibsprachen, wobei sie in Briefen und Tagebüchern ein lustvolles Kauderwelsch aller drei Sprachen erzeugte.

Ihr erster Berufswunsch war: Malerin. Zu ihren Lehrerinnen gehörte (angeblich) Käthe Kollwitz. 1912 kam sie nach Paris, wo sie (angeblich) Schülerin von Fernand Léger war. Gewiß hat sie die Atmosphäre von Montparnasse eingesogen, damals der Mittelpunkt der modernen Malerei. So besuchte sie auch die dortigen Künstlertreffs wie das *Café du Dôme*, die Pariser Zweigstelle der deutschen Bohème. Zu ihren Künstlerfreundinnen gehörten aus Berlin Augusta von Zitzewitz und Fanny Remak, aber auch Renée Sintenis.[8] Im Katalog der Berliner Secession von 1912 wird Helen Grund mit einer Aktstudie erwähnt, von ihrem malerischen Werk blieb aber wohl nichts erhalten.

Im *Café du Dôme* lernte sie 1912 Franz Hessel kennen, der hier seit 1906 Stammgast war, sowie seinen französischen Freund, den Kunstsammler und -vermittler Henri-Pierre Roché. 1913 heiratete die vitale, abenteuerlustige Helen Grund den eher phlegmatischen, sanften Franz Hessel. Zwei Söhne gingen aus dieser Ehe hervor, Ulrich (1914) und Stefan (1917, später Stéphane genannt). Der Kriegsausbruch von 1914 unterbrach Helens Pariser Leben für einige Jahre.

Die stürmischste Periode in ihrem Leben begann im Jahr 1920, als die Familie eine Villa in Hohenschäftlarn bezog, südlich von München gelegen. Im August kam Henri-Pierre Roché zu Besuch, was den Auftakt zur Jules-und-Jim-Episode markierte. Die emotionale und sexuelle Intensität, aber auch das verwirrende Wechselspiel dieser Liebesturbulenzen und -illusionen ist oft erzählt worden.[9] Dabei sollte allerdings nicht übersehen werden, was Helens gesteigerte Ruhelosigkeit für ihre berufliche Selbstverwirklichung bedeutet hat. In seinen Aufzeichnungen aus dem Jahr 1920 hält Roché Äußerungen von Franz Hessel über seine Frau fest: «Helen braucht eine nachhaltige Beschäftigung, etwas Kräftiges. Dieser halbe Müßiggang mit den Kindern wird ihr bald zu schaffen machen. Sie bevorzugt etwas Aktiveres. Aber was?»

Obwohl Hessel hier unterschätzte, was die Erziehung von zwei Kindern an Mühe, Zeit und Energie kostet – von «halbem Müßiggang» konnte keine Rede sein –, so hatte er doch Recht, was Helens unerfüllten Drang nach einer sie befriedigenden Tätigkeit jenseits ihrer Mutterpflichten betraf. Eine Woche später griff Hessel in einem anderen Gespräch mit Roché dasselbe Thema auf. Helen sei «hochbegabt, aber chaotisch, unordentlich, sie bringt kaum etwas zu Ende von dem, was sie anfängt».[10] Es würde sie bestimmt glücklich machen, wenn sie diesen Zustand durch eine konzentrierte Beschäftigung überwinden könnte.

Aber zunächst einmal wurde die Liebe zu Roché die alles verschlingende Beschäftigung. Als Roché nach mehreren stürmischen Wochen Hohenschäftlarn wieder verließ, nutzte Helen zwischen Herbst 1920 und Ende 1921 jede freie Minute, um das Erlebnis detailliert zu schildern und zu deuten, wobei sie sich nicht auf das Liebeserlebnis beschränkte, sondern auch ungezügelte Phantasien und erfundene Dialoge einfügte. Schnell waren 25 Notizhefte mit ihrer kühnen Darstellung der Affäre gefüllt, eben das, was später ihr «Journal» genannt wurde, abwechselnd in ihren drei Sprachen geschrieben. Rochés «Carnets» (Hefte) über dieselbe Periode sollten Helens Aufzeichnungen ergänzen. Zu dem Zweck überließ ihm Helen ihre Hefte, die so in seinen Nachlaß gelangten. Deshalb glaubte sie auch später, wenn auch zu Unrecht, *Jules et Jim* sei auch ihr Roman. [Roché schrieb ihn ab 1941 in Südfrankreich, ohne frühere Aufzeichnungen zur Hand zu haben, weder eigene noch die von Helen.]

In ihren Briefen an Roché seit dem Herbst 1920 betonte Helen immer wieder, mit welch grenzenlosem Eifer sie schrieb, ja mit welcher «Inbrunst», wie sie selbst es nannte.[11] Am liebsten wäre sie zwei Wochen im Bett geblieben, um nichts Anderes zu tun als zu schreiben. «Ich wage es nicht, Deine Anwesenheit zu wünschen», schrieb sie an Roché am 15. November 1920, «denn ich würde es nicht fertig bringen, diesen Teil meiner Aufzeichnungen abzuschließen, wenn ich etwas Neues erleben würde.»

Zwar hat Helen in dieser Periode immer noch gemalt, doch ließ ihr Interesse daran allmählich nach und wurde ersetzt durch intensives Tagebuch-Schreiben. Nachdem sie weder ein Porträt ihres Liebhabers noch ein Selbstporträt hatte vollenden können, schrieb sie in einem Brief vom 24. Juli 1923: «Ich schreibe viel lieber.» In Helens intensiver Gefühlswelt waren Leben, Lieben und Schreiben gleichrangige Sphären geworden, die einander ausschlossen, wobei die eine durch die andere ersetzt werden konnte.

Frühe Veröffentlichungen

In eben dieser Zeit der frühen Zwanziger Jahre unternahm Helen Hessel erste Versuche, Texte zu veröffentlichen. Dank Franz Hessels Verbindungen im literarischen Milieu, vor allem zum Rowohlt-Verlag, trat sie in Kontakt mit Stefan Großmann, dem Herausgeber der 1920 gegründeten, intellektuell ambitionierten Zeitschrift *Das Tage-Buch*. Ihre erste Veröffentlichung dort, «Mentor für neue Reiche», ein ironischer und doch engagierter Appell an die «Kriegsgewinnler», ihren Lebensstil zu modernisieren, erschien im Januar 1921, dem ersten Heft des zweiten Jahrgangs, und war gezeichnet mit ihrem Mädchennamen Helen Grund. Obwohl sie vor Stolz platzte über ihre erste Veröffentlichung, überwies Helen 20 Mark von ihrem Honorar an Roché für seinen Beitrag zu «unserem Artikel». In einem ironischen Brief, ganz als offizielles Geschäftsschreiben gehalten, dankt sie ihm überschwänglich und behandelt ihn geradezu als Mitautor: «Ihre Anregung und vor allem Ihre meisterliche

Art, mich zu dieser Arbeit zu zwingen, haben mir viel mehr gegeben als der Geldbetrag – nämlich Liebe zur Arbeit und meinen ersten Erfolg als Autorin.» (18.4.1921)

Schon dieser allererste Artikel verweist auf einige der Themen, die in ihren folgenden Beiträgen über Mode, Stil und weibliches Selbstbewußtsein eine Rolle spielen. Ein erheblicher Teil von Helens offenem Brief an die neureichen Kriegsgewinnler bestand aus Empfehlungen, wie sie ihre Töchter erziehen sollten. Die neue Frau sollte unabhängig, aktiv, und kreativ sein, «ein modernes Geschöpf, ein schönes, kluges, klares Ding». Hygiene, modische Kleidung und Sport stellten für sie wesentliche Aspekte ihres täglichen Lebens dar, als «neue Ideale» wären Reisen, sexuelle Erziehung und kubistische Kunst für sie bedeutsam. Helens Empfehlung lautet: «Laßt sie probieren, aber nicht am Fertigen [fertig gekauft bei Gerson]. Gebt ihr Stoffe und eine Schere, ein bezahltes Wesen dazu, das Stiche nähen kann. Ihr seid ja reich, laßt sie einiges wieder verwerfen. Zwingt sie immer immerfort zu erfinden. Ihre Hemdchen, und ihre Hüte, ihren Gang und ihre Schuhe.» Direkte Ratschläge für moderne Frauen, nicht nur in Mode- und Kleiderfragen, sondern auch im Hinblick auf Erscheinung und sicheres Auftreten sollten vorrangige Themen in Helens journalistischen Arbeiten werden.

Die späteren Beiträge für *Das Tage-Buch* im Jahr 1921 bestanden vor allem aus Aphorismen. «Ich veröffentliche diese Eingebungen», schrieb Großmann in einer kurzen Vorbemerkung, «um einem aphoristischen Talent ungewöhnlicher Denkart (und demnächst einen größeren Stoß dieser Kühnheiten im Bewußtsein) den Weg zu bahnen.» Helens Aphorismen müssen unter ihren Freunden großen Beifall gefunden haben. Der Verleger Samuel Fischer machte in einem Brief an Helens Schwiegermutter einige schmeichelhafte Bemerkungen dazu. (23.7.1921)

Betitelt mit *Polygame Frau* und mit *So ist es!* waren diese Aphorismen tief in Helens persönlicher Erfahrung verankert, nämlich in ihrer komplizierten Beziehung mit Roché und dem Verhältnis zu ihrer Familie, und letztendlich in ihrer Unfähigkeit, zwischen Leben und Schreiben zu unterscheiden. Nach dem kreativen Ausbruch des Jahres 1921 legte Helen die Feder erst einmal beiseite. In den folgenden Jahren verausgabte sie ihre Energie beim Bau eines Sommerhauses in Heidebrink auf der Ostsee-Insel Wollin (heute polnisch), ein von vornherein zum Scheitern verurteiltes Vorhaben, weil nie genügend Geld dafür aufgebracht werden konnte.

«Apéritif der Liebe»

Erst 1924 kehrte Helen wieder zum Schreiben zurück, nun aber mit großer Entschlossenheit, mehr zu veröffentlichen und durch diese Art von Arbeit ernsthaft Geld zu verdienen. Großmann ermutigte sie, seiner Zeitschrift einige längere Artikel anzubieten – Thema: «Aufzeichnungen ohne Philosophie». (21.2.1924) Und das tat sie auch. Dieses Mal lag Helens Artikeln eine andere persönliche Erfahrung zugrunde, nämlich ihre Reisen nach Paris und ihre immer größere Vertrautheit mit der Stadt. Nach einem fast zweimonatigen Aufenthalt in der französischen Hauptstadt im Frühjahr 1924 schrieb sie für das *Tage-Buch* vier impressionistische Stücke: *Pariser Bilderbogen, Aufatmen in Paris, Bei Paul Poiret* und *Sei dein Herr!* In diesen Texten sucht sie noch ihren persönlichen Stil. Vielleicht unter dem Einfluß ihres Mannes, des einzigartigen Flaneurs Franz Hessel, entwickelte sich Helen in ihren Pariser Bilderbögen zu einer «flâneuse». In einem spröden, fast ungerührten Tonfall fand sie ihr Vergnügen darin, langsam durch die Pariser Straßen zu wandern und das bunte Treiben des Stadtlebens zu beobachten, die Bilderflut aufzunehmen, ganz ohne Zweck und festgelegte Bestimmung.

Eine interessante Verwandlung vollzieht sich jedoch in den Texten, wenn sich die Spaziergängerin eine nachmittägliche Modeschau in dem Kaufhaus *Trois Quartiers* besucht oder wenn sie in den Salon des Modeschöpfers Paul Poiret geht. In den anderen Teilen ihrer Artikel gebraucht sie das schüchterne «wir» (womit sie sich selbst und ihren ungenannten männlichen «Begleiter» meint), hier aber schwenkt sie plötzlich um und benutzt die erste Person Singular: Ich.

Von bunten Kleidern und schönen Stoffen umgeben, hört die Spaziergängerin auf, eine unparteiische Beobachterin zu sein. Sie wird hypnotisiert von dem schneiderischen Aufwand und wie betäubt von der verspielten, uferlosen Lust am Kleiderkauf. Eingetaucht in diese Pariser

Szenen, gewinnt die «flâneuse» an Selbstvertrauen und faßt sich selbst als verständige Augenzeugin und zugleich als aktiv Mitwirkende am Modespektakel auf. Diese frühen Artikel bezeugen auf Anhieb Helens Talent; die aufstrebende Expertin ist bereit für ihre künftige Laufbahn als Modereporterin der *Frankfurter Zeitung*.

Im Frühjahr 1924 ist die Autorin Helen Hessel noch begierig auf Anerkennung und Beifall. Das ganze Jahr über zeigt sie sich in ihren Briefen glücklich über Großmanns Zuspruch, während sie weiter an ihren Artikeln arbeitet. Dieser bezeichnet ihre Paris-Stücke als entzückend, frisch, fröhlich, als «Schritt in die ‹kreative› Richtung». (16.4.1924). Das sei zwar noch kein Erfolg, gibt Helen zu, aber immerhin eine Ermutigung. Sie fährt fort: «Und ich werde versuchen, einen Film oder ein Theaterstück zu schreiben.» Ihr Schreibehrgeiz war nun völlig erwacht, und der Satz «Ich arbeitete an meinen Artikeln» taucht in jedem ihrer Briefe auf, die sie aus Berlin an Roché schickt.

Das Schreiben ist für Helen in dieser Zeit auch ein Heilmittel gegen Liebeskummer. Sie selbst nennt das Schreiben «einen großen Trost» gegen das Getrenntsein von Roché.

Seit 1921 lebte sie in Berlin und er in Paris, aber auch an vielen anderen Orten in der Welt, an denen er sich gern aufhielt, wie die häufig wechselnden Adressen auf Helen Briefumschlägen bezeugen. In diesen Jahren suchte sie nach einem Mittel, ihm näher zu sein, mit ihm dauerhaft in Paris zu leben, aber auch ein Einkommen zu haben, das ihr Bewegungsfreiheit garantieren würde. In dieser Zeit wurde das Schreiben immer mehr zur erträglichen Lösung für die Krise ihrer belasteten Beziehung. Als sich Roché in der zweiten Hälfte des Jahres 1924 mehr als fünf Monate in New York aufhielt, dachte Helen über die Möglichkeit nach, wie sie sich auf ein Leben ohne ihn vorbereiten könne: «Du machst Dir keine Vorstellung, wie oft ich mir Dinge ausmale, mit dem Ziel, Dich nicht mehr zu lieben, da es mir nicht gelingt, Dich ganz für mich zu haben. Das erste wäre, daß ich mir die Haare kurz schneiden lasse. Das zweite zu arbeiten.» (14. 6. 1924, auf Briefpapier des Rowohlt-Verlags)

Bald darauf setzte sie beide Entschlüsse in die Tat um. «Mein Haar ist sehr kurz geschnitten (very bobbed)», berichtete sie am 10. Januar 1925, womit die 39jährige Frau ihre Entschlossenheit signalisierte, sich der kühnen und jungen Bubikopf-Mode der Zwanziger Jahre anzupassen. Wichtiger aber war, daß sie ihre Bemühungen darauf richtete, einen festen Job als regelmäßig gedruckte Journalistin zu erhalten: «Ich arbeite wie ein Teufel, als ob ich Fieber hätte.» (7.10.1924)

Sie bemühte sich, einflußreiche Leute in Berlin kennenzulernen, zu denen ihr Mann Franz Hessel Kontakt hatte. «Vielleicht kann ich Redakteurin werden bei Ullstein Kindermagazin *Der heitere Fridolin*», erwog sie in einem Brief vom 14. Oktober 1924. Ob dieser Gedanke auf einem konkreten Vorschlag basierte, ist nicht klar, denn genau zwei Tage später erhielt sie eine Anfrage von der *Frankfurter Zeitung*: «Man hat mir von der FZ Arbeit angeboten – gut bezahlte, die mich frei läßt. [...] Das Leben ist mir neu und schön. Ich habe ein paar Monate vor mir – Zeit genug, um all das zu tun, was ich möchte.» (16.10.1924).

Die Einzelheiten dieses Angebots, das sie schlankweg annahm, berichtete sie nach und nach in den folgenden Briefen. Sie sollte aus Paris über Mode schreiben, «leichte und vergnügliche Sachen» für das Feuilleton der FZ, aber auch für deren Lokalbeilage *Stadtblatt*. (25.10.1925) Nach eigenem Geständnis wußte sie nur wenig über Mode, gleichwohl stürzte sie sich kopfüber und furchtlos in die Berliner Modewelt, um so rasch wie möglich alles nachzuholen.

Paul Huldschinsky, ein bekannter Architekt und Inneneinrichter, einer ihrer nahen Freunde (den sie Hulle nannte), führte sie bei einigen der großen Modemacher von Berlin ein. Ohne Umschweife bat sie Rochés Mutter, ihr französische Zeitschriften wie *Vogue* und *Fémina* zu schicken, und bald lagen einige Exemplare auf ihrem Schreibtisch. Außerdem forderte sie Roché auf, ihr amerikanische Mode-Zeitschriften zu besorgen, die den typischen Stil von New York repräsentierten. Und schließlich schrieb sie an einflußreiche Leute, die zu Rochés Pariser Freundeskreis gehörten: an Man Ray, den berühmten Avantgarde- und Mode-Photographen, sowie an Nicole Groult, die Schwester von Paul Poiret und selber einflußreiche Modemacherin. Beide reagierten positiv auf ihre Bitte um Zusammenarbeit in ihrer neuen Tätigkeit. (Briefe vom 25.10.1924, 24.11.1924 und 2.2.1925) In einem typischen Satz mit dem Mix der drei Sprachen spiegelte sich ihre Begeisterung: «Die Aussicht, durch spaßige Dinge indépendance zu gewinnen, fascinates me. I could go to Paris quasi businesslike, just think of it.» (25.10.1924)

Auf ihr neues Berufsleben bereitete sie sich mit beispielloser Energie, aber auch mit einer gesunden Portion Pragmatismus und Umsicht vor. Mit «ziemlicher Gewißheit» rechnete sie aus, daß sie 400 Mark im Monat verdienen konnte, etwa 100 Dollar, «genügend für Paris, absurd für New York». (21.1.1925) Obwohl Franz Hessel ihre erste Arbeit über Mode bewunderte – er nannte es eine «Hymne auf die Mode» –, lehnte sie sein Angebot ab, ihre Artikel in der von ihm herausgegebenen Literaturzeitschrift *Vers und Prosa* abzudrucken. Ihr Argument: «Ich möchte lieber Geld damit verdienen.» (25.10.1924) Und so erschien das Feuilleton *Im Klima der Mode* in einer von Ullstein herausgegebenen Zeitschrift, nämlich in *Der Querschnitt*, dem ‹Magazin der aktuellen Ewigkeitswerte›. Als ihr dessen Herausgeber Hermann von Wedderkop ein Honorar von 40 Mark überwies, schickte sie ihm das Geld zurück und verlangte die zugesagten 100 Mark. (19.6.1925)

Mitte 1925 war sie überzeugt, den richtigen Beruf gefunden zu haben. «Das Artikelschreiben ist ein profitables Geschäft. [...] Wenn ich es mit vollem Einsatz betreiben würde, könnte ich 500 bis 1'000 Mark im Monat verdienen.» (19.6.1925) Zugleich wurden ihr Ehrgeiz und ihr Realismus immer wieder durchkreuzt von irrationalen Anfällen und maßlosem Ehrgeiz. Kaum hatte sie das Angebot der FZ angenommen, träumte sie schon von viel größeren Dingen: «[In Frankfurt] sind sie über die Texte entzückt und es beschäftigt mich die ganze Zeit. Wenn ich anfange, mir einen kleinen Namen zu machen, dann kann ich so viel schreiben, wie ich will, und so viel verdienen, wie ich arbeite. Franz ist ganz stolz auf [mich], aber die Kinder beschweren sich, daß meine Tür manchmal verschlossen bleibt. Ich gewöhne mich langsam daran, am Schreibtisch zu sitzen, und wenn ich eines Tages meinen Roman schreibe, das wird mir helfen, ein wenig zu sein wie [Franz]» (21.11.1924).

Genau wie bei dem anfänglichen Erfolg mit ihren Veröffentlichungen in Großmanns *Tage-Buch* drängte ihr Ehrgeiz sie weit voran. Sie deutete die kritische Anerkennung, die sie für ihre Texte gefunden hatte, nicht so sehr als realen Triumph, sondern vielmehr als «eine Ermutigung. Und ich werde versuchen, einen Film oder ein Theaterstück zu schreiben.» (16.4.1924) Für diese andere Art des Schreibens aber hätte sie größere Ruhe und Beständigkeit benötigt, als sie je in ihrem Leben aufbringen konnte.

Viele Jahre später verfaßte Helen dann in der Tat längere Texte. Sie vollendete ein Drehbuch, und nach dem Krieg schrieb sie sogar ein Theaterstück mit dem Titel *Blut*, in dem es um Widerstand gegen die Nazis im Berlin der Dreißiger Jahre ging. Von ihrem Drehbuch sprach sie in ihren Briefen aus dem Jahr 1930 als von ihrem «Menjou-Film», ohne aber den tatsächliche Titel jemals zu erwähnen. Es handelte sich wohl um ein Projekt für den modisch eleganten amerikanischen Schauspieler Adolphe Menjou, das daran scheiterte, daß sich der Filmstar mit der französischen Produktionsgesellschaft Pathé zerstritt. Menjou wollte daraufhin nie wieder nach Paris zu kommen, um dort zu arbeiten. (Brief vom 8.10.1930) Trotz Helens Bemühung, sich daraufhin mit der Metro Goldwyn Mayer in Verbindung zu setzen, kam das Projekt nicht voran, und das Manuskript ging verloren.

Helens mag sehr wohl den Ehrgeiz gehabt haben, einen Roman, einen Film oder ein Stück zu schreiben, aber letzten Endes lag ihre eigentliche Stärke und ihre Originalität in den kurzen Beiträgen über Mode, Leben und Liebe, die sie zwischen 1924 und 1938 in Zeitschriften und Zeitungen veröffentlichte.

Zwischen Berlin und Paris

Ein Foto, das auf den August 1929 datiert ist, zeigt Helen Hessel im Garten eines Hauses in Sotteville hinter einer Schreibmaschine sitzen. Obwohl sie mit ihren Kindern und mit Franz Hessel, den man ebenfalls auf dem Foto erkennt, für einen Ferienaufenthalt an die Küste der Normandie gekommen war, arbeitete Helen wie gewöhnlich, um einen Auftrag der FZ zu erfüllen. Das Bild zeigt die Modereporterin in der Mitte ihrer besonders fruchtbaren, erfolgreichen, ja glorreichen Phase. «Ich arbeite wie ein Sklave in einem amerikanischen Betrieb», klagte sie in einem Brief vom 19. September 1928, zugleich gefielen ihr allerdings die An-

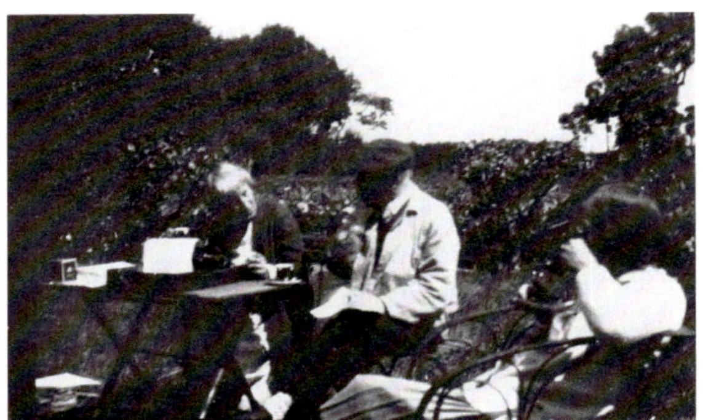

Helen Hessel (links) an der Schreibmaschine, Sotteville, August 1928

erkennung, das Geld und die Unabhängigkeit, die mit ihrem Erfolg verbunden waren.

Seit Mitte 1925 war ihre Position als Modekorrespondentin der FZ gefestigt, so daß sie mit ihren Kindern in die französische Hauptstadt ziehen konnte. Für die nächsten zehn Jahre lautete ihre mehr oder weniger ständige Adresse 13, Rue Ernest Cresson, 14. Arrondissement. Besucher berichteten, daß Helen über ein eigenes Arbeitszimmer verfügte, das mit einem Teppich ihrer Freundin, der Künstlerin Sonia Delaunay dekoriert war.[12]

Seit 1926 veröffentlichte Helen regelmäßig in *Für die Frau*, und Mitte 1928 konnte sie Max Geisenheyner, der Herausgeber der Beilage, dafür gewinnen, die gesamte Modeabteilung zu betreuen, einschließlich Layout und Illustrationen. Die Beilage *Für die Frau* nannte sich selbst im Untertitel *Zeitung für Mode und Gesellschaft*. Sie erschien erstmals am 14. März 1926. Schon am 2. März hatte man als Vorsatz verkündet, daß man «das Graziöse auf ernsthafte Art» vortragen wolle. «Wir haben niemals finden können, es gebe Interessen der Frau, die nicht identisch seien mit den Interessen der Allgemeinheit». Es solle mehr als eine «Ecke» im Feuilleton sein und so geschrieben werden, daß auch Männer diese Beiträge lesen könnten. Hier hatte Helen das richtige Forum gefunden.

Rasch überzeugte Helen ein Team von bekannten Fotografen und Mode-Illustratoren, regelmäßig für sie zu arbeiteten; Man Ray, Germaine Krull, Yva gestalteten immer wieder Seiten der Beilage oder veröffentlichten dort. Über Jahre hinweg gehörten Marietta Riederer, eine junge Designerin und Modezeichnerin, die sie aus Berlin kannte, sowie Luigi Diaz, ein erfahrener Modefotograf, zu ihren treuesten und zuverlässigsten Mitarbeitern. (Brief vom 20.9.1932) Als Teil ihrer neuen Vereinbarung mit Geisenheyner durfte Helen in weiteren Publikationen der FZ schreiben, so in *Das Illustrierte Blatt*, aber auch in anderen deutschen Organen, solange sie ihre Modeartikel exklusiv in *Für die Frau* veröffentlichte. (Brief vom 13.11.1927)

Stets mit dem Namen «Helen Grund» gezeichnet, beinhalten die Texte aus der produktivsten Phase ihrer Laufbahn viel mehr als die nur kurzfristig interessierenden, jargonreichen, von technischen Details überquellenden Beschreibungen der letzten Mode, die man in einer Zeitung zu finden erwartete. Für die aktuellen Berichte über Stil und Schnitt gab es die Rubrik «Die elegante Frau trägt», mit eher sachlichen Erklärungen und Einzelheiten, die Helen ebenfalls für die Beilage verfaßte. Zu den Texten aus jener Periode, die bleibenden Wert besitzen, gehören jene, die sich auf verschiedene Themen einließen, welche den deutschen Leserinnen die verborgenen sozialen, wirtschaftlichen und kulturellen Aspekte der Pariser Modeszene nahebrachten. So finden sich elegant geschriebene Anmerkungen zu Themen wie die Organisation einer Modeschau, die Arbeitsbedingungen der Mannequins hinter der Szene, die Hierarchie unter den Modereportern bis hin zu den Besonderheiten der Modepräsentation bei Pferderennen oder den Boom von Schönheitssalons und Schönheitschirurgie. Sie führt ihre deutsche Leserschaft zu den bunten und kosmopolitischen Schauplätzen im Paris der späten Zwanziger und frühen Dreißiger Jahren, an denen allerlei interessante Leute zusammentrafen, Tennischampions (Helen Wills, René Lacoste), Filmstars (Adolphe Menjou, Emil Jannings), wohlhabende amerikanische Frauen (die Paris-Amerikanerinnen, die Dollarbräute), Avantgarde-Künstler (Sonia Delaunay). Solche Persönlichkeiten und nicht nur deren stilbewußte Kleider machten aus Paris die wirkliche Welthauptstadt der Mode, ein Rendezvous der mondänen Internationale». (*Für die Frau*, No. 4, April 1927)

Als Korrespondentin von *Für die Frau* konnte Helen auf ein weites Netzwerk aus privaten Beziehungen und engen Freundschaften bauen. Dadurch war es ihr möglich, führende Modemacher zu interviewen (Jeanne Lanvin, Jacques Worth, Renate Green, Coco Chanel, Jean Patou, Edward Molyneux, Elsa Schiaparelli, Madeleine Vionnet, Jane Regny), aber auch Hutmacherinnen (Madame Agnès), Dessous-Designerinnen (Madame Margot), sowie Haarstilisten wie den «tonangebenden» Antoine, der in Paris besonders bei amerikanischen Frauen beliebt war.

Bemerkenswert ist, daß eine so starke, extravagante, extrovertierte und nicht uneitle Person wie Helen Hessel es vermochte, sich in all ihren Modeartikeln auffallend zurückzunehmen und als Persönlichkeit im Hintergrund zu bleiben. In ihren Schilderungen der Modespektakel ließ sie andere – Vorführdamen, Modekünstlerinnen und Kundinnen – in den Vordergrund treten und zeigte zugleich, wie sehr Mode eine Übung in Selbstdarstellung und Selbsterfindung ist, aber auch der Selbstbehauptung für die moderne Frau. Sie befaßte sich nicht weniger mit Beschreibungen der saisonal wechselnden Einzelheiten, sondern war stärker daran interessiert, über die Notwendigkeiten, Haltungen und Erwartungen moderner Frauen nachzudenken. Denn sie hatte ein Zielpublikum neuer Frauen vor Augen, deren «Selbständigkeit echt ist und nicht scheinbar, relativ, notgedrungen und was immer man sonst an skeptischen Beiworten finden mag». (*Für die Frau*, 24.4.1932) Und so rät sie ihren Leserinnen, die Haute Couture nicht als Ansammlung von festen Regeln aufzufassen, die es blindlings zu befolgen gelte, sondern als Spielfeld für ihre kreative Phantasie; wenn sie auf die neueste modischen Kreationen schauten und sie ausprobierten, sollten die Frauen in diesen Mänteln, Kleidern, Capes und Hüten eine Widerspiegelung ihrer eigenen «Stimmungen» erkennen, «Frohsinn, Gesundheit, Sensibilität und Feierlichkeit». (*Für die Frau*, No. 2, April 1926)

Im Lauf ihrer Arbeit für die *Frankfurter Zeitung* entwickelte Helen ihre eigene unprätentiöse, vielleicht eklektische, aber leidenschaftliche und variable Philosophie der Mode. In deren Mittelpunkt stand die beruflich aktive Frau, verstanden als «der begabte Regisseur des anonymen Schauspiels, das wir das tägliche Leben nennen». (*Für die Frau*, No. 2,

Februar 1930) Zugleich nutzen diese befreiten Frauen die Mode als Waffe im «Kampf der Geschlechter», und zwar gegen die «naturbedingte Polygamie des Mannes». (*Für die Frau*, No. 5, Mai 1931)

Nach dieser Philosophie ist die modebewußte Frau sowohl praktisch wie kreativ, attraktiv wie unauffällig, herausfordernd feministisch wie bewußt weiblich, vertraut mit den neusten Trends wie auf zeitlose Art klassisch. Ausgehend von ihrer eigenen Erfahrung als hart arbeitende und eigenständige Geschäftsfrau wie ihrer Position als Beobachterin, Außenseiterin und Fremde in der französischen Hauptstadt, wies Helen immer wieder mit Nachdruck auf die demokratische Wirkung der neuen Mode hin, ihre weitreichende und universelle Ausstrahlung quer durch unterschiedliche soziale Gruppen und Nationalitäten. Mehrfach betont sie, daß die Pariser Haute Couture, obwohl sie meist aus den Salons berühmter und teurer Designer stammte, erst in ihren alltäglichen Neu- und Nacherfindungen aller Frauen lebendig wird. Deshalb sei es in Paris nicht ungewöhnlich, daß «eine große Dame, deren Kleidung dem Genie eines berühmten Modekünstlers entstammt, während sie in ihrem Auto an der kleinen Arbeiterin vorüberfährt, sich lächelnd wie eine Schwester nach ihr umwendet, die ihren Schal mit besonderem Schick geknotet, für ihr einfaches Hütchen in der Linie der Mode eine originelle Variante gefunden hat». (*Für die Frau*, No. 2, April 1926) Indem sie das Alltagsspiel der Mode beobachtete, stellte Helen diese als eine bezeichnende nichtelitäre Praxis dar, die jeder Frau offenstehe, unabhängig von ihren Mitteln und ihrem sozialem Status, sofern sie Lust zum Mitspielen habe. Für sich selbst als Moderschriftstellerin nahm sie die Rolle einer «Schiedsrichterin für die Frau» in Anspruch; dies sei ihr «heimliches Ziel» gewesen, wie sie in einem Brief schrieb. (17.9.1928)

Für das deutsche Publikum war Helen Grund natürlich nicht die einzige Modeschriftstellerin. Mitte der Zwanziger Jahre erlebte die Modepresse in Berlin geradezu einen Boom. In ganz Deutschland wurden spezialisierte Zeitschriften wie *Elegante Welt*, *die neue linie* sowie die deutsche Ausgabe von *Vogue* herausgegeben; es gab aber auch zahllose andere Publikationen in der Medienlandschaft, die den Frauen nahebrachten, wie sie chic aussehen könnten. Der zunehmenden Nachfrage bei Leserinnen aus der Mittelschicht entsprechend entwickelten alle drei großen Medienkonzerne (Ullstein, Scherl und Mosse) ihre illustrierten Blätter so weiter, daß sie der Mode größeren Raum widmeten, reicherten aber auch die Tageszeitungen mit Modebeilagen an.

Viele Journalistinnen und Zeichnerinnen wurden für die Modeseiten als regelmäßige Mitarbeiterinnen oder als Redakteurinnen angestellt. Oft waren es Anfängerinnen, die darin eine günstige berufliche Gelegenheit sahen und darauf hofften, daß ihre Modetexte ein Sprungbrett wären für ihre Laufbahn als belletristische Autorinnen. Im Modejournalismus war Ullstein das führende Haus. *Die Dame* wurde ein populäres Forum, in dem Autorinnen wie Anita Daniel (‹Anita›), Johanna Thal, Vally Reinecke, Anna-Paula Wedekind Pariselle und Petra Behrens eine große Anhängerschaft bei ihren Leserinnen fanden. Dora Sophie Benjamin leitete die Zeitschrift *Die praktische Berlinerin*. Am bekanntesten war Elsa Herzog, die sehr viel veröffentlichte und am längsten präsent blieb. Zunächst publizierte sie in *Der Konfektionär* und in *Die praktische Berlinerin*, ehe sie die Redaktion von Scherls Zeitschrift *Sport im Bild* übernahm; gleichzeitig schrieb sie weiterhin für die Modeseiten von *Die Dame* und *B.Z. am Mittag*. Die Roman- und Drehbuchautorin Ola Alsen war Moderedakteurin für *Elegante Welt*, *Film-Kurier* und *Der Moden-Spiegel* (die populäre Beilage von Mosses *Berliner Tageblatt*), wo sie von Ruth Goetz abgelöst wurde, die neben ihren Modeartikeln auch Drehbücher verfaßte.

Mit diesen professionellen Kreisen in Deutschland hatte Helen Hessel allerdings nur wenig Kontakt. Obwohl sie für dasselbe Publikum schrieb und die Mode gleichermaßen ernst nahm, unterschied sie sich doch von ihren Berliner Konkurrentinnen sowohl in der Perspektive als auch in den Methoden. Die Berlinerinnen kannten sich gut aus in der lokalen Modeszene, sie reisten nur wenig, besuchten Paris nur selten. Von ihnen erwartete man, daß sie regelmäßig und sehr genau die schönsten Modelle der Saison beschrieben, für die man auch Schnittmuster in der jeweiligen Zeitung oder Zeitschrift erwerben konnte. Ihre Artikel hatten also pragmatische Anforderungen zu erfüllen. Als Persönlichkeiten waren die Berliner Modeautorinnen ihrem Publikum durchaus bekannt. Fotos von ihnen erschienen auf den entsprechenden Seiten der Magazine; oft wirkten sie in Jurys von Schönheits- und Modewettbewerben mit. Sie waren also prominente Angehörige der sozialen Szene Berlins.

Helen Hessel hingegen war in der Berliner Modeszene eine Außenseiterin und begründete ihre Reputation allein aus der Ferne durch ihre Artikel aus Paris. Ihr Vertrag mit der *Frankfurter Zeitung* eröffnete ihr allerdings eine größere Bandbreite an Themen und die Unabhängigkeit, über die Beschreibungen saisonaler Trends hinauszugehen. Sie führte ihre Leserschaft in die größere, kosmopolitische Modewelt ein, deren Zentrum unbestreitbar in Paris lag.

Der größte Vorteil in Helens Arbeit lag aber in der Möglichkeit des Reisens. Obwohl sie sich mitsamt ihren Kindern in Paris niedergelassen hatte, kam sie immer wieder für ein- bis zweimonatige Aufenthalte nach Berlin, fuhr oft im eigenen Auto hin und zurück, manchmal nahm sie auch einen der frühen kommerziellen Lufthansa-Flüge, wobei sie die Zwischenlandung in Frankfurt nutzte, dort ihre Redakteure zu treffen. (Brief vom 30.8.1928) Jeder Besuch in ihrer Heimatstadt war zugleich aufregend und anstrengend. In ihren Briefen heißt es immer wieder «Berlin ist anregend», «Berlin macht verrückt», «Berlin ist eine furchtbare Belastung, aber doch wunderbar und ansteckend». (3.9.1928, 7.10.1928, 6.5.1930) «Ich bin so sehr an Paris gewöhnt und kenne die Straßen in Berlin zu wenig» bekannte sie. Ihr wurde auch bewußt, daß ihr Pariser Arbeitsleben im Vergleich mit der glamourösen und auch etwas snobistischen Gesellschaftsszene in Berlin doch recht asketisch war.

Und doch scheute sie sich nicht, gelegentlich Arbeitsmöglichkeiten in Berlin wahrzunehmen. Im September 1928 organisierte der Verein der großstädtischen Redakteure ein fünftägiges Festival mit einer großen Modeschau und einem Opernabend, an dem das neueste Werk von Richard Strauss aufgeführt wurde, *Die ägyptische Helena*. Zu diesem Ereignis wurde Helen offiziell eingeladen, und sie war zugleich erfreut und erschreckt, als sie «aus der großen Menge der Berliner Modeschreiber» ausgewählt wurde, die Programmnotiz zur Modeschau zu verfassen: das kurze Vorwort «La Mode et la Presse». (28.9.1928) [Der Text ist nicht erhalten.]

Zur Vorbereitung für diesen Anlaß reiste sie nach Leipzig, um in dem Geschäft, das dem Vater von Emmy Toepffer gehörte, der langjährigen Gouvernante ihrer Söhne, einen Pelzmantel zu kaufen. «Ich kann dort unmöglich in schäbiger Kleidung auftreten.» (2.10.1928) Nach den Veranstaltungen kommentierte sie: «Heute morgen sah ich alle meine ‹Konkurrentinnen› im Modegeschäft. Sie waren sehr klug, trugen echte Diamanten und die letzten Pelzmodelle. Aber sie waren voller Mißtrauen, weil es meine Wenigkeit war, die das Vorwort zur Modeschau schrieb, deren Performance wir alle am selben Tisch beobachteten. Das Aussehen dieser Leute gefällt mir nicht.» (5.10.1928) Trotz ihrer beruflichen Hingabe an die Mode trug Helen im Alltag und bei professionellen Gelegenheiten keineswegs «Pelze und Diamanten» und trat nicht als «Modepuppe» auf. Sie bevorzugte praktische Kleidung und den männlichen Stil der zwanziger Jahre: Männerhemden, kürzere Röcke, kurzes Haar.[13]

Nach 1933

Am 1. Februar 1933, zwei Tage nach Hitlers Ernennung zum Reichskanzler, schrieb Helen aus Paris an den nach Indien verreisten Henri-Pierre Roché den ersten einer Reihe von Briefen, in denen sich die Themen abzeichneten, die sie in den folgenden Jahre beschäftigen sollten. Die bevorstehende Zeit sollte über ihre Fähigkeit entscheiden, einen gefährlichen Balanceakt auszuhalten zwischen beruflicher und menschlicher Beständigkeit – und Anpassung an einen politischen Umbruch. Auf der einen Seite berichtete sie, daß ihre Kennerschaft in Sachen Mode ihr weiterhin ein gutes und sicheres Einkommen ermöglichte. Sie erzählte vom Besuch der Autorin Rut Landshoff und der Schauspielerin Gussy Holl, der Frau von Emil Jannings. Sie hatte beide Frauen auf eine Einkaufstour zu Chanel und Schiaparelli begleitet, sie dort beraten, günstige Preise für sie ausgehandelt und dafür sogar Provisionen von den Modesalons erhalten. Nach einem Gespräch mit Emil Jannings hoffte sie, durch seine Vermittlung Zugang zur größeren Welt des Films zu finden. Auf der anderen Seite bedeute es für sie eine große Sorge, daß nun Hitler «seine Chance» erhalte. «Meiner Zeitung (FZ) gefällt das nicht», fuhr sie fort, «und niemand weiß, welche Folgen das für Deutschland haben kann.» (1.2.1933) Einen Monat später ist ihr Tonfall noch beunruhigter: «Inzwischen ist aber auch viel Entsetzliches in Deutschland passiert. Viele Freunde sind schon geflüchtet. Die Zeitung geht vorläufig weiter. Ist ganz gemäßigt und langweilig geworden. Jetzt muß ich arbeiten. Mir schwindelt der Kopf.» (19.3.1933)

Die *Frankfurter Zeitung*, eines der liberalen Blätter der Weimarer Republik, wurde nach 1933 nicht verboten und konnte, trotz mancher Zensureingriffe, noch zehn Jahre erscheinen. Ihre relativ freie Berichterstattung über neutrale Themen wie Mode wurde geduldet. Während viele regelmäßige Mitarbeiter sich von der Zeitung abwandten und ins Exil gingen, setzten andere ihre Mitarbeit fort, unter ihnen Helen Hessel und ihr enger Freund und Reporterkollege in Paris Benno Reifenberg. Helen profitierte dabei von der Bekanntschaft mit Friedrich Sieburg, der zwischen 1932 und 1938 Korrespondent der FZ in Paris war und als Beschützer ihrer Pressearbeit gelten kann. In dieser schwierigen Zeit war Geld verdienen wichtiger denn je, weshalb sie aktiv nach anderen Einkommensquellen in Deutschland suchte, etwa bei *Die Dame*, in der ihre Pariser Stücke später ebenfalls erscheinen konnten (obwohl der Ullstein Verlag 1936 ‹arisiert› wurde und danach Deutscher Verlag hieß).

Anfang 1933 kam Helen über ihren Pariser Friseur Antoine in Kontakt mit der französischen Zeitschrift *Le Monde illustré*. Sie erhielt den Auftrag, den wöchentlichen Modeteil mit eigenen Artikeln zu füllen und selbst zu gestalten. Zwischen dem 4. Februar und dem 30. Mai 1933 erschienen mehr als ein Dutzend Texte in dem Blatt, fast alle unterzeichnet mit «Helen Hessel». Die Fotos stammten meist von Luigi Diaz. Da sie erstmals für ein französisches Publikum schrieb, konnte Helen nicht nur einige politische Anmerkungen einflechten, die sie sich in einer deutschen Zeitung nicht erlaubt hätte, sondern auch den Kern ihrer Modephilosophie zusammenfassen, die sie bislang nur fragmentarisch in ihre Berichte für die FZ eingebaut hatte. Sie gab auch in rückhaltloser Weise Antworten auf Fragen, die ihr wichtig erschienen, etwa warum Paris das Zentrum der Modewelt war und warum die Mode im Mittelpunkt in jeder weiblichen Gedankenwelt steht: «Die Antwort kann nur in der einzigartigen Rolle liegen, welche die französische Frau in ihrem Umkreis wie in der Welt überhaupt spielt, und diese Rolle hat sich gewissermaßen seit Jahrhunderten nicht verändert. Die Emanzipation hat sie nie berührt, niemals hat sie sich gegen die von ‹Männern› gemachten Gesetze aufgelehnt, nie hat sie nach politischen Rechten verlangt noch kollektive Unzufriedenheit geäußert. Was aber hat sie vor jenem revolutionären Geist bewahrt, den wir in fast allen anderen Ländern seit über 50 Jahren beobachtet haben? Die französische Frau ist gewiß nicht mutloser als ihre Schwester anderswo auf dem Erdball, keineswegs, aber was ihr ein schönes inneres Gleichgewicht verleiht, das ist ihre unbestreitbare und unbestrittene Macht in jener Sphäre, die ihr natürlich ist. Im Wesentlichen ist sie Frau geblieben – also frisch, schön, lächelnd, verführerisch –, und so will sie auf diskrete und um so wirksamere Weise Einfluß auf den Geist und alle Tätigkeiten der Männer gewinnen. Und mehr als andere Beispiele der modernen Frau hat sie es unter allen Umständen als ihre oberste Pflicht angesehen schön zu sein.» (*Le Monde illustré*, 20.5.1933)

Nachdem sie einige Monate mit großer Begeisterung, aber ohne Bezahlung (worüber sie in einem Brief vom 13. März 1933 klagte) für das französische Wochenblatt gearbeitet hatte, gab sie dieses Engagement wieder auf und arbeitete weiterhin als Vollzeitkorrespondentin für ihre treue Leserschaft in der *Frankfurter Zeitung*. Die prekären Situation der Presse in Deutschland war ihr durchaus bewußt. «Da Hitler alles verbietet, sogar die Nacktkultur, kann er eines Tages sogar französische Modeberichte verbieten. Oder die FZ überhaupt wegen Opposition verbieten. Sie ist schon viel weniger deutlich in ihren Äußerungen, aber noch ganz tapfer», schrieb sie besorgt in einem Brief vom 13. März 1933, veröffentlichte aber dennoch weiterhin regelmäßig Artikel in *Für die Frau*.

Als diese Beilage im März 1935 eingestellt wurde, schrieb sie für deren Fortsetzung *Die Frau*. Trotz der schrillen Nazipropaganda in parteinahen Publikationen, in denen zur Befreiung der arischen Frau von französischen Modediktaten und zur Abkehr von der «Vermännlichung» (durch Bubikopf und Hosen) aufgerufen wurde, behielt Helen in den Berichten aus Paris «ganz tapfer» ihren üblichen Stil und ihre Modeauffassung bei.[14] Im allgemeinen machte sie keine Konzessionen an die

Propagandaphrasen des Nationalsozialismus und Vokabeln wie «die Besten unserer Rasse» und «Geist des olympischen Jahres» waren die seltene Ausnahme, keinesfalls die Regel. Die Pariser Modeberichte von Helen Hessel, die sie für jede Ausgabe von *Die Frau* lieferte, bildeten nach wie vor das Rückgrat der Modeseiten, aber Paris selbst – als Thema und Stimmung – schien dabei weniger präsent zu sein. Sie schrieb mehr für die deutsche Leserinnen und weniger aus Paris.

In ihren Briefen an Roché aus den frühen Dreißiger Jahren zeigte sich gegenüber dem Mode-Thema eine gewisse Ermüdung, die später noch zunahm. «Während ich mich verzweifelt über ‹Frisch, jung und gesund› spielerisch äußerte, wurde mein Teint grau», schrieb sie schon am 13. März 1933. Dieses immer häufiger wiederkehrende Gefühl ist wohl am besten in einer Äußerung ihres literarischen Doubles Lella in Franz Hessels Roman *Alter Mann* eingefangen: «Ich bin über dies Thema [Mode] zu Tode erschöpft und kratze die letzten Phrasen aus letzten Reserven. Es müßte eigentlich leicht und lustig gehen. Aber mir ist, als habe ich in meinem Wort- und Bildschatz kein Öl mehr, alles verausgabt.» Angesichts des Tonfalls in ihren früheren Briefen kann kaum ein Zweifel bestehen, daß in diesen Sätzen Helen zitiert wird.

Obwohl sie privat über Verdruß und Erschöpfung klagte, zeugte das Volumen ihrer Veröffentlichungen vor allem im Jahre 1935 von einer unermüdlichen Produktivität. Die Modeexpertin erweiterte ihren Themenbereich und schrieb zusätzlich auch lange Artikel über Kosmetik, Diät, Haar-, Haut- und Fußpflege, Gymnastik und Körperkultur. Dabei wurden ihre Artikel in der FZ gut honoriert und ermöglichten ihr in den Dreißiger Jahren ein komfortables Leben.

Als bekannte Modeexpertin wurde sie wiederholt von Gertrud Kornhas-Brand, der Leiterin der Münchner Meisterschule für Mode, zu Vorträgen vor den jungen Frauen eingeladen, die dort Modedesign studierten. Ihr erster Vortrag, *Vom Wesen der Mode*, gehalten im November 1934, wurde als Sonderdruck in einer Auflage von 1'000 Exemplaren herausgegeben. Darin faßte Helen ihre Erkenntnisse aus jahrelanger Erfahrung mit dem Modegeschäft zusammen, wie es in Paris praktiziert wurde, und resümierte zugleich ihre undogmatische Bewunderung für die modebewußte französische Frau als höchstem Maßstab für Eleganz und Stil.

Ein zweiter Vortrag, *Die Beziehung der Frau zu ihrer eigenen Erscheinung,* wurde im Dezember 1936 gehalten und erregte dieses Mal die Aufmerksamkeit der Machthaber. Unter der Überschrift «Die Sorgen einer Meisterschule» lancierte *Das Schwarze Korps,* die Zeitung der SS, am 21. Januar 1937 einen heftigen Angriff gegen die Helen Hessel, die sich vor jungen deutschen Gesellinnen des Schneiderhandwerks erdreistet habe, eine «Verhimmelung der Pariser Mode» zu halten und dies «in der Hauptstadt der Bewegung».

Helen stand also durchaus unter politischem Druck, zumindest seit Erlaß der «Nürnberger Gesetze» im September 1935. Wer weiter publizieren oder als Schauspieler auftreten wollte, mußte sich von jüdischen Ehepartnern trennen. Deshalb wohl muß sie sich entschlossen haben, sich Ende März 1936 erneut von Franz Hessel scheiden zu lassen.

Der erste Vortrag in der Münchner Meisterschule für Mode diente als Grundlage für den Essay *Vom Wesen der Mode.* Die Publikation des Büchleins wurde in einer Rezension der *Frankfurter Zeitung* hoch gelobt. Der mit «t.» signierte Beitrag (hinter dem Kürzel darf man Wilhelm Hausenstein, den Chefredakteur der Frauenbeilage vermuten) zeugt davon, wie sehr die Redaktion Helen Hessels umfassende Kompetenz als Modejournalistin anerkannte.[15] Trotz des Lobes scheint sich Helens Situation nach ihrem wiederholten Besuch in München und der Nazi-Hetzkampagne gegen sie 1937 geändert zu haben. Ihr letzter Beitrag in *Die Frau* erschien am 15. August 1937; danach wurden die Pariser Modeberichte von der Dänin Ellinor Kielgast (der damaligen Frau von Friedrich Sieburg) verfaßt.

Helen Hessel setzte ihre journalistische Tätigkeit noch eine Weile in der Zeitschrift *Die Dame* fort. Ihr letzter Artikel, *Sie schreibt aus Paris,* wurde im Juni 1938 gedruckt und klingt wie ein Abschiedsbrief. Noch im selben Jahr, nachdem sie in Berlin Augenzeugin der «Kristallnacht» geworden war, beendete Helen Hessel von sich aus ihre Laufbahn als Modejournalistin. Sie machte schon Pläne, mit ihrer Familie nach Südfrankreich auszuweichen.

Trotz der flüchtigen Daseinsform der Mode und der Vergänglichkeit ihrer Stile, sind Helen Hessels Texte über dieses Thema so frisch und bezaubernd geblieben wie beim ersten Abdruck in den Zwanziger und Dreißiger Jahren. Sie lassen für die heutigen Leserinnen und Leser den Duft des Pariser Frühlings, die wechselnden Farben der Pariser Modeschauen und das zeitlose und stolze Stilbewußtsein der Frauen wieder lebendig werden, die in jener Epoche für ein ganzes Jahrhundert Maßstäbe gesetzt haben sowohl für den Feminismus wie für die Eleganz.

1 Franz Hessel: Alter Mann: Romanfragment, hg. v. Bernd Witte. Frankfurt a. M. 1987, S. 51

2 ib. S. 55

3 Franz Hessel: Das Lederetui, in ders.: Ein Garten voller Weltgeschichte. Berliner und Pariser Skizzen, hg. v. Bernhard Echte. München 1994, S. 68 u. S. 71; Franz Hessel: Mitgenommen in eine Modeschau; in: Für die Frau, No. 5, 11.5.1930

4 Kurt Tucholsky: Gesammelte Werke: 1925-1928, hg. v. Mary Gerold-Tucholsky und Fritz J. Raddatz. Reinbek 1960, Bd. 2, S. 1128 u. Bd. 3, S. 217

5 Theodor W. Adorno: Brief an Walter Benjamin vom 2.8.1935, in: Theodor W. Adorno – Walter Benjamin: Briefwechsel 1928-1940, hg. v. Henri Lonitz. Frankufrt a. M. 1994, S. 147

6 Helen Hessel: Journal d'Helen, Lettres à Henri-Pierre Roché 1920-1921. Marseille 1991

7 Anna Rheinsberg (Hg.): Bubikopf. Aufbruch in den Zwanzigern. Texte von Frauen. Darmstadt 1988

8 siehe Marie-Françoise Peteuil: Helen Hessel. Die Frau, die Jules und Jim liebte. Eine Biographie. Frankfurt/Main 2013

9 Beide Zitate beziehen sich auf Rochés unveröffentlichte Tagebücher zu seinem Roman: «Works on Jules et Jim Diary 1913», mit Ergänzungen von 1920 und 1953. Harry Ransom Center at the University of Texas at Austin, Carlton Lake Collection, File 218.3

10 siehe Manfred Flügge: Gesprungene Liebe. Die wahre Geschichte zu «Jules und Jim». Berlin 1993.

11 Alle in Klammern angegebene Daten beziehen sich auf Helen Hessels Briefe an Henri-Pierre Roché von 1913 bis 1933. Harry Ransom Center, The University of Texas at Austin, Carlton Lake Collection, Boxes/Folders 217.4-8 and 218.1

12 Henri-Pierre Roché: Agenda, Heft 1929, I, Juni. Harry Ransom Center at the University of Texas at Austin, Carlton Lake Collection

13 Stéphane Hessel im Gespräch mit Manfred Flügge, Paris, 29. Januar 2013

14 siehe Julia Bertschik: <Arbeit am Klischee> oder <Vom Wesen der Mode>: Helen Hessel-Grund und Vicki Baum. Zwei Beiträge zur Zeitsignatur der Oberfläche in der Weimarer Republik; in Primus-Heinz Kucher (Hg.): Literatur und Kultur im Österreich der Zwanziger Jahre. Bielefeld 2007, S. 119-134

15 siehe Thea Leithmair: Die Frauenbeilage der Frankfurter Zeitung. Ihre Struktur, ihre geistigen Grundlagen. Phil. Diss. München 1956, S. 148

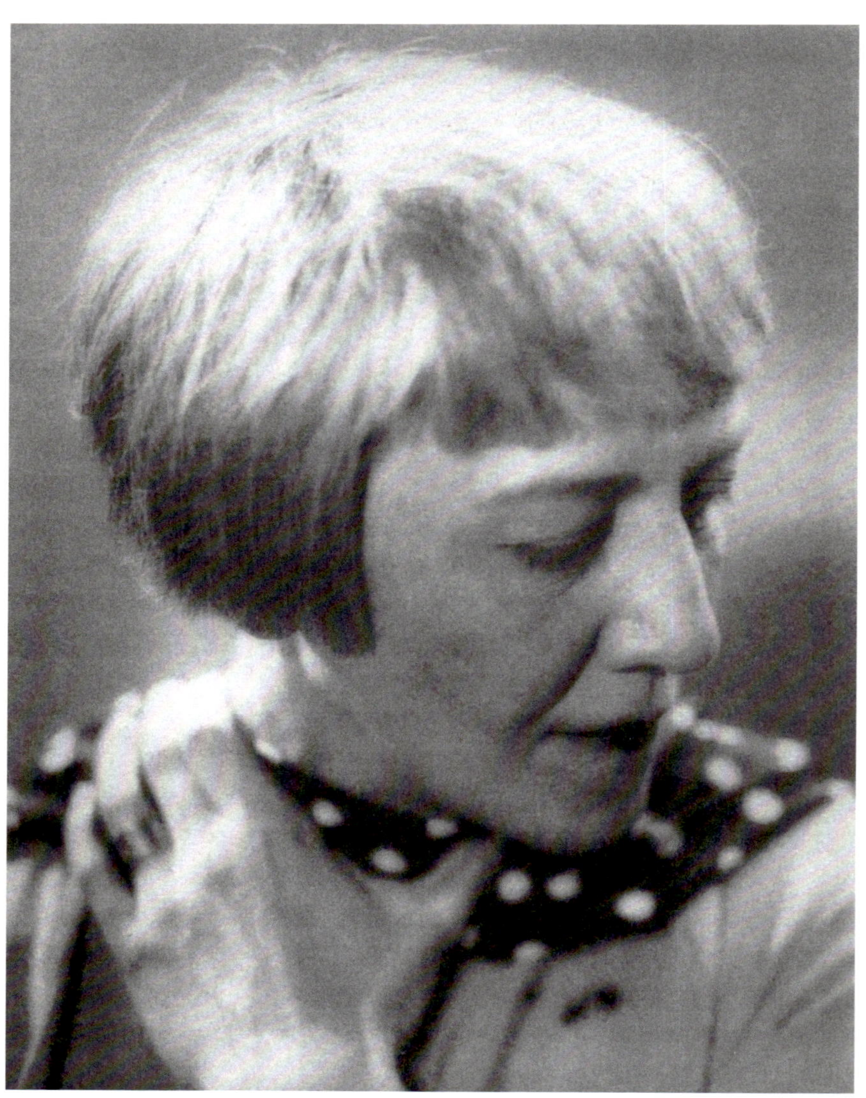

Marianne Breslauer: Helen Hessel, Paris 1929

Die wilde Helena

Essay von Manfred Flügge

Für jede Epoche gibt es generationstypische Grundsituationen und exemplarische Lebensläufe. Und es gibt Gestalten, die aus allen Rollenmustern herausfallen, die man nur über Abweichungen und Besonderheiten beschreiben kann. Helen Hessel ist solch eine Persönlichkeit. Ihr Leben entspricht keiner Standardbiographie, weder vor 1914 noch in den wilden Zwanziger Jahren und schon gar nicht nach 1933. Ihre Eigenheit zeigt sich auf den beiden Feldern, in denen sie Maßstäbe gesetzt hat, in ihrem Liebesleben, das auf besondere Weise publik wurde, und in der Philosophie der Mode, die sie in ihren Artikeln publiziert hat.

Sie hat experimentiert, hat Außergewöhnliches erlebt, ist bitter gescheitert, hat Enttäuschungen überwunden, konnte zuletzt aber nur im Verborgenen glänzen. Trotzdem sollte man sie nicht als tragische oder unglückliche Gestalt begreifen. Dazu war sie zu stark und zu selbstbewußt.

In den Schicksalswirren der wahren Geschichte zu *Jules et Jim* ist es nicht leicht, das Lebensprojekt der Beteiligten auszumachen. Henri-Pierre Roché lebt eine experimentelle Polygamie, und er will über seine Erlebnisse schreiben. Tatsächlich schreibt er unablässig, aber er führt nicht einfach Tagebuch. Er pflegt ein kompliziertes System paralleler Notizen und Hefte, er wälzt seine Erlebnisse um und um, arbeitet dabei aber nicht sehr sorgfältig oder methodisch. Daß ganz am Ende doch noch ein Romangebilde dabei herauskommt (*Jules et Jim* erscheint 1953, sechs Jahre vor seinem Tod), ist fast ein Wunder.

Für Franz Hessel ist das Schreiben ein natürlicher Prozeß, ein Lebenselixier. Er schreibt und übersetzt und dient der Literatur. Sie ist ihm wesentlich. Aber er muß schwierige Phasen durchmachen, privat und gesellschaftlich, zumal im Krieg, bevor er zu Gelassenheit und Abstand findet und zum Schreiben und Übersetzen als Regulativ seiner Existenz. Er braucht Vorbilder, wie Robert Walser, dessen Stil er sich anverwandelt, und er braucht die Pariser Lehrjahre ab 1906, um die Leichtigkeit und scheinbare Oberflächlichkeit zu erwerben, welche Literatur lebendig macht. Er ist kein Lebemann, keine elegante Erscheinung, nur in jungen Jahren stilisiert er sich ein wenig als Dandy. Er ist der Unscheinbare, der siebente Zwerg, der gern übersehen wird. Doch ganz so entsagend und liebesfern, wie der Jules-Mythos nahelegt, war er nicht.

Und Helen Grund – was war ihr Projekt? Was war ihr Bild vom Leben? Ihre überschüssige Energie, ihre Verrücktheiten, ihr Mut – was sollte daraus werden? Der Wunsch, etwas Besonderes zu sein, im Mittelpunkt zu stehen, bewundert zu werden, war schon ein starker Antrieb des Kindes und hat wohl überdauert. Der Vater war Sonntagsmaler, so wurde das Malen ihre erste Lebenswahl. Es war aber zugleich eine Lizenz zum ungezwungenen Leben, mit großer sexueller Freiheit. Franz Hessel scheint ihren künstlerischen Ehrgeiz nicht sehr ernst genommen zu haben. Aber immerhin hat sie es geschafft, 1912 ein Bild in der Berliner Secession auszustellen.

Aber dann schwenkt sie um in die Ehe mit Franz, bekommt zwei Kinder (Ulrich und Stéphane), muß die Ihren durch die schweren Kriegsjahre bringen. Von dem Augenblick an, als ihr klar wird, daß ihr Mann keine Erfüllung bietet, lebt sie ihren Abenteuertrieb aus, in zeitlich begrenzten Urlauben von der Familie.

Als sie 1920 die Affäre mit Roché beginnt, ist das zunächst ein Ausbruch mehr. Dann aber heften sich unbändige Hoffnungen an diese Beziehung, wobei der Kinderwunsch eine große Rolle spielt. Daß Roché nicht der Richtige für diese Wahl ist, will sie nicht verstehen.

Während dieser Affäre entsteht der Wunsch zu schreiben. Thema ist zunächst sie selbst und ihr Erlebnis mit Roché. Sie schreibt Tagebücher und Briefe; nebenbei entstehen kecke Aphorismen, die sie alsbald publizieren kann. Privat schreibt sie eine Mischung. Deutsch, Französisch und Englisch gehen munter durcheinander. Roché übernimmt diesen Jargon, der wild und kindisch zugleich ist, und noch in seinen späten Jahren notiert er immer wieder Dinge auf Deutsch oder auf Englisch.

Nach wenigen Monaten ist Helens Affäre mit Roché beendet, es gibt keine Perspektive für ein Zusammenleben mit gemeinsamen Kindern, und nach Paris zu ziehen ist 1921 noch keine Möglichkeit. (Vor 1923 kommen Deutsche nur ausnahmsweise nach Frankreich; noch sind die Grenzen für die Kriegsverlierer nicht offen.) Es folgen über 10 Jahre Krisen und Illusionen, groteske Versuche, Roché zu zähmen.

Franz hat verstanden, daß Helen nicht ausgelastet und die Malerei nur noch Hobby ist. Er läßt ihr die Abenteuer, aber er hat auch verstanden, daß ihr eine Beschäftigung fehlt, die sie ausfüllen kann. Erst im Lauf des Jahres 1924 findet Helen endgültig den Weg ins Schreiben. Und nach Paris. Zum Glück geht sie nach Paris nicht nur der Liebe wegen. Und zum Glück überdauert ihre Tätigkeit als Mode-Autorin den Bruch mit Roché, obwohl die Zeitumstände es ihr nicht leicht machen: Es ist das Jahr 1933.

1933 versucht sie, in Frankreich eine autonome wirtschaftliche Basis zu finden. Aber es gelingt ihr nicht, mit ihren Artikeln geregelte Einnahmen zu erzielen; ihr Französisch ist wohl zu fehlerhaft. Sie erwägt auch, nach Deutschland zu gehen; Ulrich macht gerade sein Abitur in Salem, Franz lebt in Berlin, will nicht emigrieren; auch für Stéphane erkundigt sie sich nach Schulen in Deutschland, schickt ihn dann aber für ein paar Monate nach England.

So bleibt sie darauf angewiesen, für Deutschland zu schreiben. Ihr Glück ist die relative Freiheit der *Frankfurter Zeitung* im nationalsozialistischen Deutschland. Aber nach den Nürnberger Gesetzen 1935 muß sie Probleme bekommen haben, bei denen es ihr nicht hilft, daß sie ihre Artikel meist unter ihrem Mädchennamen Grund veröffentlicht. Am 27. März 1936 läßt sie sich von ihrem jüdischen Ehemann scheiden. Ein Scheidungsurteil ist in Berliner Archiven nicht erhalten. Man kann vermuten, daß Franz ihrem Plan zugestimmt hat. Helen behält stets eine

Adresse in Berlin (zunächst Friedrich-Wilhelm-Str. 15, ab 1933 Lindauer Str. 8), besitzt einen deutschen Paß. Ihre Adresse ist bis 1938 stets mit der von Franz identisch. Allerdings zieht Franz gleich nach der Scheidung um nach Schöneberg, zunächst in die Hohenstaufenstr. 24, später in die Lindauer Str. 8. Dort ist jeweils auch Helen gemeldet, nach der Auswanderung von Franz allerdings bei Verwandten in Geltow bei Potsdam. Die französische Staatsbürgerschaft erhalten Helen und ihr Sohn Ulrich erst 1947; Stéphane wird schon 1937 Franzose, was es ihm ermöglicht, 1940 in der französischen Armee zu dienen

Bis 1938 hat Helen noch in deutschen Zeitungen publiziert. Vielleicht hat sie das schlechte Gewissen geplagt, als sie im November 1938 nach Berlin fuhr und Franz endlich dazu bewegen konnte, nach Paris zu emigrieren. In Paris hielt sie jedoch auf Distanz, wohl um den Anschein der Scheidung zu wahren, vielleicht mit Rücksicht auf deutsche ‹Freunde›. Hier sind wir im Bereich von Spekulationen, sie selbst und auch ihre Söhne haben sich zu dem Punkt nie geäußert.

Als der Krieg ausbrach, mußte sie keine Rücksicht mehr nehmen. Die Flucht nach Sanary Anfang 1940 (nach einer ersten Internierung von Franz und Ulrich als ‹feindliche Ausländer› durch die Franzosen!) unternahmen sie gemeinsam, und bis Hessels Tod im Januar 1941 (nach einer zweiten Internierung von Franz und Ulrich, während Helen sich erfolgreich gegen eine Festnahme wehrte) blieben sie unzertrennlich. Bis Mitte 1941 hat Helen in der Fluchthilfeorganisation von Varian Fry mitgeholfen. 1944 war sie bereit, mit ihrem Sohn Stéphane Aufträge für die Résistance auszuführen, was nicht ohne Risiko war.

Als Stéphane Verrat und Verhaftung, Folter und Deportation wie durch ein Wunder überlebt hatte, konnte sie vom Leben nichts mehr erwarten. Sie ging nach Amerika, wo Stéphane seinen ersten Posten als Diplomat wahrnahm. Aber leider verstand sie sich nicht mit dessen Frau Vitia, gegen die sie immer schon Vorbehalte gehegt hatte, und schon gar nicht mit deren Mutter, der diamantenbehängten Madame Mirkine.

Aus Helens Briefen an ihren Sohn Ulrich, der in Paris für das jüdische Dokumentationszentrum arbeitete, erfährt man einiges über ihre unglücklichen Jahre in den USA. Eigentlich sollte sie im Haushalt von Vitia und Stéphane helfen, doch Anfang 1948 erlitt Vitia eine Fehlgeburt. Danach mußte Stéphane seine Mutter bitten, das Haus zu verlassen. Vitia wünschte es so. Aber Helen wollte nicht resigniert nach Paris zurückkehren, kämpfte noch um ein eigenes Leben. «Ich kann es einfach nicht aushalten, daß man über mich bestimmt», schrieb sie nach Paris. (26.1.1947)

Alfred Polgar findet Helen «gealtert und gebrochen», und sie selbst sagt: «Ich habe irgendwann meine Identität verloren, weiß nicht mehr, wer und wie ich bin.» (5.10.1947) Verloren hat sie auch ihre herrliche Unabhängigkeit. Aber vielleicht kann sie das Schreiben retten?

Sie sammelt Material für einen Roman über das Leben von Edgar Allan Poe, dessen Gedichte sie schon seit langem fasziniert haben (To Helen; The Raven). Stéphane kann sie längst auswendig. Aber es mißlingt wie auch der Versuch, Artikel in der amerikanischen Presse unterzubringen.

Wie eine traditionelle Einwanderin versucht sie sich an niederen Arbeiten in der Hoffnung auf bessere Zeiten: sie kocht und putzt, macht Konversation und chauffiert, will sich das Scheitern nicht eingestehen; sie versucht es in Kalifornien, weitab von Vitia und New York. Oft wechselt sie die Stellungen, hält es nirgends aus. Es ist unter ihrem Niveau. Sie müsse aufgeben, denn sie wolle sich nicht dafür entschuldigen, daß sie eine Lady sei, schreibt sie an Ulrich.

Den Anstoß zur Rückkehr nach Paris gibt ein Aufenthalt in Santa Monica. Dort wohnt sie ein paar Tage in dem Haus ihres einstigen Liebhabers Paul Huldschinsky, der kurz zuvor gestorben ist. Das Haus ist voller Dinge aus ihrer eigenen Vergangenheit, Kunstwerke, Bücher von Franz, allerlei Andenken. Franz hätte es hier paradiesisch gefunden (er bleibt in ihren Gedanken sehr präsent), schreibt sie, sie selbst sehe nur Gespenster. Wenn die Vergangenheit noch in der Fremde aufersteht, wo soll sie dann Zuflucht finden? Nur in der Rückbesinnung darauf, was sie war und sein wollte.

«Es ist komisch, wie wir alle – ich spreche von Stéphane, Dir und mir – das Abenteuer lieben, in allen seinen Erscheinungsformen», schreibt sie ihrem ältesten Sohn. (12.4.1949) Aber das amerikanische Abenteuer ist gescheitert, das muß sie einsehen. «Der große Coup ist mir nicht gelungen. Ich habe nichts geschrieben.» (7.8.1949) Dieses Mal hat das Wünschen und Schreiben nicht geholfen.

Vielleicht hat sie auch der Lebensmut verlassen. Ob der Zusammenstoß ihres Autos mit einer Lokomotive ein Unfall war oder ein Selbstmordversuch, wird kaum noch zu klären sein. Seltsam, daß der ferne Roché in dieser Zeit immer noch um das Ende seines Romans über das Helen-Erlebnis ringt und nicht recht wagt, es mit einem Autounfall enden zu lassen. Mehrfach verwirft er diese Lösung, ehe er sich kurz vor Erscheinen (1953) dazu durchringt.

In ihren Gesprächen hat Franz einst zu Roché gesagt: Helen wird ja vor uns sterben, dann können wir ausführlich über sie reden. Denn sie war und bleibt ein faszinierendes Thema. Alle Klischees sprengend, auch begrifflich nicht zu zähmen. Aber dann starb Franz (1941) und schließlich Roché (1959), und Helen überlebte sie alle (bis 1982), erlebte noch den Triumph von Truffauts Film, der ihre Geschichte bekannt machte, nicht aber ihre Person.

Sonderbare Person, die alles und das Gegenteil von allem war, großzügig und eifersüchtig, freundlich und giftig (ihre Bemerkungen über ihre Schwiegertochter Vitia sind nicht zitierfähig). Auch zu intensiven Frauenfreundschaften war sie fähig – so lange es keine Rivalinnen waren. Gezähmt hat sie nur die Krankheit, das Hüftleiden seit 1930, die schwere Operation, das Gehen am Stock (die Sportlerin, Schwimmerin!). Sie war zuweilen tollkühn, auch leichtfertig, sie war aber auch mutig, wenn es sein mußte.

Was sagt es über sie aus, daß sie vernarrt war in Roché? Daß sie so lange an dem falschen Traum festgehalten hat? Und was sagt es über sie aus, daß sie Franz nie ganz verlassen und ihn zuletzt noch in die Freiheit gerettet hat – wenn auch nur für kurze Zeit?

Wie unterschiedlich die Etappen ihres Lebens waren, je nach Epoche! Die sich befreiende Frau der Kaiserzeit, die Kriegsmutter, die moderne Frau der wilden Zwanziger Jahre, die schreibende Frau für die vielen Zeitungen und Zeitschriften der Republik. Finanziell war sie auf sich selbst gestellt, auch wenn Roché sie eine Zeitlang unterstützte. Dann die Emigrantin, die Widerständlerin; Mutter und Großmutter in der Konsumwelt der Nachkriegszeit; Leben im Traumland Amerika. Und schließlich Zeitzeugin in Paris, leider zu spät dafür in Anspruch genommen. Und schließlich: Patin eines Mythos. So hätte ihr verstreutes Leben doch noch eine Form gefunden – erzählt von anderen, von Männern. Und schließlich, viele Jahre nach ihrem Tod: Studienobjekt. Aber nicht unbedingt Identifikationsmodell.

Wie wollen wir sie heute sehen? Als die Nackte am Strand? Die Balkonkletterin? Die tollkühne Schwimmerin, die ihre Freunde ängstigt, die kecke Autorin, die ins Leben Verliebte, die (verbale) Giftmischerin, die sie vom Temperament her war, die in die Erscheinung von Jeanne Moreau Verwandelte? Für jeden Geschmack etwas – aber wo wäre ihre Einheit? Wo wäre sie selbst?

Endlich liegen ihre Modechroniken vor, ihre Aphorismen, ihre Features voller Lust und Schwung, ansteckend in ihrem Verlangen nach Erlebnis, nach Wirklichkeit, nach Stil. Irgendwo zwischen diesen zeitlosen Zeilen muß sich Helen versteckt haben. Wir werden sie finden, falls es uns gelingt, uns kein Bild von ihr zu machen.

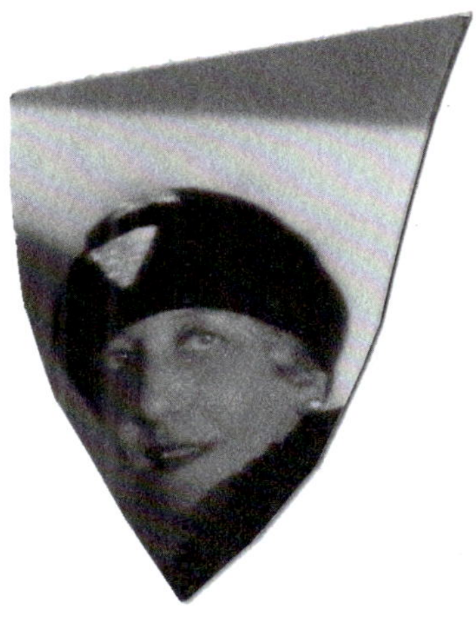

Annmerkungen
Editorische Notiz
Bibliographie
Dank

Anmerkungen

Liste der erwähnten Modeschöpferinnen und Modeschöpfer

Madame Agnès: Eine französische Hutmacherin, deren große Zeit zwischen 1925 und 1940 lag. Ihr Salon befand sich in der Rue Saint-Honoré.

Elspeth Champcommunal: Erste Herausgeberin und Redakteurin der britischen *Vogue* zwischen 1916 und 1922.

Coco Chanel: Die berühmte Modeschöpferin hieß eigentlich Gabrielle Bonheur Chanel (1883-1971).

Creed: Englisches Modelabel, seit dem 18. Jahrhundert bestehend; zählte im Second Empire die Kaiserin Eugénie (eine Mode-Ikone ihrer Zeit) zu ihren Kundinnen; entwickelte auch berühmte Parfüme.

Drecoll: Von Christoph v. Drecoll (1851-1939), einem Hamburger, in Wien gegründete Modemarke. Das Pariser Filiale existierte von 1905 bis 1930. Außerdem unterhielt Decroll Niederlassungen in Berlin und New York.

Renate Green (egentl. Meta Erna Niemeyer), geb. 1901 in Pommern, gest. 1996 in Versailles. Bauhausschülerin, Modemacherin, Fotografin, Übersetzerin und Essayistin; ging 1928 als Modekorrespondentin für *Sport im Bild* nach Paris; gründete 1931 ihr eigenes Atelier «Ré-Sport» an der Rue Froidevaux, das sie von Mies van der Rohe einrichten ließ. Nach ihrer Heirat mit dem französischen Autor Philippe Soupault nannte sie sich Ré Soupault.

Haus Lanvin: Ältestes Pariser Modelabel, 1889 gegründet von Jeanne-Marie Lanvin (1867-1946).

Lucien Lelong (1889-1958) gehörte zu den einflußreichsten Pariser Couturiers von den späten 1910er Jahren bis 1952. Zeitweilig arbeiteten bis zu 1'200 Angestellte für ihn.

Mainbocher: Modemarke, die von dem Amerikaner Main Rousseau Bocher (1890-1976) im Jahr 1929 in Paris gegründet wurde. 1940 wurde das Haus nach New York verlegt, wo es bis 1971 existierte.

Edward Molyneux (1891-1974), britischer Modemacher mit hugenottischen Vorfahren; eröffnete 1919 einen Salon in Paris; arbeitete für Stars wie Marlene Dietrich, Mistinguett, Vivian Leigh.

Jean Patou (1880-1936) galt als Erfinder des Tennisrocks; setzte sein Monogramm (J. P.) als stilistisches Element ein und wurde damit Vorbild für andere Designer; lancierte auch Parfüms.

Paul Poiret (1879-1944) galt als Revolutionär, weil er vor dem 1. Weltkrieg das Korsett abschaffte. Enge Verbindung zum Art Deco.

Caroline Reboux (1837-1927), seit den 1860er Jahren in Paris als «Königin der Putzmacherinnen» bekannt; führte den Hut als unentbehrliches Accessoire der Damenmode ein.

Redfern: Redfern & Sons, Britischer Modesalon (1850-1932, 1936-1940) mit Vertretungen in London, Paris, Edinburgh und New York.

Jane Regny: Amerikanische Modemacherin mit eigener Marke in den 1920er Jahren.

Marcel Rochas (1902-1955) gründete 1925 sein Modehaus in Paris; widmete sich seit 1936 ausschließlich der Entwicklung von Düften.

Maggy Rouff: Von Marguerite Besançon de Wagner, genannt Maggy Rouff (1896-1971), gegründetes Modehaus, das sie bis 1948 leitete. In ihren Anfangsjahre hatte sie ab 1912 zunächst bei Drecoll gearbeitet.

Elsa Schiaparelli (1890-1973), italienische Adlige, die 1927 in Paris einen Modesalon eröffnete und dort bis 1954 wirkte.

Madeleine Vionnet (1876-1975), bekannt als «Madame Vionnet», hatte zwischen 1912 und 1940 ihren eigenen Haute-Couture-Salon in Paris, mit Unterbrechung im 1. Weltkrieg.

Haus Worth: Gegründet von Charles Frederick Worth (1825-1895), einem französischen Modeschöpfer englischer Herkunft, der als Erfinder der Haute Couture und der Modenschauen mit lebenden Mannequins gilt. Von 1924 bis in die 1940er Jahre wurde der Salon von dessen Enkel Jacques Worth geführt.

Anmerkungen zu den einzelnen Texten

Mentor für neue Reiche

Der Text zuweilen auch unter dem Titel *Kriegsgewinnler* zitiert.

S. 9 *Gerson*: ältestes Kaufhaus von Berlin, gegründet von Hermann Gerson, seit 1839 am Werderschen Markt 5.

Pariser Bilderbogen

S. 23 *Abdulla*: Britische Zigarettenmarke (seit 1902).

S. 23 *piou-piou*: einfacher Soldat, Infanterist.

S. 23 *Liège*: Lüttich

S. 24 *mein Begleiter*: Henri-Pierre Roché.

S. 24 *Insel*: Das Atelier des Bildhauers Constantin Brâncuşi (1876-1957), mit dem Roché befreundet war.

S. 24 *Karcher*: Biersorte in Dunkel und Hell.

S. 26 *eine Mimi*: gemeint ist eine Puppe mit Wackelkopf.

S. 27 *Medrano:* Zirkus spanischer Herkunft; existiert heute noch.

S. 28 *bonbons surprise*: Süßigkeiten mit überraschenden, d.h. wechselnden Inhalten

S. 29 *Drei Fratellini*: Die Brüder Paul, François und Albert Fratellini, die vor 1940 als Clowns in ganz Europa auftraten.

S. 28 *Stadtsoldat*: Mitglied der Garde Républicaine.

S. 28 *La vie des mineurs est une vie douloureuse*: Das Leben der Bergleute ist ein schmerzhaftes Leben.

S. 29 *zinc*: Theke aus Kupfer.

S. 29 *Boulevard de Rochechouart*: in Pigalle, unterhalb des Hügels von Montmartre.

S. 30 Rue de Castiglione: von den Tuilerien zur Place Vendôme führende Straße.

S. 30 *die große Juno*: römische Göttin der Geburt, Ehe und Fürsorge.

S. 31 *Mannequin*: im Französisch männlich (le mannequin), weil das Wort ursprünglich eine Schneiderpuppe bezeichnete.

Aufatmen in Paris

S. 34 *Arc de Triomphe*: Gemeint ist der kleine Triumphbogen vor dem Louvre, eigentlich Arc de Triomphe du Carrousel.

S. 34 *Robes. Manteaux. Fourrures*: Kleider. Mäntel. Pelze.
S. 35 *Trois Quartiers*: Kaufhaus schräg gegenüber der Madeleine-Kirche.
S. 35 *liseuse*: dreieckiges Schultertuch, Schal.
S. 35 *quelques fleurs*: einige Blumen.
S. 35 *ambre antique*: antiker Bernstein.
S. 35 *ceintures périodiques*: Monatsbinden.
S. 35 *rayon*: Kaufhaus-Abteilung.
S. 36 *Massenet*: der französische Komponist Jules Massenet (1842-1912).
S. 36 *Rubinstein*: der russische Komponist Anton Rubinstein (1829-1894).
S. 38 *Galeries Lafayette* und *Le Printemps*: Kaufhäuser am Boulevard Haussmann.
S. 38 *Bon Marché*: Kaufhaus nahe beim Hôtel Lutetia.
S. 39 *boches*: Schimpfwort für die Deutschen.
S. 40 *Mein Begleiter*: Henri-Pierre Roché.
S. 40 *große Maler*: Pablo Picasso (1881-1973).
S. 41 *Filmdichter*: gemeint ist der amerikanische Filmstar Adolphe Menjou (1890-1963), damals berühmt als der «bestangezogene Mann».

Bei Paul Poiret
S. 48 *Rond-point des Champs-Elysées*: runder Platz, der den Prachtboulevard in zwei Abschnitte teilt.

Im Klima der Mode
S. 49 *terre à terre*: realistisch, gewöhnlich.
S. 51 *Garçonnekleid*: «la garçonne», Bezeichnung für eine unabhängige, unverheiratete Frau; zurückgehend auf Victor Marguerittes gleichnamigen Roman aus dem Jahr 1922.

Musikalische Magier
Gemeint sind die drei Fratellini, vgl. S. 29.
S. 54 *Gémier*: der französische Schauspieler Firmin Gémier (1869-1933).
S. 54 *Mistinguett*: eigentl. Jeanne Bourgeoise, 1875-1956, französische Sängerin und Schauspielerin.
S. 55 *Cocteau*: Jean Cocteau (1889-1963), Schriftsteller, Maler und Filmemacher.
S. 55 *Radiguet*: Raymond Radiguet (1903-1923), französischer Schriftsteller.
S. 55 *Maillol*: Aristide Maillol (1861-1944), französischer Bildhauer, Maler, Zeichner und Illustrator.
S. 55 *Caillaux*: Rodolphe Caillaux (1904-1989), französischer Maler.
S. 55 *Wolterdorfersch-läuse*: die Woltersdorfer Schleuse östlich von Berlin.

Die Saison rollt
S. 66 *Yvonne Printemps*: französische Schauspielerin und Sängerin (1894-1977).
S. 66 *Sacha Guitry* (1885-1957), Autor, Regisseur und Schauspieler; *Deburau*: Stück (1918) über Jean-Gaspard Deburau, den großen Mimen des 19. Jahrhunderts.
S. 66 *Jules Romains*: französischer Schriftsteller.
S. 66 *Bernstein*: Henri Bernstein (1876-1953), französischer Theaterautor.
S. 66 *Bourdet*: Édouard Bourdet (1887-1945), französischer Theaterautor.
S. 66 *Mutt und Jeff*: nach einer amerikanischen Comic-Serie benannte Akrobaten.
S. 66 *Longchamp*: Pferderennbahn am Westrand von Paris, im südlichen des Bois de Boulogne (hippodrome de Longchamp)
S. 66 *Auteuil*: Vorort im Westen von Paris, mit Pferderennbahn.

Boudoir und Pyjama
S. 68 *billets*: Briefe.

Farben-Intervalle
S. 75 *Sonia Delaunay*: Durch Roché lernte Helen Hessel in Paris den französischen Avantgardisten Robert Delaunay (1885-1941) und seine in der Ukraine geborene Frau Sonia Delaunay-Terk (1885- 1979) kennen, die als Malerin und Modedesignerin bekannt war. Mit ihr verband Helen Hessel eine enge Freundschaft.
S. 75 *Henri Rousseau*, genannt der *Douanier*, (1844-1910) war ein autodidaktischer französischer Maler, dessen postimpressionistischer Stil der Naiven Kunst zugeordnet wird.

Longchamp
S. 79 *La Rochefaucault, Uzès, Langeais*: französische Adelsfamilien.

Tilden – Lacoste

S. 91 1927 Finale zwischen dem Amerikaner Bill Tilden und dem Franzosen René Lacoste (Gründer der gleichnamigen Modemarke).

Weiblichkeit und Distinktion. Ziele der Mode

S. 98 *outriert*: maßlos, übertrieben, exzessiv.

Paris-Amerikanerinnen

S. 103 *L'Équitable*: Pariser Restaurant.

S. 104 *Georges Braque, André Derain, Raoul Dufy, Kees Van Dongen, Pedro Pruna*: Künstler der Moderne, die in Paris tätig waren.

S. 104 *hardiesse und prudence*: Verwegenheit und Bedachtsamkeit

Vorzeitiger Abschiedsgruß

S. 107 *Monsieur Worth*: Jacques Worth, siehe oben die Liste der Modeschöpfer.

S. 108 *belle fille*: hübsches Mädchen.

S. 108 *ennui*: Überdruß, Langeweile.

Jagdfreuden bei Paris

S. 111 *Gastinne Renette*: Waffenfirma in Paris, 1812 gegründet von Louis Gastinne und Albert Renette.

Hôtel Drouot

Das gleiche Thema behandelte Franz Hessel in seinem Feuilleton *Verwaiste Gegenstände* (*Münchner Illustrierte Presse*, 15.12.1929; später unter *Hôtel Drouot* auch in *Pariser Tageszeitung*, 2.1.1939).

S. 114 *Hôtel Drouot*: Pariser Versteigerungshaus.

S. 116 *Rouault, Segenzac, Utrillo, Vlaminck*: französische Maler.

Geld. Ein deutsch-französischer Film

S. 117 *L'Argent*: nach dem Roman von Émile Zola; Regie Marcel L'Herbier (1928); dreistündige internationale Koproduktion mit Stars des damaligen deutschen Kinos: Alfred Abel (1879-1937), Brigitte Helm (1906-1996; Hauptdarstellerin in Fritz Langs *Metropolis*), der jungen französischen Schauspielerin Marie Glory (1905-2009) und der berühmten Diseuse Yvette Guilbert (1865-1944).

Indiskretes Interview

S. 125 *Champs-Élysées:* Der Name der Pariser Prachtstraße ist bei Helen Hessel meist fälschlich im Singular gebraucht; in dieser Ausgabe stets korrigiert. Berichtigt wurden auch die Namen der Boulevards, bei denen sie das <de> wegläßt.

S. 125 *pudeur*: Anstandsgefühl.

S. 127 *Menjou*: Adolphe Menjou, siehe S. 41.

S. 127 *Jannings*: Emil Jannings (1884-1950), deutscher Filmschauspieler, 1929 mit dem Oscar ausgezeichnet. Helen Hessel war mit Menjou und Jannings bekannt.

S. 128 *Polospieler*: Von Adolf Loos entworfenes Firmenzeichen des 1858 in Wien gegründeten Herrenausstatters Knizé, mit Filialen in Paris und New York.

Narren-Garderobe

S. 139 *mesquines*: kleinliches

Alkmenes Garderobe

S. 145 *Alkmene*: Mutter des Herakles in der griechischen Mythologie; hier: weibliche Gestalt aus dem Theaterstück Amphytrion, die den Gott Zeus in der Gestalt ihres Ehemannes empfängt.

S. 145 *Jean Giraudoux*: französischer Romancier und Dramatiker (1882-1944).

S. 145 *Valentine Tessier*: französische Schauspielerin (1892-1981).

S. 145 *l'heure du cocktail*: Cocktail-Stunde.

S. 145 *je suis à vous*: Ich gehöre Ihnen.

S. 145 *adultère*: Untreue.

Helen Wills und die Mode

S. 147 *Helen Wills*: Amerikanische Tennisspielerin (1905-1998).

S. 151 *Rodier*: Das 1850 von Eugène Rodier gegründete Textilfabrik war auf Wolle spezialisiert und entwickelte während des Ersten Weltkriegs ein neues Material, das Kasha. Zugleich produzierte man den Jersey-Stoff, dem Coco Chanel zu neuen Ruhm verhelfen sollte.

Premiere der Wintermode

S. 156 *Votre nom, Mademoiselle?*: Wie heißen Sie, Fräulein?

S. 156 *Souviens-toi, Madame*: Besinne dich, Madame.

Besuch bei Antoine

S. 161 *Antoine*: eigentl. Antoni Cierplikowski (1884-1976), Starfriseur polnischer Herkunft, der 1912 einen Salon in Paris eröffnete und 1945 weltweit über 120 Salons besaß. Er war befreundet mit Helen Hessel und verriet ihr 1933, daß Roché ein Kind mit einer anderen Frau hatte, was zum Bruch zwischen beiden führte.

Dienst an Venus

S. 171 *Enkelin Tolstois*: gemeint ist vermutlich Vera Tolstoi (1903-1999), die in den 1930er Jahren in Paris lebte.

S. 172 *Hôtel*: hier im Sinn von Stadtvilla.

Die Wäsche der Dollarbraut

S. 176 *Astrid*: Schwedische Prinzessin, die König Leopold III. von Belgien heiratete. Die Königin starb 1935 bei einem Autounfall am Vierwaldstättersee, während König Leopold überlebte.

Zwischen Abreise und Ankunft

S. 184 *Madame voyage seule?*: Madame reist allein?

Frühlingshüte

S. 204 *coup de vent*: Windstoß.

S. 206 *Peau d'Ange*: Engelshaut.

Organdi

S. 228 *Lady Granard*: Die in Amerika geborene Beatrice Mills (1883-1972), die durch ihre Heirat mit Bernard Forbes Gräfin Granard (Lady Granard) wurde. Bekannt als die erste Engländerin, die 1933 den Grand Prix de Paris beim Rennen in Longchamp gewann. Laut Britisch Pathé hieß das Pferd «Cappiello.»

Lehrjahre der Mode

S. 245 *Gertrud Kornhas-Brandt*: erfolgreiche deutsche Modeschöpferin (geb. 1892), die 1931 die Meisteschule für Mode in München gründete und bis 1957 leitete.

Vom Wesen der Mode

S. 260 *Bianchini-Ferrier*: Seidenfabrik in Lyon, gegründet 1888.

Gespräch mit einer Putzmacherin

S. 289 *Cicerone*: Fremdenführer.

Jean Patou. Frauen und Blumen

S. 292 *Mr. B.*: Nach Jean Patous Tod im Jahr 1936 übernahm seine Schwester mit ihrem Mann die Firma. Der vorliegende Artikel ist unmittelbar nach dem Tod Patous als eine Art Nachruf erschienen.

S. 294 *Zuavenregiment*: Infanterietruppe der französischen Armee mit Elitecharakter. Zu den Zuaven-Regimentern wurden wehrpflichtige europäische Einwohner Nordafrikas eingezogen, aber auch Franzosen aus dem Mutterland.

S. 294 *croix de guerre*: Kriegsorden.

Sommerliche Abendkleider

S. 296 *Olympische Spiele*: vom 1. bis 16. August 1936 in Berlin.

Interpreten der Schönheit

S. 315 *General Murat*: Joachim Murat (1767-1815), Schwager Napoléon Bonapartes, König von Neapel; wegen seiner Liebe für modische Kleidung «der Dandy-König» genannt.

Sie schreibt aus Paris

S. 322 *Maupassant*: der französische Schriftsteller Guy de Maupassant (1850-1893).

Editorische Notiz

Der vorliegende Band bietet eine repräsentative Auswahl von Helen Hessels Texten aus den Jahren 1921 bis 1938; der Abdruck erfolgt ungekürzt.

Eine Veröffentlichung weiterer Artikel und literarischer Versuche der Autorin, insbesondere aus der Zeit nach 1945, wäre wünschenswert, würde aber weitere intensive Recherchen voraussetzen. Von Helen Hessel scheint sich kein Nachlaß mit ihrem gesammelten schriftstellerischen Werk erhalten zu haben.

In den Texten von wurde jeweils die originale Rechtschreibung beibehalten.

Offenkundige Fehler bei Wörtern oder Namen wurden stillschweigend korrigiert; dies gilt auch für die Zeichensetzung.

Alle Texte werden nach dem Erstdruck wiedergegeben. Getippte Manuskripte zum Vergleich der Fassungen sind nicht erhalten.

Zeittypische Formulierungen wie ‹Neger› etc. wurden nicht verändert; Gallizismen ebenfalls nicht korrigiert («junge Mädchen» statt ‹Mädchen›, «riskiert» statt ‹riskant›, «assortiert» statt ‹dazu passend› usw.).

Die teilweise übliche Wiedergabe von Umlauten in Großbuchstaben wurde umgewandelt: «Aermel» zu ‹Ärmel› etc..

Liste der ausgewerteten Presseorgane:
- Das Tage-Buch
- Der Querschnitt
- Frankfurter Zeitung (Feuilleton)
- Das BäderBlatt (FZ)
- Für die Frau (FZ)
- Die Frau (FZ)
- Das Illustrierte Blatt (FZ)
- Die Dame
- Le Monde illustré

* Abgedruckt in diesem Buch
Für die Frau = Beilage der *Frankfurter Zeitung*; ab 1935: *Die Frau*

*Mentor für neue Reiche**
Das Tage-Buch, 2. Jg., Heft 1, 8.1.1921,

*Polygame Frau**
Das Tage-Buch, 2. Jg., Heft 4, 29.1.1921

Mißverhältnisse
Das Tage-Buch, 2. Jg., Heft 18 7.5.1921

*So ist es!**
Das Tage-Buch, 2. Jg., Heft 28, 16.7.1921

*So ist es!**
Das Tage-Buch, 2. Jg., Heft 30, 30.7.1921

*So ist es!**
Das Tage-Buch, 2. Jg., Heft 32, 13.8.1921

*Pariser Bilderbogen**
Das Tage-Buch, 5. Jg., Heft 24, 24.5.1924

*Aufatmen in Paris**
Das Tage-Buch, 5. Jg., Heft 27, 5.7.1924

*Bei Paul Poiret**
Das Tage-Buch, 6. Jg., Heft 17, 25.4.1925

Sei dein Herr
Das Tage-Buch, 6. Jg., Heft 19, 9.5.1925

*Im Klima der Mode**
Der Querschnitt, Heft 6, 1925

*Musikalische Magier**
Frankfurter Zeitung, 9.12.1925
Neue Badische Landeszeitung, 23.12.1925

*Der Geist der Kleinigkeiten**
Für die Frau, No. 2, April 1926

*Prinzessinnen als Schneiderinnen**
Das Illustrierte Blatt, No. 30, 24.7.1926

*Die Saison rollt**
Das Illustrierte Blatt, No 44, 30.10.1926

Pelze
Für die Frau, No. 10, November 1926

*Boudoir und Pyjama**
Für die Frau, No. 10, November 1926

Die arbeitende Aristokratie
Das Illustrierte Blatt, No. 49, 4.12.1926

*Liebenswürdige**
Frankfurter Zeitung, 9.1 1927

*Farben-Intervalle**
Für die Frau, No. 1, Januar 1927

Demi-Saison an der Riviera
Für die Frau, No. 1, Januar 1927

Harmonie der Kleinigkeiten
Für die Frau, No. 3, März 1927

*Die Bedeutung der Einfachheit**
Für die Frau, No. 3, März 1927

Jungbrunnen der Gegenwart
Das Illustrierte Blatt, No. 14, 2.4.1927

*Longchamp**
Für die Frau, No. 4, April 1927

Pariser Modefrühling
Für die Frau, No. 6, Mai 1927

Die Frau im Freien
Für die Frau, No. 7, Juni 1927

*Tilden – Lacoste**
Frankfurter Zeitung, 11.6.1927

Effekte
Für die Frau, No. 8, Juli 1927

Herbstaussichten
Für die Frau, No. 8, Juli 1927

*Für die erste Reise**
Für die Frau, No. 1, Januar 1928

*Weiblichkeit und Distinktion.
Ziele der Mode**
Für die Frau, No. 2, Februar 1928

*Paris-Amerikanerinnen**
Für die Frau, No. 4, April 1928

*Vorzeitiger Abschiedsgruß**
Für die Frau, No. 5, April 1928

Die elegante Frau trägt
Für die Frau, No. 8, Juli 1928

*«Die weibliche Frau».
Das Ziel der Herbstmode*
Für die Frau, No. 9, August 1928

*Jagdfreuden bei Paris**
Für die Frau, No. 9, August 1928

*Hôtel Drouot**
Frankfurter Zeitung, 24.4.1928

*Geld.
Ein deutsch-französischer Film**
Das lllustrierte Blatt, No. 33, 18.8.1928

*Deauville. Der Blumenstrand**
BäderBlatt, Frankfurter Zeitung, 26.8.1928

*Ostasien in Paris**
Das lllustrierte Blatt, No. 42, 20.10.1928

Vorschläge für den Nachmittag
Für die Frau, No. 11, November 1928

*Der Straßenanzug behauptet seinen Anspruch
auf Korrektheit*
Für die Frau, No. 11, November 1928

Glanzlichter der Eleganz
Für die Frau, No. 12, Dezember 1928

Riviera Ensembles aus Wolle und Crepe de Chine
Für die Frau, No. 1, Januar 1929

Schwarz und Schwarzweiß der Frühjahrsmode
Für die Frau, No. 1, Januar 1929

*Betrachtungen eines Kritischen
(von Jean Patou)*
Für die Frau, No. 4, April 1929

Die elegante Frau trägt
Für die Frau, No. 6, Juni 1929

Kasino
Für die Frau, No. 7, Juni 1929

Strand
Für die Frau, No. 7, Juni 1929

Die großen Rennen
Für die Frau, No. 8, Juli 1929

Vor der Premiere der Wintermode
Für die Frau, No. 8, Juli 1929

Herbsthüte
Für die Frau, No. 9, August 1929

Die Rocklänge entspricht der Taillenhöhe
Für die Frau, No. 10, Oktober 1929

Hüllen der Haut
Für die Frau, No. 12, Dezember 1929

Behauptungen
Für die Frau, No. 12, Dezember 1929

*Indiskretes Interview**
Für die Frau, No. 1, Januar 1930

Die Frau in Eis und Schnee
Für die Frau, No. 1, Januar 1930

*Für die Riviera**
Für die Frau, No. 2, Februar 1930

*Narren-Garderobe**
Für die Frau, No. 2, Februar 1930

Die elegante Frau trägt
Für die Frau, No. 3, März 1930

Sommer-Mode
Für die Frau, No. 4, April 1930

*Die Frau im Frühling**
Für die Frau, No. 4, April 1930

*Locken, Frisuren**
Für die Frau, No. 5, Mai 1930

Für den Tee auf der Kurhaus-Terrasse
Für die Frau, No. 6, Juni 1930

Der Strandpyjama
Für die Frau, No. 6, Juni 1930

Die elegante Frau trägt
Für die Frau, No. 6, Juni 1930

Der Badeanzug
Für die Frau, No. 7, Juni 1930

*Alkmenes Garderobe**
Für die Frau, No. 8, August 1930

*Helen Wills und die Mode**
Für die Frau, No. 8, August 1930

*Premiere der Wintermode**
Für die Frau, No. 9, September 1930

*Besuch bei Antoine**
Für die Frau, No. 10, Oktober 1930

Für Sport und Straße
Für die Frau, No. 10, Oktober 1930

Tunika – Schoßbluse – Volants
Für die Frau, No. 11, November 1930

*Gespräche mit Madame Agnès**
Für die Frau, Nr.11, November 1930

Die elegante Frau trägt
Für die Frau, No. 11, November 1930

*Dienst an Venus**
Für die Frau, No. 1, Januar 1931

*Die Wäsche der Dollarbraut**
Für die Frau, No. 2, Februar 1931

Frühling und Sommer 1931
Für die Frau, No. 3, März 1931

Neue Frisuren von Antoine
Für die Frau, No. 4, April 1931

Gemusterte Wollgewebe, Weiße Hüte,
Kurze Tailleurjacken
Für die Frau, No. 4, April 1931

Die Mode macht es den Frauen leicht,
jung auszusehen
Das Illustrierte Blatt, No. 18, 2.5.1931

*Verwandlungen**
Für die Frau, No. 5, Mai 1931

Kontrastierende Jacken sind das eigentlich Neue
Für die Frau, No. 6, Mai 1931

Das Spiel mit den Gegensätzen
Für die Frau, No. 6, Mai 1931

*Zwischen Abreise und Ankunft**
Für die Frau, No. 7, Juni 1931

Wenn die Haut gebräunt ist –
sind für das Badetrikot alle Farben zugelassen
Das Illustrierte Blatt, No. 22, 6.6.1931

Ein Besuch beim Herrenschneider
Für die Frau, No. 8, Juli 1931

*Krise auch in der Mode**
Für die Frau, No. 9, September 1931

*Die elegante Frau trägt**
Für die Frau, No. 10, Oktober 1931

Deutsche Mode in Paris.
*Ein Gespräch mit Renate Green**
Für die Frau, 24.1.1932

*Einfachheit auch in der Mode**
Für die Frau, 7.2.1932

Wieder einmal wandeln die Mannequins
Für die Frau, 21.2.1932

Frühling im Süden
Für die Frau, 6.3.1932

Merkmale der Mode
Das Illustrierte Blatt, No. 11, 24.3.1932

*Frühlingshüte**
Für die Frau, 25.3.1932

Die Kunst nicht aufzufallen
Für die Frau, 10.4.1932

Jacke, Weste, Cape und Schal
Für die Frau, 24.4.1932

Locken, Blumen, Früchte
Für die Frau, 8.5.1932

Waschbare Abendkleider
Für die Frau, 29.5.1932

*Der «knappe Stil» –
ein Sieg über das Phantasiekleid*
Für die Frau, 5.6.1932

Den ganzen Tag im Badeanzug
Für die Frau, 17.6.1932

«Angezogene» Ferien
Für die Frau, 19.6.1932

Sommer-Garderobe
Für die Frau, 19.6.1932

*«Spaßig» oder« klassisch»?**
Für die Frau, 3.7.1932

Die neuen Reliefstoffe
Für die Frau, 21.8.1932

Silhouetten der Wintermode
Für die Frau, 4.9.1932

Mäntel
Für die Frau, 4.9.1932

Die Freude an «Kurven» und Farbe
Das Illustrierte Blatt, No. 43, 3.11.1932

Der Mantel, der Grundstock der Garderobe
Das Illustrierte Blatt, No. 45, 17.11.1932

*Verschiedene Arten,
den Hut auf die Braue zu neigen*
Für die Frau, 4.12.1932

*Die Milchstraße als Stirnreifen
(eine Ausstellung für wohltätige Zwecke)*
Das Illustrierte Blatt, No. 51, 29.12.1932

Frühjahrs-Ensembles - Der Sieg des Einfachen
Für die Frau, 15.1.1933

Die Frühjahrs- und Sommerstoffe steigen
Für die Frau, 29.1.1933

[*Ohne Titel*]
Le Monde illustré, 11.2.1933

[*Ohne Titel*]
Le Monde illustré, 18.2.1933

*Deutsche Mode in Paris.
Ein zweites Gespräch mit Renate Green**
Für die Frau, 19.2.1933

Le chapitre des tissus
Le Monde illustré, 25.2.1933

Ce qui convient pour la saison
Le Monde illustré, 4.3.1933

La jeunesse guide de la mode
Le Monde illustré, 11.3.1933

Rundblick auf die Sommermode
Für die Frau, 12.3.1933

12 Episteln der täglichen Schönheitspflege
Almanach der Schönheit. Für die Frau,
Sonderbeilage März 1933, S. 16 f.

*Junge Kleider**
Für die Frau, 8.4.1933

Robes fleuries et couleurs tendres
Le Monde illustré, 8.4.1933

Chapeaux de Printemps
Le Monde illustré, 15.4.1933

* *[Ohne Titel]*
Le Monde illustré, 22.4.1933

Le mat et le brillant
Le Monde illustré, 29.4.1933

Romantische Kleider
Für die Frau, 30.4.1933

Trois Tailleurs
Le Monde illustré, 6.5.1933

Tons vifs sur robes claires
Le Monde illustré, 13.5.1933

Der Frühjahrsanzug für die Straße
Für die Frau, 14.5.1933

* *Importances des Accessoires*
Le Monde illustré, 20.5.1933

Allures Printanières
Le Monde illustré, 27.5.1933

Beau temps et ciel couvert
Le Monde illustré, 3.6.1933

Blusen und Hüte
Für die Frau, 11.6.1933

* *Organdi*
Für die Frau, 9.7.1933

Farbige Kleinigkeiten
Für die Frau, 5.11.1933

Außen und Innen
Für die Frau, 19.11.1933

* *Sprache und Duft*
Für die Frau, 10.12.1933

Wenn Sie in die Berge gehen
Für die Frau, 17.12.1933

Am Rande der Saison
Für die Frau, 14.1.1934

Die nackte Stirn
Für die Frau, 28.1.1934

* *Wandlungen der Mode*
Für die Frau, 25.2.1934

Vielfalt und Einheit
Für die Frau, 11.3.1934

Sie werden in aller Welt getragen
Für die Frau, 11.3.1934

Helle Jacken, dunkle Kleider
Für die Frau, 8.4.1934

Schräg gesetzt und in die Stirn gerückt
Für die Frau, 29.4.1934

Bedruckte Kleider
Für die Frau, 13.5.1934

* *In durchsichtig wehenden Stoffen*
Für die Frau, 27.5.1934

Der Reiseanzug
Für die Frau, 10.6.1934

Strand-Garderobe
Für die Frau, 24.6.1934

Die Wendung ins «Verhüllte»
Für die Frau, 8.7.1934

* *Kleidung und Lebensfreude*
Für die Frau, 22.7.1934

Rückkehr zum Malerischen
Für die Frau, 5.8.1934

Hüte und Haltung
Für die Frau, 26.8.1934

Die Stoffe, Linien, Tendenzen der Wintermode
Für die Frau, 16.9.1934

Fünf Linien
Für die Frau, 30.9.1934

*Lehrjahre der Mode. Ein Besuch in der Deutschen Meisterschule für Mode**
Für die Frau, 6.1.1935

Staffage der Winterlandschaft
Für die Frau, 6.1.1935

Das billige Modell-Kleid
Für die Frau, 20.1.1935

Frühjahrshüte
Für die Frau, 3.2.1935

Drehbühne der Mode
Die Frau, 24.2.1935

Die Moral der Kosmetik
Die Frau, 10.3.1935

Muster und Farbe
Die Frau, 10.3.1935

Das Geheimnis der schlanken Linie
Die Frau, 24.3.1935

Modellierte Form – aufgeteilte Fläche
Die Frau, 24.3.1935

Mikrokosmos der Spitze
Die Frau, 24.3.1935

Sei dein Herr
Die Frau, 7.4.1935

Gemusterte Frühjahrstoffe
Die Frau, 7.4.1935

Die Mode streut Blumen
Die Frau, 7.4.1935

Raum dem Sauerstoff
Die Frau, 21.4.1935

Frühjahrs-Nachmittage
Die Frau, 21.4.1935

Wassertherapie zu Hause
Die Frau, 5.5.1935

Geblümtes
Die Frau, 5.5.1935

Haarpflege
Die Frau, 26.5.1935

Die Mode schlägt vor:
Die Frau, 26.5.1935

Die weißen Strandkostüme
Die Frau, 26.5.1935

Schleifen und Schärpen
Die Frau, 9.Juni 1935

Die Jugend des Gesichtes
Die Frau, 9.Juni 1935

Reinheit und Glätte der Haut
Die Frau, 23.Juni 1935

*Vom Wesen der Mode**
Vortrag 1934, Sonderdruck in 1000 Exemplaren. München 1935

Die gutgewählte Reisegarderobe
Die Frau, 7.7.1935

Schönheit der Hände
Die Frau, 7.7.1935

Die jüngsten der jungen Mädchen
Die Frau, 21.7.1935

Strahlen und Salze
Die Frau, 21.7.1935

Das Auge und seine Umgebung
Die Frau, 4.8.1935

Erste Herbsthüte
Die Frau, 4.8.1935

Duft und Parfüm
Die Frau, 18.8.1935

Die Wintermode
Die Frau, 1.9.1935

Die Mode schlägt vor:
Die Frau, 15.9.1935

Handgestrickte Herbstgarderobe
Die Frau, 27.10.1935

*Über die Haltung**
Die Frau, 18.11.1935

*Der große Abend**
Die Frau, 18.11.1935

Fuß und Schuh
Die Frau, 5.1.1936

Knappere Linien
Die Frau, 5.1.1936

Frühjahrs-Hüte
Die Frau, 16.2.1936

Gepflegte Zähne
Die Frau, 16.2.1936

Sicht auf die Sommermode
Die Frau, 1.3.1936

*Stadt-Eleganz**
Die Frau, 15.3.1936

Im Klima des Dampf-Bades
Die Frau, 15.3.1936

Hüftlange Jacken
Die Frau, 12.4.1936

Gelockte Frisuren
Die Frau, 12.4.1936

Die Straßenkleider des Frühlings
Die Frau, 26.4.1936

*Gespräch mit einer Putzmacherin**
Die Frau, 26.4.1936

*Jean Patou.Frauen und Blumen**
Die Frau, 10.5.1936

Die kleinen und die großen Muster
Die Frau, 10.5.1936

*Sommerliche Abendkleider**
Die Frau, 24.5.1936

45 Minuten Morgentoilette
Die Frau, 24.5.1936

Das Weiße und die Farben
Die Frau, 7.6.1936

Strand-Kleidung
Die Frau, 21.6.1936

Punkte
Die Frau, 5.7.1936

Poren und Borsten
Die Frau, 5.7.1936

Ferien bei Sonne und Regen
Die Frau, 19.7.1936

Handgestrickt
Die Frau, 19.7.1936

*Vorherbstliche Autoreise**
Die Frau, 2.8.1936

Stoffe für Herbst und Winter
Die Frau, 2.8.1936

Nachts – Morgens – Abends
Die Frau, 16.8.1936

Hüte – Vorboten der Wintermode
Die Frau, 16.8.1936

Rundblick auf die Wintermode
Die Frau, 30.8.1936

Linien der Straßenkleidung
Die Frau, 13.9.1936

Die Mäntel der Wintermode
Die Frau, 27.9.1936

Samt und Pelz
Die Frau, 11.10.1936

*Für den Abend**
Die Frau, 25.10.1936

Unter dem Mantel zu tragen
Die Frau, 8.11.1936

Das Typische und das Besondere
Die Frau, 22.11.1936

Die Pflege der Lockenfrisur
Die Frau, 6.12.1936

Die Kunst, sich beschenken zu lassen
Die Frau, 20.12.1936

Zu den Geschenken, die der Frau gefallen, gehört:
Die Frau, 20.12.1936

Lamé – nachmittags und abends
Die Frau, 20.12.1936

Für den Wintersport
Die Frau, 17.1.1937

Für den Abend
Die Frau, 7.2.1937

Vom Einfluß der modischen Entwicklung auf die Wäsche
Die Frau, 7.2.1937

Mosaik der Sommermode
Die Frau, 28.2.1937

Für kühle Tage
Die Frau, 1.5.1937

Dem Sommer entgegen
Die Frau, 16.5.1937

Neue Deutungen alter Motive
Die Frau, 30.5.1937

Das große Abendkleid
Die Frau, 4.6.1937

Stundenplan für den Strand
Die Frau, 20.6.1937

Erste Herbsthüte
Die Frau, 25.7.1937

Die Mode und die Wäsche
Die Frau, 15.8.1937

Panorama der Herbstmode
Die Dame, Heft 20, September 1937

Interpreten der Schönheit:
*Molyneux – Maggy Rouff – Marcel Rochas – Creed – Madame Schiaparelli**
Die Dame, Heft 20, September 1937

Wintermode – Startbereit
Die Dame, Heft 24, November 1937

Urgroßmutter wird modern
Die Dame, Heft 3, Februar 1938

Pailletten
Die Dame, Heft 6, März 1938

Brief aus Paris
Die Dame, Heft 6, März 1938

*Die Lust der Lüfte**
Die Dame, Heft 11, Mai 1938

*Sie schreibt aus Paris**
Die Dame, Heft 12, Juni 1938

Da das Verzeichnis kaum vollständig sein kann, ist die Herausgeberin dankbar für Hinweise auf andere Artikel (bitte an den Verlag).

Literaturverzeichnis

Ungedruckte Quellen

Die Briefe von Helen Hessel und Franz Hessel an Henri-Pierre Roché wurden im Harry Ransom Center (The University of Texas at Austin) eingesehen. Im HRC befindet sich Rochés umfangreicher photographischer Nachlaß und seine Tagebücher in ihren vielfachen Versionen (journal, carnets, écrits autobiographiques, notes et varia) sowie in ihrer Transkription durch François Truffaut. Zitiert wird mit freundlicher Erlaubnis des HRC.

Veröffentlichungen

Manfred Flügge: Gesprungene Liebe. Die wahre Geschichte zu «Jules und Jim». Berlin 1993

Manfred Flügge: Stéphane Hessel. Ein glücklicher Rebell. Berlin 2012

Gabriele Förg: Überall und nirgends zu Hause. Emigranten zwischen Altem Europa und Neuer Welt. München 2003

Mila Ganeva: Women in Weimar Fashion. Discourses and Displays in German Culture 1918-1933. Rochester 2008

Madeleine Catherine Kepler Du Toit: Henri-Pierre Roché. À la recherche de l'unité perdue. Phil. Diss. Stellenbosch (RSA) 2006

Marie-Françoise Peteuil: Helen Hessel. Die Frau, die Jules und Jim liebte. Frankfurt a. M. 2013

t. [vermutl. Wilhelm Hausenstein]: Vom Wesen der Mode; in: Die Frau, 7.7.1935

Abbildungsnachweis

Austin (Harry Ransom Center, University of Texas at Austin): S. 340, S. 359
Berlin, Staatliche Museen zu Berlin, Kunstbibliothek: Umschlagphoto, S. 305, S. 306/307, S. 308
Erwin Blumenfeld: S. 325
Marianne Breslauer Feilchenfeldt: S. 2, S. 32, S. 126, S. 179, S. 239, S. 298, S. 352
aus: Mario v. Bucovich: Paris. Berlin 1928: Vorsätze
Deutsche Nationalbibliothek Leipzig: S. 58, S. 81, S. 82, S. 83, S. 84, S. 85, S. 86, S. 87, S. 88, S. 129, S. 130, S. 131, S. 132, S. 133, S. 134, S. 135, S. 136
Manfred Flügge, Berlin: Umschlagphoto
Germaine Krull: S. 182
Lufthansa-Archiv: S. 316
aus: Pierre Pinelli, Sabine Arqué, Marc Walter: Legendäres Paris. München 2009: S. 6, S. 22, S. 67
Ré Soupault (Verlag Das Wunderhorn, Heidelberg): S. 195
Theodor W. Adorno-Archiv, Frankfurt/Main: S. 326
Ullstein Bilderdienst, Berlin: S. 37 (Roger-Viollet/ Alber Harlingue), S. 43 (Roger-Viollet/ Boris Lipnitzky), S. 46/47 (Roger-Viollet), S. 50 (Roger-Viollet/Maurice Branger), S. 63, S. 69, S. 92 Roger-Viollet/Albert Harlingue), S. 95, S. 99 (Roger-Viollet), S. 109, S. 118 (Roger-Viollet/Boris Lipnitzky), S. 140 (Roger-Viollet), S. 150, S. 152/153 (Alfred Eisenstaedt), S. 154 (Alfred Eisenstaedt), S. 157, S. 158 (Roger-Viollet/Albert Harlingue), S. 160, S. 166 (Mme. d'Ora), S. 170, S. 189, S. 200 (Eugène Atget), S. 207, S. 208 (Roger-Viollet), S. 217 (Roger-Viollet/ Maurice Branger), S. 220, S. 224 (Roger- Viollet/ Boris Lipnitzky), S. 229 (Brassaï), S. 244 (James E. Abbe), S. 262, S. 275 (James E. Abbe), S. 282 (Wolff & Tritschler), S. 290 (Mme. d'Ora), S. 295, S. 310 (James E. Abbe)
aus: Andrea Weiss: Paris war eine Frau. Dortmund 1996: S. 102

Dank

Stéphane Hessel hat sich sehr gefreut, als er von diesem Buchprojekt erfuhr. Er hat es in den letzten Wochen seines Lebens begleitet und gefördert. Gespräche mit ihm über die Tätigkeit seiner Mutter wurden im Oktober und November 2012 und zuletzt Ende Januar 2013 in Paris geführt. Er erinnerte sich genau daran, wie sie hinter ihrer Remington-Schreibmaschine saß und eifrig tippte. Diese Arbeit nahm sie sehr ernst. Für ein Vorwort von Stéphane Hessel hat die Zeit nicht mehr gereicht. Er starb am 27.2.2013. Dieses Buch ist daher auch der Erinnerung an diesen Menschen mit seiner besonderen Biographie und seinem großen Engagement für die Verbesserung und Verschönerung der Welt gewidmet. Ich danke Christiane Hessel dafür, daß sie unser Vorhaben unterstützt hat und für Gespräche zur Verfügung stand.

Catherine du Toit, Stellenbosch (Südafrika), hat sich in ihrer Dissertation vor allem mit den ersten Jahren von Henri-Pierre Roché befaßt und gezeigt, wie früh er sich für die intellektuelle Szene in München, Wien und Berlin interessiert hat. Für dieses Buch gab sie wertvolle Hinweise.

Dank für gründliche Textrevision geht an Silvia Ryf, Zürich. Nathalie Huet, Paris, hat Anmerkungen zu Helen Hessels französischen Texten beigesteuert. Axel Schröder vom Landesarchiv Berlin half bei der Ermittlung von Adressen und persönlichen Daten der Familie Hessel.

Manfred Flügge

Die Arbeit an diesem Buch wurde für beide Autoren wesentlich gefördert durch Reisestipendien des Harry Ransom Center (University of Texas at Austin). Für die großzügigen Arbeitsbedingungen, die Photographier- und Zitiererlaubnis aus dem dortigen Nachlaß von Henri-Pierre Roché sowie für die praktische Unterstützung geht ein aufrichtiger Dank an Bridget Gayle Ground und an Elizabeth Garver sowie an alle ihre Kolleginnen und Kollegen.

Meine Arbeit über die Modeberichte von Helen Hessel begann nach einer Anregung von Miriam Hansen (†) in den frühen 1990er Jahren. Adelheid Rasche von der Kunstbibliothek der Staatlichen Museen zu Berlin stand für meine zahlreichen Anfragen stets zur Verfügung. Helmut Lethen und das Internationale Forschungszentrum Kulturwissenschaften in Wien haben die letzte, besonders intensive Phase meiner Arbeit erleichtert.

Ich möchte auch folgenden Personen danken, die in verschiedener Weise und zu verschiedenen Zeitpunkten meine Arbeit an diesem Buch unterstützt haben: Katie Trumpener, Julia Bertschik, Sabine Hake, Nicole Thesz und Mariana Ivanova.

Innigster Dank geht an Venelin, Martin und Iordan, die Verständnis für zahlreiche Forschungsreisen nach Deutschland hatten.

Mila Ganeva

Inhalt

Anhang

Impressum

Redaktion: Julia Knapp
Gestaltung: Bernhard Echte

Erste Auflage 2014

Villa zum Abendstern, Bürglistrasse 37
CH 8820 Wädenswil am Zürichsee, Schweiz
www.nimbusbooks.ch

Druck und Bindung:
fgb Freiburger Graphische Betriebe

ISBN 978-3-03850-003-2
Printed in Germany